Début d'une série de documents
en couleur

BIBLIOTHÈQUE INTERNATIONALE DE DROIT PUBLIC
publiée sous la direction de

Max BOUCARD
Maître des Requêtes honoraire au Conseil d'État

Gaston JÈZE
Professeur agrégé à la Faculté de droit de l'Université de Lille

LE DROIT ADMINISTRATIF ALLEMAND

PAR

OTTO MAYER

Édition française par l'auteur

AVEC UNE PRÉFACE DE H. BERTHÉLEMY
Professeur de droit administratif à l'Université de Paris

TOME QUATRIÈME

PARTIE SPÉCIALE

LES OBLIGATIONS SPÉCIALES (SERVICE DE L'ÉTAT ; CHARGES PUBLIQUES ; CONCESSION D'ENTREPRISE PUBLIQUE ; INDEMNITÉS POUR DOMMAGES CAUSÉS PAR L'ADMINISTRATION). -- LES PERSONNES MORALES, ETC.

TABLES ANALYTIQUE ET ALPHABÉTIQUE

PARIS
V. GIARD & E. BRIÈRE
Libraires-Éditeurs
16, RUE SOUFFLOT ET 12, RUE TOULLIER

1906

BIBLIOTHÈQUE INTERNATIONALE DE DROIT PUBLIC

(*honorée d'une souscription du ministère de l'Instruction publique*)

PUBLIÉE SOUS LA DIRECTION DE

Max BOUCARD	**Gaston JÈZE**
Maître des Requêtes honoraire au Conseil d'Etat	Professeur agrégé à la Faculté de droit de l'Université de Lille

SÉRIE IN-8°

BRYCE (J.). — La République américaine, édition française revue et complétée par l'auteur, avec une préface de Chavegrin, professeur à la Faculté de droit de l'Université de Paris. 1902, 4 vol. in-8. Prix broché . . 50 fr. »

— Le même, relié (reliure de la Bibliothèque) . . . . . . 54 fr. »

LABAND (P.), professeur à l'Université de Strasbourg. — **Le Droit public de l'Empire Allemand** avec une préface de F. Larnaude, professeur de droit public général à l'Université de Paris. Edition française, revue et mise au courant de la dernière législation par l'auteur : 1900-1904, 6 vol. in-8, brochés. . . . . 60 fr. »

— Le même, relié, reliure speciale de la Bibliothèque . . . . 66 fr. »

DICEY (A.-V.). — Introduction à l'étude du droit constitutionnel. 1 vol. in-8, avec une préface de A. Ribot, député. Traduction française de A. Batut et G. Jèze, 1902, 1 vol. in-8 broché . . . . 10 fr. »

— Le même, relié reliure de la Bibliothèque). . . . . 11 fr. »

WILSON (W.). — L'Etat, avec une préface de Léon Duguit, professeur de droit à la Faculté de droit de l'Université de Bordeaux, traduction de J. Wilhelm. 1902, 2 vol. in-8, broché. . . . . 20 fr. »

— Le même, relié (reliure de la Bibliothèque). . . . . 22 fr. »

HAMILTON (A.), JAY, MADISON. — Le Fédéraliste. Commentaire de la Constitution des Etats-Unis, nouvelle édition française par Gaston Jèze, avec une préface de A. Esmein, professeur à la Faculté de droit de l'Université de Paris, 1902. 1 vol. in-8 broché. . . . . 14 fr. »

— Le même, relié (reliure de la Bibliothèque). . . . . 15 fr. »

KORKOUNOV (N. M.), professeur à l'Université de Saint-Pétersbourg. — **Cours de Théorie générale du droit**, avec préface de F. Larnaude, traduction Tchernoff. 1903, un vol. in-8 . . . . 10 fr. »

— Le même, relié (reliure de la Bibliothèque). . . . . 11 fr. »

MAYER (O.). — Le Droit Administratif Allemand, édition française par l'auteur avec préface de H. Berthélemy, 1904, 4 vol. in-8, brochés. 32 fr. »

— Le même, relié (reliure de la Bibliothèque). . . . . 36 fr. »

KOVALEWSKY (M.), ancien Professeur de droit public à l'Université de Moscou. — **Institutions politiques de la Russie**. Traduction Derocquigny. 1903, un vol. in-8, broché . . . . 7 fr. 50

— Le même, relié (reliure de la Bibliothèque). . . . . 8 fr. 50

ANSON (Sir William R.). — Loi et pratique constitutionnelles de l'Angleterre.

Tome I. Le Parlement, avec une préface de G. Hanotaux de l'Académie française, traduction Gandilhon, 1903, un vol. in-8. . . . . 10 fr. »

— Le même relié (reliure de la Bibliothèque). . . . . 11 fr. »

— Tome II. La Couronne, 1905, un vol. in 8 . . . . 10 fr. »

— Le même, relié (reliure de la Bibliothèque) . . . . 11 fr. »

NITTI (F. S.). — Principes de science des Finances, avec une préface de A. Wahl, 1904, 1 vol. in-8 broché . . . . 12 fr. »

— Le même, relié (reliure de la Bibliothèque) . . . . 13 fr. »

Th. CURTI. — Le Referendum, éd. franç., revue et augmentée d'un appendice par l'auteur ; trad. franç. de J. Ronjat. 1905, 1 vol. in-8, br. 10 fr. »

— Le même, relié (reliure de la Bibliothèque) . . . . 11 fr. »

SÉRIE IN-18

TODD (A.). — Le Gouvernement parlementaire en Angleterre. Traduit sur l'édition anglaise de Spencer Walpole. Avec une préface de Casimir-Périer, 1900. 2 vol. in-18, broché. . . . . 12 fr. »

— Le même, relié (reliure de la Bibliothèque) . . . . 13 fr. »

WILSON (W.). — Le Gouvernement congressionnel avec une préface de Henri Wallon, de l'Institut, 1900, 1 vol. in-18 broché . . . . . . 5 fr. »

— Le même, relié (reliure de la Bibliothèque) . . . . 5 fr. 50

JENKS (Edward). — Esquisse du gouvernement local en Angleterre. Traduction de J. Wilhelm, juge au tribunal civil de Coulommiers, avec une préface de H. Berthélemy, professeur de droit administratif à l'Université de Paris, 1902, 1 vol. in-18 br. . . . . 5 fr. »

— Le même, relié (reliure de la Bibliothèque). . . . . 5 fr. 50

SOUS PRESSE

STUBBS. — Histoire constitutionnelle de l'Angleterre, 3 vol.

MOREAU et DELPECH. — Les Règlements des Assemblées législatives, 2 vol.

DICEY (A. V.). — Leçons sur les rapports entre le Droit et l'opinion publique en Angleterre au cours du XIX siècle, 1 vol.

LAVAL. — IMPRIMERIE L. BARNÉOUD ET Cie

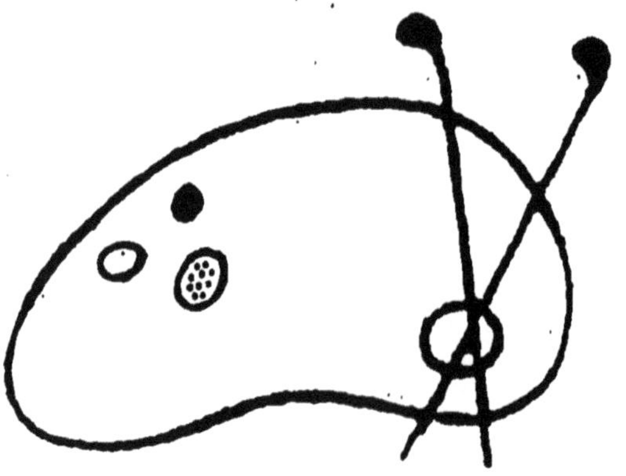

Fin d'une série de documents
en couleur

LE

DROIT ADMINISTRATIF ALLEMAND

BIBLIOTHÈQUE INTERNATIONALE DE DROIT PUBLIC
publiée sous la direction de
Max BOUCARD, Maître des Requêtes honoraire au Conseil d'État
Gaston JÈZE, Professeur agrégé à la Faculté de droit de l'Université de Lille

LE DROIT ADMINISTRATIF ALLEMAND

PAR

OTTO MAYER

Édition française par l'auteur

Avec une Préface de H. BERTHÉLEMY
Professeur de droit administratif à l'Université de Paris

TOME QUATRIÈME

PARTIE SPÉCIALE

LES OBLIGATIONS SPÉCIALES (SERVICE DE L'ÉTAT ; CHARGES PUBLIQUES ; CONCESSION D'ENTREPRISE PUBLIQUE ; INDEMNITÉS POUR DOMMAGES CAUSÉS PAR L'ADMINISTRATION). — LES PERSONNES MORALES, ETC.

TABLES ANALYTIQUE ET ALPHABÉTIQUE

PARIS
V. GIARD & E. BRIÈRE
Libraires-Éditeurs
16, RUE SOUFFLOT ET 12, RUE TOULLIER
1906

TABLE DES MATIÈRES DU TOME IV

PARTIE SPÉCIALE (*suite*)

LIVRE II

SECTION II

Les obligations spéciales.

SECTION III

Les personnes morales.

APPENDICE

PARTIE SPÉCIALE

LIVRE II

SECTION DEUXIÈME

Les obligations spéciales

§ 42

Le service de l'Etat ; sa nature juridique et ses différentes espèces

L'obligation du service de l'Etat est une *obligation de droit public, en vertu de laquelle un sujet est astreint à prêter à l'Etat, avec dévouement personnel, une certaine espèce d'activité.*

I. — Il y a aussi certaines obligations spéciales des sujets, qui dépendent du droit public et en vertu desquelles les sujets sont astreints à prêter des activités déterminées. La théorie des charges publiques nous en fournira des exemples. L'élément caractéristique qui distingue le service de l'Etat de toutes les autres obligations de ce genre, c'est la force particulière avec laquelle le service de l'Etat s'empare de la personne; le *dévouement personnel et la fidélité* à ce service(1)sont exigés de celui qui est tenu. Tout d'abord, cela constitue un devoir purement *moral*, qui, en cette qualité, reste en dehors d'un rapport de droit proprement dit. Mais à un point de vue secondaire, cela acquiert une importance juridique (2). D'abord, ce caractère spécial du devoir se manifeste dans la forme particulière, dans laquelle l'accomplissement de l'obligation est surveillé et réalisé par contrainte; nous en parlerons au § 45 ci-dessous. De plus, ce caractère apparaît immédiatement par certaines conditions et certains accessoires juridiques qui sont généralement attachés à cette obligation. Ce sont les suivants :

1) Le service de l'Etat ne peut incomber qu'à des personnes qui, en vertu de leur *nationalité*, appartiennent à cet Etat. Le droit administratif, comme nous l'avons vu, en principe, ne se préoccupe pas de la nationalité : le pouvoir de police, le pouvoir de finance, le droit public concernant les choses prennent tous, comme sujet opposé à la puissance publi-

(1) L'obligation d'une fidélité particulière pourra aussi exister dans les obligations de servir qui dépendent du droit civil ; il en est question, par exemple, pour les employés de commerce. Le service de l'Etat diffère de ces obligations par la forme du droit public ; l'élément de fidélité ne sert qu'à distinguer ce service des autres prestations pouvant être dues en vertu du droit public.

(2) C'est à tort que l'on fait de la fidélité une catégorie spéciale qui, dans l'énumération des devoirs du fonctionnaire, figure à côté des autres (*Bluntschli*, Staatswörterbuch, IX, p. 693 ; V. *Rönne*, Preuss. St. R., III, p. 473 ; *Laband*, St. R., éd. all., I, p 438 (éd. franç., II, p. 146) : la fidélité ne signifie pas un devoir distinct, c'est l'esprit dans lequel les devoirs véritables doivent être remplis. Il est encore plus faux de dénier à ce devoir de fidélité toute importance juridique (*G. Meyer* dans Annalen 1880, p. 345 ; *Rehm* dans Annalen 1885, p. 86 ; *Seydel*, Bayr. St. R., III, p. 387 et note 4) : nous allons souligner cette importance dans le texte.

que, tout simplement l'individu qui se trouve dans l'Etat. Au contraire, le dévouement particulier et la fidélité exigés ici ne doivent être supposés que chez un homme appartenant à la communauté à laquelle le service doit être prêté. S'agit-il du service d'une communauté inférieure, — cercle, commune locale etc., — on exige même parfois que l'individu appartienne aussi spécialement à cette dernière communauté.

Pour mieux garantir l'existence de la qualité exigée, on a posé le principe que la validité même de la création du rapport de service en dépend comme de sa condition formelle.

Il y a même des cas où la création du rapport de service entraîne de plein droit la nationalité correspondante pour la personne obligée (3). Telle est la force de la connexité qui existe entre ces deux choses.

2) Un point commun à tous les cas de service de l'Etat, c'est d'être accompagnés d'un *serment professionnel* (*Diensteid,* serment de service), qui doit être prêté par celui qui doit ce service, au moment même où il entre en activité. Ce serment est formulé de différentes manières ; mais son contenu essentiel et uniforme partout, c'est la promesse de remplir fidèlement les devoirs qui vont désormais incomber à celui qui le prête. Le serment sert à corroborer, par un appel à la conscience, l'élément moral de cette obligation, qui juridiquement n'est pas bien saisissable. En exigeant ce serment, la loi souligne énergiquement la nature spéciale de cette obligation de droit public. Il s'agit

(3) Loi d'Emp. du 1er juin 1870, § 9, al. 1er : « Des lettres de nomination pour le service immédiat ou indirect de l'Etat, ou pour le service des cultes, de l'instruction ou des communes, émises ou confirmées par le gouvernement ou par une autorité administrative centrale ou supérieure d'un Etat confédéré, remplacent, pour l'étranger et pour le citoyen d'un autre Etat confédéré qu'elles concernent, les lettres de naturalisation ou de réception, à moins qu'une réserve contraire n'y soit exprimée. »

là de cette nature et non pas de l'objet des services à prêter.

Des transports militaires, par exemple, pourront se faire par la prestation de renfort, à côté de ce qui s'opère par les troupes du train : le soldat et le paysan réquisitionné font le même travail, l'un et l'autre en vertu d'une obligation de droit public. Du paysan réquisitionné on n'exige pas de serment ; les moyens extérieurs de contrainte paraissent suffisants. Le devoir du soldat, au contraire, comme celui du fonctionnaire, exige plus qu'il ne pourrait être obtenu par les voies de droit, même d'un homme à gages. De là le serment (4).

3). C'est dans le même ordre d'idées que ce rapport juridique s'attache avec une force particulière aux *personnes* qui y sont comprises. D'un côté, le débiteur ne peut pas se libérer en se substituant un autre débiteur ; cela va sans dire. Mais ce n'est pas même *in solutione* qu'un remplacement pareil ne peut pas se faire. Dans la réquisition, dans les corvées et autres prestations personnelles n'ayant pas ce caractère d'intensité, ce qui seulement importe, c'est que l'effet déterminé soit obtenu ; que le débiteur fournisse lui-même les activités exigées, ou qu'il les fasse prêter par un autre, cela est indifférent. L'obligation du service de l'Etat, au contraire, est excessivement personnelle ; à cause de son caractère moral, elle devient différente, quand un autre doit la remplir. Par conséquent, il n'y a pas ici d'accomplissement par remplaçant. Il y a remplacement dans les fonctions par un autre fonctionnaire, il y a constitution d'un nouveau débiteur avec libération d'un premier débiteur ; mais chacun ne fait que remplir le devoir qui lui incombe personnellement ; il ne remplit jamais le devoir d'un autre.

(4) V. *Rönne*, Preuss. St. R., III, p. 314 ; *Schulze*, D. St. R., I, p. 327.

L'incessibilité existe aussi de l'autre côté, du côté du créancier : c'est uniquement vis-à-vis d'une communauté de droit public que ce rapport particulier avec son devoir moral pourra être imaginé, comme l'obligation de droit public de servir le représente. Nous parlons de service de l'Etat ; mais il est bien entendu qu'ici comme ailleurs il peut y avoir, à la place de l'Etat, comme sujet créancier, la province, le cercle, la commune, enfin n'importe quel autre corps d'administration propre. D'ailleurs, comme nous l'avons spécialement vu dans les matières du droit public concernant les choses, un entrepreneur concessionnaire pourra aussi être mis à la place de l'Etat : le droit d'exproprier lui est conféré ; des servitudes de droit public, des restrictions de la propriété de droit public pourront être exercées par l'entrepreneur dans l'intérêt de l'entreprise qui lui a été concédée. Mais jamais le concessionnaire n'est investi de l'autorité spéciale qui, dans le rapport du service de l'Etat, appartient au patron ; ses employés n'ont que des contrats de droit civil.

Ce caractère personnel du service de l'Etat s'affirme encore à un autre point de vue. Le devoir moral de dévouement et de fidélité cherche, par sa nature, l'homme vivant, et non la personne abstraite que la construction juridique offre comme créancier de l'obligation à remplir. L'obligation de servir, comme toutes les autres obligations des sujets, est due à l'Etat, être abstrait. Mais notre droit public étant moulé sur le type de l'Etat monarchique, fait apparaître, à travers cette fiction indispensable pour les constructions juridiques, la personne du prince, toutes les fois, du moins, que ce voile se lève, c'est-à-dire toutes les fois que la question n'est plus placée sur le terrain exclusif de ces formules. C'est ce qui a lieu dans le service de l'Etat. Il est dû, d'après le droit formel, à la personne abstraite de l'Etat. Mais l'élément moral, le dévouement, la fidélité, excédant la sphère du droit, cherche d'autres attaches : le serment, par lequel on promet d'accomplir son devoir avec dévouement et fidélité, est prêté chez nous, non pas à l'Etat, mais au prince en personne (5).

II. — En principe, l'obligation de servir a aussi un *côté extérieur,* par lequel le patron agit sur des tiers par l'intermédiaire du serviteur Ce côté extérieur ne manquera pas d'avoir une importance juridique, même pour le rapport interne qui nous intéresse ici en première ligne. Une connexité de ce genre n'existe pas seulement dans toutes les obligations de service qui dépendent du droit public ; elle se manifeste déjà dans les rapports de droit civil qui lui servent de modèle.

Tout louage de service, qui se fait d'après le droit civil, a pour but de faire gérer, par l'activité du débiteur, les affaires du créancier, du patron. Le patron dispose de cette obligation en indiquant au débiteur les affaires qu'il doit gérer. Cet *emploi* donné au serviteur est nécessaire pour qu'il puisse agir. L'indication peut se faire au moment même de la création de l'obligation de servir ou n'intervenir qu'après coup. Elle ne sert pas seulement à déterminer le contenu exact de l'obligation ; elle place, en même temps, le débiteur à la tête des affaires qui doivent lui être confiées, afin qu'il les gère pour le compte du maître et à sa place ; car, matériellement, elles restent les affaires du maître. De cette manière, le rapport a pour

(5) A. L. R. II, 10 § 2 et 3. Cette idée trouve son expression la plus claire dans le serment de fidélité au drapeau, que doivent prêter les soldats allemands. Ils promettent « de servir fidèlement comme soldat Sa Majesté le Roi ». Ce service est dû à l'Etat et en même temps au roi ; dans le serment de fidélité, c'est le roi seul qui apparaît.

effet de faire agir le débiteur vis-à-vis des tiers, comme si le maître lui-même l'avait fait ; ce côté extérieur du rapport s'appelle la *représentation*. Ce ne sont pas nécessairement des actes juridiques qui doivent être accomplis pour le maître ; il y a représentation au sens large du mot, même quand il est seulement question d'un travail manuel à exécuter pour autrui. Si l'emploi a pour but d'accomplir, pour le maître et en son nom, des actes juridiques, nous appelons ce pouvoir spécial de représenter le maître une *procuration*.

De même, dans la sphère du droit public, l'obligation de servir est accompagnée de l'indication d'un cercle d'affaires du maître, — c'est-à-dire de l'Etat, — qui devront être gérées par le débiteur. Le côté extérieur de l'emploi, le pouvoir de représenter l'Etat dans ce cercle déterminé d'affaires, s'appelle la *fonction publique*. Si l'emploi a pour but de faire accomplir par le débiteur des actes juridiques de droit public, c'est-à-dire des déclarations obligatoires pour les sujets, ou, comme on le dit encore, de faire exercer par lui le pouvoir de commander, alors la fonction est revêtue d'un caractère de puissance publique et sert à constituer une *autorité* (comp. t. I, § 8 note 2, p. 120). C'est le correspondant de la procuration du droit civil. Du reste, pour l'objet qui nous occupera ici, cette distinction est sans importance.

Toutefois, en droit public, le rapport qui existe entre l'obligation de servir et la fonction n'est pas le même que celui entre le louage de services et la procuration en droit civil. La représentation du droit civil peut-être considérée d'une manière abstraite et pour elle-même, isolément. Peu importe, pour la conception, le rapport personnel existant entre le représentant et le représenté, qui est à la base. Cela pourra être un rapport d'obligation quelconque ; la représentation peut aussi être le résultat d'un rapport de puissance de famille. Par là il n'y a rien de changé dans sa nature. La fonction publique, au contraire, est essentiellement liée à l'obligation de servir du droit public. *La fonction est un cercle d'affaires de l'Etat, qui doivent être gérées par une personne liée par l'obligation de droit public de servir l'Etat* (6). Tout pouvoir de gérer des affaires pareilles, qui serait constitué d'une autre manière, ne répond pas à cette notion.

L'Etat, la commune peuvent, par un contrat de louage de services, dépendant du droit civil, se procurer des auxiliaires pour faire exécuter des travaux publics : construction de routes, nettoyage d'édifices publics, conduite de fourgons de la poste. Tous

(6) *Laband*, St. R., éd. all., I, p. 322 (éd. franç., II, p. 3) donne les définitions suivantes : « Une fonction publique de l'Etat (*Staatsamt*) est un cercle d'affaires de l'Etat, délimité par le droit public » ; en conséquence, p. 326 (éd. franç., II, p. 10) : « Une fonction publique de l'Empire est un cercle d'affaires de l'Empire délimité par des règles de droit ». *Laband* prétend donc remplacer l'élément spécial de la notion que présente, dans notre définition, l'obligation de servir dépendant du droit public, par la délimitation que doit recevoir, par le droit public, le cercle d'affaires confiées au fonctionnaire. Naturellement, cela ne veut pas dire que la fonction est placée, en général, dans la sphère du droit positif ; il serait bien inutile de l'affirmer. Il doit s'agir de règles de droit concernant directement la fonction, à l'effet de délimiter le cercle de ses affaires et pour la créer ainsi. Or, cela est évident, il y a beaucoup de fonctions pour lesquelles cela n'existe pas et auxquelles *Laband* cependant ne refuse pas de reconnaître cette qualité ; dès lors, la formule, dans ces cas, apparaît insuffisante. Il y a des fonctions qui n'ont qu'un caractère passager (*Laband*, St. R., éd. all., I, p. 409 ; éd. franç., II, p. 109), par exemple, une mission diplomatique extraordinaire ; le « cercle d'affaires » n'est déterminé ici que par la commission impériale et nullement dans la forme d'une règle de droit. Mais des fonctions permanentes aussi, fréquemment, ne reçoivent pas leur délimitation par des règles de droit public de cette espèce et ne sont pas du tout organisées par des règles de droit. Pour gérer des entreprises industrielles, pour administrer des musées et des bibliothèques et pour installer les fonctions nécessaires à cet effet, le Gouvernement n'a pas besoin de règles de droit, il n'a besoin que d'argent ; cet argent, il est vrai, c'est la loi du budget qui le lui donnera. Mais, dans l'opinion de *Laband* lui-même, cela n'est pas une délimitation par le droit public ou par des prescriptions juridiques.

ces individus n'ont pas de fonction publique (7). A côté d'eux, il y en aura d'autres qui, peut-être, tout en faisant le même genre de travaux, sont censés être revêtus d'une fonction publique et être des fonctionnaires. La différence repose uniquement sur le caractère de droit public de l'obligation de servir, en vertu de laquelle ces individus sont attachés à ces affaires à raison de leur nomination au service de l'Etat.

L'Etat pourra aussi se procurer des prestations de travail dans les formes du droit public et les employer à la gestion de certains intérêts publics, gestion à laquelle les débiteurs seront contraints de contribuer: dès que le devoir qu'il impose n'a pas le caractère spécial d'obligation de servir selon le droit public, c'est-à-dire ne contient pas l'exigence qui lui est propre du dévouement et de la fidélité personnels, il n'y a pas de fonction. Nous citerons comme exemples le secours qui pourra être exigé à l'occasion d'un accident, les réquisitions de prestation de renforts et de main d'œuvre (8).

Le droit constitutionnel de l'Etat, ainsi que l'organisation des communes, délèguent, dans une certaine mesure, des affaires publiques aux soins d'assemblées de citoyens, leurs délibérations étant exécutoires par elles-mêmes, ou bien ne constituant qu'une collabora-

(7) Ce sont les « serviteurs contractuels », d'après la terminologie des juristes prussiens: *Olshausen*, Stf. G. B., II, p. 1290 ; R. G., 24 mars 1882 (Samml., VI, p. 107), 16 juin 1882 (Samml., Stf. S. V, p. 337) : O. V. G., 26 février 1885, 26 oct. 1885. D'après *Lœning*, V. R., p. 115, des gens engagés par contrat de louage d'ouvrage selon le droit civil peuvent aussi avoir le caractère de fonctionnaires publics ; il argumente des « aides privés » dans le service des postes et des gardes forestiers privés. En sens contraire, *Laband*, St. R., éd. all., I, p. 406 note 2 (éd. franç., II, p. 105 note 1). Nous expliquerons plus tard (au § 43, III, ci-dessous), en quoi la thèse de *Lœning* est juste et en quoi cependant la règle indiquée au texte conserve sa valeur.

(8) Nous donnerons de plus amples explications au § 47, II, ci-dessous.

tion en sous ordre : on peut citer les représentations nationales, les conseils municipaux, les assemblées générales des communes. Les membres de ces assemblées n'ont pas de fonction, attendu qu'ils n'ont pas d'obligation de servir (9). Par dessus tout, le prince lui-même gère les affaires de l'Etat dans une grande étendue, mais il le fait sans fonction et sans être fonctionnaire. Le président de la République, au contraire, est fonctionnaire, attendu qu'il existe pour lui une obligation de droit public de servir l'Etat.

Il n'y a pas de fonction publique sans obligation de droit public de servir. A l'inverse, il peut y avoir obligation de droit public de servir l'Etat *sans fonction*. Cela peut arriver de deux manières.

Il se peut que la création de l'obligation de servir et le commencement de la fonction coïncident. En fait, ces deux choses, d'ordinaire, n'apparaissent que séparées par un certain intervalle. Dans ce cas, la fonction ne pouvant exister sans obligation de servir, c'est toujours cette obligation qui naît la première et qui reste d'abord seule pendant un certain temps jusqu'à ce que la fonction s'y joigne et la fasse agir en conséquence. Le droit des fonctionnaires de profession en fournit les exemples les plus frappants. De même, il peut arriver que la fonction cesse la première, laissant subsister l'obligation de servir toute seule.

Le même résultat peut encore être produit par la raison que l'activité formant le contenu de l'obligation de servir l'Etat, n'a pas nécessairement pour but de gérer des affaires de l'Etat, affaires qui seraient

(9) *Olshausen*, Stf. G. B., II, p. 1293 (n. 14, II, b.); R. G., 1er février 1883 (*Reger*, III, p. 306); comp. aussi sur les différentes formes de ce pouvoir représentatif, la théorie des corps d'administration propre, § 58 ci-dessous.

confiées aux débiteurs : l'intérêt que l'Etat poursuit par leur obligation n'est pas de produire par leur intermédiaire un effet extérieur ; il s'agit plutôt de produire un effet sur eux mêmes, de leur donner une certaine éducation qui les rendra propres à servir plus tard réellement à l'accomplissement des tâches auquelles l'Etat les emploiera. Ce but principal fait alors disparaître l'idée d'une représentation de l'Etat dans la gestion de ses affaires ; il n'y a pas de fonction. Il y a donc ici obligation de servir l'Etat, sans fonction. L'armée, qui profite d'une obligation de ce genre pour former la grande école de la nation en vue de la guerre, présente l'exemple le plus important (10) ; mais ce n'est pas le seul.

Ainsi nous maintiendrons nécessairement le principe que l'obligation de servir l'Etat et la fonction publique sont des choses distinctes par leur nature. Mais ce n'est pas à dire qu'il nous soit permis, en exposant notre institution juridique, de faire abstraction de la fonction publique. Au contraire, les deux choses sont intimement liées par des rapports réciproques. De même que l'obligation de servir est la condition de la fonction, de même la fonction, à son tour, réagit sur l'obligation de servir l'Etat : cette dernière obligation étant toujours créée en vue d'une fonction d'un caractère déterminé, c'est de cette fonction que dépendent les qualités personnelles requises pour pouvoir entrer à ce service : c'est d'elle que dépend le contenu de l'obligation ; c'est par elle qu'elle reçoit son développement complet. Lorsque cela ne doit pas aboutir à une fonction, — comme dans le service militaire forcé, — la fonction est remplacée

(10) *Laband*, dans Arch. f. öff. R., III, p. 519 : « Le service militaire forcé en temps de paix n'est qu'une instruction obligatoire ».

dans ces effets sur l'obligation par une autre sorte de service « actif ».

Ainsi, le service de l'Etat présente partout le même type d'un rapport juridique se développant par les degrés suivants : capacité d'être obligé, création de l'obligation de servir, service actif, et d'un autre côté arrivent aussi à se dissoudre par les degrés correspondants.

III. En considérant la force créatrice du rapport juridique, on distingue d'ordinaire les obligations du droit civil en obligations légales et obligations conventionnelles. On a appliqué la même distinction à l'obligation de servir l'Etat ; cela semble correspondre aux deux formes principales dans lesquelles des rapports juridiques de droit public, peuvent, en général être créés : la règle de droit agissant directement, et l'acte administratif. C'est ce dernier acte qu'on entend désigner par l'expression de création conventionnelle. Nous aurons à examiner cette « convention » de plus près (comp. § 44, I ci-dessous). Toutefois, même avec cette réserve, la distinction en service légal et service conventionnel n'est d'aucune utilité pour nous. Les différences qui existent entre les formes de créer l'obligation de servir l'Etat, telles qu'elles se présentent en réalité, ne se laissent pas ranger dans ces catégories.

D'une part, en effet, la prétendue obligation légale de servir n'est pas du tout créée directement par la loi ; elle n'existe qu'en vertu d'un acte administratif appliquant et exécutant la loi. Cet acte se rencontre aussi dans la création conventionnelle de l'obligation de servir ; il y a même souvent des prescriptions légales que l'acte pourra prendre pour base. La seule différence, c'est que la prétendue obligation légale peut être imposée spontanément, c'est-à-dire sans le consentement du débiteur, en vertu d'une autorisation donnée par la loi, tandis que l'obligation conventionnelle dépend du consentement du débiteur. Il est donc préférable d'appeler la première, non pas service légal, mais *service forcé*.

D'un autre côté, le service conventionnel ne vise que le placement dans le service de l'Etat, le prétendu contrat de service de l'Etat. Mais cela ne suffit pas pour comprendre tous les cas de service de droit public en dehors du service légal ou, pour mieux dire, forcé. Il y a, à côté, une autre série d'institutions très importantes qui ne se laissent pas ranger dans les formes du contrat de service de l'Etat : c'est la catégorie des fonctionnaires d'honneur, qu'il faut classer. Il n'est pas d'usage d'employer le mot de contrat pour l'acte par lequel est créé leur rapport juridique spécial, quoique cet acte mérite cette dénomination aussi bien et aussi mal que ce qu'on appelle le contrat de service de l'Etat. Toutefois, il y a, en réalité, des différences juridiques assez importantes entre ces deux choses. Nous placerons donc, à côté *de l'entrée dans le service professionnel de l'Etat*, comme institution juridique distincte, l'*acceptation d'une fonction d'honneur* (11).

(11) Dans Bl. f. adm. Pr., XXXIII, p. 49, on reproche à la théorie du service de l'Etat, telle qu'elle est exposée par *Laband*, d'être incomplète, parce qu'elle traite seulement des fonctionnaires de profession, et non des « fonctions reposant sur l'accomplissement d'un devoir commun du citoyen », spécialement des fonctionnaires communaux. *Laband* n'expose que le droit public de l'Empire, pour lequel ces fonctions d'honneur n'ont pas une grande importance. Par conséquent, dans ses observations générales sur le service de l'Etat, St. R., éd. all. I, p. 406 (éd. franç. II, p. 103), la fonction d'honneur est laissée de côté. « L'obligation de servir, dit-il, (éd. all. I, p. 407 ; éd. franç., II, p. 104) peut avoir une triple base juridique », à savoir, le contrat de louage d'ouvrage du droit civil et les deux titres de droit public : service forcé ou admission contractuelle au service de l'Etat. Toutefois, en traitant de la matière du service judiciaire (St. R., éd. all., II, p. 431 ; éd. franç., IV, p. 308), il remarque très justement. « Par conséquent, au point de vue du droit public, il faut distinguer trois espèces de services en justice : le service forcé des échevins et jurés, le service professionnel des fonctionnaires des tribunaux et le service honorifique des juges de commerce ». Voici bien nos trois catégories.

§ 43

Le service forcé et le service des fonctionnaires d'honneur.

L'entrée au service de l'Etat comme fonctionnaire de profession constitue la forme universelle de droit public, en vue de faire naître toute sorte d'obligations de servir d'un contenu quelconque. Le service forcé et le service d'honneur ne trouvent d'application, à côté de cela, que d'une manière restreinte et pour des obligations de servir ayant des objets déterminés. Il y a aussi une catégorie à part, d'un caractère tout à fait exceptionnel et pour ainsi dire anormal, que nous appellerons obligations mixtes ; elles forment une espèce de transition entre le service d'honneur et le service professionnel ; il en sera parlé au n. III du présent paragraphe.

I. — L'*obligation de service forcé* est une *obligation de servir selon le droit public, imposée d'autorité, indépendamment du consentement du sujet intéressé*. Cela constitue une atteinte à la liberté ; il faut, à raison de la réserve constitutionnelle, un *fondement légal*.

Notre législation de l'Empire fournit ces fondements pour le *service militaire forcé*, et pour le service judiciaire des *jurés* et des *échevins*. Nous en tirerons, en première ligne, les éléments qui serviront à expliquer notre institution juridique quant à la naissance et à l'extinction de l'obligation de servir (1).

(1) Loi militaire du 2 mai 1874; loi sur l'organis. judic., §§ 31-57, § 84-97.

1) La loi, en donnant à l'administration le pouvoir d'imposer d'autorité des obligations de servir pour certains buts, détermine, conformément à ces buts, le *cercle des personnes* auxquelles l'obligation pourra être imposée, et la *mesure* de cette obligation, à savoir son contenu et sa durée ; elle fixe donc, en même temps, les principes d'après lesquels cette obligation prendra fin.

Le cercle des personnes à obliger est délimité, comme pour toutes les obligations de servir dépendant du droit public, avant tout par la condition de la *nationalité* de l'Etat, ce qui signifie, pour nos exemples principaux, la qualité d'allemand d'Empire. D'autres qualités sont aussi exigées en vue de garantir la *capacité spéciale* pour faire le service dont il s'agit : un certain âge, absence de défauts corporels ou moraux, etc. Enfin le cercle se restreint par des *exemptions* reconnues en faveur de certaines personnes, capables en principe, mais qui doivent être ménagées pour différents motifs dont on a cru devoir tenir compte. Ces motifs sont très largement admis pour le service judiciaire ; ils sont relativement rares pour le service militaire.

Il y a des *listes* permanentes sur lesquelles sont inscrits tous les sujets qui pourront être requis pour chaque service ; ces listes font ainsi connaître la totalité du personnel disponible. Ces listes sont publiées, et les intéressés pourront faire valoir leurs observations afin de les faire rectifier. D'un autre côté, les individus qui devraient être compris sur ces listes pourront être obligés de se présenter à certaines époques dans des bureaux déterminés ; ou bien des restrictions pourront leur être imposées dans le choix de leur séjour, dès avant le moment où toutes les conditions seront remplies pour exiger d'eux le service effectif. Cela a pour but d'assurer, à l'avance, la créance future de l'Etat contre eux, l'obligation de servir qui sera constituée plus tard.

Tout cela n'a qu'un caractère *préparatoire ;* il n'existe encore aucune obligation de servir, ni en vertu de la loi dont les définitions semblent s'appliquer à tel sujet déterminé, ni par l'inscription sur la liste. Aussi ces personnes ne sont-elles pas encore soumises à un pouvoir général, en vertu duquel elles seraient à la disposition de l'administration ; elles ne sont soumises qu'à certaines obligations et restrictions particulières et qui ne vont pas plus loin que la loi ne l'ordonne directement ; ce sont des charges auxiliaires qui leur sont imposées.

2) *L'obligation de servir est imposée* par un décret de l'autorité, rendu contre l'individu imposable par un acte administratif qui est appelé *élection* ou *conscription*. Au cas de service forcé, — que nous visons ici, — il y a des commissions spéciales constituées à cet effet. Le décret contient une application de la loi, c'est-à-dire l'affirmation que les conditions légales sont remplies ; mais il aboutit en même temps à une appréciation de l'intérêt public, d'après lequel ces personnes sont requises pour le service public à l'exclusion d'autres individus également imposables, ou de préférence à ceux-ci. A l'égard de l'individu intéressé, l'élection ou la conscription ne produit son effet, comme tous les actes administratifs, qu'au moment de la notification dûment effectuée. C'est à ce moment que prend naissance l'obligation de servir.

Avec la notification de l'obligation imposée, on pourra faire enjoindre en même temps l'ordre d'en commencer l'accomplissement, l'*appel pour l'entrée en service* ; la notification peut même être faite directement sous forme d'un commandement, d'un appel de ce genre. Mais il se peut aussi que le commandement soit réservé et ne soit émis que plus tard et séparément. C'est le premier acte pour lequel il soit fait usage de l'obligation de servir.

La désobéissance à ce commandement, le refus d'entrer en service à l'époque prescrite sont soumis à une répression pénale ; ils font de plus encourir des dommages-intérêts, c'est-à-dire le paiement des frais occasionnés par ce fait illégal ; enfin, quand il s'agit du service militaire, on vaincra cette résistance par l'emploi de la force : le débiteur sera amené *manu militari*.

3) Avec l'*entrée dans le service*, l'accomplissement de l'obligation commence ; le rapport juridique fait apparaître alors son caractère plein et entier. L'entrée au service est, de la part de l'obligé, essentiellement un fait matériel qui n'a en soi rien d'un acte juridique. Elle consiste purement et simplement dans la *présentation* (*Gestellung*) de la personne de l'obligé ; elle peut se faire spontanément ou par voie de contrainte, peu importe ; il suffit du fait de la comparution de l'obligé devant l'autorité qui dirige le service dû, et de la possibilité ainsi procurée à cette dernière de disposer effectivement de sa personne L'entrée au service s'achève alors, grâce à cette mise à la disposition, par l'*enrôlement* de l'obligé dans l'entreprise publique à laquelle il doit servir, dans l'organisation de la justice ou de l'armée. A cette occasion maintenant, la *prestation de serment* aura lieu. Cependant, les effets juridiques de l'entrée en service ne s'attachent pas à la prestation du serment ; elle s'attache uniquement au fait de l'enrôlement.

L'entrée en service a donc le caractère juridique d'une *prise de possession* par l'autorité de l'individu qui doit servir. Ce débiteur est placé par là sous cette dépendance juridique spéciale qu'on a pris l'habitude d'appeler *rapport de sujétion particulière*. C'est le pouvoir du préposé hiérarchique, qui, en conséquence, agit sur lui avec ses ordres et ses moyens de discipline. Le caractère de ce pouvoir sera plus ou moins fortement prononcé selon la nature des services qu'il s'agit de faire fournir et de diriger.

Il trouve son expression la plus énergique dans les institutions du *service militaire*. Avec l'enrôlement effectif dans l'armée, il se produit une obligation de service actif d'une sévérité particulière (2). Elle semble presqu'absorber l'individualité entière du débiteur, qui désormais est censé appartenir à une classe à part, à l'*état* de soldat ; l'obéissance absolue qui est dûe aux supérieurs, une contrainte par des moyens de discipline extrêmement rigoureux, un droit pénal spécial applicable en vertu de ce changement de *status*, tout cela concourt à caractériser la situation juridique exceptionnelle qui lui est faite ; nous reviendrons sur les détails au § 45, I, ci-dessous.

Pour le juré et l'échevin, le service actif signifie un rapport de sujétion spéciale qui ne se fait presque pas sentir. Ce qui donne son importance marquante à l'entrée dans cette situation, c'est plutôt la naissance d'une *fonction* dont le débiteur est investi à ce moment même. Le juré, l'échevin qui ne se présente pas à l'audience fixée n'a jamais eu de fonction ; il ne l'acquiert qu'au moment où commence l'audience à laquelle il assiste pour accomplir son devoir. C'est à ce moment aussi qu'il prête serment. Sa fonction s'éteint avec la clôture de cette audience, sauf à revivre, quand il lui faudra revenir pour servir encore dans une autre audience (3).

(2) *Laband*, St. R., édit. all., II, p. 643 (éd. franç., V, p. 261) : « un devoir du sujet, élevé à une puissance extraordinaire ».

(3) C'est seulement *brevitatis causa* que la loi sur l'organisation judiciaire parle partout de la convocation, de la récusation, exemption, comparution des « échevins » ou « jurés ». Il aurait fallu dire : « des personnes requises pour faire le service d'échevin ou de juré ». Un « juré », qui est condamné à une amende parce qu'il ne s'est

Dans l'exercice de cette fonction, c'est-à-dire dans l'accomplissement de son service actif, le juré ou échevin est soumis à la direction du juge qui préside ; puisqu'il s'agit d'une activité juridictionnelle qui, par sa nature, est matériellement indépendante, cette direction ne porte que sur la forme extérieure de sa conduite. Il n'y a pas de moyens de contrainte disciplinaire spécialement prévus pour cette espèce de service. Il suffit de la pénalité dont le débiteur est menacé pour le cas où il voudrait « se dérober à ses devoirs », puisqu'il s'agit d'un service forcé ; si le débiteur est venu et reste, la police de l'audience est là pour garantir qu'il remplira convenablement la fonction.

Mais, malgré toutes ces différences quant à la formation des détails, le service actif du juré et de l'échevin d'une part, le service actif du soldat, de l'autre, représentent cependant, dans le développement consécutif des institutions du service forcé, la même suite de degrés, caractérisés par les mêmes idées juridiques.

4) Le service actif, cela se conçoit, ne tient pas ses débiteurs dans une activité ininterrompue. Mais une *interruption passagère* n'empêche pas le service de

pas présenté, et, qui, par conséquent, ne pouvait pas être assermenté, n'a pas été « juré », cela va sans dire. Il résulte de la nature de ce rapport avec la fonction que ni le juré ni l'échevin ne sont des fonctionnaires. Ils « pourvoient » à la fonction, d'après les termes de la loi sur l'organisation judiciaire, §§ 31, 84 ; mais il ne sont pas pourvus de la fonction. Cette fonction ne leur est pas déférée pour être attachée à leur personne comme une qualité et capacité personnelle ; elle reste au palais de justice, pour leur être confiée seulement pendant les heures qu'ils ont à passer là. Cette idée a trouvé une expression peu précise quand on dit que c'est la courte durée de la fonction qui les empêche d'être des fonctionnaires : *Hälschner*, Stf. R. II, 2 p. 1033 et note 3. Mais il est absolument inexact de vouloir expliquer l'absence de la qualité de fonctionnaire par le fait qu'il s'agit ici d'un service forcé : *Olshausen*, St. G. B., II, p. 1380 n. 8 c ; *Laband*, St. R., édit. all. I, p. 414 (éd. franç. II, p. 117). Sinon, du temps de la théorie de *Gönner*, où tout service de l'Etat était considéré comme une obligation incombant aux sujets, il n'y aurait pas eu de fonctionnaires du tout.

continuer. Même pendant les minutes de récréation, le juré, l'échevin conserve sa fonction et reste soumis à la direction du président ; même pendant la nuit et pendant les heures de repos, ou quand il est en permission, le soldat est en service actif et sous les drapeaux. Le pouvoir hiérarchique n'est pas interrompu, même quand il laisse flotter un peu les rênes. Ainsi tout cela est juridiquement sans importance et ne fait pas l'objet de règles fixes.

Mais le service actif peut *prendre fin*, tout en laissant subsister l'obligation de servir. Cela a lieu pour des causes déterminées.

Parmi ces causes, il faut citer en première ligne, les cas où le *temps* pour lequel le service actif est dû *est écoulé*. Tous les services forcés ont cela de commun, d'être limités à un certain délai ; la charge à imposer a toujours sa mesure. Cette mesure peut être calculée d'après un délai fixe, ou d'après la durée d'une certaine affaire ou d'un groupe d'affaires à gérer. Passé ce délai, le débiteur doit être libéré, soit seulement du service actif auquel il a été appelé, soit même de l'obligation entière de servir. Mais, quelle que soit la cause qui doive mettre fin à un service actif, elle n'aura jamais son effet directement et de plein droit : on ne peut être affranchi d'un rapport de sujétion spéciale que par la mainlevée accordée par le maître. L'acte de l'autorité, par lequel se termine le service actif, s'appelle le *renvoi* (*Entlassung*). Si la loi a ordonné, dans l'intérêt du débiteur, qu'à tel ou tel moment son service actif doit être terminé, cela doit être entendu non pas comme une fin qui aurait lieu directement, mais comme un droit, pour l'intéressé, d'obtenir son renvoi.

Ce renvoi se fait d'une manière expresse pour le service militaire ; quant au service judiciaire des jurés et échevins, il est contenu dans la déclaration du président que l'audience est levée.

Si, avec ce renvoi, la session du jury n'est pas encore terminée, si l'échevin n'a pas encore fait le nombre de séances qui lui ont été légalement imposées, si le soldat n'est pas encore complètement libéré, l'obligation de servir continue. C'est une obligation en non activité qui peut revivre, une obligation latente, ou, pour parler la langue du droit civil, une obligation à terme. Le fait qu'elle existe ne s'affirme pas seulement par la possibilité d'un rappel au service actif. Pour garantir l'accomplissement de ce devoir, des *obligations auxiliaires* sont établies. C'est ainsi, par exemple, que le juré est obligé, pendant la session, de faire acte de présence toutes les fois qu'il s'agit de former à nouveau le jury. Et, dans une mesure beaucoup plus large, le soldat renvoyé dans la réserve ou dans la Landwehr est soumis à des devoirs et des restrictions : il lui est prescrit de se présenter en personne devant les autorités à des époques déterminées ; le droit d'émigrer ne lui est accordé que sous certaines conditions, etc. (4). Ces devoirs et restrictions ressemblent à ceux qui sont imposés en vue de l'obligation de servir future, par mesure préparatoire ; ils sont naturellement plus intenses, parce que l'obligation de servir est née, que le service actif a eu lieu, et a donné à cet individu une certaine valeur pour cette grande entreprise de l'Etat. Mais, juridiquement, l'analogie est complète : le service actif une fois terminé, il n'y a plus de rapport de sujétion spéciale, en vertu duquel toutes sortes de prescriptions pourraient être données au débiteur. Il n'y a plus de pouvoir du supérieur. L'individu soumis à l'obligation de servir ne doit désormais que ce qui lui est prescrit par la loi, pas plus. Telle est la situation.

5) L'obligation de servir elle-même prendra fin par

(4) Loi militaire de l'Emp. du 2 mai 1874, § 57.

l'accomplissement de la mesure dans laquelle elle a pu être imposée; elle s'éteindra aussi à la suite de certains faits qui ont le caractère de causes irrégulières, tels que l'incapacité ou l'indignité qui surviennent, ou des droits à la libération d'une part, des pouvoirs d'exemption de l'autre (5).

Si l'obligation de servir doit s'éteindre pendant la durée du service actif, elle ne produira toujours effet que par le renvoi déclaré par l'autorité. S'il s'agit d'une obligation de servir en non activité, les causes qui y mettent fin peuvent avoir libre cours pour produire leur effet. C'est pour le législateur une question d'opportunité que de savoir s'il faut exiger, pour qu'elles opèrent ainsi, une reconnaissance formelle, c'est-à-dire un acte administratif prononçant la libération.

6) Quand le service actif est terminé, quand l'obligation de servir est éteinte, la *possibilité d'être soumis à l'obligation* par un nouvel acte de conscription ou d'imposition reste ouverte. Du moins, en principe. Mais la cause qui a éteint l'obligation peut avoir éteint, en même temps, la capacité juridique d'y être soumis de nouveau (incapacité physique, indignité). Et le fait d'avoir « fait son temps » peut, d'après la loi qui sert de base nécessaire à tout ce système de services forcés, libérer soit pour toujours, soit, du moins, pour un certain temps. Ces charges, comme nous l'avons dit, sont toujours mesurées. Pratiquement, ce sont seulement les services judiciaires qui, après un certain répit, peuvent revenir sur le même individu et l'obliger à recommencer.

(5) On a l'habitude de mentionner, dans cette énumération, en premier lieu : la mort de l'individu obligé de servir; c'est encore, à mon avis, une de ces petites exactitudes si prétentieuses et si inutiles ; a-t-on jamais cru que cette obligation pouvait passer à l'héritier ?

II. — Dans l'organisation de nos autorités administratives, et même dans celle du pouvoir judiciaire ainsi que de l'armée, de nombreuses fonctions sont prévues, destinées à être acceptées par les particuliers *pour l'accomplissement d'un devoir civique* — devoir garanti par le droit, ou devoir simplement moral. Nous les appelons *fonctions d'honneur*.

C'est également une fonction d'honneur, qui est remplie par le juré ou par l'échevin, pendant qu'ils accomplissent leur obligation en service actif (comp. la note 3 ci-dessus, p. 18). Ici nous ne parlerons que de fonctions d'honneur permanentes, déférées aux individus en toute forme, comme cela a lieu pour les fonctions de profession.

Celui qui accepte une pareille fonction est soumis, en même temps, aux devoirs correspondant à cette fonction. Il se crée, pour lui, une obligation de droit public de servir la communauté à laquelle cette fonction appartient : Etat, cercle, commune.

Cette obligation, dans la manière dont elle se forme comme dans celle dont elle prend fin, diffère tant du service forcé du droit public, que du service professionnel.

1) Toutes les fonctions qui doivent s'exercer ainsi pour l'Etat sont réglées par la loi. Un fondement légal, pour couvrir l'atteinte à la liberté, ne serait pas, il est vrai, absolument nécessaire, puisque, d'après les principes généraux, il pourrait toujours être remplacé par l'acceptation volontaire. Mais, d'un côté, il s'agit ici partout de fonctions investies d'un pouvoir d'autorité, et, à raison de l'effet juridique que doit produire l'activité qui émane d'elles, la loi, comme nous l'avons vu, s'est emparé de leur organisation (comp. t. 1er, p. 16 et p. 117, note 18). D'un autre côté, il semble que, dans l'opinion qui a prévalu, l'Etat, en bonne règle, doit se procurer les services dont il pourra

avoir besoin, par des fonctions professionnelles ou par des contrats de louage du droit civil ; il ne doit donc être permis de faire usage de services d'honneur, même volontairement acceptés, que dans les cas pour lesquels la loi l'autorise.

Pour les communautés inférieures, au contraire, des fonctions d'honneur, même sans fondement légal, se présentent en grand nombre ; pour elles, on considère comme plus convenable de faire appel aux vertus civiques des citoyens.

Les exemples les plus importants nous sont fournis par les fonctions d'honneur de nos lois *d'organisation d'administration propre* et, dans la sphère de la législation d'Empire, par les fonctions des *juges de commerce* (6) et des *officiers de la réserve et de la Landwehr* (7).

Dans les cas où la loi a réglé ces fonctions d'honneur, elle fixe spécialement les *conditions de capacité*. La nécessité d'avoir la nationalité de l'Etat va de soi ; mais, en outre, on exige d'ordinaire que l'individu appartienne à la communauté inférieure ou à la classe d'intéressés auxquelles devra profiter l'activité de ce fonctionnaire. Que ces conditions soient réunies chez une certaine personne, cela aura une importance juridique en ce sens que la validité de l'attribution de la fonction en dépend ; et, quand il s'agit d'une fonction qu'on peut être contraint d'accepter, en ce sens aussi que cette contrainte est rendue possible.

Pour le cercle de personnes ainsi délimité, il se

(6) Loi d'organis. jud., § 111-117.

(7) Ordonnance sur l'armée, § 51 ss ; ordonnance sur la marine, § 61 ss. — La législation de l'Empire nous présente encore de nombreuses fonctions d'honneur dans le système de l'assurance ouvrière. Elles sont essentiellement formées d'après le modèle des « fonctions d'administration propre » créées par les législations particulières. Comp. sur ces fonctions : *Rosin*, R. der Arbeiterversicherung, III, p. 646, 696.

forme de nouveau une qualité commune : la *capacité d'être obligé*. Mais cette capacité a un caractère juridique tout autre que dans le cas précédent (n. I, 1 ci-dessus, p. 15) ; ici, l'obligation de servir qu'elle prépare se forme tout autrement.

2) L'obligation de servir qui incombe aux fonctionnaires d'honneur se forme par l'*attribution de la fonction*. Cela s'effectue dans la forme d'un acte administratif ordinaire, émanant du prince ou d'une autorité. Cette manière de déférer la fonction s'appelle la *nomination* (8).

La nomination, selon la règle générale des actes administratifs, ne produit son effet que par la notification faite à la personne nommée. Mais l'efficacité de l'acte administratif dépend d'une autre condition. La loi ne donne pas d'autorisation d'imposer ces fonctions d'honneur contre la volonté de l'individu : il n'existe pas de service forcé dans le sens de celui dont nous venons de parler au n. I ci-dessus, p. (9). Dès lors, l'imposition de l'obligation de servir ne peut se faire valablement qu'avec son consentement. Ce consentement, c'est l'*acceptation de la fonction*. Il se peut que des déclarations expresses et des délais soient prescrits ; sans cela, l'acceptation pourra aussi se faire tacitement.

Pour que cette condition soit remplie et que la déclaration de consentement soit faite, il y aura,

(8) Pour les fonctions d'administration propre, la nomination est quelquefois remplacée par l'élection ; comp. § 58, II, n. 1 ci-dessous.

(9) Il existe une exception remarquable dans le droit Prussien pour la fonction d'honneur de chef d'une propriété exempte (*Gutsvorsteher* ; Kr. O. § 31 ss.). Cette fonction s'attache, en vertu de la loi, à la personne du propriétaire ; la confirmation par l'autorité n'est qu'une condition de forme pour que l'effet de la loi ait lieu. Le propriétaire ainsi désigné est immédiatement lié par la fonction, et l'obligation de servir prend naissance, à moins qu'il ne s'en décharge en offrant un remplaçant capable.

pour la personne visée, des motifs de différente nature sur lesquels on pourra compter : vertu civique, sentiment monarchique, ambition. Il est possible que la loi se contente de ces motifs. Toutefois, dans la plupart des cas, notamment quand il s'agit de faire usage de la fonction d'honneur pour former des autorités administratives, — ce qui a pris tant d'importance dans nos législations récentes, — la loi établit une *obligation formelle d'accepter* et admet des *moyens de contrainte* pour amener cette acceptation. Le refus, quand il n'est pas fondé sur des excuses reconnues légitimes, est menacé de certains préjudices : des amendes peuvent être infligées, ou bien les impôts dus par l'individu récalcitrant seront, à titre de peine, augmentés dans une certaine proportion (10).

La fonction d'honneur ne devient pas, pour cela, un service forcé. L'obligation de service forcé, comme nous l'avons vu, se forme sans le consentement du débiteur ; ici, au contraire, l'obligation de servir n'est pas imposée d'autorité ; mais une pression est exercée pour amener le consentement nécessaire pour faire naître l'obligation de servir. Si cette pression ne produit pas son effet, l'obligation de servir ne nait pas (11).

(10) Prusse, Kr. O., § 8 ; Bade, Loi du 5 oct. 1863, § 3 ; Krank. Kass. Ges. de 1892, § 34, al. 2 ; Unfall. Vers. Ges., § 24, al. 2 ; Inval. Vers. Ges., § 74, al. 2, § 90. — La législation administrative de la France, en général, n'aime pas établir une contrainte pour l'acceptation de fonctions d'honneur ; comp. *ma* Theorie des Franz. V. R., p. 284.

(11) En ce sens, *Loening*, V. R., p. 138. Dans la note il relève aussi avec raison la différence qui en résulte pour l'obligation de servir du juré et de l'échevin imposée directement. De même : *Olshausen*, Stf. G. B., II, p. 1378 (au § 359 n. 2). D'ordinaire, il est vrai, on place ces fonctions d'honneur avec contrainte d'accepter tout simplement parmi les services forcés : *Gareis*, Allg. St. R., p. 148 ; *V. Sarwey*, Württ. St. R., I, p. 230 ; *G. Meyer*, St. R., p. 705. Non seulement cela efface le caractère juridique qui distingue notre institution de l'autre ; mais encore cette institution elle-même se trouve par là scindée en deux. En effet, les fonctions d'honneur sans contrainte d'accepter étant cependant de

Toutefois, cette différence, qu'il y ait obligation d'accepter ou non, sera d'une certaine importance pour la procédure à suivre dans la nomination. S'il n'existe pas d'obligation, on ne risquera jamais une nomination sans s'être assuré à l'avance qu'elle aura son effet. Au besoin, on fera toujours des constatations préalables pour savoir si la personne visée est disposée à accepter ou non (12). La nomination, quand elle a lieu, se fait alors toujours dans la supposition du consentement donné ; par suite, dans l'intention d'être immédiatement valable et définitive, *sans réserve d'aucune condition*. Au contraire, quand la loi établit une obligation formelle d'accepter, la nomination se fait sans préparatifs, dans l'attente que la personne ainsi requise voudra, par la déclaration de son acceptation, remplir son devoir et échapper aux conséquences fâcheuses dont le refus est menacé. Elle contient elle-même la menace tacite de ces conséquences; elle exerce ainsi, d'ordinaire, par sa simple apparition une pression suffisante. Il en résulte qu'elle ne se fait pas avec la constatation que cet élément nécessaire de sa validité existe déjà et avec l'affirmation d'un effet juridique définitif : l'acceptation à déclarer est encore prévue par elle comme condition de cet effet. Tant que cette condition n'est pas remplie, la personne visée par l'acte de nomination ne subit pas encore son effet. Il se peut que, au cas de refus, la nomination, d'après la prescription de la loi, tombe immédiatement et d'elle-même ; ou bien il est

nature essentiellement identique, répugnent naturellement à se laisser ainsi associer aux services forcés ; ainsi, elles ne trouvent plus de place dans le système. Il faut convenir que la contrainte d'accepter est, pour la notion de la fonction d'honneur, un accessoire sans conséquence.

(12) C'est ainsi qu'on procède surtout pour la nomination des juges de commerce. La nomination d'un officier de réserve suppose même un consentement déclaré par écrit : Ordonnance sur l'armée, § 13, n. 2.

ordonné qu'elle doit être considérée comme nulle, quand l'acceptation n'a pas été déclarée dans un certain délai. Lorsque rien n'a été prescrit à cet égard, la nomination subsiste comme une offre de contracter jusqu'à ce qu'elle soit retirée, ce qui pourra aussi se faire sous la forme de la nomination d'un autre individu. En tout cas, la personne en question n'a jamais été, en vertu de cette nomination, chargée d'une obligation de servir (13). Dans le premier cas, — où il n'y avait pas d'obligation formelle d'accepter, — cette personne a été chargée de l'obligation par l'acte de nomination, même si elle déclare immédiatement qu'elle refuse ; en effet, l'acte administratif de l'autorité agissant dans la sphère générale de sa compétence, lorsqu'il veut produire son effet sans réserve, constate lui-même l'existence des conditions mises pour sa validité. C'est à la personne nommée à attaquer l'acte, par les moyens ordinaires, en vue d'établir l'illégalité de l'acte et d'en provoquer l'annulation (comp. t. Ier, § 8, II, n. 3, p. 126).

3) Par la notification de la nomination, ou, si la nomination a été faite dans l'attente d'une acceptation future, par cette acceptation déclarée, la personne nommée est investie de la fonction et chargée en même temps de l'obligation de servir. L'époque à laquelle se produira cet effet peut, dans un intérêt de conformité et d'ordre, être remise à une certaine date ultérieure où se fera simultanément l'échange des titulaires des différentes fonctions. *Mais toujours, les deux choses commencent ensemble et à la fois : la fonction et l'obligation de servir.* C'est ce qui fait la différence entre le service forcé qui n'entraîne aucune fonction,

(13) Dès lors, ici, la déclaration décisive d'acceptation ou de refus ne peut toujours intervenir qu'après la notification de la nomination : *V. Brauchitsch*, Preuss. V. Ges., I, p. 25 n. 22 ; O. V. G., 9 juin 1885.

c'est-à-dire aucune qualité juridique de représenter l'Etat (service militaire), ou qui ne la fait naître que pour les courts moments de l'activité effective du débiteur (service judiciaire des jurés et échevins). C'est ce qui fait également la différence avec le service professionnel, qui met le débiteur à la disposition de l'Etat pour toutes les fonctions d'une certaine espèce et peut, en attendant, être créé d'une manière générale et abstraite (14). Ici, la fonction et l'obligation de servir coïncident. Le fonctionnaire d'honneur n'est tenu de servir que par la fonction qu'il accepte, et pour cette fonction qui est censée être digne de son sacrifice (15).

La distinction que nous avons dû faire pour les services forcés, entre un service actif et une obliga-

(14) *Jellinek*, Subj. öff. Rechte, p. 174, formule très bien la différence qui existe ici en disant : « Les fonctionnaires ainsi créés (c'est-à-dire nommés) ne sont pas, en vertu d'un rapport de sujétion spécial, investis d'une fonction quelconque ; ils sont directement appelés dans une fonction déterminée ».

(15) *Laband*, St. R., édit. all., II, p 454 (édit. franç. IV, p. 341) argumente directement de la manière suivante : « Le service des juges de commerce n'est pas un service professionnel. Leurs fonctions sont honorifiques, c'est-à-dire gratuites. Par suite, les règles concernant l'avancement, le déplacement ou la mise en non activité ne leur sont pas applicables ». Cela répond parfaitement à la connexité étroite qui existe entre l'obligation de servir et la fonction distincte et déterminée. Il nous semble cependant que *Laband* abonde ici dans notre sens. La nature de la fonction d'honneur n'exclut pas aussi catégoriquement toute possibilité d'avancement et de déplacement. Cette exclusion, il est vrai, sera la règle, parce que, d'ordinaire, tout changement de fonction fera du service autre chose que ce que le fonctionnaire pourra être censé avoir voulu accepter. Cependant, il y a des fonctions, comme celles des officiers de réserve, qui sont considérées comme se valant réciproquement et qui sont aussi organisées, en même temps, par degrés de rangs superposés, en sorte que celui qui en accepte une, sert « à l'avancement ». En effet, l'officier de réserve pourra certainement être promu à un grade supérieur, sans qu'il y ait besoin d'un consentement nouveau : d'un autre côté, on est libre de le déplacer dans un autre régiment de la même arme. Par contre, des « déplacements dans une autre arme » ne doivent être proposés en haut lieu qu'avec le consentement de la personne intéressée : Ordonnance sur l'armée du 28 sept. 1875, II, § 28, n. 8.

tion de servir plutôt latente, ne pourra s'appliquer ici qu'avec des modifications considérables.

Ici, le service actif comprendrait aussi le temps de l'exercice effectif de la fonction Mais, comme nous l'avons fait remarquer pour le juré et l'échevin, on comptera encore comme service actif les moments pendant lesquels la séance a été interrompue afin de permettre au personnel de se reposer, ainsi que les vacances qu'on consent au soldat à titre de permission. Ce relâchement relatif est d'une importance beaucoup plus considérable pour le fonctionnaire d'honneur, dont l'état et la position sociale sont en dehors de ces fonctions. Tout en conservant cette fonction comme une qualité et un pouvoir qui lui sont inhérents d'une manière permanente, il jouit de la facilité d'en interrompre l'exercice pratique pour des espaces de temps considérables.

Il y a des fonctionnaires pour lesquels ces interruptions comptent cependant comme service actif, celui-ci étant censé continuer purement et simplement. Tel est le cas, par exemple, pour les maires des petites communes et pour les chefs de cantons (*Amstvorsteher*). Ces fonctionnaires d'honneur sont préposés à un ensemble d'affaires qu'ils se proposent eux-mêmes de traiter avec une certaine suite, se remettant chaque fois à l'œuvre spontanément, ou qu'ils peuvent être appelés à chaque moment à gérer par suite d'un ordre de service qui leur est donné. D'autres fonctionnaires ressemblent plutôt aux jurés et échevins, en ce qu'ils sont seulement mis en mouvement par une autorité dirigeante qui les convoque pour un temps restreint, après de longs intervalles d'inactivité. Ici on n'admet pas qu'il y ait une simple continuation du service actif ; on ne lui attribue que le temps qui s'écoule entre une convocation et un renvoi. Tel est le cas, par exemple, pour les juges de commerce, les membres des conseils du cercle (Bade), les membres des comités du cercle (Prusse), enfin les officiers de la réserve et de la Landwehr. Ici on serait tenté d'identifier tout à fait la situation juridique du fonctionnaire d'honneur avec celle du juré et de l'échevin renvoyés à la clôture de l'audience et attendant une nouvelle convocation en vertu de leur obligation de servir qui n'aura pas encore été épuisée. La terminologie de la législation militaire semble même favoriser directement cette manière de voir, en comptant le soldat qui a fait son service actif ainsi que l'officier de réserve, tous les deux indistinctement, dans « l'état de congé » ; il y a des « hommes de l'état de congé » et des « officiers de l'état de congé ». Toutefois, il ne faut pas trop insister sur cette expression. D'abord, il ne s'agit pas d'un congé ordinaire ou d'une simple permission, cela est évident ; nous avons vu qu'en pareil cas le service actif est censé continuer. Pour les individus des deux classes de l'état de congé, au contraire, le rapport de sujétion spéciale est altéré ; il y a entre eux cette différence que, pour les simples soldats, pour les hommes en état de congé, ce rapport de sujétion est, pour le moment, complètement fini, sauf à revivre. Pour les officiers de la réserve et de la Landwehr, il n'en est pas de même. Ils diffèrent du soldat ainsi que du juré et de l'échevin par ce fait, — qui leur est commun avec les juges de commerce, avec les membres du comité du cercle, etc. — : leur fonction ne finit pas avec leur service actif, la qualité et la capacité de représenter l'Etat dans ce cercle d'affaires leur reste, la convocation à un nouveau service actif n'est pas l'attribution d'une fonction nouvelle ; c'est l'ordre d'exercer à nouveau celle dont ils sont restés investis.

Il en résulte deux conséquences :

Le fonctionnaire qui n'est pas en service actif, et qui fait un acte de sa fonction, agit peut-être contre les règles de la discipline et en sera responsable; mais son acte sera valable en principe.

Le fonctionnaire en « état de congé » n'est pas tout à fait exempt du rapport de sujétion; si, d'ordinaire, il ne reçoit plus d'ordre de service tant que dure cet état, il reste cependant soumis au pouvoir disciplinaire qui peut toujours lui demander compte de sa conduite en dehors des actes du service proprement dits (16).

(16) L'officier de réserve en présente l'exemple le plus important. Il nous semble que toutes les difficultés qu'on a éprouvées pour expliquer la véritable nature juridique de cette fonction ne pourront trouver de solution satisfaisante que dans cette manière d'envisager les choses.

Laband, St. R., édit. all., II, p. 671 (éd. franç., V, p. 309 ss.), a, le premier, développé une doctrine systématique sur cette matière. D'après lui, l'officier de réserve ne ferait que remplir, dans une forme modifiée, son obligation légale de servir, et ressemblerait en cela au volontaire d'un an. Mais il n'est pas possible, à mon avis, de mettre sur le même pied ces deux catégories si différentes.

L'essence de la notion d'officier de réserve est que celui-ci a été chargé d'une fonction publique; il est fonctionnaire. — *Laband*, l. c., édit. all., p. 671, note 2 (éd. franç., V, p. 310, note 1) et *G. Meyer* dans Annalen 1876, p. 669, et 1880, p. 350 discutent sur le point de savoir si ce titre lui revient ou non; la chose est indifférente pour notre question — le volontaire d'un an, en principe, n'a pas de fonction. Mais, enfin, il est possible de lui en attribuer une; tout en restant volontaire d'un an, il peut être promu au grade de sous-officier. Supposons que cela ait lieu et qu'il soit investi de cette fonction. Alors ce volontaire d'un an, en effet, ne fait que remplir son obligation légale de servir dans une forme modifiée. On en tire la conséquence suivante : puisqu'il n'y a là qu'une modification de son service légal, on le nomme sous-officier sans lui demander son consentement. S'agit-il, au contraire, de nommer ce même individu officier de réserve, on a, d'après les règlements, besoin de son consentement. On donne comme motif qu'il s'agit de devoirs spéciaux qui incombent aux officiers de réserve, devoirs « auxquels ils se soumettent volontairement » (Motifs du projet de la loi de contrôle, Imprimés du Reichstag, II, Sess. 1874, n. 13, p. 6). Dès lors, l'obligation légale ne continue pas; elle est remplacée. La même chose aura lieu, si ce même individu, avant la fin de son service légal, est nommé officier de carrière. D'après la doctrine de *Laband*, cet officier de carrière devrait aussi n'avoir qu'une obligation légale qu'il remplit avec une modification. — Le volontaire d'un an, nommé sous-officier, après avoir terminé, pour cette fois, son service actif, garde son obligation de servir; il conserve aussi sa qualification; lorsqu'il sera convoqué à nouveau, il sera encore sous-officier. Mais, dans l'intervalle, il n'est pas sous-

Dès lors, pour cette seconde catégorie de fonctionnaires d'honneur, ce qu'on veut opposer à leur état de service actif n'en est pas aussi éloigné et se caractérise plutôt comme un relâchement temporaire, comme une interruption partielle du pouvoir hiérarchique.

4) Conformément à la nature spéciale de la fonction d'honneur, l'obligation de servir ici ne prendra effectivement fin que dans la forme d'une extinction simultanée de cette obligation et de la fonction. Il n'y a pas de stades intermédiaires.

La cause ordinaire qui mettra fin à la fonction

officier ; il n'a pas de fonction propre qu'il emporterait, lorsqu'il quitte les drapeaux, car il n'en est investi que pendant le temps qu'il est en service actif, absolument comme le juré et l'échevin. L'officier de réserve, au contraire, reste officier, même en rentrant dans « l'état de militaire en congé » ; la fonction lui est inhérente. De là le droit de porter l'uniforme, le droit d'être obéi par les militaires inférieurs ; de là surtout la continuation du pouvoir disciplinaire propre à cette espèce de fonctionnaires (Ordonnance du 2 mai 1874). C'est en vain que l'on cherche à se soustraire à la logique de ces faits en affirmant qu'il ne s'agit ici que de « devoirs d'état » ; en effet, l'état d'officier n'est autre chose que la communauté de l'obligation de servir dans cette forme ; l'obligation d'avoir une conduite irréprochable, qui est l'objet de la surveillance des cours d'honneur, ne forme qu'un côté de cette obligation de servir, comme *Laband* lui-même l'a très bien exposé pour les autres fonctionnaires de l'Etat (St. R., édit. all., II, p. 687, I, p. 445 ; éd. franç., V, p. 333, II, p. 156). — Le volontaire d'un an, qui, son service actif terminé, transfère son domicile dans un autre Etat de l'Empire, entre, d'après le principe de la réciprocité pour le service militaire (*Militärische Freizügigkeit*), dans le contingent de sa nouvelle demeure ; les termes restant à échoir de son service actif seront confondus dans ce dernier. Il emporte seulement la qualification, qu'il aura acquise, d'être sous-officier. Il en est tout autrement de l'officier de réserve. Il reste, même au cas de changement de domicile, au service de l'Etat dont le chef l'a nommé officier ; un déplacement dans l'autre contingent ne pourrait se faire que par une démission et une nomination nouvelle. S'il n'y avait pour lui que l'obligation légale de servir, cette obligation suivrait les règles de la réciprocité militaire ; les simples « modifications dans la manière de la remplir » n'y changeraient rien, comme le démontre l'exemple du volontaire d'un an sous-officier.

Nous relèverons tout à l'heure encore une autre différence entre le service forcé du volontaire d'un an et la fonction d'honneur de l'officier de réserve.

d'honneur, c'est l'*expiration du temps fixé*. Cette espèce d'obligation de servir, tout comme le service forcé, étant une charge spéciale, est, en principe, imposée seulement pour un temps déterminé ; peu importe que l'obligation n'existe ici qu'en vertu d'une acceptation, qui peut-être est tout à fait libre de contrainte ; l'Etat ne veut pas qu'on abuse de la bonne volonté. L'arrivée du terme peut produire son effet directement ; cela aura surtout lieu lorsque le renouvellement des fonctionnaires est fixé d'une manière générale à certaines dates d'après le calendrier. D'ordinaire, pour que l'obligation s'éteigne, le pouvoir hiérarchique, une fois constitué sur l'individu, nécessite, ici comme ailleurs, un acte de renvoi émanant de l'autorité. L'arrivée du terme final prévu ne confère qu'un droit d'exiger cet acte (17).

La fonction d'honneur pourra aussi finir pour des *causes spéciales*, auxquelles celles reconnues pour le service d'Etat professionnel ont servi de modèle : destitution par condamnation judiciaire, révocation pour incapacité de servir, etc. (comp. § 44, III, n. 2. ci-dessous) (18).

(17) En droit prussien, le principe qu'aucune obligation de fonctionnaire ne prend fin par elle-même, quand le temps est écoulé, mais qu'il faut toujours un renvoi formel (A. L. R. II, 10 § 94. 97), a été déclaré applicable aux fonctions d'honneur : *V. Brauchitsch*, Preuss. V. Ges., I, p. 564 note 16. — Revenons encore une fois à l'officier de réserve dont le service a été appelé un « service légal avec modifications » (note 16 ci-dessus). L'obligation légale prend fin directement par l'effet de l'arrivée du terme, à moins que ce moment n'arrive pendant que l'obligé est convoqué pour le service actif. Par conséquent, le réserviste, même celui qui a obtenu la qualification de sous-officier, est libéré directement, lorsque la fin de son temps est arrivée. L'obligation de l'officier de réserve, au contraire, d'après le principe établi par A. L. R. II, 10 § 94 pour tous les fonctionnaires, ne finit jamais que par l'effet d'un renvoi. Dans le cas d'un renvoi prématuré, l'obligation légale, comme pour l'officier de carrière, pourrait revivre : Ordonnance sur l'armée, § 25.

(18) Une suspension (comp. § 44 n. 2 ci-dessous) est aussi admise pour la fonction d'honneur ; cela veut dire que la fonction et l'obligation de servir sont provisoirement privées d'effet, toutes les deux à la fois.

Si l'individu ne présente plus *les conditions* de capacité légale qui avaient été exigées pour la nomination, la fonction d'honneur ne cesse aussi que par le renvoi. Pour le service forcé, nous avons vu qu'il fallait distinguer : l'obligation finit de plein droit à la suite d'une incapacité légale survenue; mais il faut un acte de renvoi, quand cela se produit pendant que l'obligé se trouve en service actif, à cause du rapport de sujétion qu'il faut alors résoudre. Or le fonctionnaire d'honneur, comme nous venons de le dire, se trouve toujours dans ce rapport de sujétion, complet ou modifié, peu importe. De là la différence.

III. — Il existe encore un cas spécial d'obligation de servir, dépendant du droit public, dont nous voudrions traiter après ce qui a été exposé sur la fonction d'honneur, parce qu'il s'expliquera plus facilement par le rapprochement de ces idées. Il y a des fonctionnaires publics qui exercent leur fonction avec une obligation de servir dépendant du *droit civil* et en vertu d'un contrat de louage de service.

Encore ce contrat n'existe-t-il pas entre ces fonctionnaires et l'Etat ou une autre personne morale du droit public qui pourrait le remplacer; le créancier du service, le patron, c'est un simple *particulier*, un pro-

comme cela convient à ce genre de service. — *Loening*, V. R., p. 141, indique comme cause spéciale mettant fin à la fonction d'honneur la « déclaration unilatérale de se démettre de sa fonction »; il ajoute : « Les lois, qui soumettent à une pénalité le refus non justifié d'accepter une fonction d'honneur, déclarent également punissable la démission non justifiée ». Si cela veut dire qu'on puisse à tout moment renoncer à la fonction par une simple déclaration, de la même manière que cela a lieu pour la démission du service d'Etat des fonctionnaires professionnels (comp. § 44, II, n. 3), cela serait évidemment inexact : le fonctionnaire d'honneur est toujours lié pour un certain temps. Quand il a le droit, après un certain délai, de se démettre de sa fonction — comme dans le cas, cité par *Loening*, de la Kr. O. Pruss. § 8, — cela ne signifie pas que la fonction s'éteint par l'effet de sa déclaration; cela veut dire qu'il a le droit d'exiger que sa démission soit acceptée.

priétaire, un entrepreneur industriel, une société par actions.

Les exemples principaux sont : les agents de la police des chemins de fer au service des sociétés privées de chemin de fer, le personnel des gardes forestiers et des gardes chasse en service privé, les représentants des propriétaires dans la fonction de chef administratif de grande propriété exempte (*Gutsvorsteher*). Dans tous ces cas, il y a contrat de louage de services conclu entre les parties dans les formes ordinaires du droit civil et soumis aux modes d'extinction correspondants. Et toutefois, tous ces individus sont considérés comme des fonctionnaires publics ; en particulier, les prescriptions pénales concernant la résistance aux fonctionnaires publics et les délits professionnels des fonctionnaires publics sont applicables. A première vue, cela paraît être en contradiction flagrante avec toutes les idées qui sont à la base de notre théorie sur la fonction publique et sur l'obligation de servir qui y correspond. En réalité, la chose s'explique très simplement par le fait qu'ici une fonction publique et une obligation de servir selon le droit public se joignent spontanément au rapport de service et de mandat d'après le droit civil, et que cela s'effectue dans des formes dépendant du droit public et présentant, quoique d'une manière moins précise et moins complète,

(19) *Oppenhopp*, Stf. G. B., sous le § 359 n. 38, 39, 42 ; *Olshausen*, Stf. G. B., sous le § 359, n. 15, à I et II ; v. *Brauchitsch*, Preuss. V. Ges., I, p. 70 note 121, p. 73 note 131. On rencontre encore des institutions de cette nature dans l'administration des postes ; O. Tr. 3 février 1862 (Str., 44, p. 183) : « un postillon est, pendant qu'il fait le service de la poste, fonctionnaire public. Cette qualité relative de fonctionnaire n'empêche pas d'admettre que ce même individu soit placé, à d'autres égards et vis-à-vis du maître de poste qui l'a engagé, dans un rapport de droit privé, dans un rapport de domesticité ». Dans le même sens, R. G. 30 oct. 1886 (Samml., 37, p. 65) caractérise la situation double du postillon : il est « serviteur privé » du maître de poste, et « fonctionnaire » de l'Etat.

les traits bien connus de nos institutions de droit administratif (20).

1) La fonction publique, dans tous ces cas, n'est jamais attribuée directement par le contrat de louage d'ouvrage. Bien que le contrat soit en lui-même parachevé et conclu valablement, les parties ne pourront jamais, par leur seule volonté, lui donner l'effet d'une fonction publique. La fonction ne s'y attache qu'après coup et par un acte distinct de l'autorité publique. Cet acte se présente sous la forme d'une *confirmation* ou d'une *acceptation* de l'individu engagé, à l'effet de lui déférer la fonction dont il doit être investi. Il se joint à la prestation du serment de cet individu pour la fonction et peut directement trouver dans cette prestation du serment sa seule expression ; la pres-

(20) *Loening*, V. R., p. 115, vise ces cas quand il dit : « Même des personnes qui sont placées dans un rapport de service de droit privé avec l'Etat ou seulement avec des personnes privées, peuvent être des fonctionnaires ». Toutefois, il est inexact de dire qu'un rapport de service de droit privé serait ici possible vis-à-vis de l'Etat lui-même. Que ces individus, malgré leur obligation de servir de droit civil, soient des fonctionnaires publics, cela s'explique uniquement par le fait que, à côté de leur rapport de service de droit privé, il existe encore, vis-à-vis de l'Etat, un rapport analogue qui est de droit public. Mais ce parallélisme n'est cependant possible qu'à une condition, c'est que le rapport de droit civil existe vis-à-vis d'un patron autre que l'Etat. Il n'est pas possible qu'un même individu ait, vis-à-vis du même patron, c'est-à-dire vis-à-vis de l'Etat, deux rapports de service, l'un de droit civil et l'autre de droit public. Ici nous dirons : ou l'un ou l'autre ; ou bien il y a rapport de droit civil, et alors cet individu n'est pas fonctionnaire public ; ou bien il y a rapport de droit public, alors il est fonctionnaire, mais alors le rapport de service de droit privé, que nous supposons dans cette analyse, n'existe pas. *Laband* qui, dans St. R., édit. all., I, p. 406, note 2 (éd. franç., II, p. 105 note 1) réfute la thèse de *Loening*, observe avec raison : « Il est aussi contraire à l'usage de donner le nom de fonctionnaires à des individus qui sont entrés avec l'Etat dans un rapport purement contractuel de droit privé ». Mais, dans la même note, *Laband* refuse aussi ce caractère de fonctionnaire « au personnel engagé par des personnes privées et investi de fonctions de police ». Ici cependant, il nous semble que l'usage est très clairement fixé pour attribuer ce nom de fonctionnaire.

tation de serment constitue alors la forme de l'attribution de la fonction (21).

La délation de la fonction se fait en vertu d'une loi qui l'autorise; en effet, cette attribution d'une fonction à un employé privé a lieu avec l'intention d'investir celui-ci d'un pouvoir de contrainte envers d'autres sujets ; cela ne peut se faire qu'en vertu d'une loi.

Cet acte *suppose* le contrat de louage de services ; il en dépend comme d'une condition ; mais il ne le modifie pas et ne le rend pas plus efficace, ni plus valable qu'il ne l'est par lui-même. Il arrivera souvent que ce contrat est conclu sous la condition expresse ou tacite que la délation de la fonction s'y joindra. En dehors de ce fait d'être réciproquement la condition l'un de l'autre, les deux actes juridiques n'ont aucun rapport entre eux.

2) L'employé est, en vertu de son contrat de louage de services, obligé, en droit civil, de gérer pour le mieux les affaires qui lui sont confiées, en particulier, en se servant de la puissance qui résulte pour lui de sa fonction publique. Dans tout ceci, même en ce qui concerne l'exercice du pouvoir de sa fonction, il est soumis aux instructions et injonctions de l'autre contractant selon l'obligation de servir qui lui incombe d'après le droit civil.

Mais par là sa situation juridique n'est pas encore suffisamment déterminée. La thèse d'après laquelle il n'y a pas de fonction publique sans obligation de servir selon le droit public, reçoit aussi son application dans ce cas. L'obligation de servir en droit public signifie un rapport d'obligation vis-à-vis de l'Etat ou d'une communauté équivalente. Dès lors, il

(21) *Schwappach*, Forstverwaltungskunde, p. 140, 149 ; *Günther*, Das preuss. Feld. u. Forst. Pol. Ges. V. 1er avril 1880, p. 101 ; *Koch*, Deutschlands Eisenbahnen, 2e éd., I, p. 9, note 17 ; Pruss., Kr. O. § 33.

faut que ces employés soient, en même temps, dans un *deuxième* rapport d'obligation (22). Ce rapport ne sera pas toujours clairement déterminé. D'ordinaire, il suffira du rapport d'obligations, d'après le droit civil, vis-à-vis du patron dont l'intérêt ira de concert avec celui de l'Etat, pour maintenir l'employé dans la bonne voie, même en ce qui concerne l'exercice des pouvoirs de la fonction. L'Etat, de son côté, a des pouvoirs suffisants vis-à-vis du patron pour l'inciter à remédier aux inconvénients qui pourraient se présenter. Mais il exerce, en outre, sur la personne de l'employé même, un pouvoir de commandement direct et de discipline. Que les lois de l'Etat le lient dans ce qu'il aura à faire, pour l'accomplissement de son service, cela n'a rien d'extraordinaire ; tel serait aussi le cas, si le rapport de service dépendait purement du droit

(22) *Laband*, St. R., éd. all., I, p. 406, note 2 (éd. franç., p. 105, note 1) fait à *Loening* le reproche de confondre, chez ces fonctionnaires, le rapport de fonction et le rapport de service. Mais il nous semble que, de son côté, *Laband* pousse trop loin la distinction entre ces deux choses. Il dit que ces individus ont des devoirs de la fonction et des droits de la fonction, que ces droits et devoirs n'ont « aucune connexité avec l'obligation de servir, mais seulement avec l'exercice de la fonction ». Nous voulons bien distinguer les devoirs de la fonction de l'obligation de servir, en tant que ces devoirs ne sont autre chose que l'obligation de servir ayant reçu sa détermination et devenue, par cela même, plus rigoureuse. Mais un devoir de fonction en dehors de tout rapport avec une obligation de servir, cela n'existe pas ; qui dit devoir de fonction, dit aussi obligation de servir. — La manière dont les idées sont liées ici se trouve exprimée très clairement et très justement chez *Bessel-Kühlwetter*, Preuss. Eisenbahn. R., II, p. 41 : « Les fonctionnaires de la police des chemins de fer privés sont placés, en premier lieu, dans un rapport de droit privé avec la société du chemin de fer. Mais « une loi attribue à ces fonctionnaires, au moins pour une partie relativement minime de leur activité, le pouvoir de police ; or, comme tout pouvoir public émane de l'Etat, la personne qui en est investie ne peut l'exercer qu'au service de l'Etat ; il faut donc qu'elle soit, en ce qui concerne ces fonctions, serviteur indirect de l'Etat, quoique, d'une manière générale, elle soit considérée comme personne privée ». — Dans le même sens, *Haushofer*, Grundzüge des Eisenbahnwesens, p. 148 : « Les agents de police des chemins de fer privés sont des serviteurs publics, des fonctionnaires auxiliaires de l'Etat ».

civil. Mais l'employé est encore soumis, en ce qui concerne la fonction publique, à l'ordre que l'autorité dirigeante lui fera parvenir, soit comme disposition générale, soit comme ordre individuel, avec cet effet que ces ordres l'emportent sur les injonctions de son patron selon le droit civil. L'observation tant des prescriptions légales, que des ordres qu'elle donne est assurée par l'autorité au moyen de peines disciplinaires analogues à celles dont elle use vis-à-vis d'autres fonctionnaires ; tout au moins pour les cas extrêmes et quand il s'agit de contraventions graves contre ses devoirs, cette autorité aura le droit de renvoyer le fonctionnaire comme tel ; cela veut dire le droit de lui retirer le pouvoir de sa fonction dont il avait été investi (23). Le rapport de service de droit civil n'est pas touché directement ; une pareille mesure pourra seulement produire son effet sur ce rapport par suite d'une condition résolutoire qui y avait été ajoutée, ou comme motif pour les intéressés de faire le nécessaire en vue de faire cesser ce rapport.

3) De là apparaît clairement la nature spéciale du rapport de service de droit public, qui ici accompagne partout le rapport de droit civil. Ce rapport est, en général, calqué sur le modèle de la fonction d'honneur. Le fonctionnaire, il est vrai, touche son salaire; il le touche grâce à un autre rapport juridique dans lequel il est placé ; cependant, comme cet autre rapport constitue un véritable contrat de louage d'ou-

(23) *Bessel-Kühlwetter*, Preuss. Eisenbahnrecht, II, p. 59, constate surtout comment ici un double pouvoir disciplinaire se produit : un pouvoir conventionnel de droit privé appartenant à la société de chemin de fer, et le pouvoir de droit public de l'autorité qui représente l'Etat, l'un et l'autre s'exerçant d'une manière indépendante. — Le double rapport de service apparaît surtout tr[illegible] clairement dans le remplaçant du chef de propriété exempte, d'après la Kr. O. Pruss. § 31 ss.; *V. Brauchitsch*, Verw. Ges., I, p. 73, note 131.

vrage d'un caractère bilatéral, il répugne à notre sentiment naturel de parler ici de fonction d'honneur. Mais il ne s'agit ici que de l'identité des formes juridiques, et cette identité ne saurait être méconnue.

Comme pour la fonction d'honneur acceptée, l'obligation de servir selon le droit public est créée par un *acte administratif avec consentement de l'obligé*. Que ce consentement ait été amené sous l'influence d'un contrat de louage conclu avec un autre et soit déclaré valablement dans cette conclusion même, cela ne doit pas être considéré comme impliquant une différence essentielle. L'obligation de servir selon le droit public *coïncide* ici encore avec la fonction et consiste, depuis le commencement jusqu'à la fin, exclusivement dans l'obligation de remplir les devoirs de cette fonction. C'est avec la fonction que l'obligation de servir est créée; c'est avec la fonction qu'elle se termine. Il n'y a pas de fonctionnaires de ce genre qui soient mis en disponibilité; du moins, il n'y a pas de fonctionnaires qui soient disponibles moyennant une obligation de servir du droit public. Qu'ils commencent par une obligation de servir de droit civil et que cette obligation de droit civil puisse, en principe, subsister même après la révocation de la fonction, cela reste encore en dehors de ce que nous avons à examiner ici.

Enfin ces fonctions ont ceci de commun avec la fonction d'honneur, qu'elles sont conférées *à terme*. Le service d'Etat à titre professionnel étant à vie et, d'ordinaire, ce rapport ne pouvant être dissous de la part de l'Etat que pour des causes spéciales (comp. § 44 ci-dessous), il est, au contraire, de la nature de la fonction d'honneur de se terminer après un certain délai (comp. nos développements ci-dessus II n. 3 du présent paragraphe, p. 28 et s.). Ici le terme de la fonction est fixé de telle manière que son existence dépend de celle du rapport de service contractuel auquel elle s'attache (24). Ce dernier, tombant sous l'application du § 622 du Code civil All., pourra prendre fin à l'expiration de chaque trimestre moyennant une dénonciation de six semaines. Les parties contractantes pourront en disposer autrement ; il y a toujours, en ce qui concerne le rapport entre l'Etat et le fonctionnaire, ce résultat, qu'il dépend, quant à sa durée, de causes extérieures.

(24) V. *Brauchitsch*, Preuss. Verw. Ges. I, p. 70 : « De même que pour le chef de propriété exempte la possession de cette propriété, de même pour son remplaçant le mandat du propriétaire est la condition indispensable de l'existence légale de sa qualité de fonctionnaire. Avec la cessation de ce mandat disparaissent de plein droit tous les droits et devoirs d'accomplir les fonctions de chef de propriété exempte ».

§ 44

Le service professionnel de l'État.

Le placement au service professionnel de l'État ou d'un corps d'administration propre est la *création d'une obligation de servir selon le droit public, en vertu du consentement de l'obligé et dans le but de lui déférer une fonction publique* (1).

Ces personnes morales pourront aussi se procurer des ouvriers par la voie du *contrat de louage de service d'après le droit civil*. Cela n'est pas possible toutes les fois qu'il s'agit d'exercer la puissance publique par des actes d'autorité ou par des mesures de contrainte. Pour les actes de simple gestion, en principe le choix est libre. Mais il est dans nos usages de n'employer les formes d'un contrat du droit civil que pour certaines prestations d'un caractère subalterne (2). Dès lors,

(1) Ce qui distingue la création d'une obligation de service professionnel de la fonction d'honneur, c'est, au point de vue juridique, l'indépendance formelle de l'obligation de servir à l'égard de la fonction à déférer. Cette obligation ici est créée et existe, sans qu'on ait déjà en vue une fonction déterminée qu'il s'agirait de remplir au moyen du service dû. Ainsi elle met l'individu à la disposition de l'État pour des services d'un certain caractère. L'équivalent en argent, le traitement, le salaire en est la conséquence naturelle ; mais ce n'est pas l'essentiel ; *Bornhak*, Preuss. St. R., II, p. 24.

(2) *Gleim*, dans Wörterbuch, I, p. 323. En Prusse, les ministères de l'intérieur, des finances et des cultes, d'après un communiqué de la Berliner Korrespondenz (feuille officielle) du mois de juillet 1895, se

même en faisant abstraction des formalités extérieures qui signalent le placement au service de l'Etat, il arrive rarement que, dans un cas donné, on puisse être dans l'incertitude quant à l'espèce dont il s'agit.

I. — La nature juridique de l'acte par lequel s'effectue le placement au service de l'Etat, a été soumise, dans le cours de l'histoire, à des appréciations différentes. A l'origine et avant la séparation du droit civil et du droit public, cet acte était envisagé comme un contrat ordinaire dans le sens du droit civil (3). L'idée du régime de la police, — d'après laquelle on peut exiger des sujets tout ce qui est nécessaire aux buts de l'Etat, — amène enfin à la doctrine qui ne voit ici aussi qu'un acte unilatéral de l'autorité ; si le sujet requis donne son consentement, ce n'est que la reconnaissance de son devoir préexistant de sujet (4). L'Etat constitutionnel n'admet pas, à défaut d'un fondement légal, qu'une pareille atteinte soit portée à la liberté, sans autre autorisation que celle qu'elle se donne à elle-même. Dès lors, le rapport de service d'Etat ne pourra être créé qu'avec le consentement de l'intéressé.

Quant à savoir si l'on doit ou non voir là un contrat, cela est devenu l'objet d'une controverse très vive (5).

sont entendus sur certains principes à observer. Il est dit : « Un rapport de droit civil aura lieu en règle, quand il s'agira de prestations à salaire modique et d'un caractère plutôt mécanique, qui ne figurent au budget que parmi les dépenses matérielles ». A la différence de ces services, ceux qui dépendent du droit public sont inscrits au budget comme « places étatisées ».

(3) « *Contractus aliquis et convertis* ». — On discutait seulement sur la catégorie spéciale de contrat civil qui serait applicable. Comp. les développements remarquables de *Rehm*, dans Annalen 1884, p. 582 ss.

(4) C'était le système soutenu surtout par *Seuffert*, Vom Verhältniss des Staates undder Diener des Staates, 1793, et par *Gönner*, Des Staatsdienst, 1808.

(5) Une liste des auteurs pour et contre dans *G. Meyer*, St. R., § 439, notes 15 et 17. Comp. aussi *Rehm* dans Annalen, 1885, p. 171 ss., et *mon* article dans Arch. f. öff. R., III, p. 3 ss.

Tout le monde, il est vrai, se déclare aujourd'hui d'accord pour attribuer au droit public l'acte lui-même, ainsi que l'obligation de servir créée par cet acte. Seulement, comme nous sommes encore loin de pouvoir dire que tous ceux qui parlent de droit public en ont aussi une idée claire et nette, dont ils sont résolus à tirer les conséquences exactes, cet accord ne suffit pas pour produire des résultats concordants. Très souvent, on se contente de constater que l'intérêt public est en jeu, ou de donner à ce que l'on continue à traiter comme un véritable « contrat de service », le titre honorifique de contrat de droit public.

Pour nous, le droit public donne les idées dominantes pour tous les détails des institutions qui lui appartiennent : ces institutions doivent nécessairement se ressentir de ce qu'elles sont construites sur la base de l'inégalité juridique des sujets en cause.

Dès lors, ce qui, dans l'acte juridique du placement au service de l'Etat produit effet, ce doit être la volonté de l'Etat, l'*acte administratif* contenant la nomination ; le consentement du sujet pour lequel cet acte est émis n'a que la valeur d'une condition à observer, condition essentielle, d'ailleurs, pour la validité de l'acte. Cet effet existe, comme dans tous les actes administratifs, au moment de la *notification*, de la déclaration qui en est faite en due forme à la personne nommée.

Il est d'usage, — ou même il est expressément prescrit par la loi, — de rédiger la nomination par écrit ; ce titre s'appelle la *patente* (Bestallung) ; la notification se fait alors par la remise de la patente (6).

(6) Loi d'Emp. sur les fonctionnaires, § 4 : « Tout fonctionnaire recevra, lors de sa nomination, une patente ». *Rehm*, dans Annalen, 1885, p. 140, et *Laband*, St. R. (éd. all., I, p. 426 ; éd. franç., II, p. 136), considèrent cela comme une condition de forme qui doit être observée

La nomination ne doit pas et ne peut pas exercer une pression en vue de l'acception, comme cela a lieu pour l'appel à la fonction d'honneur obligatoire. D'un autre côté, la nomination ne prétend jamais avoir seulement la valeur d'une offre; elle tend à produire immédiatement son effet (7). Par conséquent, elle suppose existante la condition de sa validité, à savoir le consentement de la personne nommée. Ce consentement n'a besoin d'aucune forme. Il peut s'être manifesté par une sollicitation expresse ou résulter tacitement de la conduite de la personne nommée ; c'est ainsi qu'il y a toujours un grand nombre d'individus qui, en passant les examens ou en démontrant autrement leurs qualifications, se mettent à la disposition de l'Etat. Quand il y a le moindre doute, on éclaircira ce point par des informations ou par des pourparlers. Une nomination faite à tout hasard, qui placerait la personne nommée devant la question de savoir si elle veut rendre la nomination valable en déclarant

à peine de nullité. Les motifs du R. B. G. (imprimés du R. T., 1872, I, n. 9, p. 31) disent, il est vrai : « ce paragraphe exclut donc une nomination orale ». Toutefois, il serait plus conforme au texte de la loi d'interpréter cela comme une prescription d'ordre, qui, en fait, suffira pour empêcher que la nomination reste purement orale. Les motifs eux-mêmes, dans ce qui précède immédiatement la phrase que nous venons de rapporter, déclarent (p. 30 et s.) : « En ce qui concerne la forme de la nomination, il n'est cependant pas nécessaire de donner des prescriptions expresses ». — En effet, il sera à présumer que l'autorité ne voudra faire sa déclaration définitive que sous la forme de la remise de la patente ; si cependant il arrive qu'une nomination non équivoque ait fait l'objet d'une déclaration verbale ou par la voie télégraphique, cela doit être valable et le titre régulier devra alors être rédigé après coup, pour le bon ordre seulement.

(7) Si, par exception, on fait une nomination sans être sûr du consentement de l'intéressé, on ne manquera pas d'y joindre une sorte de pression par un appel à son patriotisme ou à son dévouement personnel. Une nomination très importante s'est faite, comme on sait, par la dépêche télégraphique suivante : « Je vous nomme... refus exclu ». C'est avec cette clause que se font toutes les nominations ; seulement, d'ordinaire, si elles déclarent le refus exclu, c'est à raison d'un consentement déjà donné.

qu'elle l'accepte ou la faire tomber, serait contraire à la solennité de l'acte et à la dignité de celui qui l'accomplit.

Toutefois, une erreur reste possible ; le consentement n'existait peut-être pas dans le cas donné. Il peut s'y ajouter après coup, expressément ou tacitement. Si cela n'a pas lieu, la nomination n'est pas valable. Mais il ne faut pas croire que, par le fait de la contradiction, la nomination tombe d'elle-même, — comme une offre de contracter lorsqu'on ne peut pas faire la preuve qu'elle a été acceptée ; sans quoi, il serait bien étonnant qu'on n'eût pas soin de s'assurer, pour un acte de cette importance, la preuve d'un fait nécessaire pour lui permettre de produire son effet. C'est ici que se manifestent la nature de droit public et la force spéciale de cet acte. L'acte d'autorité qui ordonne une chose — que ce soit un jugement ou un acte administratif, — constate, par cela même, que les conditions de sa validité à cet effet sont remplies. Ce principe général trouve ici son application (8). La personne qui a reçu sa nomination ne peut pas simplement refuser en déclarant : je n'ai pas voulu ; il faut qu'elle forme un recours contre l'acte. La nullité n'est qu'un moyen de justifier ce recours. Tant que la nomination n'a pas été retirée ou annulée, elle continue à produire son effet, lequel provient de sa force intrinsèque (9).

(8) Comp. t. 1er, § 8, II n. 3 ; t. 2e, § 20, n. 1, note 16 et 17.

(9) Si quelques législations (Schwarzburg-Rudolstadt, loi du 1er mai 1850 § 6 ; Oldenburg, loi du 28 mars 1867, art. 18) admettent un refus « dans les trois jours de la remise de la patente », cela signifie qu'un délai est accordé pour former le recours en annulation. Ce délai expiré, la nomination ne pourra plus être attaquée pour défaut de consentement. Il va sans dire que ces lois ne veulent pas dire qu'une déclaration de consentement faite à l'avance sera nulle si une déclaration de refus intervient dans les trois jours de la notification de la nomination. Toutefois, ici comme ailleurs dans le cas de protestation immédiate, on sera très disposé à couper court à toute discussion

Mais, à ce point décisif, les partisans les plus décidés d'un véritable contrat de service d'Etat cherchent eux-mêmes à justifier la particularité que présente l'acte de nomination. Par les tournures — différentes entre elles — qu'ils donnent aux choses, ils parviennent à concentrer toute la force de production du rapport juridique dans la volonté de la partie la plus élevée et à enlever à la volonté du sujet toute importance équivalente (10). C'est ainsi que l'idée fondamentale

et à retirer simplement la nomination. — *Dernburg*, Preuss. Pr. R., II, p. 561, note 8, mentionne le cas suivant : « Un individu a été nommé fonctionnaire : étant gravement malade, il ignore pendant plusieurs jours l'arrivée de la patente ; néanmoins, il est devenu fonctionnaire, — à moins qu'il ne refuse plus tard — et il l'est à partir de la remise de la patente ; et il n'aura pas cessé d'être fonctionnaire, s'il meurt au cours de cette maladie ». Le « refus », évidemment, n'est pas entendu ici au sens de refus d'une offre de contracter ; c'est une expression inexacte pour désigner la demande d'annulation de l'acte.

(10) *Seydel*, Bayr. St. R., III, p. 324 ss., considère le contrat comme « la seule forme possible pour créer un rapport de service du droit public ». Cependant, il déclare : « l'état de fonctionnaire est acquis par le décret de nomination ». Comment cela ? Parce que « par la notification du décret de nomination, l'auteur de la nomination est lié » (p. 341). De plus, « une acceptation expresse ou tacite n'est pas nécessaire pour que la vocation produise son effet ; mais il faut un refus pour qu'elle n'ait pas d'effet ». C'est « le décret qui donne acte du contrat » (p. 345) ; dès lors, il constate aussi l'acceptation de l'autre partie contractante, à laquelle il reste uniquement un moyen, celui d'attaquer cet acte. Qu'est-ce à dire, sinon que ceci est tout simplement notre acte administratif sur soumission ? — *Laband*, St. R. (éd. all., I, p. 426 ; éd. franç., II, p. 136), adopte un système analogue : « le contrat est conclu par la remise de l'acte de nomination ». Nous appellerions cela la création d'un rapport juridique par la notification de l'acte administratif. Mais *Laband* veut avoir un contrat, qui se ferait à ce moment ; il parvien à l'obtenir en qualifiant la remise de la patente d' « acceptation sans réserve », et cette acceptation de « consentement à un contrat de service ». Ce consentement, il est vrai, pourrait être exprimé dans cette acceptation ; cela est entièrement une *quaestio facti*, la loi n'établissant aucune présomption. Mais la première proposition, — qui voit toujours dans la remise accomplie une acceptation sans réserve, — est tout à fait insoutenable ; car, par la remise, on entend la notification ordinaire d'un acte écrit, la signification au sens de la procédure civile. Dans ce sens, *Laband* lui-même reconnaît que la signification pourra se faire valablement, parlant au domicile de l'intimé à un membre de sa famille ou à un domestique, pendant l'absence du premier ou pendant une maladie grave qui l'empêche d'en prendre connaissance. Dès lors, *Laband*

de l'acte juridique du droit public reçoit quand même sa réalisation ; et tout semble s'arranger. Seulement il est difficile de comprendre comment on peut croire pouvoir concilier avec tout ceci l'idée d'un véritable contrat. Avec la notion de l'acte administratif prise dans toute sa force, l'explication est simple et complète.

II. — Le rapport de service de droit public, qui a pour point de départ l'acte de nomination, se développe encore, d'une manière spéciale, par une série de degrés.

1) Le cercle des personnes dans lequel le choix peut se faire, est plus ou moins étroitement limité par les *conditions de capacité* prescrites pour chaque espèce de fonction. Ce n'est pas le premier pas dans le sens d'une obligation, une disposition à être obligé, comme il en existe une pour les services forcés et pour les fonctions d'honneur. Ces conditions ne sont fixées que dans l'intérêt public ; si l'on ne les observe pas et si l'on excède les limites du cercle, la personne nommée n'est pas lésée dans ses droits. Dès lors, l'obligation de servir se produit ici, sans état juridi-

a tout à fait raison lorsque, de la remise de l'acte, il fait découler la perfection du rapport juridique à créer ; mais, pour en faire un contrat, il ajoute la fiction très arbitraire d'une déclaration d'acceptation ; ce n'est pas autre chose qu'une fiction. — *Rehm*, dans Annalen, 1885, p. 142, s'associe à *Laband*, pour le fond du moins. « De même que dans la naturalisation, dit-il, la remise du décret est ici encore l'acte d'acceptation concluant ». De même que, pour *Seydel*, le décret donne acte de l'acceptation de l'autre partie, de même ici la signification du décret est concluante dans le sens de cette acceptation.

Le but — très raisonnable d'ailleurs — est le même dans toutes ces constructions : rattacher l'effet produit à l'acte d'autorité seul. Tous les auteurs qui n'ont pas, d'une manière ou de l'autre, eu le soin de caractériser leur « contrat de service d'État » comme un acte de droit public, de le dénaturer, pour ainsi dire, à la façon de *Seydel* et de *Laband*, mais qui lui laissent le caractère de simple contrat de droit civil, n'ont évidemment autre chose qu'un contrat de droit civil ; et toute l'énergie qu'ils mettent à lui conférer le nom de « contrat de droit public » nous laisse complètement indifférents.

que préparatoire, spontanément par l'acte de nomination.

Cela signifie que l'obligé est maintenant *à la disposition* de son maître de service, l'Etat, lequel va pouvoir exiger de lui des services de la catégorie de ceux visés par la nomination. L'Etat en use en lui assignant un cercle d'affaires déterminé, dans lequel il devra exercer son activité. Sans cette assignation, l'individu ne doit aucune activité ; et même, il n'est pas autorisé à s'occuper des affaires de l'Etat. L'acte par lequel s'effectue cette assignation, c'est la *délation de la fonction*. C'est par cet acte que l'obligation de servir reçoit la forme plus prononcée du *devoir de la fonction* (11).

L'obligation de service forcé reçoit une intensité correspondante par le fait de l'entrée en service actif ; dans la fonction d'honneur, l'obligation de servir et le devoir de la fonction coïncident. C'est seulement dans le service d'Etat professionnel que l'on trouve deux actes d'autorité distincts produisant chacun l'un de ces deux effets.

Il n'est pas nécessaire que ces deux actes se présentent séparés ; ils peuvent être réunis dans un seul et même acte : avec le placement au service de l'Etat peut se faire directement la délation d'une fonction déterminée. Mais il se peut que le placement au service ait lieu seul, la délation de la fonction étant réservée à un acte ultérieur.

Dans tous les cas, la nomination, par sa nature,

(11) *Laband*, St. R. (éd. all., I, p. 404 ss. ; éd. franç., II, p. 100 ss.) ; *Jellinek*, Subj. öff. Rechte, p. 170 ss. ; *Rehm* dans Annalen 1885 p. 160 ss. Pour la terminologie, ce dernier propose de distinguer entre *serviteurs de l'Etat* (*Staatsdiener*) et *fonctionnaires de l'Etat* (*Staatsbeamten*), ce qui serait certes plus logique que l'habitude commune d'appeler fonctionnaire tout individu entré au service de l'Etat pour administrer des fonctions qui lui seront déférées.

a pour but de déférer une fonction d'une certaine espèce ; c'est le seul moyen de donner à l'obligation créée son utilité L'indication de la fonction dans la nomination même détermine d'avance le contenu de cette obligation. C'est seulement à des services compris dans l'espèce de fonction indiquée que la personne nommée est engagée.

Dans ce cadre, le patron détermine librement la fonction à déférer ; dans ce cadre également, il est libre de changer plus tard la fonction, à moins qu'il n'en soit empêché par l'effet de l'inamovibilité, laquelle lui défend de retirer ainsi une fonction déférée (comp. n. 2 ci-dessous). C'est ainsi que des avancements, des déplacements dans une autre fonction du même caractère, avec ou sans changement de domicile officiel, peuvent être ordonnés. La délation de la fonction, ainsi que toutes les modifications qui pourront intervenir, sont des actes unilatéraux, qui, pour être valables, n'ont plus besoin du consentement de l'intéressé. Ce consentement est remplacé par l'obligation de servir, créée une fois pour toutes. Ces actes secondaires ne font que la mettre en œuvre.

Au contraire, la délation d'une fonction non comprise dans le contenu de l'obligation de servir constituée, n'est possible qu'au moyen d'un changement dans cette obligation, changement qui l'étendrait à ces nouvelles exigences. Cela suppose, pour être valable, un nouveau consentement de l'intéressé, consentement qui peut être déclaré tacitement par le fait de l'entrée dans la nouvelle fonction.

2) La fonction a pour condition l'obligation de servir ; elle prend fin avec elle. Mais la fonction pourra seule prendre fin, en laissant subsister l'obligation de servir. Il y a encore là une différence avec la fonction d'honneur acceptée.

Comme l'exercice d'une fonction est la forme dans

laquelle s'accomplit l'obligation de servir, l'obligé ne peut pas se démettre de sa fonction quand bon lui semble. L'obligation de servir continuant d'exister, la fonction ne peut prendre fin que par un acte du maître, qui retire la fonction déférée.

Cet acte correspond au non-emploi de l'obligé dans le rapport de service du droit civil. Mais à la différence de ce qui a lieu en droit civil, ici le patron, en principe, n'est pas libre de retirer la fonction. La fonction confère au fonctionnaire un pouvoir juridique sur la portion d'administration publique qu'il est appelé à gérer ; par conséquent, cela peut devenir pour lui l'objet d'un droit public individuel. Il ne doit gérer la fonction qu'au nom de l'Etat et comme représentant. Mais c'est justement cette représentation qui fait l'objet de son droit (12). Par la délation de la fonction, qui concède ce pouvoir, le droit est créé directement ; et en tant que droit, il est intangible, à moins que, par la loi ou par une réserve faite dans l'acte de délation même, il y ait, pour la révocation, un fondement légitime. C'est en ce sens que l'on parle ici d'un *droit de retirer la fonction*, droit qui peut appartenir ou ne pas appartenir au gouvernement (13).

(12) Comp. t. 1er, § 5, II, n. 2 ; *Rosin* dans Annalen, 1883, p. 279. *Jellinek*, Subj. öff. Rechte, p. 170, refuse aux fonctionnaires le droit à la fonction, pour ce motif qu'on ne saurait y trouver un « intérêt juridiquement appréciable ». L'intérêt de l'influence et de l'honneur, d'après lui, ne peut pas être « construit comme un intérêt juridique » (p. 169 note 2). Cependant *Jellinek* lui-même admet un droit des électeurs pour la représentation nationale et un droit de l'élu (p. 152 et p. 158), même un « droit publicistique incontestable » sur le titre, le rang et les emblèmes de la fonction (p. 172) ; nous ne voyons pas pourquoi il serait moins possible de « construire » un droit à la fonction.

(13) A la différence du retrait de la fonction, le *congé* signifie seulement un relâchement momentané de l'obligation de servir, une renonciation, de la part du créancier, à son accomplissement pour un temps déterminé. Le congé laisse subsister la fonction dans toute sa force ;

Ce retrait de la fonction apparaît, dans notre langue officielle, sous des désignations renfermant toujours une allusion à l'obligation de servir, qui subsiste malgré le retrait : mise en disponibilité (*Stellung zur Verfügung*), mise à la retraite provisoire.

Ce retrait se trouve, dans les législations actuelles, réglé de trois manières différentes.

Dans une certaine mesure, nous voyons maintenue purement et simplement la *libre disposition* du maître sur la fonction qu'il défère. Cela a lieu d'une manière générale, pour les officiers (14). D'après le droit de la Bavière, de la Saxe et d'une série de petits Etats, cela s'applique aussi à tous les fonctionnaires autres que les fonctionnaires judiciaires, par conséquent aux fonctionnaires administratifs (15). D'après le droit prussien, qui en particulier a servi de modèle à la loi sur les fonctionnaires de l'Empire, ce libre retrait de la fonction n'est admis que vis-à-vis d'une certaine catégorie de fonctionnaires administratifs qu'on désigne sous le nom de fonctionnaires politiques (16).

A côté de cela, il existe un *droit de retrait restreint*, qui ne peut être exercé que pour des motifs déterminés. C'est le cas, d'après le droit de l'Empire, pour tous les fonctionnaires administratifs, lorsqu'il s'agit de changer l'organisation des autorités, et que la

il ne retire pas le droit à la fonction, pas même provisoirement. Des actes de la fonction accomplis pendant le temps du congé sont des actes valables : ils peuvent être contraires à la discipline, le fonctionnaire en congé dérangeant ainsi la marche des affaires telle qu'elle a été réglée en prévision de son absence.

(14) *Laband*, St. R. (éd. all., II, p. 394 ; éd. franç., IV, p. 345).

(15) *Bavière*, Staatsdiener-Edikt, § 19 ; *Saxe*, l. du 7 mars 1835, § 19 : *Seydel*, Bayr. St. R., III, p. 385 ; *G. Meyer*, St. R., § 154, note 2.

(16) R. B. G., § 25 ; Prusse, l. du 21 juillet 1852 § 87.

fonction dont cet individu avait été investi doit disparaître à cette occasion (17).

Enfin, le droit de retirer la fonction peut être *exclu complètement*. Cela a lieu non seulement quand la loi l'ordonne d'une manière expresse, mais toutes les fois que ne sont pas remplies les conditions dont la loi a fait dépendre l'autorisation qu'elle donne de retirer la fonction. De même, quand la loi, à l'égard d'une certaine catégorie de fonctions, n'a rien ordonné du tout en ce qui concerne le retrait, la possibilité du retrait ne serait pas sous-entendue (18). Dans ce cas, néanmoins, il y aurait un moyen de s'assurer ce droit; ce serait d'insérer une réserve expresse dans l'acte de nomination (19).

Il existe encore, à côté du retrait proprement dit de la fonction, un *retrait provisoire* qui est appelé *suspension*, suspension provisoire du service, suspension provisoire de la fonction. La suspension a toujours lieu seulement pour causes déterminées ; elle peut être prononcée directement comme peine au cours d'une procédure disciplinaire (comp. § 45, II, ci-dessous) ; ou bien elle se présente comme effet

(17) R. B. G., § 29 ; Prusse, l. du 21 juillet 1852 § 87 (on n'exige même pas que la nouvelle organisation ait pour effet de faire disparaître cette fonction : *Fr. Seydel*, Dienstvergehen, p. 271). D'après quelques législations particulières, cette mesure est même admise au cas de maladie prolongée : *G. Meyer*, St. R., § 154, note 3.

(18) Dans ce sens spécialement il a été décidé que, d'après la législation de la Prusse, la mise en disponibilité ne s'applique pas aux fonctionnaires des corps d'administration propre, aux fonctionnaires « médiats » de l'Etat, parce que la loi du 21 juillet 1852 qui forme la base du droit de retrait de la fonction, ne les vise pas ; *Fr. Seydel*, Dienstvergehen, p. 274.

(19) Une réserve de ce genre pourrait donc être faite dans la nomination d'un fonctionnaire de corps d'administration propre en Prusse. Les fonctionnaires de l'Empire, au contraire, pourront bien, d'après R. B. G., § 2, être nommés avec réserve d'une dénonciation ou d'une libre révocation, mais non pas avec réserve de mise en disponibilité pour des cas autres que ceux prévus par les §§ 24 et 25 de la loi.

accessoire d'une instruction pénale ou disciplinaire introduite (20).

Le retrait de la fonction et la suspension ont ceci de commun, qu'ils laissent tous deux subsister le rapport de service quant à l'obligation. La suspension laisse aussi subsister la fonction, — en droit, tout au moins — ; elle la met seulement en inactivité de fait. Elle est ordonnée pour un certain délai ou pour la durée de certaines circonstances qui sont censées être incompatibles avec l'exercice convenable de la fonction. Ce délai ou ces circonstances une fois passés, la fonction reprend d'elle-même tous ses effets ; si l'on parle souvent ici d'une « réinstallation dans la fonction », cela signifie non pas une délation nouvelle de la fonction, mais seulement une admission de fait à l'exercice de l'activité qui lui est propre.

Le véritable retrait de la fonction opère annulation de l'effet de la délation de la fonction. Comme l'obligation de servir continue, l'ancienne fonction ou une autre fonction rentrant dans le même cadre général pourra toujours être déférée de nouveau à l'obligé, dont le consentement n'est pas même nécessaire. Mais il y a alors un nouvel acte créateur, ayant le même caractère que la délation originaire de la fonction.

3) De même qu'à la délation de la fonction correspond le retrait de la fonction, de même à la nomina-

(20) *G. Meyer*, St. R., p. 481, voudrait aussi admettre une défense de faire des actes de la fonction pour cause « d'inconvénients », — par suite arbitrairement, — lorsqu'il y aurait péril en la demeure. Mais les prescriptions qu'il invoque (R. B. G. § 131 ; Prusse, loi du 21 juillet 1852 § 54 ; Württemb. Staatsdienerges., art. 114, etc.) disent seulement que, dans les cas où une suspension pour cause d'introduction d'une procédure disciplinaire ou pénale pourrait être ordonnée régulièrement par l'autorité administrative suprême, cette même mesure pourra être prise par un supérieur immédiat, s'il y a péril en la demeure. Il s'agit donc simplement d'un déplacement de compétence. Les causes qui autorisent la suspension ne se trouvent pas augmentées.

tion pour le service de l'Etat correspondent *les causes qui mettent fin à l'obligation de servir*. Si, par la nomination, la fonction devenait juridiquement possible, cette possibilité s'éteint d'elle-même à la suite de ces causes.

Il nous faut distinguer, comme dans le rapport de service du droit civil, les causes ordinaires et les causes extraordinaires qui mettent fin à notre rapport de service professionnel.

Des *causes ordinaires* peuvent être prévues spécialement lors de la nomination. L'acte administratif qui crée le rapport juridique et qui le détermine, est susceptible de comprendre toute sorte de clauses, pourvu qu'elles s'accordent avec la nature de ce rapport juridique et qu'elles ne soient pas exclues par une prescription de la loi. L'assentiment de la personne nommée, — assentiment dont dépend la validité de l'acte en général, — couvre également ces détails. Il y a donc des nominations *pour une durée fixe* (21), à *dénonciation* avec un certain délai, à *révocation conditionnelle* (22), à *révocation libre*.

Des nominations ainsi qualifiées n'existent, dans nos usages, que pour certaines espèces de fonctions, c'est-à-dire pour créer les obligations de servir qui concernent ces fonctions. Il s'agit de certains agents et employés inférieurs. Mais elles peuvent aussi caractériser un *provisorium*, par lequel le fonctionnaire doit passer avant d'obtenir sa nomination définitive ; avec cette signification, elles sont d'une application plus étendue.

La *nomination définitive*, qui implique donc l'absence

(21) Exemple : les contrats de rengagement, d'après l'ordre de cabinet (Pruss.) du 8 juillet 1876 ; *Laband*, St. R. (éd. all., II, p. 699 ; éd. franç., V, p. 354).

(22) C'est le cas de révocation pour omission de fournir le cautionnement prescrit ; comp. § 46, II, n. 3 ci-dessous.

de ces clauses restrictives, est la règle. Si la loi prescrit, pour certaines fonctions, une nomination définitive, c'est que l'intérêt public ne veut pas que ces fonctions soient exercées par des individus placés dans une situation plus ou moins précaire. Par conséquent, sans doute, la personne nommée qui a donné son consentement ne serait pas fondée à se plaindre ; mais, dans l'intérêt public, la délation d'une fonction de ce genre à un fonctionnaire non qualifié ne serait pas valable et le rapport de service, ainsi créé dans un but illicite, ne le serait pas non plus (23).

Quand le contrat de service, en droit civil, ne décide rien sur la manière dont ce rapport doit prendre fin, il y aura — par l'effet d'une convention tacite et sous entendue — un droit de dénonciation, des deux côtés, à l'effet de résoudre le rapport avec un délai convenable ; la loi ou les usages déterminent le délai qui est censé avoir été convenu.

Il en est tout autrement dans le rapport de service d'Etat professionnel, dépendant du droit public.

Quant à l'Etat, il n'existe, à son profit, aucun droit de se désister ou de dénoncer ; pour parler le langage du droit public, le renvoi pur et simple du fonctionnaire professionnel est exclu. Telle est, du moins, la situation dans le droit actuel ; c'est le résultat presque nécessaire d'un développement qui a eu pour point de départ des manières de voir bien différentes.

Voici ce qui s'est passé. Lorsque, au commencement de l'époque moderne, on discutait encore la

(23) Cela s'applique surtout aux fonctions judiciaires, d'après G. V. G. § 6. Les jugements rendus par un juge nommé contrairement à cette règle ne seraient pas entachés de nullité. En effet, la nomination, même non valablement faite, produit son effet juridique, tant qu'elle n'a pas été retirée ou qu'elle n'a pas été soumise à un contrôle institué à cet effet. C. Pr. O., § 513, 1 et Stf. Pr. O. § 377, 1 n'autorisent pas un contrôle dans ce sens.

question de savoir s'il y avait contrat de louage de service selon le droit civil ou imposition d'autorité de l'obligation de servir, on était, des deux côtés, presqu'unanime pour reconnaître au gouvernement un droit illimité de renvoi. Mais un autre principe avait obtenu aussi l'approbation générale, à savoir qu'on ne devait pas pouvoir enlever au fonctionnaire renvoyé sans sa faute son « état de subsistance » ; le droit au traitement devait rester intact (24). On finit par le formuler comme un droit subjectif public, constitué par l'acte de nomination et qui ne pourrait être révoqué ou restreint que pour causes déterminées (25). Dans cet état de choses, le droit de libre renvoi ne signifiait qu'une renonciation possible à l'équivalent du traitement, à l'obligation de servir. Cela pouvait avoir un but raisonnable dans deux sens : c'était, tout d'abord, la forme pour retirer la fonction, celle-ci tombait d'elle-même avec l'obligation de servir ; en outre, cela régularisait définitivement la situation au cas où une incapacité de servir intervenait : on renonçait à l'obligation qui ne présentait dorénavant aucune utilité (26).

Mais pour ces deux choses, le droit des fonctionnaires se perfectionnant de plus en plus, des institutions particulières et bien déterminées ont été développées : le retrait de la fonction a été admis, nous l'avons vu, pour certaines hypothèses, tout en laissant

(24) *Goenner*, Staatsdienst, p. 276. Si, dans cette doctrine, pour motiver la continuation du traitement, on parle des services que le fonctionnaire librement renvoyé continue à offrir à l'Etat, il ne faut pas penser pour cela que *Goenner* vise une simple mise en disponibilité. Ce qui continue de la part de ce fonctionnaire, c'est la fameuse « obligation préexistante vis-à-vis de l'Etat », qui incombe à tous les sujets ; comp. la note 4 ci-dessus.

(25) Ce droit est reconnu dans R. G., 11 oct. 1883 (Samml., X, p. 183). Comp. aussi *Zachariae*, St. R., II, p. 135, II.

(26) C'est la manière de raisonner pendant l'époque de transition : *Perthes*, der Staatsdienst in Preussen, p. 152 ss.

subsister l'obligation de servir ; et là où le retrait n'est pas admis, le gouvernement ne peut pas tourner la loi en se servant, pour atteindre le même but, du libre renvoi ; dès lors, le libre renvoi est exclu ici. D'un autre côté, la mise à la retraite pour cause d'incapacité a été aussi soumise à des conditions et à des formes spéciales et réglée précisément dans ses effets sur le traitement ; elle ne laisse non plus aucune place au libre renvoi. Par suite, le libre renvoi, dans l'ordre des choses actuel, a perdu toute utilité pratique. Il ne resterait, pour en faire usage, que le cas d'une renonciation pure et simple : on pourrait, à l'égard d'un individu capable de faire son service et auquel on a retiré la fonction (mise en disponibilité), se servir du droit de renvoi pour affranchir cet individu de son obligation subsistante, c'est-à-dire du devoir qui lui incombe de se laisser employer de nouveau dans une fonction équivalente. Le droit au traitement, bien entendu, ne serait pas touché par cette mesure ; évidemment, cette mesure n'aurait aucun sens raisonnable. Dès lors, il n'y a plus de libre renvoi (27).

(27) *G. Meyer*, St. R., p. 475, croit pouvoir constater encore deux systèmes de valeur égale, qui existent en Allemagne l'un à côté de l'autre : celui de l'exclusion du libre renvoi, tel qu'il existe dans la plupart des Etats, — et celui du libre renvoi avec continuation du traitement, c'est-à-dire avec pension. Des exemples qu'il avait cités dans les premières éditions de son ouvrage, il ne reste plus maintenant que le droit de la Bavière et celui de la Hesse. Mais, pour ce dernier, *G. Meyer* a reconnu lui-même (2ᵉ éd., p. 447) qu'il s'agit plutôt d'une mise en disponibilité. Pour la Bavière, il est vrai, l'Edit sur les fonctionnaires (Staatsdiener. — Edict, § 19), décide que le gouvernement peut, à tout moment, donner au fonctionnaire sa démission (appelée « *Dimission* ») en lui laissant son « traitement d'Etat ». C'est le libre renvoi. Mais c'est aussi, comme l'observe très justement *Rehm* dans Annalen 1885, p. 208, l'ancienne doctrine de *Goenner* qui a été ainsi élevée au rang de loi et qui, comme nous pouvons l'ajouter, a pu, sous cette forme, survivre à son époque. — Pour la fonction de ministre, qui, en général, est d'un caractère exceptionnel, on admet communément qu'il existe aussi, à côté d'un libre retrait de la fonction, un libre renvoi, le souverain ayant le choix.

Au contraire, le fonctionnaire est, de son côté, toujours libre de mettre fin au rapport de service en donnant sa *démission*. Les lois qui règlent ce point d'une manière expresse reconnaissent unanimement cette faculté, avec cette conséquence — qui va de soi — que, par le même fait, s'éteint également le droit à des prestations ultérieures de la part de l'Etat. Mais, d'après la doctrine et la jurisprudence, le droit de démission existe même dans le cas où la loi n'en parle pas. Cela s'explique uniquement par ce fait que ce droit est prévu comme contenu tacite de la nomination, acte qui, dans le silence de la loi, détermine le rapport juridique créé par lui. De même que cet acte peut ajouter au rapport juridique des termes ou des clauses de dénonciation, de même il peut accorder à la personne qu'il oblige la faculté juridique de se libérer à tout moment ; l'obligation de servir ne sera créée qu'avec cette modalité. Cela pourrait se faire au moyen d'une clause expresse. Cela peut se faire tout aussi bien d'une manière tacite. Il faut seulement qu'il y ait, dans les circonstances, une présomption suffisante que telle est la volonté de l'acte. Or, des circonstances permettant une pareille présomption ne manquent assurément pas dans cette hypothèse. Cela résulte déjà de l'exemple du contrat de louage de service du droit civil conclu pour un temps indéterminé, et, plus encore, du fait que, pour la plupart des services d'Etat en Allemagne, tel est l'usage en vertu d'une prescription légale ou même en dehors de toute prescription. Quand rien n'a été dit à cet égard, il faut présumer qu'on n'a pas voulu s'en écarter (28).

(28) L'exemple le plus important nous est fourni par la loi sur les fonctionnaires de l'Empire (R. B. G.), qui ne mentionne pas le droit pour le fonctionnaire de démissionner. Néanmoins, l'opinion presque unanime admet ce droit même pour les fonctionnaires de l'Empire. La

Qu'il soit prévu expressément dans la loi ou admis tacitement par l'acte de nomination, toujours le droit de démissionner du fonctionnaire ne signifie qu'une chose, le droit qu'a le fonctionnaire d'être, sur sa demande, renvoyé par l'autorité. Dans le rapport de droit public, c'est toujours la volonté de la puissance publique qui prévaut ; c'est elle qui, dans la nomination, fait commencer ce rapport, c'est elle aussi qui y met fin. La volonté du sujet ne fournit qu'une condition de la validité de l'acte ou une condition de la nécessité juridique avec laquelle il est accompli. Ainsi, le rapport de service prend fin ici, non pas par l'effet de la déclaration de démission du fonctionnaire, mais par *l'acte de renvoi*. Il faut que cet acte soit émis, aussitôt que le renvoi est demandé. Le refus est une illégalité ; mais néanmoins il laisse subsister le rapport de service, avec tous ses effets juridiques, jusqu'à ce que, par l'annulation de cet acte injuste, la demande a été accordée et que l'illégalité disparaisse ainsi.

L'acte de renvoi n'est cependant pas obligatoire d'une manière absolue. La loi, dans quelques États, permet expressément aux autorités de refuser provisoirement le renvoi, si l'intérêt du service exige que le fonctionnaire reste en fonction. Il ne faut pas voir là une sévérité particulière de l'obligation de service. Il n'y a d'autre chose ici que la traduction, dans la langue du droit public, de la défense de dénoncer à contre-temps, qui existe pour le contrat de droit civil.

plupart des auteurs, pour expliquer cela, ont encore recours à un prétendu droit coutumier : *G. Meyer*, St. R., p. 408 ; *Rehm*, dans Annalen, 1885, p. 201 ; *Laband*, St. R. (éd. all., I, p. 501 ; éd. franç., II, p. 244). *Loening*, V. R., p. 134, note 1, s'y oppose avec raison. Mais il va trop loin, quand il croit pouvoir nier tout à fait le droit de démission du fonctionnaire. Il faut seulement s'habituer à compter avec l'acte administratif qui crée le rapport, comme avec un acte juridique ayant une vie propre.

Quant à savoir s'il a été dénoncé *intempestivement* ou non, cette question est décidée souverainement par la volonté qui, dans ce rapport juridique, est la plus forte. Par conséquent, il faut reconnaître le refus provisoire de renvoi comme admissible et valable, même dans le cas où la loi ne l'a pas prévu spécialement (29).

Des *causes extraordinaires*, destructives du rapport de service résultent encore de certains *troubles* qui peuvent survenir dans ce rapport. Elles ont toutes des correspondants dans la résolution du contrat de louage de service pour cause d'impossibilité de le remplir. L'Etat étant toujours solvable, l'impossibilité ne peut se produire que du côté du fonctionnaire. C'est l'*indignité* ou l'*incapacité*.

La première cause produit son effet sous la forme de *destruction par la voie disciplinaire* (comp. § 45, II, n. 1 ci-dessous) ou sous la forme de *peine accessoire* accompagnant certaines condamnations infligées par les tribunaux, soit que la loi attache à ces condamnations directement l'exclusion du condamné du service de l'Etat, soit qu'elle autorise les tribunaux à la prononcer (30).

L'incapacité de servir met fin au rapport de service au moyen d'un acte de l'autorité qui en tire les conséquences : le *congé*, la mise à la retraite (*Pensionie-*

(29) *Rehm*, dans Annalen 1885, p. 101, fait l'énumération des différentes formes dans lesquelles on peut prévoir ici ce qu'exige l'intérêt du service. — Il se peut qu'il soit prescrit au fonctionnaire qui veut donner sa démission d'observer un certain délai de dénonciation (exemple : loi Bad. du 26 mai 1876 art. 5) ; il faut alors supposer que, en fait, on n'aura pas besoin de retarder encore la solution ; juridiquement, cela n'est pas impossible même dans cette hyopthèse.

(30) Stf. G. B. §§ 31-36, 81, 83, 84, 87-91, 94, 95. En déclarant que la condamnation entraînera la « perte des fonctions dont le condamné pourra être investi », la loi veut dire que le rapport de service est annulé, ce qui entraîne nécessairement la perte de la fonction.

rung, Quiescierung, Emeritierung, Zur-Ruhe-Setzung, Verabschiedung). Cet acte intervient à la suite d'une procédure réglementée, d'office ou sur la demande du fonctionnaire. Ce dernier a intérêt à ce que le renvoi se fasse, non pas purement et simplement en accordant sa demande, mais avec la constatation que c'est pour cause d'incapacité de servir; qu'il s'agit donc, non pas d'une démission à accorder, mais d'un congé ou d'une mise à la retraite. En effet, dans ce dernier cas seulement, la cessation du rapport de service laisse tout de même subsister le droit à une partie du traitement, le droit à la pension (comp. § 46, I, n. 1 ci-dessous) (31).

III. — A côté du service professionnel de l'Etat, il y a, comme à côté de la fonction d'honneur, une autre espèce d'obligation de servir, présentant une certaine affinité quant au but et quant aux formes : c'est comme une reproduction affaiblie de l'original. Il s'agit de la situation juridique des individus qui, destinés à entrer plus tard au service de l'Etat comme fonctionnaires, s'y préparent, en attendant, dans un stage pratique : *référendaires* dans le service des tribunaux, *surnuméraires* de l'administration des finances, *élèves* de l'administration forestière.

Dans ce but, ils sont placés provisoirement au service de l'Etat; ils sont occupés dans les bureaux d'une autorité et employés de différentes manières dans le cercle d'affaires dépendant de cette autorité. Ils font alors presque la même besogne que des fonc-

(31) Toutefois cela n'a pas lieu dans tous les cas ; comp. *G. Meyer*, St. R. p. 474. — Au lieu du renvoi pour cause d'incapacité, la loi peut faire ordonner, dans ce cas, un simple retrait de la fonction : Württemb. Staatsdienerges., art. 22 ; Bade, loi du 26 mai 1876, art. 7; comp. aussi la note 17 ci-dessus. Alors on reste libre de convoquer à nouveau cet individu pour le charger d'une fonction ; dans le cas où l'incapacité existe encore, l'individu pourra naturellement attaquer cette mesure.

tionnaires de ce service, qui, à côté d'eux, remplissent leur devoir de fonction. Mais leur activité, d'après son but principal, tend plutôt à faire leur éducation personnelle qu'à la gestion des affaires de l'Etat ; ils accomplissent une obligation de servir selon le droit public, en travaillant à leur personne, en particulier en prenant l'habitude d'avoir une pareille obligation. Ils ressemblent, à cet égard, aux soldats appelés sous les drapeaux en vertu de leur obligation légale de service militaire, et qui eux aussi sont employés à toute sorte d'affaires dans l'intérêt de leur éducation. Ni les uns ni les autres ne sont des fonctionnaires (32).

Le rapport de service se crée ici par une *nomination*. La nomination suppose la preuve d'une certaine éducation préparatoire, et surtout le consentement de celui qui doit être obligé ; ce consentement prendra la forme d'une pétition en vue d'être nommé. La nomination certifie alors par elle-même l'existence de toutes les conditions requises pour sa validité. Elle ressemble, dans sa construction juridique, purement et simplement à l'acte qu'on désigne sous le nom de contrat de louage pour le service de l'Etat ; si la langue était logique, elle devrait parler ici d'un contrat d'apprentissage pour le service de l'Etat.

Le second acte — la délation d'une fonction — manque. Par la nomination, l'obligation est imposée de se laisser employer en conséquence ; et cet emploi s'effectue en *attribuant* l'individu à une certaine autorité qui

(32) C'est simplement par politesse de bonne société que l'on reconnaît surtout aux référendaires une espèce de qualité de fonctionnaire. *F. Seydel*, Dienstvergehen, observe, en parlant d'eux (p. 204) : « si, toutefois, on veut les appeler fonctionnaires, ce ne seraient que des fonctionnaires à l'essai ». Cela n'est même pas vrai : l'idée d'une nomination à l'essai est impossible, alors qu'il est constant que cet individu est actuellement incapable d'être fonctionnaire.

lui donnera du travail. La nomination et l'attribution pourront se réunir dans un seul et même acte. Si l'autorité qui doit employer a elle-même le droit de nommer, les deux choses s'unissent dans l'*admission* du surnuméraire, de l'apprenti, etc. L'attribution répond ici à l'indication de la troupe dans laquelle le service militaire doit être accompli. Avec l'entrée effective en service, l'obligation de servir prend le caractère plus rigoureux du service actif : prestation de serment, pouvoir hiérarchique, obligation d'obéir, discipline. Il y a, dans ce rapport de service, des éléments juridiques appartenant à la sphère du service forcé.

Puisqu'il n'y a pas de fonction, il n'y a pas de retrait de fonction. Les affaires à gérer sont, sans formes, coupées et retirées par le supérieur.

Cette obligation de servir prend fin, en règle, par la nomination au service effectif de l'Etat. Elle peut également se terminer par le simple renvoi. L'obligé a toujours le droit de l'exiger ; on peut alors le lui refuser provisoirement dans l'intérêt du service.

Quand il s'agit de savoir si le renvoi peut avoir lieu même malgré l'individu, le caractère spécial du rapport de service aura son importance. Il n'y a pas ici de droit à la fonction ou à un traitement acquis irrévocablement. Mais ce rapport de service a cependant été créé dans le but de l'éducation, principalement dans l'intérêt de l'obligé et non pas de l'Etat. Dès lors, l'Etat ne peut pas y renoncer arbitrairement ; un simple renvoi, avant que ce but soit atteint, serait en contradiction avec ce que la nomination avait promis.

Par conséquent, le renvoi ne doit être possible que pour des causes déterminées : indignité ou incapacité. La première sera appréciée d'après les mêmes principes qui décident sur le renvoi du fonctionnaire ; seulement la procédure sera ici plus simple, plus patriarcale. L'incapacité, au contraire, ne peut devenir une cause de renvoi qu'avec une modification notable : car l'incapacité est supposée dans la création même du rapport qui doit y remédier par sa force éducatrice. Par suite, l'incapacité est ici remplacée par une absence des progrès que l'on peut exiger, absence qui semble démontrer l'inutilité de toute cette entreprise (33).

(33) Ainsi, pour les référendaires : Prusse, loi du 21 juillet 1852, § 84. En ce qui concerne le renvoi des surnuméraires, comp. *F. Seydel*, Dienstvergehen, p. 265 ss. Les causes spéciales qui autoriseront le renvoi sont constatées et communiquées dans le procès-verbal de l'admission. Encore une « stipulation contractuelle » (!) pour ceux qui aiment se servir de ce terme.

§ 45

Le pouvoir hiérarchique (*Dienstgewalt*).

L'obligation de servir, quelle qu'ait été son origine, crée une puissance juridique spéciale qui sera exercée au nom de l'Etat ou du corps d'administration propre sur l'obligé, pour maintenir celui-ci et le diriger dans l'accomplissement exact de ses devoirs. Cette puissance, c'est le *pouvoir hiérarchique* (*Dienstgewalt*).

Pour chaque obligé, il y a, dans la hiérarchie, une autorité placée au dessus de lui pour exercer ce pouvoir, c'est *son supérieur* (*Dienstvorgesetzter*), *son autorité hiérarchique* (*Dienstbehörde*).

Le pouvoir du supérieur hiérarchique se développe dans deux formes distinctes : l'*ordre hiérarchique* et le *pouvoir disciplinaire*.

I. — L'*ordre hiérarchique*.

Ce qui fait l'objet de l'obligation de servir se trouve en partie fixé par des règles de droit, en partie déterminé d'une manière générale par l'acte administratif qui a créé cette obligation.

Tirer les conséquences correctes pour le cas spécial, c'est justement l'un des objets de l'obligation de servir. Mais ces conséquences pourront aussi être tirées par des instructions que le maître fait donner.

L'obligation de servir selon le droit public signifie

un rapport de sujétion spéciale (1). L'instruction est l'acte par lequel ce rapport produit son effet : elle détermine, d'une manière obligatoire, la conduite du subordonné. Elle a la nature d'un *ordre* (comp. t. II, p. 35). Elle s'appelle un *ordre hiérarchique*, pour indiquer le rapport de sujétion spéciale qui est à sa base.

L'instruction peut être émise dans la forme d'un ordre individuel ou dans la forme d'une règle générale, comme prescription de service (*Dienstvorschrift*), ordonnance d'administration (*Verwaltungsverordnung*), réglementation de l'armée (*Armeebefehl*). Dans ce dernier cas, malgré sa forme générale, l'instruction n'est pas une règle de droit. Elle n'est pas soumise aux formes de publication prescrites pour celle-ci ; elle est notifiée *par la voie du service*, c'est-à-dire d'une manière qui suffit pour que l'obligé faisant son devoir puisse en prendre connaissance (2). Elle ne participe pas non plus à la prépondérance de la règle de droit sur l'acte individuel ; au contraire, l'ordre individuel visant le cas plus directement et d'une manière plus déterminée l'emporte ici sur la prescription générale (3).

(1) Comp. t. 1er, p. 137. C'est donc à bon droit que *Laband*, St. R. (éd. all., I, p. 408 et 412 ; éd. franç., II, p. 107 et p. 113), parle tantôt de « rapport de sujétion » et tantôt de « rapport de service de droit public ». De même, *Rehm* dans Annalen, 1885, p. 146.

(2) Comp. t. 1er, p. 131 et t. 2, p. 257. Un exemple très instructif nous est fourni par la « publication » de l'ordonnance sur l'armée dans la *Feuille officielle de l'armée* (*Armeeverordnungsblatt*), 1888, p. 226.

(3) Comme dans les rapports de sujétion du droit des finances : comp. t. 2, p. 269. La conséquence, c'est qu'on comprend par désobéissance à un ordre hiérarchique tout spécialement l'inexécution d'un ordre individuel, ce qui entraîne aussi une pénalité spéciale : *Hecker* dans Gerichtssaal, XXI, p, 506. — Les ordres ici peuvent émaner de supérieurs auxquels l'usage de notre langue refuserait la qualité d'autorité ; du moins, il est contraire à cet usage de désigner comme autorité un chef de bureau ou un sous-officier. Quand on parle de « l'autorité préposée au service » (*Vorgesetzte Dienstbehörde*), on a toujours en vue une fonction plus élevée, ayant le rang et la situation extérieure

L'effet de l'ordre hiérarchique est le *devoir d'obéissance du subordonné*. Désobéir à l'ordre, c'est violer l'obligation de servir en vertu de laquelle cet ordre a été émis ; cela entraînera les conséquences qui y sont attachées (4).

Le supérieur hiérarchique, de son côté, ne peut pas, en vertu du rapport de sujétion, commander tout ce qui lui plaît. Son droit de commander a certaines limites, dans lesquelles il doit se maintenir pour être valablement exercé. Le subordonné a le droit d'*examiner*, avant d'obéir, si ces limites ont été observées ou non. Ces limites forment, en même temps, *les limites de son devoir d'obéir* (5).

La question est de savoir quelles sont ces limites.

d'une autorité administrative générale. Toutefois, les ordres de ces supérieurs d'un rang beaucoup moins élevé ont exactement la force et la nature juridique d'actes administratifs. Comme il existe entre ces deux notions un rapport nécessaire, l'acte administratif signalant toujours l'autorité (comp. t. 1er p. 120), nous aurons à constater que, dans les rapports de sujétion, la qualité d'autorité peut appartenir à une fonction d'une importance moindre. C'est encore une particularité de ce rapport ; nous la verrons se développer encore plus largement dans la sphère du pouvoir des établissements publics (comp. § 52, II, ci-dessous).

(4) S'il n'avait pas ces conséquences, l'ordre hiérarchique ne serait pas un ordre ; comp. t. 2e, p. 50. — Il est complètement faux de vouloir simplement identifier le devoir d'obéir et celui de servir. Ainsi *Schultze*, Preuss. St. R., I, p. 315. Cela constituerait un bien piteux accomplissement du devoir, puisque l'on ne ferait que ce qui a été commandé. Du reste, la notion de l'obéissance du subordonné ne comprend pas les devoirs de la fonction qui sont déterminés par des prescriptions et par des commandements exprès. Des commandements peuvent être donnés aux fonctionnaires, comme à tout sujet, par la règle de droit de la loi ou de l'ordonnance. On ne parle d'obéissance du subordonné que vis-à-vis de commandements qui reposent sur la base particulière de l'obligation de servir et du pouvoir hiérarchique ; *Seydel*, Bayr. St. R., III, p. 390.

(5) Lorsqu'il n'y a pas de droit d'examen, l'obligation d'obéir est absolue ; l'ordre couvre la *responsabilité* du subordonné pour les actes illégaux accomplis (t. 2, § 17, I, n. 1) ; d'un autre côté, l'acte de la fonction, accompli conformément à un ordre reçu, est censé être légal, lorsqu'il s'agit d'apprécier, au point de vue du droit pénal, la *résistance* qu'il éprouve (t. 2, § 25, I, n. 2). Nous trouvons donc ici un complément à ces deux doctrines ; *Binding*, Stf. R., I, p. 305.

1) Pour que le devoir d'obéir existe pour le subordonné, il est nécessaire que l'ordre se présente, extérieurement, sous la forme d'un ordre hiérarchique pour ce subordonné (6).

Pour cela, il faut :

qu'il *émane de son supérieur* ; sur ce point, il n'y aura guère de doutes. — Il faut aussi

que, par son contenu, l'ordre soit relatif à la *conduite dans le service*, c'est-à-dire prescrive une chose qui puisse être comprise dans l'obligation de servir (7).

Sont exclues, à ce dernier point de vue, les activités qui, par leur nature, sont tout à fait en dehors du cercle d'affaires à gérer par l'obligé ou qui ne sont exigées que dans l'intérêt personnel de celui qui donne l'ordre. D'un autre côté aussi, la vie privée du subordonné ne peut pas faire l'objet d'un ordre ; sa conduite, à cet égard, n'est pas indifférente pour le service ; mais elle ne peut pas être déterminée par des

(6) *Seydel*, Bayr. St. R., III, p. 391 : « Par conséquent, dans ce sens formel, celui auquel un ordre a été donné comme ordre hiérarchique aura le droit et le devoir d'examiner si vraiment il y a ordre hiérarchique ».

(7) *Laband*, St. R. (éd. all., I, p. 442 ; éd. franç., I, p. 147), relève trois points à observer : il faut que l'ordre soit donné dans la forme prescrite ; il faut que celui qui l'émet ait la compétence formelle ou abstraite de le donner ; il faut enfin que le subordonné ait la compétence formelle ou abstraite de faire l'acte dont on le charge. En ce qui concerne les formes prescrites pour l'ordre hiérarchique, il n'y en a guère. Aussi il ne nous plait pas de dire que le subordonné doit examiner sa compétence et s'il « est autorisé, en général, à exécuter des actes semblables ». Il n'y a pas seulement, en effet, à agir sur le dehors, il y a aussi des affaires à gérer dans le service intérieur : rédiger un écrit, ranger un bureau, faire des exercices au pas gymnastique, faire du maniement d'armes. Tout cela peut être l'objet d'un ordre hiérarchique, dont l'examen sera possible ; on ne voudra pas parler ici de compétence du subordonné, ni d'une autorisation (*Befugniss*) d'agir ainsi. Nous ne relèverions pas ces impropriétés de langage, s'il n'y avait pas, derrière ces expressions, des divergences d'opinion quant au fond, sur lesquelles nous reviendrons. Dans le sens de *Laband* se prononcent : *Rehm* dans Annalen, 1885, p. 83 ; *Zorn*, St. R., I, p. 237 ; *Freund*, dans Arch. f. öff. R., I, p. 135 ss. ; *Seydel*, Bayr. St. R., III, p. 391 ; on peut ajouter *G. Meyer*, St. R., p. 450.

ordres du supérieur. Avant tout, le devoir d'obéir a sa limite dans la loi pénale : un acte par lequel l'obligé se rendrait punissable ne peut jamais être compris dans son obligation de servir; par conséquent, un ordre hiérarchique n'est pas possible à cet égard (8).

Tout ce qui ne sort pas du cadre de l'obligation de servir pourra faire l'objet d'un ordre valable pour l'obligé. Il suffit que le supérieur, avec son ordre, reste vis-à-vis de lui dans cette compétence générale ; alors, son opinion et sa volonté sont seules décisives sur la question, pourvu que l'ordre soit admissible et convenable ; et il est raisonnable qu'il en soit ainsi (9).

2) Mais une question se pose : le droit reconnu au subordonné d'examiner l'ordre du supérieur, doit embrasser encore autre chose. La difficulté consiste à en donner la mesure exacte.

Quand le droit public moderne a apparu, il était naturel que, de prime abord, il y eût partout une certaine tendance à en exagérer les principes. Ainsi, on a établi l'axiome que chaque fonctionnaire doit être responsable des mesures prescrites par ses supé-

(8) *Goenner*, Staatsdienst, p. 208 ; *Seydel*, Bayr. St. R., III, p. 390 note 3; R. G. Stf. S., VI, p. 439. — Cela revient donc à étendre l'obligation d'obéir, lorsque la loi attribue à l'ordre la force d'écarter la pénalité de faits qui sans cela seraient punissables. Tel est le cas, par exemple, pour le § 47 du Code pénal militaire, qui met le soldat à l'abri de poursuites, quand il a commis une contravention sur l'ordre d'un supérieur. L'intensité de l'obligation du service militaire éclate justement dans le fait que toutes les limites de l'ordre hiérarchique, que nous venons d'indiquer s'effacent ici : l'obligation d'obéir ne dépasse pas seulement la loi pénale ; elle est, d'une manière générale, difficile à définir ; elle ménage bien peu de chose dans la vie privée du soldat.

(9) Dans ce sens *Laband*, St. R. (éd. all., I, p. 442 ; éd. franç., II, p. 147), insiste sur le côté « formel » de l'ordre hiérarchique, qui, seul, peut être l'objet d'un examen. C'est du reste le caractère général de l'acte administratif : comp. t. 1er, § 8, p. 125 et note 7; t. 2, § 20 p. 49.

rieurs et qu'il met à exécution ; par conséquent, il a le droit et même il a le devoir d'examiner ces mesures et de refuser d'obéir, quand il trouve qu'elles ne sont pas tout à fait régulières. De cette manière, on a cru avoir trouvé une nouvelle garantie de l'autorité absolue de la loi : chaque fonctionnaire en est constitué le gardien vis-à-vis de ses supérieurs (10).

En fait, cela ne s'est jamais réalisé ; ce serait vraiment le monde renversé ; il y aurait là une négation complète de la force propre à l'ordre hiérarchique : cet ordre a pour but de déclarer péremptoirement au subordonné ce que, d'après le droit et la loi, il doit faire pour remplir son devoir de servir ; il faut qu'il puisse s'y fier, et il faut aussi qu'il s'y conforme ; sans quoi, le pouvoir de commander qui appartient au supérieur n'aurait aucune valeur (11).

Par suite d'une réaction que ces exagérations ne pouvaient manquer de provoquer, l'opinion dominante à l'heure actuelle est que le subordonné n'a un droit d'examen qu'en ce qui concerne la question de *compétence générale.* Cela comprendrait les deux conditions sur l'existence d'un ordre véritable hiérarchique, que nous venons d'établir sous le n. 1. Mais autre chose est visé par là et qui n'y est pas

(10) *Perthes*, Der Staatsdienst, p. 126 : « Nulle autorité ne doit déroger au droit existant par un ordre contraire. Si toutefois cela se produit, aucun fonctionnaire ne doit donner suite à un pareil ordre ». Parmi des auteurs plus récents, il faut citer *Lœning*, V. R., p. 122, note 5. *G. Meyer* se range à cette opinion ; il énumère (St. R., p. 450) parmi les ordres hiérarchiques qui ne lient pas le subordonné, « des dispositions qui sont contraires au texte non équivoque de la loi ». Ici encore, la question est la suivante : Qui décidera ce que signifie le texte non équivoque de la loi ? est-ce l'ordre du supérieur ou l'opinion du subordonné ? D'après *G. Meyer*, c'est cette dernière opinion qui l'emporte.

(11) En conséquence, *Perthes*, l. c., reconnaît lui-même que les supérieurs n'ont pas à tolérer tout refus d'obéissance pour cause d'illégalité de l'ordre ; sans quoi « le gouvernement ne serait pas possible ». La solution de la contradiction dans laquelle il se met ainsi viendra, espère-t-il, de la « sagesse du corps des fonctionnaires ».

encore compris. Le subordonné ne doit pas seulement examiner la compétence de son supérieur vis-à-vis de lui-même, c'est-à-dire la compétence d'émettre cet ordre hiérarchique ; on vise en première ligne la *compétence extérieure*, vis-à-vis des autres sujets qui ne sont pas compris dans le lien de l'obligation de servir et sur lesquels le supérieur veut produire un effet par l'intermédiaire du subordonné (12). C'est donc la vieille doctrine, quoique très atténuée : le subordonné est encore constitué gardien de l'ordre légal à l'encontre de son supérieur ; il est chargé de lui refuser obéissance dans le cas où cet ordre légal serait violé ; seulement, au lieu de veiller sur la légalité de l'acte de son supérieur en général, il ne le contrôle que sur ce point spécial. Mais cette opinion n'en reste pas moins exposée aux critiques que l'on pouvait soulever contre la première, laquelle était encore plus prétentieuse : s'il y a ordre hiérarchique, l'appréciation qui est faite dans cet ordre de la légalité de la mesure à exécuter doit lier le subordonné pour la question de compétence générale aussi bien que pour

(12) *Laband*, St. R. (éd. all., I, p. 443 ss. ; éd. franç., II, p. 148) ; *Seydel*, Bayr. St. R. III, p. 391 ; *Zorn*, St. R., I, p. 237. C'est parce qu'on ne vise que ce côté extérieur qu'on exige « la compétence de l'autorité préposée par rapport à la circonscription et celle de l'objet », quand cependant l'ordre du supérieur ne repose que sur un rapport personnel. C'est dans la même pensée qu'on exige « la compétence ou le pouvoir du subordonné » d'exécuter la mesure, tandis qu'il peut ne s'agir que d'affaires du service intérieur (comp. la note 7 ci-dessus), et qu'on parle d'une « exécution » de la mesure, ce qui dit autre chose que l'obéissance à l'ordre du supérieur : on pense à l'effet à produire sur les autres sujets. De même, indiquer l'observation des formes prescrites comme un objet spécial de l'examen du subordonné, cela n'aurait aucun sens pratique, comme nous l'avons vu, si l'on s'en tenait à l'ordre du supérieur. Mais on y substitue, sans s'en apercevoir, la mesure à exécuter contre le tiers. C'est ainsi qu'on a pu citer comme exemple d'un examen des formes de « l'ordre qui lui a été donné » tout simplement l'examen des formes de l'expédition du jugement à exécuter : *Laband*, St. R. (éd. all., I, p. 442, note 2 ; éd. franç., II, p. 152, note 2). Comp. sur une confusion analogue dans la question de l'acte fonctionnel légal », t. II, § 25 note 2.

les autres questions de droit. Du reste, en règle, le subordonné ne sera pas à même d'apprécier l'acte qu'il doit aider à exécuter, tous les détails n'étant pas à sa connaissance. Dès lors, le droit d'examen dont on voudrait l'investir n'aurait guère d'importance pratique.

Ce qu'il y a de vrai dans tout cela, et ce qui effectivement apparaît comme une limite nouvelle à l'obéissance dûe par le subordonné, c'est encore une question de compétence, mais d'une *compétence spéciale pour déterminer l'obligation de service du subordonné*.

L'ordre du supérieur, même si les conditions indiquées au n. I sont remplies, est sans effet et l'obéissance pourra être refusée, quand l'ordre se heurte contre un *ordre hiérarchique, plus fort*. L'obligé peut avoir plusieurs supérieurs, placés aux différents degrés de la hiérarchie : si le supérieur plus élevé commande, le subordonné est délié de l'obéissance vis-à-vis de l'ordre contraire du supérieur d'un rang inférieur. Dans le service militaire, c'est toujours le supérieur qui parle le dernier qui a raison.

Il y a aussi des cas où le même fonctionnaire est attaché à différentes branches de l'administration, représentées par des autorités différentes ; d'ordinaire, ce n'est pas à lui à distinguer ce qui appartient à chacune de ces branches et à refuser obéissance quand il croit voir, dans ce qui lui a été commandé, un empiètement sur le domaine de l'autre autorité ; mais si les deux autorités lui commandent, dans le conflit, il n'aura à obéir qu'à celle dont la compétence prévaut en cette affaire. Le conflit des autorités qui lui sont préposées le force à procéder à un examen, et lui en donne le droit. L'ordre de l'autorité que cette matière concerne le moins, — quoiqu'il soit en lui-même un ordre hiérarchique valable — est refoulé par le droit plus fort de l'autre supérieur.

Ce droit plus fort pour déterminer l'obligation de servir pourra aussi être donné à l'obligé lui-même. Cela n'a lieu que pour certaines espèces de fonctions, et même pour certaines espèces d'actes. Le bon ordre du service consiste essentiellement dans la liberté du subordonné de décider lui-même et sous sa propre responsabilité ce qu'il aura à faire. Il est, pour ainsi dire, sa propre autorité supérieure. Dans ces hypothèses, on dit qu'il y a *fonctions autonomes*.

L'exemple le plus frappant nous est fourni par les *fonctionnaires de la justice*. Ils sont soumis à un pouvoir hiérarchique qui peut leur donner des ordres. Mais, en ce qui concerne l'activité juridictionnelle proprement dite, ils doivent trouver, par eux-mêmes, ce qui constitue leur devoir. L'ordre que le supérieur voudrait leur adresser touchant cette activité, est considéré comme une *immixtion inadmissible* ; il se heurte contre un droit plus fort ; il ne produit pas d'obligation d'obéir (13).

Ce principe n'existe pas seulement pour les tribunaux civils et criminels ; on n'hésite pas à l'appliquer aux tribunaux administratifs comme sous entendu, même si la loi n'en parle pas expressément. Une autonomie de même nature se trouve aussi établie, par prescription spéciale, au profit de fonctions purement administratives (14) ; ou même, elle résulte de la nature de l'activité fonctionnelle, quand il s'agit, par exemple, de la mission de professer une science. Sur-

(13) *Seydel*, Bayr. St. R., III, p. 391, note 1 : « Dès lors, il n'y a pas d'ordre hiérarchique dans l'injonction adressée au juge, contenant une immixtion illicite dans la juridiction ». A notre avis, cela serait cependant un ordre hiérarchique dans le « sens formel » de *Seydel* (comp. la note 6 ci-dessus) ; seulement, cet ordre hiérarchique ne serait pas valable et ne lierait pas l'appréciation du subordonné.

(14) Comp. par exemple le serment à prêter par les membres de l'administration du fonds des invalides d'après la loi d'Emp. du 23 mai 1873, § 12.

tout la fonction d'honneur, qui sert par exemple à constituer les soi-disantes autorités délibérantes (*Beschlussbehörden*), a obtenu, pour ce qui fait l'essentiel de son activité, la même indépendance que celle du juge de profession. De plus, cela a lieu dans une large mesure pour les fonctions des corps d'administration propre, fonctions d'honneur ou de profession. Enfin, pour les agents d'exécution (*Vollstreckungsbeamte*), l'autonomie est au moins reconnue en ce qui concerne l'observation des formes auxquelles la loi a soumis certains actes de leur fonction : l'huissier, de même que le porteur de contrainte qui lui est assimilé, ne doit procéder à une saisie qu'en vertu d'un titre exécutoire, dûment expédié, qu'il doit avoir entre ses mains, et aucun ordre hiérarchique ne pourra l'en dispenser. De même, l'arrestation dépend de l'expédition du mandat d'amener, l'emprisonnement de la remise des titres et certificats prescrits ; le fonctionnaire qui y procède aura à examiner, pour lui seul, si les formalités suffisent pour lui permettre d'agir.

Ainsi s'établit, il est vrai, une espèce de mécanisme dilatoire qui pourra aussi avoir une certaine valeur politique. Mais la forme juridique est non pas celle d'un contrôle exercé par le subordonné sur l'acte du supérieur pour en vérifier la légalité ou la compétence générale quant à l'effet extérieur à produire, mais celle de l'autonomie du subordonné pour apprécier la conformité de son acte à son devoir, appréciation qui ne peut pas être entravée par un ordre du supérieur.

Le subordonné reste responsable de cette appréciation. S'il n'a pas observé l'ordre du supérieur, alors que cet ordre n'exigeait de lui que ce qu'il devait faire, cela pourra avoir son importance pour la gravité des suites, parce que par là il avait été rendu attentif et mis en demeure. Mais il n'est pas en faute par cela seul qu'il n'a pas obéi. L'ordre du supérieur n'a pas qualité pour donner à l'obligation de servir le caractère plus déterminé de l'obligation d'obéir. C'est tout.

II. — *Le pouvoir disciplinaire.*

Le maître, en droit public, n'a pas d'action pour astreindre à l'accomplissement de l'obligation de servir, telle qu'elle a été constituée originairement, ni telle qu'elle a été déterminée par un ordre hiérarchique.

On use très largement de l'application de la *peine*, d'un mal à infliger par la puissance publique à raison d'une conduite repréhensible.

Ces peines appartiennent en partie aux formes juridiques du *droit pénal commun*. Les *délits de service ou professionnels* ne diffèrent des délits ordinaires que par leur connexité intérieure avec l'obligation de servir qui incombe au délinquant.

La peine est encore employée par le supérieur comme *moyen de contrainte* pour amener à la conduite qui est due en vertu de l'obligation de servir. Le modèle est donné par la peine coërcitive en matière de police (15).

(15) *G. Meyer*, St. R., § 148 note 1 ; le *même* dans Annalen, 1876, p. 673. Il oppose à l'amende, comme moyen de contrainte indirect, les arrêts comme moyen direct ; mais cela ne nous paraît pas justifié. — V. *Bar*, Stf. R., I, p. 353, parle ici d'une « soi-disante peine d'ordre proprement dite », qui est également une peine disciplinaire, mais, avant tout, un moyen de contrainte. C'est l'un *ou* l'autre ! — L'ancien droit de la Prusse confondait ces peines de la désobéissance avec la peine coercitive en matière de police (comp. t. II, p. 112). *Foerstemann*, Pol. R., p. 403, s'y oppose avec raison. Mais la loi sur la discipline du 21 juillet 1852, § 100, est partie de cette manière de voir pour fixer le droit des peines coercitives à prononcer contre les fonctionnaires ; aujourd'hui, cela n'est plus considéré comme étant matière de police ; la *ratio legis* a disparu ; mais naturellement, cela n'empêche pas cette législation de continuer à être en vigueur. Comp. t. II, § 18, note 13 *in fine*. — Le moyen de l'exécution par substitution ne s'applique pas facilement ici ; un exemple dans *ma* Theorie d. Franz. V. R., p. 62. Quant à l'usage de la force pour contraindre le subordonné à obéir, Mil. Stf. G. B, § 124.

Il y a encore une troisième espèce de peines, qui est propre au rapport de service de droit public ; c'est la *peine disciplinaire*. Elle a sa source dans la nature même de ce rapport et dans sa destination particulière. Elle se rencontre encore ailleurs, lorsque, dans un rapport de sujétion spéciale, des conditions analogues se retrouvent ; mais c'est ici qu'elle a reçu son développement caractéristique.

Le rapport de service du droit public implique nécessairement la fidélité et le dévouement spécial. Toute contravention ne présente donc pas seulement en elle-même un désordre à réprimer. Ce fait isolé gagne encore une importance de beaucoup supérieure par la conclusion qu'il permet de tirer sur l'existence de sentiments qui ne sont pas conformes à cette exigence fondamentale. Il ne convient pas au service public d'avoir à sa charge un pareil élément. Par conséquent, on réagit contre la personne fautive par des peines. Ces peines sont des *poenae medicinales* dans le sens du droit canonique. Elles ont leur entière raison d'être dans le but qu'elles poursuivent, *dans l'amélioration du service*. Cette amélioration, on pourra tâcher de l'obtenir dans la personne même du délinquant. Est-elle impossible, il ne reste, comme moyen suprême, qu'à éliminer du service le membre gangrené, pour que tout au moins ce service — la chose importante avant tout — soit purifié et amélioré : *quod medicamenta non sanant, ferrum sanat* (16).

(16) Sur l'affinité qui existe avec la *censura* du droit canonique, comp. *Hinschius*, dans *Holtzendorff* Rechtslex. I, p. 458 ; Le *même*, System des Kath. K. R., IV, p. 748 et p. 716 note 8. — *Binding*, Grundriss des Stf. R., p. 153 : « pas de peine dans le sens juridique, mais un moyen de correction pédagogique ». Cette dernière appellation est excellente ; seulement, à notre avis, un moyen de correction peut être en même temps une peine, quoique cela ne soit pas une peine du même caractère que celle du droit criminel commun. — *Laband*, St. R. (éd. all., I, p. 463 ; éd. franç., II, p. 184) : « Ce n'est pas

1) Il faut déjà considérer comme *moyen de peine disciplinaire* les simples réprobations et réprimandes que tout supérieur est naturellement autorisé à adresser à son subordonné. Mais on comprend spécialement sous le nom de peines disciplinaires celles qui, par des degrés réglés, sont infligées suivant une procédure plus ou moins formelle et constatées officiellement pour caractériser définitivement le coupable.

Ces *peines disciplinaires formelles* sont divisées, selon les deux formes dans lesquelles la discipline peut tâcher d'atteindre son but, en *discipline corrective* et

une peine dans le sens du droit pénal, mais un moyen de maintenir dans le rapport de service la discipline et l'ordre et d'assurer l'accomplissement des devoirs du service ». Dans la tendance que l'on constate à appuyer fortement sur l'opposition contre l'ancienne doctrine qui admettait ici une sphère spéciale du droit pénal commun, un droit spécial particulier, on est allé trop loin, il est vrai, et l'on a assimilé, d'une manière excessive, la peine disciplinaire à la peine coërcitive. On l'a désignée de « moyen de contrainte pour obtenir l'accomplissement du devoir » (*Laband*, l. c., éd. all., I, p. 464 ; éd. franç., II, p. 185) ; elle doit être « à la place de la demande en prestation » de ce qui est dû en vertu d'un contrat (*Laband*, l. c., éd. all., I, p. 465 ; éd. franç., II, p. 186) ; elle est une « forme de la contrainte à la prestation » (*Binding*, Stf. R., I, p. 278). *G. Meyer*, dans Annalen 1876 p. 673 ss., a fait observer avec raison que justement la peine disciplinaire la plus grave, la destitution, en renonçant à toute prestation ultérieure, doit exclure toute idée d'une contrainte à la prestation. *Laband*, St. R. (éd. all., I, p. 464, note 2 ; éd. franç., II, p. 165 note 2), oppose à *G. Meyer* « qu'il reconnaît lui-même que la menace d'une peine est un moyen de contrainte indirect ». Mais *Laband* nous semble quitter ainsi le terrain sur lequel il a construit tout d'abord sa propre doctrine. En effet, le moyen de correction qui correspond à la demande judiciaire en vertu du contrat, ne pourra être représenté que par l'infliction de la peine, et non par la délégation faite aux autorités du pouvoir juridique de le faire au besoin, — délégation qui seule pourrait être considérée comme l'acte de « menace » vis-à-vis du fonctionnaire ; car il n'y a pas ici d'autre menace. Mais si l'on se contente de cette espèce de menace pour appeler la peine disciplinaire un moyen de contrainte pour obtenir la prestation, alors toutes les menaces contenues dans les règles du droit crimiuel ordinaire doivent être appelées des menaces au même titre et considérées également comme des moyens de contraindre à l'accomplissement du devoir ; ainsi disparaîtra la distinction que *Laband* s'était efforcé de faire. — L'idée d'une contrainte de prestation, qu'on a combinée sans aucune nécessité avec l'idée du moyen de correction, doit simplement être laissée de côté.

discipline épurative (*Zuchtdisciplin*, *reinigende Disciplin*).

Les moyens de discipline corrective sont : l'*avertissement*, le *blâme*, les *amendes* et les *arrêts*. La discipline épurative opère par l'exclusion du service, la *destitution disciplinaire*. Entre les deux groupes se trouvent encore les déplacements par voie disciplinaire et les suspensions, représentant d'un côté des moyens de correction vis-à-vis du coupable, et ayant, d'autre part, un certain effet épuratif au profit du service dans l'intérêt duquel il suffit que l'individu n'exerce plus ses fonctions à tel endroit ou pendant un certain temps.

Ces moyens ne sont pas tous admis partout. Le choix de ceux qui doivent être admis dépend de la nature de l'obligation de servir. La distinction entre fonctionnaires supérieurs et fonctionnaires subalternes devient ici d'une certaine importance. Les premiers sont déjà très sensibles à l'égard d'une réaction très modérée ; celle-ci suffira donc souvent pour produire l'effet voulu. Ainsi la peine des arrêts, d'ordinaire, n'est admise que pour des fonctionnaires subalternes. Vis-à-vis des juges, on considère peut-être même l'amende comme un moyen de correction trop lourd.

On comprend que la discipline militaire ait dû se développer avec le plus d'intensité. L'armée ne peut, à aucune condition, tolérer des sentiments contraires aux devoirs qu'exige son service. De plus, dans le service militaire forcé, il s'agit d'une école destinée à former aussi rapidement que possible le moral même ; il faut ajouter que la discipline épurative se trouve exclue ; le renvoi par la voie disciplinaire ne s'accorderait pas avec un service forcé (17). Il faut donc des

(17) C'est ainsi que *Hecker* dans Gerichtssaal, XXXI, p. 495 ss., explique cette « renonciation aux moyens de la discipline épurative ».

moyens de discipline corrective d'autant plus forts pour atteindre le but.

Selon l'énergie avec laquelle elles frappent, on divise encore les peines disciplinaires formelles en simples *peines d'ordre* et *peines disciplinaires proprement dites*. Des différences de procédure s'y attachent.

2) La peine disciplinaire suppose une *faute*. Mais elle n'est pas encourue directement par cette faute, comme la peine de police ou la peine en matière de finances. Le fait de la faute commise procure seulement une arme à l'autorité pour obtenir du délinquant l'amélioration du service qu'elle jugera nécessaire (18). S'il convient d'en faire usage et dans quelle forme, cela rentre dans l'appréciation de l'*intérêt du service*. Donc, le pouvoir disciplinaire ne porte pas devant les yeux un bandeau à travers les ouvertures étroites duquel il ne verrait qu'une partie de la réalité, celle qui contient la matière du délit. Elle a égard aux mérites antérieurs et aux espérances que le coupable peut présenter, au préjudice que la renommée du fonctionnaire éprouvera par la punition, à la mauvaise impression que, de l'autre côté, son immunité pourrait faire sur les autres fonctionnaires, bref à tout ce que la prudence politique peut trouver digne d'être pris en considération.

Dans la *procédure* suivie pour infliger la peine disciplinaire, il se produit peut-être une séparation des différents points de vue à examiner. Pour statuer sur les fautes les plus graves et infliger les peines les plus sévères qui y correspondent, des autorités disciplinaires spéciales sont constituées à côté des supérieurs ordinaires ; ou bien l'on fait fonctionner comme telles

(18) *Laband*, St. R. (éd. all., I, p. 465 ; éd. franç., II, p. 167) : « un droit, non pas une obligation juridique de l'Etat ». *Seydel*, Bayr. St. R., III, p. 482 : « son exercice est à la libre disposition du détenteur ».

des tribunaux civils ou administratifs. Ces autorités disciplinaires sont alors chargées de l'examen formel de la cause, de la constatation de la faute et de la fixation de la peine, tout cela au point de vue de la justice et de l'application égale des principes existants. Les autres vues et considérations qui caractérisent la peine disciplinaire sont de la compétence du détenteur ordinaire du pouvoir hiérarchique, lequel prend part à cette procédure de différentes manières.

Il peut y concourir en ce sens que la cour spéciale de discipline prononce d'abord, et que le supérieur ordinaire du plus haut degré ordonne ensuite définitivement ce qui doit être, en se basant sur cette déclaration, mais en appréciant encore et librement les autres points de vue de l'intérêt public. Cela a lieu surtout dans les tribunaux d'honneur des officiers.

Pour les fonctionnaires civils, au contraire, l'arrêt du tribunal disciplinaire marque la fin de la procédure. Mais ce tribunal ne procède que sur la demande du supérieur ordinaire. La procédure offre ainsi une grande ressemblance avec l'instruction criminelle ; mais tandis que, dans cette dernière, le ministère public est obligé de poursuivre toutes les fois qu'il est possible d'obtenir une condamnation, ici le supérieur n'agit que dans le cas où il le juge nécessaire dans l'intérêt du service (19).

(19) Dans cette séparation, le décret du tribunal de discipline, considéré isolément, aura la nature de la décision de juridiction ; comp. t. 1er, p. 126, p. 210. *Seydel*, Bayr. St. R. III, p. 483, fait des efforts pour conserver cette notion même pour des cas où l'infliction de la peine disciplinaire est entièrement dans les mains du supérieur, lequel toutefois apprécie librement s'il est aussi de l'intérêt public de poursuivre, et de poursuivre de telle ou telle manière (comp. *Seydel* lui-même, l. c., p. 482). Pour lui, la question a cette importance pratique qu'il s'agit de savoir si ici la forme du contentieux administratif est applicable ou non. En effet, s'il était vrai que la justice administrative ne pourrait absolument avoir lieu que dans les cas de véritable « juridiction » au sens indiqué, elle serait évidemment écartée ici. Mais tel n'est pas le cas, pas même d'après le droit Bavarois ; comp. t. 1er, p. 214 ss. et note 11.

3) La peine disciplinaire peut être exclue de différentes manières.

L'exclusion n'a pas lieu, en principe, dans le cas où, à raison des mêmes faits constituant la faute disciplinaire, il y a déjà eu condamnation à une peine du droit pénal ordinaire. L'axiome *ne bis in idem* ne s'applique pas entre ces deux genres de peines. La discipline a son but propre ; l'individu qui a été condamné par la justice criminelle ordinaire doit encore satisfaire à cet intérêt, de même qu'il doit encore payer les indemnités pour le dommage matériel qu'il a causé (20). Toutefois, les constatations du jugement de la procédure criminelle auront toujours une grande importance de fait pour l'une et l'autre, — demande en dommages-intérêts et poursuite disciplinaire. — La loi prescrit donc, pour la poursuite disciplinaire, qu'on doit toujours attendre le résultat de la procédure criminelle, ou que ce jugement la lie quand il renferme un acquittement. Ainsi il peut arriver que la poursuite disciplinaire soit exclue parce que formellement la faute est censée ne pas exister.

Par contre, la peine disciplinaire est exclue d'elle-même par le fait de l'*extinction de l'obligation* de servir : quand le coupable est sorti du rapport de service, il n'y a plus rien à améliorer dans le service

(20) Ceux qui ne veulent voir ici qu'un droit criminel spécial n'échapperont jamais à la règle : *ne bis in idem*. *G. Meyer*, St. R., p. 458, croit pouvoir se tirer d'affaire en montrant la différence qui existe entre les punitions infligées dans l'une et l'autre de ces procédures. Mais tout d'abord, il nous semble que, en général, cela ne peut pas suffire pour écarter cette règle ; et puis, il y a des cas où les moyens employés se ressemblent, ce qui ferait disparaître cette différence : il serait donc, par exemple, inadmissible de procéder à une destitution par la voie disciplinaire dans le cas où le tribunal criminel pouvant priver le fonctionnaire de la jouissance des droits civiques et, par conséquent, le déclarer déchu de sa position officielle, aurait refusé de le faire.

en agissant sur lui ; la peine disciplinaire a perdu son but et, par suite aussi, son droit (21). Cette cessation naturellement n'a pas lieu si, malgré la fin du rapport de service, il subsiste un motif spécial de poursuivre la procédure disciplinaire. Il ne peut s'agir que d'un but accessoire, du règlement des frais occasionnés par une procédure déjà pendante, ou du retrait des droits qui pourraient sans cela rester au coupable en ce qui concerne le titre. le rang, la pension (22). Cette cessation ne comprend pas non plus l'exécution des peines disciplinaires déjà infligées avant la dissolution du rapport de service (23). Ces peines peuvent seulement être devenues, par ce fait,

(21) Cette idée dominante se trouve exposée avec toute la clarté possible dans Bl. f. adm. Pr., 16, p. 39. Comp. aussi *Kanngiesser*, Reichs. B. R. p. 162, 163 ; *F. Seydel*, Dienstvergehen, p. 150 ss. ; *Gaupp*, Württemb. St. R., p. 97. — Evidemment, cela est incompatible avec un simple droit criminel spécial ; par conséquent, *G. Meyer*, qui tient à cette manière de voir, déclare, dans Annalen 1876 p. 677, que les prescriptions des §§ 75 et 100 du R. B. G. consacrant cette règle proviennent uniquement d'une inadvertance du Reichstag. Mais nos législations particulières ordonnent la même chose. — Il nous semble que c'est là le véritable motif, pour lequel il n'a pas été constitué de pouvoir disciplinaire sur les échevins et les jurés : la discipline épurative est écartée en ce qui concerne le service forcé ; quant à exercer une discipline corrective sur un homme que, la clôture de l'audience prononcée, on ne reverra jamais, cela n'a pas de but raisonnable. Les peines du non-accomplissement du service forcé, à infliger selon les principes du droit pénal commun, suffisent donc : *Seuffert*, Erörterungen über die Besetzung des Schöffengerichts und Schwurgerichts p. 81 ss. *Laband*, St. R. (éd. all., I, p. 448 ; éd. franç., II, p. 160, 161), voudrait expliquer ce fait par le prétendu principe « que les suites disciplinaires ne peuvent atteindre que des fonctionnaires proprement dits ». Mais le soldat — qui n'est certes pas fonctionnaire — est cependant soumis à ces suites.

(22) Comp. la jurisprudence dans *F. Seydel*, Dienstvergehen, p. 150, 151. — O. Tr. 1er déc. 1871 (J. M. Bl., 1872, p. 14) retient la procédure disciplinaire même après la démission accordée, pour infliger un blâme. C'était le coupable lui-même qui, condamné en première instance, avait interjeté appel ; le tribunal croyait donc peut-être agir en faveur de l'accusé en continuant l'instance. *Kanngiesser*, R. B. G., p. 163, remarque avec raison que c'était aller trop loin.

(23) De même que des peines coërcitives déjà prononcées, quoiqu'étant de pures peines à tendance, doivent être exécutées même si leur but a disparu ; comp, t. II, § 23, p. 117.

sans objet ou sans force : sans objet, quand elles ne tendent pas à autre chose qu'à la dissolution de ce rapport ou même à moins que cela, par exemple, à une simple suspension ; sans force, quand il s'agit de peines dont l'effet repose uniquement sur l'autorité du supérieur vis-à-vis du subordonné, telles que l'avertissement et le blâme ; dès qu'il n'y a plus de supérieur, il n'y a plus moyen de les exécuter.

Enfin, la peine disciplinaire est exclue par l'*extinction du pouvoir disciplinaire* qui, par la faute commise, avait été appelé à poursuivre.

Cela peut coïncider avec le cas que nous venons d'exposer ; mais il en peut être autrement. L'extinction d'un pouvoir disciplinaire peut se produire avec cet effet que le coupable n'est plus soumis à aucune obligation de servir selon le droit public (24) ; ou en ce sens seulement qu'il change de patron, passe du service d'un corps d'administration propre dans celui de l'Etat, et vice-versa (25) ; ou bien que, tout en gardant le même patron, il entre dans une autre branche de service, pour laquelle a été établie une autre organisation du pouvoir disciplinaire : cette dernière

(24) *Kanngiesser*, Reichs. B. R., p. 163, entendexpliquer l'impossibilité d'une poursuite disciplinaire après la démission, par une espèce de force purifiante de l'acte de mise à la retraite, lequel signifierait « une constatation définitive du service consciencieusement rempli ». Mais la même règle s'applique aussi dans le cas où l'obligation de servir cesse de plein droit parce que le temps est expiré, comme cela arrive pour les fonctions d'honneur, et cependant ici, on ne trouvera pas d'acte spécial auquel on pourrait attacher cet effet.

(25) Présidence (Kreishauptmannschaft) de Zwickau 31 mai 1880 (Sächs. Ztschr. f. Pr., I, p. 333 ss.): Un fonctionnaire communal a passé dans le service d'une autre ville et il s'agit maintenant, pour son autorité supérieure nouvelle, de lui infliger un blâme à raison d'une faute commise dans son rapport de service. Pour cela, l'autorité nouvelle n'est pas compétente : « l'accusation n'a aucun rapport avec le serment professionnel que le fonctionnaire a prêté au conseil de ville actuel ». L'ancienne autorité supérieure, il est vrai, est aussi incompétente, par la raison qu'elle n'est plus l'autorité supérieure ; « la procédure disciplinaire reçoit ses limites chaque fois par le rapport de service existant ».

branche de service n'est pas du tout appelée à poursuivre à cause de la faute antérieure, et l'ancien pouvoir disciplinaire n'en est plus chargé (26). Cette cause d'extinction n'a pas d'effet, quand, au moment où elle survient, la procédure disciplinaire a été déjà *introduite*. Il se peut que, pour ce cas, on ait donné à l'autorité supérieure le droit d'empêcher le fait même qui amènerait l'extinction du pouvoir disciplinaire, c'est-à-dire le droit de refuser la démission demandée tant que la procédure disciplinaire introduite ne sera pas terminée. Ce droit ne va pas de soi, car il ne s'agit pas alors de retenir provisoirement l'obligé dans l'intérêt du service (comp. § 44, I, n. 3 ci-dessus). Si, toutefois, le rapport de service, après l'introduction de

(26) C'est encore une conséquence de l'axiome que le droit pénal disciplinaire repose sur le pouvoir hiérarchique ; *Laband*, St. R. (éd. all., I, p. 465 : éd. franç., II, p. 167) ; le *même* dans *Marquardsen* Handb. I, 1 p. 65 ; *Rehm* dans Annalen 1885 p. 192. Le consul de carrière ne peut pas être poursuivi disciplinairement à raison d'une faute commise par lui antérieurement en qualité de juge de commerce en fonction d'honneur, non plus que le fonctionnaire de l'administration des finances à raison des infractions à la discipline qu'il aurait commises dans sa carrière d'officier de l'armée. Un simple changement de l'autorité disciplinaire compétente à raison de la circonscription locale est indifférent, pourvu que la branche d'administration dans laquelle on sert reste la même. Chaque pouvoir disciplinaire n'existe que pour sa branche et n'agit pas au delà. — C'est dans cet ordre d'idées que l'on trouvera la réponse à la question soulevée par *Seydel* dans Bayr. St. R., III, p. 500 ss. D'après le droit Bavarois, les fonctionnaires mis à la retraite définitivement non seulement ont encore à remplir certains devoirs, mais sont aussi soumis à un pouvoir disciplinaire ; ils restent donc, comme il nous sera permis de le dire, dans un rapport de service prolongé, quoique sensiblement atténué. Or ici on rencontre le fait « quelque peu frappant » que des fautes commises pendant le service actif et découvertes plus tard ne peuvent plus être poursuivies, alors que ces mêmes faits, s'ils étaient commis dans la retraite, pourraient être poursuivis. Cela s'explique de la manière suivante : ces individus ne sont plus placés sous le pouvoir disciplinaire constitué pour des *fonctionnaires actifs* ; le pouvoir disciplinaire pour des fonctionnaires mis à la retraite — pouvoir sous lequel ils sont placés — n'existe que pour cette autre espèce d'obligation de servir qui est toute différente et qui ne peut pas être mise en mouvement dans l'intérêt du service actif.

la procédure, se termine d'une manière quelconque, alors le principe de la procédure civile devra trouver son application, à savoir que, par l'ouverture de l'instance, la compétence est fixée irrévocablement et reste intacte, quoique les raisons sur lesquelles elle s'était fondée disparaissent après coup. Donc, le pouvoir disciplinaire auquel cet individu, pour toutes les mesures qu'on prendra désormais, ne sera plus soumis, reste en vigueur pour achever ce qui a été commencé. La force, il est vrai, avec laquelle ce pouvoir pourra encore agir, sera restreinte par l'effet même du fait de la cessation du rapport de service : la condamnation disciplinaire, comme il a été dit ci-dessus, pourra ainsi perdre son objet ou la forme caractéristique de son exécution (27).

(27) C'est ainsi que s'expliquent les prescriptions du R. B. G., § 75, al. 2.

§ 46

Droits pécuniaires résultant du rapport de service.

Au rapport de service du droit public s'attachent des droits à des prestations en argent ou en valeurs pécuniaires, des droits pécuniaires. En partie, ils naissent de ce rapport même ; par conséquent, ils y sont compris et participent de sa nature de droit public. En partie, ils ne s'y rattachent qu'extérieurement en vertu d'institutions spéciales du droit public ou du droit civil. Nous aurons à faire le classement de ces différents éléments (1).

I. — Les droits pécuniaires de celui qui doit le service se trouvent placés au premier rang ; ils forment le contrepoids de la prépondérance des droits de l'Etat dans l'obligation de servir en elle-même. D'après leur cause juridique, nous distinguons ces droits pécuniaires en traitement et indemnité de service.

1) Le *traitement* (salaire) a sa place ordinaire dans le service professionnel, tel qu'il résulte de la nomi-

(1) Droit pécuniaire et droit civil ne sont pas identiques ; comp. t. 1er, § 11, note 2. La confusion, qui ne s'explique que par le passé historique, se produit cependant encore souvent justement dans cette matière. Une tentative, avec la bonne intention d'en sortir, est faite dans les motifs de la loi d'organisat. jud., p. 74 (*Hahn*, Mat., p. 94) : « des droits pécuniaires des fonctionnaires, qui, outre le côté droit civil, ont encore un côté droit public ».

nation du fonctionnaire. Le traitement signifie matériellement la même chose que le salaire dans le contrat de louage d'ouvrage du droit civil : il donne au rapport de service ce côté spécial qui en fait, pour le fonctionnaire, sa profession et le fondement économique de son existence ; il fournit ainsi un motif — et ordinairement le motif le plus important — du consentement nécessaire de cet individu, lequel doit être engagé de cette façon. Le traitement est donc *l'équivalent en argent de l'obligation de servir créée par la nomination, équivalent qui est dû en proportion de la durée de cette obligation et qui échoit à des termes réguliers* (2).

Le droit au traitement est fondé sur un acte administratif qui l'alloue. Cet acte se joint à l'acte de nomination ; il est réuni avec lui dans un seul titre ou séparé extérieurement. Il peut fixer librement le montant dans le cas individuel — ce qui se fait très souvent, — par exemple, dans la nomination des professeurs d'université. Il peut aussi être lié dans son contenu par des règles générales établissant pour les

(2) Ainsi O. V. G. 26 sept. 1885 (Samml., XII, p. 45). — *Goenner*, Staatsdienst, p. 104, voit dans le droit au traitement une conséquence de l'imposition du service d'Etat d'après le modèle de l'indemnité d'expropriation. Depuis qu'on a recommencé à considérer la nomination comme un contrat, il faut surtout avoir soin de distinguer le droit au traitement de l'équivalent payé par le maître dans le rapport de service du droit civil. A cet effet, on a maintenant pris l'habitude de désigner le traitement de « rente alimentaire ». *Laband*, St. R. (éd. all., I, p. 478 ; éd. franç., II, p. 207) ; *Rehm* dans Annalen, 1885, p. 88 ; *Ihering*, Zweck im R., I p. 201 ; *Zorn*, St R., I, p. 239 (2e éd., p. 318). Mais ce que le traitement a de commun avec la rente alimentaire se trouvera tout aussi bien dans le salaire du contrat civil. Ce qui est caractéristique dans la rente alimentaire ne se trouve ni dans l'un ni dans l'autre : à savoir, l'adaptation au besoin individuel de la personne à entretenir, ce qui rend la rente alimentaire essentiellement variable. Qu'on se serve de ce nom, nous n'y voyons pas d'inconvénient ; mais, comme *Seydel*, Bayr. St. R., III, p. 415, l'a déjà remarqué très justement, il ne faut pas croire que cela nous avance à quelque chose.

différentes classes de fonctions un tarif fixe de traitements. Des règles analogues sont établies par la loi du budget dans les *états de traitements*. L'administration peut les réunir spécialement dans un *régulatif des traitements*, ayant, en comparaison de la loi du budget, un caractère permanent. L'une et l'autre de ces fixations ne signifient d'abord qu'un plan, d'après lequel se fera l'emploi des sommes que le budget rend disponibles pour les traitements. Elles n'auront d'effet qu'au moyen de l'acte administratif qui en fera l'application. Si rien n'a été dit spécialement, la nomination elle-même renferme tacitement l'allocation de la somme destinée à une fonction analogue d'après l'état ou le régulatif. Si la loi ou l'ordonnance ont fixé, pour certaines classes de fonctions, les traitements en forme de règle de droit (3), le droit à ce traitement est créé par la nomination ; il y a là une nécessité juridique ; une dérogation, même avec le consentement du fonctionnaire, ne serait pas valable.

Le traitement alloué signifie, pour le fonctionnaire, un droit subjectif de droit public au paiement de cette somme.

La protection de ce droit s'effectue, conformément aux principes généraux (t. 1er, § 16, II), en règle, au moyen d'une demande à introduire devant les tribunaux civils. Les termes échus du traitement sont soumis à la libre disposition du créancier, ces dispositions elles-mêmes étant soumises aux règles du droit civil (t. 1er, § 11, IV n. 2).

Pendant la durée du rapport de service, le traitement dû originairement peut recevoir une *augmentation*, soit à l'occasion de l'avancement dans une autre

(3) C'est ce qui fut proposé, par exemple, dans la discussion de la loi d'Emp. sur l'organis. jud., pour les traitements des juges (Proc. verb. de la Commission, p. 574). Les législations particulières sont entrées dans ces vues; comp. la note suivante.

fonction, soit par la simple allocation d'un supplément. Cela a lieu suivant des règles générales, de la même manière que la détermination du traitement originaire (4). L'acte administratif contenant l'allocation a son effet par lui-même, sans qu'il y ait besoin d'une acceptation déclarée : il ne s'agit pas de conclure, ni de changer un contrat existant.

Au contraire, la privation totale ou partielle du traitement ne devient possible que par le consentement de l'intéressé, à moins qu'il n'y ait une cause juridique spéciale autorisant le maître à y procéder unilatéralement.

Ce *consentement* peut spécialement se trouver dans l'acceptation d'une fonction ayant une *dotation infé-*

(4) Ainsi, la loi Pruss. d'exécution du G. V. G. du 24 avril 1878 établit des règles de droit pour les augmentations ; elle ordonne dans son § 9 : « L'allocation aux juges des traitements et suppléments prévus dans l'état se fait dans l'ordre fixé par l'ancienneté et selon les moyens que l'état rend disponibles ». Comp. R. G. 25 sept. 1885 (Samml., XI p. 289) ; avec plus d'énergie encore, R. G., 1er mars 1886 (Samml., XV p. 274) : Un juge est mort le 24 sept. 1884 ; le 25 oct. 1884, il est alloué à deux juges d'une ancienneté relativement inférieure le supplément prévu par l'état, payable à partir du 1er juillet 1884. Les héritiers réclament ce supplément comme étant dû au défunt pour l'époque écoulée du 1er juillet jusqu'au 1er oct. 1884 ; le Tribunal de l'Empire le leur adjuge par le motif qu'une omission illégale du défunt aurait eu lieu. Pourtant, la loi ne dit pas : dès qu'un supplément prévu par l'état est disponible, il faut qu'il soit alloué au juge, dont, en vertu de son ancienneté, le tour est venu. Elle dit : quand l'autorité alloue des suppléments prévus par l'état, il faut qu'elle suive l'ordre d'ancienneté ; elle ne doit pas faire d'omission, sans quoi elle lèse le droit de celui qui est omis. Le Tribunal, tout en suivant la première interprétation de la loi, s'exprime en des termes qui conviennent plutôt à la seconde ; de cette façon, elle arrive à la thèse un peu surprenante que l'autorité, dans l'allocation du supplément, a « commis une omission » du juge trois mois après son enterrement. — On ne saurait, du reste, méconnaître que le tribunal civil, qui exerce ici le contrôle, est investi, vis-à-vis de l'administration, de pouvoirs extraordinaires : il ne statue pas seulement selon les allocations faites ; il les contrôle au point de vue de leur légalité ; au besoin, il fait lui-même ce que l'acte administratif aurait dû faire. Loi Pruss. du 24 mai 1881 § 1 ; *Oppenhoff*, Ress. verh., p. 552 n. 11 ; R. B. G., § 149.

rieure. La fonction restant la même, le consentement est sans effet, si le traitement est fixé dans la forme d'une règle de droit. Des *retenues consenties* ont surtout lieu dans le but de former un cautionnement prescrit, d'alimenter une caisse de pensions (5), de couvrir le prix des uniformes achetés à frais communs ; elles peuvent aussi servir à payer un remplaçant, quand telle a été la condition d'un congé accordé. La retenue est ordonnée par l'autorité préposée en vertu du consentement.

Même sans consentement, la privation du traitement peut avoir lieu unilatéralement pour *une cause spéciale.* Mais cela dépend ici de règles essentiellement autres que celles qui existent pour le rapport de service du droit civil. Pour ce dernier, tout est placé sous le point de vue de l'*exceptio non adimpleti contractus* : le salaire peut être refusé quand, pour une cause dont le serviteur doit répondre, l'obligation d'être à la disposition du patron n'est pas accomplie. Cela ne s'applique pas purement et simplement au rapport de service du droit public (6).

(5) C. C. H., 12 oct. 1872 (J. M. Bl., p. 295) admet que, par ordre du supérieur, la participation à une caisse de secours pour les veuves de fonctionnaires peut être rendue obligatoire ; dans une décision antérieure, du 14 janv. 1854, le C. C. H. avait déclaré que cela appartient non pas au « côté publicistique, mais au côté droit privé du rapport » ; en conséquence, il avait reconnu les tribunaux civils compétents pour statuer sur la question des retenues qu'on veut ordonner à cet effet. Cela a dû amener pratiquement un résultat satisfaisant. En effet, en tout cas, ces choses sont placées en dehors de la sphère de l'ordre hiérarchique ; sans le consentement du fonctionnaire, — contenu tacitement dans l'acceptation d'un rapport fonctionnel qui aurait été réglé dans ce sens, ou déclaré après coup, — la retenue ne pourrait se faire qu'en vertu d'une loi.

(6) Dans la fameuse controverse sur le traitement et les frais de remplacement des juges de district élus au Landtag, les prétentions du gouvernement Prussien ont été fondées dans le temps sur une application inadmissible des principes du droit civil, touchant les réductions de salaire : *v. Roenne,* Preuss. St. R., I, p. 242 ss. Le gouvernement avait encore compromis sa position, en adoptant antérieu-

D'un côté, une privation de traitement correspondante ne s'attache pas ici aussi directement à l'inaccomplissement du devoir. Il faut une *irrégularité formelle* : contravention au devoir de résidence, c'est-à-dire le fait de s'être éloigné, sans congé, du domicile de la fonction, ou, ce qui revient au même, d'éviter illicitement les localités où le service doit se faire (7). Cette conduite est justifiée par un congé donné ; mais c'est justement avec ce congé qu'une retenue proportionnelle peut avoir été imposée comme condition : le fonctionnaire accepte-t-il ce congé, la retenue devient possible par son consentement ; n'accepte-t-il pas, et s'absente-t-il sans congé, il encourt la retenue par cette irrégularité (8).

D'un autre côté, une privation de traitement se produit même en dehors du cas où il y a manquement au devoir d'être à la disposition pour servir, par suite de la privation de la fonction que le maître peut être autorisé à prononcer contre le fonctionnaire (comp. § 44, II n. 2 ci-dessus). Il faut citer avant tout

rement les opinions contraires au sujet des Landrätte (sous-préfets) qui avaient été élus : *Kamtz*, Annalen, année 1830, p. 264. Néanmoins, le gouvernement, au fond, était dans son droit : les élus avaient besoin d'un congé, et le gouvernement étant libre de le refuser pouvait le faire dépendre de cette condition que les élus paieraient les frais du remplacement ; comp. la note 8 ci-dessous.

(7) De même que le droit canonique exige non seulement *residentia*, mais aussi *interessentia*, pour que la jouissance du *beneficium* soit conservée : *Hinschius*, K. R., III, p. 236. De ce côté là, il y a, en général, des affinités très proches.

(8) *Harseien* dans Wörterbuch, I, p. 187. Ce n'est pas une peine disciplinaire, comme *F. Seydel*, Dienstvergehen, p. 66, l'a cru ; si le fonctionnaire n'y acquiesce pas, il est statué, il est vrai, selon la procédure disciplinaire ; mais cela a lieu aussi pour la mise à la retraite pour cause d'incapacité (loi Pruss. du 21 juillet 1852, § 93). Ce n'est pas non plus l'imposition d'une indemnité à payer ; ce serait, en effet, par une fiction tout à fait arbitraire, que le dommage serait égal au traitement ; de plus, la même privation de traitement frappe le fonctionnaire qui, étant suspendu de ses fonctions, s'est absenté sans congé.

la *mise en disponibilité*, qui réduit le traitement à une fraction, le traitement de disponibilité (*Wartegeld*) ; puis la *suspension*, ayant le même effet ou même enlevant provisoirement tout droit à un traitement ; enfin le *déplacement par voie disciplinaire*, quand la fonction nouvelle est dotée d'un traitement inférieur.

Avec le rapport de service *s'éteint* également le droit au traitement. Mais il y a des différences, suivant la manière dont ce rapport a pris fin. Le droit au traitement ne cesse, d'une manière absolue, que dans le cas de démission volontaire du fonctionnaire (renvoi sur sa demande) ou d'indignité (condamnation judiciaire, destitution par la voie disciplinaire). Il n'en est pas de même quand le rapport de service a pris fin par suite d'incapacité survenue (mise à la retraite) ou par la mort du fonctionnaire. Dans ces cas, le traitement continue à être payé en entier, encore pendant un certain temps, à l'ancien fonctionnaire ou à sa famille : pendant le mois courant ou même un mois de plus ou trois mois de plus, *mois de grâce*, *trimestre de grâce*. Cette expression est devenue inexacte, depuis le jour où partout cette prolongation a été réglée de manière à constituer un droit résultant du rapport de service.

Mais, avant tout, cette dernière manière de faire cesser le rapport de service — et avec lui le droit au traitement — fait naître en même temps un droit nouveau, le droit à la *pension*, à la *retraite*. La pension est une prestation en argent effectuée par l'Etat, payable à des termes réguliers et fixée proportionnellement au montant du dernier traitement. Le droit à pension est encore acquis par suite d'une allocation. Cette allocation peut être faite, lors de la cessation du rapport de service, par l'autorité compétente qui apprécie librement ce qu'exige l'équité. En règle, elle est faite d'avance, lors de la création du rapport de service ou pendant sa durée, de la même manière que les allocations de traitement ; elle est réglée, comme cette dernière, par l'état des pensions ou par des régulatifs, ou même par des règles de droit auxquelles l'administration ne pourra pas déroger. L'allocation une fois faite n'est plus révocable. Les changements qui pourront survenir dans les tarifs des états ou des régulatifs ne la touchent pas. Par la voie de la législation, naturellement, tout peut être mis dans un ordre nouveau ; toutefois, la loi elle-même, lorsqu'elle fait des innovations, ménage les droits acquis à une pension future (9).

L'allocation ainsi faite dépend de la condition que le rapport de service se terminera de la manière prévue, par la mise à la retraite pour cause d'incapacité ou par la mort. Cette condition remplie, le droit se réalise au profit du retraité ou de sa famille. Il est constitué directement aussi au profit de la famille — au profit de tiers, par conséquent, — et ne dépend pas de l'acceptation de la succession ou de la communauté (10). Toujours, dans le cas du droit à pension alloué d'avance, il y aura lieu, la condition une fois remplie, à une fixation formelle de la pension due au retraité ou à sa famille. Mais il n'y a pas là un acte de libre appréciation ; c'est un acte juridiquement lié, une décision.

Le droit à la pension ayant produit son effet par

(9) Exemple : R. B. G. § 70. — R. G., 26 oct. 1880 (Samml., II, p. 114) : Un employé des postes badoises, — remplacées depuis par les postes de l'Empire, — était entré au service de l'Empire ; la veuve réclame la pension, telle qu'elle aurait dû se calculer d'après l'ancien droit Badois. Par la nomination, déclare le tribunal, un droit acquis a été créé, le droit de la veuve d'avoir une pension selon le droit Badois. La loi sur les fonctionnaires de l'Emp. à laquelle le défunt s'était soumis plus tard n'avait pas changé le contenu droit privé de la nomination, avec cet effet que des droits acquis auraient été éteints.

(10) R. G., 17 juin 1885 (*Reger*, VII, p. 100).

la condition remplie ou créée par l'allocation faite librement après coup, doit être considéré comme l'équivalent de l'obligation de servir dont le fonctionnaire s'est déjà acquitté ; par conséquent, le droit à pension est indépendant de la conduite ultérieure du créancier ; spécialement, il ne peut pas être révoqué pour cause d'indignité, ni par la voie disciplinaire, ni dans la forme d'une déchéance prononcée par un tribunal criminel à l'occasion d'une condamnation (11).

2) Dans le rapport de service du droit civil, l'engagé a droit non seulement à son salaire, mais aussi à la bonification de tous les dommages pouvant résulter pour lui de l'accomplissement de son service. De la même manière, dans le rapport de service du droit public, à côté du traitement, nous trouvons l'*indemnité de service*. Nous entendons par là des prestations en argent faites par l'Etat à celui qui est à son service, afin de le couvrir des dépenses spéciales résultant de l'accomplissement de son obligation de servir. Il y a trois choses à distinguer.

En principe, des mesures sont prises pour éviter

(11) R. G., 11 février 1887 (Samml., 17, p. 240) : Un fonctionnaire a été mis à la retraite au mois d'août pour le 1er octobre ; au mois de septembre, il est suspendu à raison d'une accusation criminelle ; au mois d'octobre, il est condamné à deux ans de réclusion : le droit à la pension est conservé, parce que le Code pénal ne prévoit comme peine accessoire que la perte de la fonction et du traitement, mais non pas celle de la pension. Comp. aussi R. G., 9 oct. 1888 (Samml., 21 p. 186). R. G., 28 mai 1880 (*Reger*, III, p. 170) estime que la législation particulière peut combler cette lacune, non pas, il est vrai, par une loi pénale, à cause du § 6 de la loi d'introd. au C. pén., mais par une loi sur les fonctionnaires. Il nous semble cependant que le nom qu'on donnerait à la loi ne serait pour rien dans la question de fond ; comp. *Mandry*, Civilrechtl. Inh. der Reichsges., p. 91. On pourrait seulement songer à un renvoi incomplet ; le retraité aurait encore à observer certains devoirs de sa condition ; et un pouvoir disciplinaire correspondant subsisterait (comp. § 45 note 25 ci-dessus) : dans ce cas, une privation de la pension serait possible, comme peine disciplinaire, sans que les prérogatives de la loi pénale de l'Empire y fassent obstacle.

toute dépense au débiteur du service pour l'accomplissement de ce service et pour rendre cette dépense superflue. L'individu est employé dans l'ensemble d'une certaine entreprise publique ; il entre dans l'organisation d'un établissement public, d'une autorité, et là il doit trouver tous les moyens matériels dont il pourra avoir besoin pour l'accomplissement de son service. L'Etat lui fournit les bureaux, tout ce qu'il faut pour écrire, les ustensiles, les armes, les voitures. Beaucoup de choses semblent profiter directement à sa personne : dans l'intérêt du service, il est logé ; il est, pendant les heures de service, éclairé, chauffé ; il reçoit un costume officiel. Cela se produit de la manière la plus éclatante dans le service militaire : cette grande institution s'empare de l'individu, s'occupe de lui et lui procure tout ce dont il pourra avoir besoin : nourriture, habillement, abri ; elle lui fournit même, pour les menues dépenses, un peu d'argent de poche — ce qu'on appelle la solde n'est pas autre chose. La nature juridique de toutes ces choses est généralement la même : ce sont des avantages provenant des institutions de l'Etat, qui doivent rendre possible et faciliter la prestation du service. Mais il n'y a aucun droit au profit de celui qui doit le service C'est l'intérêt propre de l'Etat au bon fonctionnement de son entreprise qui les lui garantit exclusivement, mais aussi suffisamment (12).

Il n'y a donc lieu à une indemnité de service que dans le cas où ces mesures ne suffisent pas pour évi-

(12) *Laband*, St. R. (éd. all., II, p. 649 ; éd. franç., V, p. 271) : « L'entretien des hommes en service dans l'armée de terre et dans la marine a entièrement le caractère d'*activité administrative* de l'Etat ». Par conséquent, le soldat n'a aucun « droit subjectif pécuniaire à cet entretien, et le fisc n'est pas obligé en droit civil ». De droit civil, il ne saurait, en tout cas, être question ici. — Dans le même sens, en ce qui concerne les uniformes livrés aux agents de police : O. V. G. 26 sept. 1885 (Samml., XII, p. 38 ss.).

ter à celui qui sert toutes les dépenses spéciales. Les autorités préposées au service ont quelquefois à leur disposition des moyens pour accorder des bonifications toutes les fois que l'équité l'exige ; mais c'est alors une affaire de bienveillance ; on ne donne point satisfaction à un droit (13). Le droit formel d'obtenir une indemnité semblable n'est accordé par le rapport de service du droit public que pour certaines choses déterminées, pour lesquelles ce droit est prévu et spécialement reconnu. C'est en ce sens que le service professionnel de l'Etat confère des indemnités de logement (*Wohnungsgeldzuschüsse*) (14), des frais de représentation, des frais de bureau, des frais de déplacement, des frais de déménagement (15). La fonction d'honneur confère des indemnités pour frais de fonction, des indemnités pour les écritures ; la solde et les frais d'équipement payés à l'officier de réserve qui doit faire un service actif rentrent aussi dans cette catégorie (16).

(13) Ainsi il est d'usage d'indemniser les agents d'exécution de la police des dommages qu'ils ont éprouvés quant à leurs vêtements dans l'exercice de leur fonction. Bonification pour des travaux extraordinaires : Sächs. Ztschft f. Pr., I, p. 359. Quand une fois la bonification a été allouée dans le cas déterminé, il y a naturellement droit acquis à recevoir le paiement ; C. C. H. 10 oct. 1865 (J. M. Bl., 1869, p. 2) ; V. G. H. 17 février 1888 (Samml., IX, p. 411). — Les promesses si fréquentes des supérieurs ne sont pas des actes administratifs « constitutifs de droits », ce ne sont que des engagements moraux et personnels.

(14) Accordées pour compenser les frais particuliers causés par la nécessité de résider dans un endroit où la vie est relativement chère. Dans les indemnités de logement du droit de la Prusse et de l'Empire, il se cache cependant aussi un supplément de traitement : O. Tr., 11 nov. 1864 (Str., 55, p. 275).

(15) Bl. f. adm. Pr., 1885, p. 204 : « des prestations réglementaires, fondées sur le droit public ». Comp. aussi V. G. H., 15 juillet 1881.

(16) *Laband*, St. R. (éd. all., II, p. 673 ; éd. franç., V, p. 313). L'indemnité a été accordée sous cette forme avec l'intention de manifester ainsi l'égalité extérieure avec les officiers de profession. Ce n'est cependant pas un traitement dans le sens juridique. — En ce qui concerne les indemnités des frais de fonction des chefs de commune et de baillage, comp. le § 60 ci-dessous.

Le droit à ces prestations a pour fondement la règle de droit d'une loi ou d'une ordonnance ; ou bien il résulte d'un acte administratif qui, de son côté, est ordinairement dirigé par des principes généraux établis dans des régulatifs ; ce qui est dit dans ces régulatifs est censé être assuré tacitement par l'acte qui donne lieu à la dépense de service correspondante, par conséquent, par la nomination, par le déplacement, par l'appel au service. Le droit à l'indemnité s'attache alors, avec des sommes fixes, aux faits qui sont reconnus comme pouvant occasionner de pareilles dépenses; peu importe qu'elles aient été faites réellement ou non dans le cas spécial et dans quelle mesure. En dehors de cela, il n'y a pas de droit à indemnité résultant du rapport de service (17). Cela ne veut pas dire qu'un autre droit à indemnité ne serait pas possible entre les personnes qui sont liées par ce rapport. Au contraire, les règles qui accorderaient un pareil droit à tout autre personne, abstraction faite du rapport de service, profiteront aussi à celui qui sert, du moins en tant que le rapport de service ne s'oppose pas à l'application de ces règles ou n'exclut pas ce droit.

Ainsi, dans le service professionnel ou d'honneur et même dans le service forcé, l'obligé peut, dans l'accomplissement de son service, être amené à faire, pour le compte de la communauté qu'il sert, un achat nécessaire, ou à régler une dépense urgente. Un droit à être remboursé de ces débours peut naître à son profit, par application des règles de la *gestion d'affaires*, de la *répétition de l'indu*, de la *versio in rem* (18). Ce

(17) La « règle générale du service de droit public », que *Seydel*, Bayr. St. R., III, p. 401, veut établir, n'est obligatoire, en réalité, qu'autant qu'elle est réalisée dans ces formes. Ce que Seydel a en vue, ce sont plutôt les institutions générales du droit civil, dont nous allons parler au texte.

(18) C. C., 25 sept. 1852 ; O. V. G., 22 déc. 1886 ; V. G. H., 17 mai 1887.

droit a alors tout à fait la nature du droit civil. Quand le droit civil exclut l'indemnité pour le cas où la dépense a été faite malgré le *dominus negotii*, le rapport de service sera pris en considération pour examiner si, d'après ce rapport, le demandeur n'aurait pas dû s'abstenir de s'immiscer dans l'affaire qu'il a ainsi gérée.

De même, l'obligé pourra, à raison des dommages qu'il a éprouvés dans l'accomplissement de son service invoquer la responsabilité civile de l'Etat, de la commune, etc., comme pour un fait illicite(comp. t. 1er, § 17) ; ou bien il pourra, ce qu'il ne faut pas confondre, réclamer l'indemnité de droit public, telle qu'elle serait due à n'importe qui (comp. § 53 ci-dessous). Ici encore, le rapport de service n'est pas la base du droit ; il peut, au contraire, être un obstacle à la réclamation, si celui qui a éprouvé le dommage était, par suite de ce rapport même, chargé d'éviter, par ses propres soins, l'évènement dommageable (19).

(19) On a mainte fois essayé de faire reposer la responsabilité de l'Etat, pour les dommages que le fonctionnaire pourra éprouver, sur une faute contractuelle d'après les règles du droit civil. Ainsi, R. G., 4 nov. 1886 (Samml., XVIII, p. 171) : Un employé du chemin de fer d'Etat est tombé d'un escalier en mauvais état qui se trouvait à la gare ; le fisc est déclaré responsable, parce que, « d'après le droit civil, le contrat de service rend le maître responsable du défaut de soins en ce qui concerne la sûreté corporelle de celui qui sert dans les fonctions dont il est chargé ». Dans le même sens, R. G., 10 nov. 1887 (Samml., XIX, p. 348). Pour pouvoir se représenter les choses de cette manière, on devrait, dans le sens de la vieille doctrine du fisc, imaginer un contrat de droit civil, qui, au moment de la nomination et à côté d'elle, serait conclu tacitement et qui renfermerait les bases nécessaires de cette responsabilité. Admettons-le pour un instant. On ne voudra cependant pas attacher aussi un semblable morceau de contrat de service aux services forcés du droit public. Qu'arriverait-il alors ? Quand l'estrade en mauvais état, sur laquelle le tribunal a dû prendre place, s'écroule, et que le juge est blessé, ainsi que ses deux échevins, ne sera-ce que le juge qui occupait la place du milieu qui aura droit à indemnité ? Ce ne sont là que des efforts désespérés en vue d'améliorer d'un côté la manière dont le droit civil a réglé la responsabilité, et, d'un autre côté, de trouver quelque chose qui remplace l'institution inconnue de l'indemnité de droit public.

II. A côté du droit à l'accomplissement de l'obligation de servir, qui par lui-même n'a pas la nature d'un droit pécuniaire, naissent, d'une manière accessoire, des droits pécuniaires au profit du maître, de l'Etat. Le rapport de service du droit civil en fournit les types, et cela de deux manières :

1) Il se peut qu'en conformité à un rapport de service, des valeurs pécuniaires aient été confiées à l'obligé ; cela fait naître, pour lui, le devoir de rendre compte et de restituer. Ce double devoir reçoit, dans le rapport de service du droit public, une forme caractéristique.

La *comptabilité* devient ici l'objet de missions particulières (20). Des comptables sont préposés à toutes les caisses en exercice ainsi qu'aux autres provisions à état variable. Ces fonds leur sont soumis en ce sens qu'aucun mouvement ne peut s'y produire, — entrée ou sortie, — sans leur concours. Mais le comptable ne doit procéder à ces mouvements qu'en observant certaines formalités destinées à les constater selon leur nature, leur cause et leur montant. Le comptable justifie de l'accomplissement de ce devoir en produisant un tableau de tous ces faits avec les pièces justificatives ; c'est la *reddition de comptes*. Pour exercer la surveillance, il y a des autorités spécialement organisées avec une procédure réglementée ; c'est le *contrôle de la comptabilité*. L'autorité centrale, Cour des comptes, Chambre supérieure des comptes, est l'autorité placée en dernier ressort au-dessus de tous les comptables. Ces comptables sont tenus de lui soumettre, à des services réguliers, leurs redditions de comptes. Elle leur fixe des délais par ordre hiérarchique, elle leur ordonne de complé-

(20) Bl. f. adm. Pr., XXXIII, p. 130 : « Une obligation spéciale de nature formelle ». — Loi Pruss. du 27 mars 1879 § 9, 10.

ter les pièces, de donner des éclaircissements, de faire des changements. Comme moyen de contrainte, il y a la peine coërcitive, mise à la disposition de l'autorité qui examine les comptes, et qui pourra soit en menacer le coupable, soit au besoin l'en frapper (21).

L'obligation de *restituer* a une étendue beaucoup plus grande. Elle incombe à toute personne qui, à l'occasion de son service, aura été mise en possession d'une chose quelconque. Le devoir de service détermine l'époque où doit avoir lieu la délivrance, le paiement, le déguerpissement, la production. Lors de la cessation de la fonction ou du service même, il y aura à faire une remise générale au successeur ou à l'autorité supérieure. La peine coërcitive sert de moyen de contrainte ; mais, de préférence, on aura recours à la force : l'autorité supérieure n'assigne pas en justice pour obtenir la remise de la caisse, des dossiers et des livres, l'abandon d'un bureau ou la remise de l'équipement militaire ; elle ordonne la restitution et exécute cet ordre par le moyen dont elle se trouve armée, à savoir l'enlèvement par la force au besoin, avec l'assistance des agents d'exécution de la police (comp. t. II, § 23, III).

Ces deux devoirs cessent avec l'obligation de servir, dont ils ne sont que des éléments. Si, après coup, il y a encore lieu d'établir des comptes avec l'ancien fonctionnaire ou avec sa famille, ce n'est qu'en vue de dommages-intérêts qu'on pourrait encore avoir à leur réclamer (comp. n. 2, ci-dessous). Si des choses ont été retenues, qui auraient dû être restituées, le droit à la remise qui existe dépend du droit civil. Si le refus de la chose constitue, en même

(21) Loi Pruss. du 27 mars 1879 § 15-16. Comp. la note 15 du § 45 ci-dessus, p. 77.

temps, un trouble au bon fonctionnement de l'administration publique, il pourra encore y avoir lieu à la contrainte de police directe (comp. t. II, p. 142, 143) ; mais c'est alors une question nouvelle, qui n'a plus aucun lien avec le rapport de service.

2) Dans le rapport de service du droit civil, il y a, derrière chaque infraction aux devoirs de l'obligé causant un dommage au maître, un droit à des *dommages-intérêts* au profit de ce dernier. L'obligation de les payer est contractuelle ; elle n'est autre chose que l'obligation de servir transformée.

Dans le rapport de service du droit public, il n'en est pas de même. Il faut appliquer un principe beaucoup plus général : *les obligations à des prestations quelconques, lorsquelles dépendent du droit public, dans le cas où elles ne sont pas remplies ou sont mal remplies, ne se transforment pas en obligations de payer des dommages-intérêts.* Cette transformation est une règle propre au droit des obligations civiles ; mais nous ne sommes pas autorisés à transplanter des règles de ce genre purement et simplement dans les rapports de droit public qui semblent présenter avec ces obligations une ressemblance extérieure.

Cela ne veut pas dire que celui qui sert selon le droit public ne devra jamais réparer le dommage qu'il aura causé à son maître par sa faute. Seulement, selon le droit du service, il ne doit rien ; de ce rapport de service ne découle pas d'obligation à des dommages-intérêts. Il doit cette réparation à son maître de la même manière qu'à tout autre individu auquel, dans ses fonctions, il aura illicitement causé un dommage (22).

Cette responsabilité vis-à-vis des tiers ne peut pas

(22) *Laband*, St. R. (éd. all., I, p. 455 ; éd. franç., II, p. 172) ; *Kanngiesser*, R. B. R., p. 64 ; *Krais* dans B. fl. adm. Pr., XXXIII, p. 33 ss. ; spécialement p. 68, p. 163.

reposer sur l'obligation de servir ; cette obligation n'existe pas vis-à-vis d'eux ; leur droit à indemnité ne résulte donc pas du rapport de droit public ; il a pour base les règles du droit civil sur les obligations qui se forment sans convention, les obligations *ex delicto* ou *quasi ex delicto*. La doctrine qui voit dans l'obligation du fonctionnaire de réparer le dommage causé à son maître — l'Etat — une obligation de droit civil, n'arrive à ce résultat qu'en faisant abstraction du rapport de service et en faisant, par conséquent, reposer cette obligation sur le fondement du délit ou quasi-délit.

Pour cette obligation non-contractuelle de payer des dommages-intérêts, le rapport de service n'est cependant pas indifférent. Elle suppose une faute, un fait illicite ; et, pour constater si, dans le fait dommageable, il y a faute, c'est le rapport de service qui fournit le critérium. Le dommage que le maître, l'Etat, a éprouvé par le fait de son fonctionnaire est censé avoir été causé par une faute, illicitement, lorsque ce fait implique une violation du devoir de service. Cela ne fait pas du rapport de service la base de l'obligation d'indemniser (23) ; cette obligation reste quand même une obligation du droit civil et une obligation *ex delicto*. Pour l'appréciation nécessaire de la faute, cette obligation fait souvent des emprunts à d'autres rapports de l'auteur du dommage, spécialement à des rapports de devoirs de droit public dans lesquels il se trouve placé ; les devoirs professionnels et, avant tout, les devoirs envers la police nous four-

(23) C'est ce que prétend *Seydel*, Bayr. St. R., II, p. 405. « Le titre en vertu duquel la demande est formée appartient exclusivement au droit public ». L'exemple du chemin abîmé, qu'il avait donné dans Grundzüge, p. 43, fait apparaître un droit à des dommages-intérêts qui appartient pleinement au droit civil. Dans Arch. f. öff. R., III, p. 75, j'avais argumenté de la même manière que *Seydel* ; mais j'ai reconnu, depuis, que j'étais alors encore trop sous l'influence du droit français et que l'opinion de *Laband*, sur ce point, est juste.

nissent des exemples (24). Il y a plus : c'est justement le rapport de service du droit public qui sert de mesure pour apprécier la faute sur laquelle on veut faire reposer un droit à indemnité dont le caractère de droit civil et non-contractuel est hors de doute. Comme cela a été exposé dans la théorie de la responsabilité pour des actes de la fonction (t. 1er, § 17, I, n. 2), le fonctionnaire est responsable, même envers la personne privée, du dommage qu'il lui a causé par l'inaccomplissement ou l'accomplissement défectueux de son obligation de servir.

Le fonctionnaire qui viole le devoir professionnel lui incombant vis-à-vis d'un tiers, doit réparer le dommage causé à celui-ci (Code civil allemand, § 839). De même, quand il viole le devoir professionnel lui incombant vis-à-vis de l'Etat, il doit réparer le dommage causé à son maître. Il y aura obligation civile *ex delicto* dans un cas aussi bien que dans l'autre (25).

(24) A. L. R., I, 6 § 26 ; comp. R. G., 21 déc. 1881 (Samml., VI, p. 62). B. G. B. § 823 al. 2.

(25) Dans l'ancien droit, la responsabilité des fonctionnaires était bien établie en ce sens. Comp. O. Tr. 9 avril 1853 (Str., IX, p. 86), 10 oct. 1856 (Str., XXIII, p. 1), 4 avril 1875 (Str., LXXVII, p. 295) ; O. V. G. 2 juillet 1879 (Samml., V. p. 77) ; R. G., 15 nov. 1883 (Samml., X, p. 231), 29 janv. 1885 (Samml., XIII, p. 220), 9 avril 1885 (Samml., XIII, p. 58), 19 mars 1889 (Samml., XXIII, p. 326). — Depuis, la promulgation du Code civil allemand a beaucoup embrouillé la question. Il est parlé, dans le § 839, de la responsabilité des fonctionnaires vis-à-vis des tiers auxquels ils auraient causé un dommage en violant les devoirs de leur fonction. Mais il n'est rien dit de la responsabilité qu'ils devraient encourir envers l'Etat, dans la même hypothèse. Les lois d'exécution ont profité en partie de l'art. 77 de la loi d'introduction au Code civil, pour assurer à l'Etat un recours contre le fonctionnaire, quand l'Etat a été obligé d'indemniser un tiers du dommage que le fonctionnaire a causé à ce dernier (L. d'exéc. Bav., art. 60, 61 ; Württ., art. 202-204 ; Bade, art. 5 ; Hesse, art. 78-80). En dehors de cela, il n'existe pas, actuellement, de règle de droit civil accordant à l'Etat un droit à être indemnisé par le fonctionnaire qui lui a causé un dommage en manquant à ses devoirs. Les législations particulières ne seraient pas compétentes pour en édicter ; et la législation de l'Empire a omis de le faire. Pourquoi cette omission ? Peut-être parce que le législateur de l'Empire était du même avis que *Seydel* et moi (comp. la note 23 ci-dessus, p. 104), à savoir que cette obligation d'indemniser

Si le droit du maître d'avoir une réparation pécuniaire n'est pas compris dans le rapport de service du droit public, le fait qu'il peut naître à cette occasion a cependant une certaine influence sur ce rapport. C'est en vue de cette réparation pécuniaire que le rapport de service lui-même renferme déjà certaines précautions et mesures destinées à garantir ce droit. A cet effet, des *contrôles de la gestion au point de vue financier* ont été institués. Dans le contrôle des comptes dont nous parlions plus haut (II, n. 1, p. 101), il y a la tendance directe de constater, si possible, une responsabilité pécuniaire du comptable. Cela résulte encore plus clairement du contrôle administratif qui s'y joint: les pièces justificatives des comptes servent aussi à examiner les agissements des autres fonctionnaires, en tant qu'ils ont occasionné des dépenses et des recettes. La constatation des responsabilités déterminées à laquelle aboutissent l'une et l'autre de ces deux espèces de contrôle, ne lie pas les intéressés. Mais elle donne un fondement matériel pour faire valoir des droits à indemnité revenant à l'Etat ; et elle peut obliger les autorités compétentes, à en entreprendre la poursuite (26).

Une forme spéciale de poursuite des droits à indemnité se présente dans la *procédure des déficits* (*Defectenverfahren*). Un déficit (*Defect*) est la différence entre l'état effectif d'une masse s'administrant sous la responsabilité d'un comptable public et l'état tel qu'il

dépend du droit public et que, par conséquent, il ne lui appartenait pas de la régler. Mais je crains fort que l'idée dominante était plutôt la notion — plus ou moins obscure — d'un contrat de droit civil entre le fonctionnaire et l'Etat, contrat qui existerait seul ou à côté d'une espèce de rapport « publicistique ». S'il y a responsabilité contractuelle, naturellement on pouvait se dispenser de prévoir le droit à indemnité au titre qui parle des « actes illicites » obligeant sans convention.

On conviendra que la situation juridique a quelque chose de piquant.

devrait être d'après les livres (27) Le comptable, par la faute duquel le déficit est arrivé, doit le couvrir. L'autorité qui examine les comptes et constate le déficit, est en même temps autorisée à prononcer la responsabilité qu'elle a reconnue. Le décret de déficit est obligatoire et exécutoire sauf recours devant les tribunaux civils : le recours doit être introduit dans un certain délai sous peine de forclusion. Le tribunal examine alors complètement le bien-fondé du décret de déficit et prononce, sur la question de responsabilité et ses conséquences, comme en seconde instance (28).

Le décret de déficit n'étant qu'une forme plus expéditive de la poursuite en responsabilité, n'est pas limité à la durée du rapport de service (29). Il n'est pas non plus la forme nécessaire pour mettre cette responsabilité en jeu ; la voie de la simple demande en indemnité reste toujours ouverte à côté du décret (30).

Enfin, pour certaines fonctions, qui par leur objet

(26) *Laband*, St. R. (éd. all., II, p. 1028 ; éd. franç., VI, p. 339) : les *monita* sont « des accusations dirigées contre l'autorité qui présente ses comptes ». Comp. le Rapport de la Commission concernant la loi Pruss. du 27 mai 1872, dans *Hartel*, Preuss. Oberrechnungskammer, p. 269.

(27) O. Tr., 4 févr. 1858 (Str., XXIX, p. 62).

(28) Motifs du projet de la loi sur les fonct. de l'Emp. dans *Kanngiesser*, R. B. R., p. 229 ss. — Le contrôle ne porte pas sur la question de savoir si l'autorité a bien fait de se servir de son pouvoir d'arranger provisoirement l'affaire de droit civil par son acte administratif ; il s'occupe seulement du bien fondé matériel de la créance de l'Etat : R. G., 5 février 1885 (Samml., XII, p. 143). Même sur ce dernier point, on voudrait, pour le droit Bavarois, attribuer à la décision dans la « procédure administrative sur les comptes » une autorité définitive, tout au moins en ce qui concerne les questions de droit public, surtout celle de la faute commise dans l'exercice des fonctions. Mais à défaut d'une prescription spéciale de la loi, une pareille distinction ne va pas de soi ; aussi les juristes Bavarois n'ont-ils pas pu s'entendre sur ce point. Comp. Ob. G. H. Bav., 3 juillet 1852 (Reg. Bl., 1852, p. 825, et aussi Reg. Bl., 1857, p. 7) ; Bl. f. adm. Pr., 1871, p. 346 ss. ; 1881, p. 284 ; 1883, p. 148 ss : 1884, p. 110 ; *Seydel*, Bayr. St. R., II, p. 469 ss.

(29) En particulier, il peut être dirigé contre les héritiers : R. G., 31 mai 1880 (Samml., II, p. 188), 3 juillet 1882 (Samml., VII, p. 335).

(30) C. C. H., 13 février 1882 (M. Bl. d. I., 1886, p. 242).

sont spécialement susceptibles de faire naître des droits à indemnité de la part de l'Etat, — par conséquent surtout avec les administrations de caisses ou de matières, — l'obligation de fournir un *cautionnement* est prévue. Les fonctions soumises à cautionnement sont désignées par la loi, l'ordonnance ou le régulatif; il n'est pas interdit, même sans cela, de stipuler un cautionnement dans tel cas spécial.

La gestion des fonctions ainsi désignées ne doit commencer qu'après que le cautionnement aura été fourni. Donc l'entrée au service ainsi que la délation de la fonction pourront se faire sans cela ; mais l'installation dans la fonction, l'entrée en fonction doit être précédée du cautionnement. Si la fonction est exercée effectivement sans cautionnement, les fonctionnaires qui devaient veiller à l'observation de cette prescription seront responsables. Si le cautiontionnement n'a pas été effectué à l'époque où l'entrée en fonction aurait dû avoir lieu, la nomination ne tombe pas d'elle-même ; on peut surseoir ; il peut aussi être permis de former le cautionnement au moyen de retenues faites successivement sur le traitement. Mais tant que la question du cautionnement n'est pas régularisée, celui qui a été nommé sous cette condition n'a pas de droit à la situation ainsi acquise. La nomination est censée être faite sous la réserve tacite d'avoir les mains libres pour le cas où l'exercice de la fonction n'aurait pas lieu de la manière prévue. C'est ce qui fait l'importance juridique du cautionnement pour le rapport de service : la délation de la fonction peut être révoquée, et, dans le cas où la nomination est seulement faite pour la fonction soumise au cautionnement, la nomination pourra aussi être révoquée ; ainsi, le rapport de service prend complètement fin (31).

(31) Le cautionnement n'est donc pas une « condition sous laquelle

Le cautionnement s'effectue dans les formes du droit civil. Quand il s'agit de faire valoir les droits du maître sur le cautionnement, ce sont encore les règles du droit civil touchant les droits du créancier gagiste qu'il faudra appliquer ; d'un autre côté, quand l'obligation de fournir le cautionnement est éteinte, la restitution du gage sera demandée devant les tribunaux civils en vertu du contrat de gage (32).

la nomination a été faite » (*Laband*, St. R.. éd. all., I, p. 430 ; éd. franç., II, p. 141) a supprimé ce passage). En effet, le non accomplissement n'a pas d'effet résolutoire, ce qui arriverait s'il y avait une condition véritable. D'un autre côté, la révocation, qui devient ainsi possible, peut frapper le rapport de service ou seulement la fonction, de sorte que, par exemple, le fonctionnaire qui ne s'exécute pas rentre seulement dans la fonction qu'il avait antérieurement ou bien reste à la disposition pour un autre emploi. Il n'est pas exact non plus de dire que le cautionnement est nécessaire « avant la délation de certaines fonctions » ; il s'agit seulement de l'entrée en fonction. Ce qui est vrai, c'est que le cautionnement ne fait pas l'objet des devoirs de service ; on a donc pu contester l'exactitude de l'expression : obligation de fournir un cautionnement : *Laband*, St. R. (éd. all., I, p. 480 ; éd. fr., II, p. 141), *Seydel*, Bayr. St. R., III, p. 362 ss. ; *Harseim* dans Wörterbuch, I, p. 722.

(32) O. Tr. 10 avril 1854 (Str., XIV, p. 14) ; *Laband*, St. R. 2e éd. all., I, p. 432 ss. ; 3e éd. allemande, p. 410 ; éd. fr., II, p. 136 et s.; *Bornhak*, Preuss. St. R., II, p. 40, conteste au cautionnement fourni la nature d'un contrat de droit civil, pour ce motif qu'il ne s'agit que de l'accomplissement d'une obligation de droit public. Mais d'un côté, il n'y pas ici d'obligation à remplir (comp. la note précédente) ; d'un autre côté, même s'il en était ainsi, l'acte de constitution du gage qui doit garantir les intérêts pécuniaires de l'État, est, par nature, d'économie privée et ne diffère nullement, ni dans ses formes, ni dans ses effets, de ce que des particuliers pourraient faire entre eux. Donc, d'après les principes généraux, cet acte doit être considéré comme appartenant au droit civil. En quoi, du reste, l'importance pratique de son caractère droit public se manifesterait-elle ?

§ 47

Les charges publiques ; charges communes.

Il y a, en droit public, une grande variété de prestations qui doivent être effectuées au profit d'une *certaine entreprise publique* ; elles reçoivent de celle-ci la détermination de leur objet, de leur mesure et de leur forme ; elles sont attachées à cette entreprise, à la formation et à la réussite de laquelle elles doivent servir.

L'entreprise publique est une certaine portion de l'administration publique (comp t. III, § 33, II, n. 1). C'est à la personne à laquelle ressortit cette administration que la prestation doit être faite. La *charge publique*, c'est l'obligation qui incombe au sujet de pourvoir aux besoins d'une entreprise publique par une prestation à faire à l'entrepreneur.

La différence avec les obligations *en matière de police* apparaît tout de suite : tandis que, pour les obligations de police, tout se ramène à ceci, qu'on ne doit pas causer de trouble (comp. t. II, p. 33), ici le résultat est positif, il s'agit d'une utilité à procurer. L'objet de cette prestation peut être de nature différente. La charge, à cet égard, ressemble tantôt à l'une, tantôt à l'autre espèce des formes du droit public par lesquelles le sujet est mis à réquisition. Mais il y a toujours, d'un côté ou de l'autre, une qualification juridique spéciale qui sert à les distinguer.

La charge publique peut exiger du sujet une *activité* en vue de faire un travail, de donner des renseignements, etc. Elle semble coïncider avec l'obligation de servir du droit public. Ce qui l'en sépare, c'est l'absence de l'élément moral de fidélité et de dévouement spécial, qui caractérise cette dernière obligation ; pour la charge publique, ce qui seulement importe, c'est le résultat extérieur de la prestation (1).

La charge publique peut tendre à mettre à la disposition de l'administration publique des *choses corporelles* appartenant à des sujets. Il en est de même pour l'expropriation et pour la servitude d'utilité publique imposée. Mais ces dernières procèdent par la création directe de droits réels. La charge publique, au contraire, commence toujours par l'imposition d'une obligation personnelle de livrer les choses à l'usage, à la consommation ou à la libre disposition ; il se peut que, par l'accomplissement volontaire ou forcé de ce devoir, la propriété soit transférée ; cela n'empêche pas l'institution de garder son principe propre (2).

(1) En ce sens, *Laband*, St. R. (éd. all., II, p. 762 ; éd. fr., V, p. 454) formule l'opposition qui existe entre le service militaire et les charges militaires de la manière suivante : « Les charges militaires ne contiennent aucune obligation de fidélité, d'obéissance, aucune obligation de payer de sa personne ; elles concernent uniquement les intérêts pécuniaires ». Par conséquent, l'obligation de la charge ne suppose pas la nationalité ; on ne fait pas prêter serment ; et l'accomplissement, même de travaux personnels, peut se faire par remplaçant ou peut même être racheté en argent. — *Neumann*, Die Steuer, p. 55, s'associe à cette manière de voir, en appelant les corvées « des valeurs pécuniaires, par opposition aux prestations plus idéales du fonctionnaire, du soldat ». Ce qu'il y a d' « idéal » dans ces dernières prestations, ce n'est pas autre chose que ce devoir de fidélité qui juridiquement n'est jamais complètement saisissable (comp. § 42, I ci-dessus).

(2) Il y a encore une différence plutôt extérieure, mais qui n'est cependant pas accidentelle : c'est que l'expropriation vise des biens immeubles, la charge vise principalement des biens meubles. C'est pour cela qu'en exposant la théorie de l'expropriation, on renvoie souvent, pour la compléter en quelque sorte, aux charges militaires et autres, où il se produit des choses analogues en ce qui concerne les

La charge publique peut imposer des *obligations de payer une somme d'argent*. Elle ressemble alors à l'impôt ou à la taxe. La charge publique conserve, vis-à-vis de l'impôt ou de la taxe, sa nature judirique propre ; elle crée et évalue les obligations de payer d'après un devoir qui est supposé incomber au payeur de pourvoir à l'existence de l'entreprise publique à laquelle sert la charge et selon les besoins de cette entreprise (3).

On peut distinguer différentes espèces de charges publiques, à des points de vue différents.

Au point de vue de la personne du *maître de l'entreprise* publique à laquelle elles doivent profiter, — à savoir la communauté à laquelle appartient l'entreprise et, par conséquent, le droit de la charge —, on peut distinguer des charges d'Etat, des charges communales, des charges d'association publique. Mais, dans ces expressions, le mot charges (*Last*) est, d'ordinaire, entendu dans un sens moins strict ; il comprend surtout les services forcés et des contributions de toute sorte.

D'après la *nature de l'entreprise publique* même à laquelle la charge doit profiter, on distingue des

biens meubles. *Eger*, Enteignungsges., I, p. 10 ; *Loebell*, Enteignungsges., p. 25. Ce complément est cependant fourni par une institution toute différente. — D'un autre côté, dans certaines prestations imposées sous forme de charge et qui ont pour objet des choses corporelles, on insiste d'ordinaire sur l'affinité ou l'identité avec l'expropriation, du moins pour celles qui visent des objets déterminés et non pas une quantité à livrer. Ainsi, c'est surtout la conscription des chevaux qui est placée sous la notion de l'expropriation : *G. Meyer*, V. R., II, p. 165 ; *Laband*, St. R. (éd. all., II, p. 816 ; éd. fr., V, p. 548). Cela a pour but d'écarter l'application des règles du contrat de vente du droit civil et de garantir la nature droit public de l'acte. A cet égard, nous ne craignons pas de confondre ; ce qui importe seulement, c'est de délimiter clairement les institutions du droit public entre elles, et c'est ce que l'on néglige ici de faire.

(3) D'une manière analogue, *Neumann*, Die Steuer, p. 325, cherche à distinguer des impôts et des taxes la notion de la contribution spéciale. Cependant, cette dernière notion ne coïncide qu'en partie avec celle de la charge publique ; comp. § 48 note 1 ci-dessous.

charges militaires, des charges de voirie, des charges d'entretien des écoles, d'assistance publique, de prévoyance sociale.

Si nous voulons distinguer les charges selon la différence des formes juridiques qui leur sont propres, nous devons prendre pour point de départ le fait que l'obligation de la charge a toujours pour base un certain *rapport fondamental* du débiteur avec l'entreprise ; or, ce rapport est de trois espèces différentes.

La charge peut frapper les individus en tant que membres de la communauté à laquelle l'entreprise doit servir, chacun pour soi — *charges communes* ;

la charge peut être imposée à l'individu en considération de l'intérêt spécial par lequel il est censé être lié avec l'entreprise — *charges de préférence* ;

la charge peut obliger un cercle d'individus de manière à ce que leurs prestations réunies doivent couvrir les besoins entiers de l'entreprise publique — *charges réunies*.

La différence du rapport fondamental donne chaque fois à l'institution un caractère spécial qui s'affirme dans le développement de tous les détails.

Nous parlerons d'abord des charges communes.

I. — L'obligation d'accomplir une prestation que nous appelons charge commune, étant imposée à l'individu simplement parce qu'il appartient à la communauté dont dépend l'entreprise publique, s'attachera naturellement, pour la délimitation du cercle des personnes imposables, à la distinction des charges d'Etat, des charges communales, etc. En principe, cela pourrait aussi avoir lieu quand l'objet dont s'agit est une somme d'argent à payer. Mais ces obligations prendront alors d'elles-mêmes la nature de l'impôt. Il manque à la charge commune cet élément distinctif qui, dans les charges de préférence et dans les charges réunies, maintient la ligne de démarcation vis-à-vis de l'impôt. Par conséquent, l'obligation de payer une somme d'argent ne figure pas dans les charges communes ; leur sphère est exclusivement celle des *prestations en nature* : prestations de travaux, de marchandises, d'ustensiles, de logements.

La prestation en nature, à un degré antérieur de notre développement économique, a joué un rôle plus important, — de même que dans les rapports des économies privées entre elles, — pour procurer les moyens nécessaires aux intérêts publics. Dans les temps modernes, avec le régime de la monnaie, elle a passé au second plan.

Surtout, la prestation en nature ne figure plus désormais comme moyen d'augmenter la fortune publique, laquelle jouirait de la valeur de la prestation comme de celle d'un paiement en argent. Quand elle a lieu, c'est uniquement pour satisfaire aux besoins de l'entreprise publique directement et par la prestation même. Par conséquent, la prestation en nature appartient aujourd'hui entièrement à la notion de charge publique.

Même dans cette sphère restreinte, elle constitue aujourd'hui une exception. Ce qui leur est nécessaire, les entreprises publiques se le procurent avec du numéraire ; et ce numéraire leur est procuré par l'impôt ; telle est la règle. C'est uniquement pour des motifs particuliers que ce procédé peut être remplacé par la prestation en nature et, par conséquent, par la charge publique. Ces motifs sont de deux espèces différentes.

1) Dans une certaine mesure, la prestation en nature est conservée à raison de son *opportunité* relative. Il se peut qu'en fait il soit plus facile de se procurer les moyens nécessaires dans la forme directe de la prestation en nature, que par la perception de sommes d'argent et l'acquisition à prix d'argent, — plus facile

pour le débiteur qui a à sa portée la prestation à faire, et, par cela même, plus facile aussi pour l'entrepreneur qui a besoin de ces moyens. Ces charges remplacent alors les contributions en argent correspondantes — les impôts — et sont destinées, comme ces derniers, à être exigées dans un ordre fixe et d'après une règle constante afin de ne point frapper les débiteurs d'une manière inégale (comp. t. II, p. 189) : ce sont des *charges ordonnées*. Il faut mentionner ici surtout les nombreuses charges communes qui continuent à exister dans les communautés rurales : services communaux, corvées, nourriture des pauvres ou mieux de certains employés de la commune. Mais les charges militaires aussi, avec les prestations intensives et étendues exigées des sujets en fait de logement et de nourriture, reposent sur la même idée fondamentale.

2) En outre, il y a un second motif. Il y a des cas où la prestation en nature ne *peut pas être remplacée*. L'exemple principal consiste dans les charges pour des besoins urgents, les *charges d'urgence* : les besoins de l'entreprise publique sont tels qu'ils ne peuvent être satisfaits, d'une manière suffisante, que par la prestation directe ; la prestation en nature ne saurait ici être remplacée utilement par sa valeur en argent. C'est le cas des secours exigés dans les calamités publiques ; et c'est la même chose dans les réquisitions militaires en temps de guerre. Mais la qualité de ne pas pouvoir être remplacées appartient également aux *charges judiciaires* touchant les obligations de fournir des renseignements qui incombent aux témoins et aux experts ; la raison pour laquelle cette prestation en nature ne peut pas être remplacée est ici tout autre que l'urgence.

Les charges de cette seconde catégorie sont, par leur nature, irrégulières et sans ordre fixe ; elles frappent celui qui, étant donné le besoin momentané, est placé le plus près pour le satisfaire. Nous les appellerons des *charges fortuites*.

Ces deux causes — à savoir d'être plus pratique et de ne pas pouvoir être remplacée — peuvent être réunies dans une seule et même charge ; parfois on peut douter si c'est l'un ou l'autre caractère qui prévaut. Mais dans leur ensemble, ces causes font apparaître les limites de la sphère d'application de l'institution de la charge commune. Elles en donnent les raisons intérieures. Quant à la forme dans laquelle la charge sera ensuite réalisée juridiquement, c'est une autre question. Mais, pour cette réalisation même, la distinction de ces deux causes aura son importance.

II. — En tant qu'atteinte à la liberté, la charge commune, selon les principes de l'Etat constitutionnel, a besoin d'un fondement légal ; de même, le régime du droit exige que cette atteinte soit dirigée par une règle de droit établie par la loi elle-même ou par une ordonnance, par un statut que la loi a autorisé à cet effet (4). En partie, les charges existantes reposent sur des prescriptions antérieures à notre époque et qui sont assimilées à une loi, ou sur ce que nous avons

(4) Les exemples les plus intéressants de charges communes créées par la voie du règlement (ordonnance) se présentent dans les services obligatoires que les autorités de police locale peuvent imposer pour former un corps de pompiers ou pour organiser une garde de nuit. On compte cela parmi les ordonnances de police ; on croit en avoir le pouvoir en vertu des autorisations générales données par la loi de faire des ordonnances dans l'intérêt de la sûreté publique. Exiger des prestations n'est jamais un exercice du pouvoir de police au sens moderne de cette notion ; comp. t. II. § 19, note 10, p. 28. Toutefois, les prescriptions légales qui admettent expressément des ordonnances de cette espèce restent naturellement en vigueur, même dans le cas où, se conformant aux anciennes manières de voir, elles ont considéré la mesure comme ayant un caractère de police. Comp. t. II, § 18, note 13 ; § 19, note 14 ; C. C. H., 13 janv. 1872 (J.M. Bl., 1872, p. 99) ; V. G. H. 28 juillet 1882 (Samml., IV, p. 181) ; Ob. L. G. Dresden, 16 juin 1887 (Sächs. Ztschft f. Pr., IX, p. 19).

appelé un droit coutumier historique (comp. t. 1er, p. 171) (5).

Partant de cette base, la charge se réalise de la manière suivante.

1) La première condition est donnée dans la règle de droit même qui constitue la charge : la *capacité* de l'individu *d'être obligé*. On appelle déjà cette capacité la charge publique, ce qui n'est pas exact. Cette capacité sera toujours déterminée en conformité plus ou moins étroite avec la seule chose dont tout dépend,

(5) Nous n'avons pas à nous occuper ici des charges réelles (*Reallasten*), même quand elles existent au profit de certaines entreprises communales : voirie, assistance des pauvres, défense contre les incendies ou les inondations. Reposant sur d'anciennes organisations sociales ou sur l'usage antique, elles sont aujourd'hui considérées comme ayant pour objet des prestations obligatoires appartenant au droit public. Mais comme elles sont attachées à un certain immeuble et que l'obligation qu'elles renferment est essentiellement fixe et invariable dans son objet et dans sa mesure, elles diffèrent assez de notre institution pour devoir en être écartées. Elles sont du reste destinées à disparaître. Comp. sur ces charges réelles du droit public : *Foerster Eccius*, Preuss Priv. R., III, p. 411 ss., p. 423 ; *Stobbe*, D. Pr. R., § 100, n. IV.

Il ne faut pas confondre non plus avec les charges publiques bien réglées dont il est question ici, ce qu'on appelle le *droit de haute nécessité* de l'administration publique. De même que, dans la contrainte directe de police (comp. t. II, § 24, p. 146) et aussi dans les restrictions à la propriété pour cause d'utilité publique (comp. t. III, § 41, II, n. I), il y a des cas où l'administration, au nom d'un intérêt supérieur, peut agir sur l'individu sans y être autorisée par une loi, de même on prétend que l'on peut exiger des prestations, en cas de haute nécessité. Cela nous semble être plutôt un *residuum* des idées du régime de la police. Quoi qu'il en soit, il s'agirait ici non pas d'une obligation à imposer à la façon d'une charge publique, mais d'un acte de fait et de pure force.

Notons qu'on a cependant cru devoir expliquer comme un cas d'expropriation pour cause d'utilité publique l'exercice de ce prétendu droit de haute nécessité : *Loebell*, Enteignungsges., p. 29 ; *Foerstemann*, Pol. R., p. 463 ; à cela s'oppose avec raison *Oleim* dans Arch. f. Eisenbahnwesen 1885, p. 49. Et, d'un autre côté, on a considéré l'expropriation elle même tout simplement comme un droit de haute nécessité : *Ihering*, Zweck im R., p. 419 note ; dans le même sens, *R. Merkel*, Kollision rechtem. Interessen, p. 49 ss. C'est faire peu de cas du caractère juridique si fortement accusé de nos institutions administratives.

à savoir la faculté d'accomplir la prestation à exiger (6).

Pour les charges *fortuites*, cette faculté existant au moment où l'obligation d'accomplir la prestation doit prendre naissance, est même la condition naturelle et indispensable de la naissance de l'obligation. Le devoir d'être témoin ne constitue pas une exception : la qualité qu'il suppose est non pas de savoir quelque chose de pertinent, mais de pouvoir être entendu en justice. C'est seulement pour l'autre charge judiciaire — le devoir de servir d'expert — que la qualité qui rend capable d'être obligé est délimitée par des marques formelles fixées par la loi (7).

Les charges ordonnées, au contraire, ont ceci de particulier, qu'elles règlent la capacité d'être obligé non seulement selon qu'on est en mesure de faire la prestation dont s'agit, mais encore qu'elles prennent en considération d'autres faits. Elles restreignent cette

(6) Cette capacité peut surtout dépendre de la possession des choses dont l'entreprise publique a besoin. Alors l'obligation n'exige peut-être pas qu'on se procure ces choses ; mais cette possession déjà existante est la condition pour qu'elle puisse être imposée. Cette chose pourra aussi être un immeuble. Mais c'est toutefois pousser trop loin le désir de trouver un appui dans des notions invétérées que de vouloir, à cause de cette connexité, expliquer la charge publique comme une charge réelle (Reallast). C'est ce qui est surtout arrivé pour la charge des logements militaires : *Laband*, St. R. (éd. all., II, p. 771 ; éd. fr., V, p. 468); V. G. H., 20 mai 1887 (Samml., IX, p. 137) ; Bl. f. adm. Pr., 1876. p. 188. Mais ce n'est pas une charge de l'immeuble devant être accomplie par le propriétaire; c'est une charge de la personne, charge qui suppose chez cette personne la qualité de propriétaire. Veut-on renverser la logique de ces idées, on pourra tout aussi bien parler d'une charge qui incombe aux voitures et aux chevaux et au fourrage, et qui est remplie par celui qui, pour le moment, est en possession. Nous ne voyons aucune utilité à faire cette assimilation de nos institutions modernes à de pareilles vieilleries qui, étant peu claires par elles-mêmes, ne serviront certes pas à rendre plus claires les autres.

(7) Code de procéd. civile, § 407 : « Celui qui a été nommé expert est obligé de se conformer à cette nomination, lorsqu'il a été commis publiquement pour donner des consultations de l'espèce exigée, ou s'il exerce la science, l'art ou l'industrie dont la connaissance spéciale est supposée dans le rapport à faire, publiquement et contre salaire, ou si, pour l'exercer, il a été nommé ou commis publiquement ».

obligation à un cercle de personnes plus étroit, désignées par des rapports juridiques spéciaux avec la communauté qui dirige l'entreprise, ou par la possession d'une propriété immobilière ou par l'exercice d'une industrie. En particulier, ces charges suivent d'ordinaire un ordre successif dans lequel les personnes capables d'être obligées devront être requises : les travaux personnels dûs sont exécutés à tour de rôle, ou bien certaines catégories d'individus qui sont censès être plus facilement disponibles seront requis en première ligne ; ou bien l'imposition se fait en proportion de la force contributive de chacun, telle qu'elle est constatée pour les contributions directes. Dans ces cas, les autres capacités comptent seulement pour le cas où celles qui ont la préférence sont épuisées (8).

2) Le devoir reçoit une forme plus déterminée avec la seconde condition : le *cas de besoin*. Le cas de besoin peut résulter d'une *mesure officielle*. Il s'attache, pour les charges communales, à la décision de construire ou de réparer un chemin, — ce qui entraîne les corvées, — à l'ordre de transporter une personne arrêtée, à l'organisation d'un service de garde de nuit,

(8) Pour les logements militaires, par exemple, l'ordre dans lequel les personnes obligées devront supporter la charge est, suivant la volonté de la loi, réglé par l'autorité communale (délibération de la commune, statut local). Mais cet ordre ne signifie toujours que la suite dans laquelle les obligés doivent être appelés à faire leur devoir ; et cette fixation n'a d'importance que grâce au fait qu'il n'arrive pas facilement que tous les logements disponibles de l'endroit soient exigés à la fois. Ainsi, il se peut que la répartition se fasse d'après le montant des impôts à payer par chacun ; ou bien les propriétaires seuls sont déclarés obligés, les locataires restant exempts : V. G. H., 21 juillet 1884 (Samml., V, p. 260) ; 22 mai 1885 (*Reger*, VII, p. 72). La charge égale continue à incomber à tous les détenteurs de logement ; et s'il arrive que la répartition, avec son principe restrictif, ne suffise plus, on ne s'y tiendra plus ; on s'adressera aussi à des personnes qui devraient rester exemptées ; c'est qu'en réalité, elles sont non pas exemptes, mais seulement placées au second rang ; *Sickmann*, Die Quartierleistung.

d'un service de pompiers obligatoire ; pour les charges militaires, il résulte de l'ordre de mobilisation ou de la décision de l'autorité militaire de faire exécuter des marches d'exercice ou de dislocation, ce qui rend nécessaires les prestations en nature dans un certain district ; — pour les charges judiciaires, il résulte du jugement qui ordonne l'enquête ou le rapport d'expert. Le cas de besoin peut aussi résulter directement d'évènements naturels, de l'apparition de la calamité que l'administration publique est appelée à combattre, du sinistre qui nécessite un secours de l'administration. Par suite de l'existence du cas de besoin, les personnes qui peuvent être obligées ne sont pas tenues directement d'acccomplir la prestation ; elles sont simplement mises *à la disposition* de l'intérêt public ; l'obligation formelle ne se produit qu'au moyen d'un appel qui leur sera fait dans la forme prescrite par la loi.

Cet acte, — dernière condition pour qu'il y ai obligation de la charge — est appelé *réquisition* (*Aufforderung*). La réquisition est une communication adressée à une personne qui, en vertu de la charge publique, doit une prestation, touchant la prestation déterminée qu'elle aura à fournir. L'importance juridique de la réquisition n'est pas celle d'un acte d'autorité, d'un acte administratif, qui, en vertu d'une autorisation de la loi, imposerait la prestation. L'obligation est née de la règle de droit. Seulement la règle de droit ne dit pas : tu dois accomplir telle ou telle prestation ; elle dit : tu dois fournir la prestation nécessaire suivant les indications qui te seront données. Dès lors, la réquisition est nécessaire pour amener l'obligation légale à sa perfection. Cela n'empêche pas que la réquisition se fasse quand même dans la forme d'un acte d'autorité, d'un acte administratif imposant la prestation ou d'un ordre du juge ; le surplus en formes et en importance juridique ne peut pas entraver l'effet de la réquisition (9). Mais ce n'est pas nécessaire. La réquisition peut être faite valablement par des fonctionnaires qui n'ont pas la qualité d'autorités, comme par exemple par des agents de police ou par des gardes forestiers (10), ou qui, du moins vis-à-vis de la personne requise, n'ont pas de pouvoir de commandement à exercer, par exemple les autorités militaires faisant des réquisitions en temps de guerre (11).

Il y a des cas où il suffira même de la réquisition d'un simple particulier, qui, veillant sur ses propres intérêts, est censé être appelé à faire valoir en même temps l'intérêt public connexe (12).

3) L'accomplissement de l'obligation devenue par-

(9) Dans les charges ordonnées qui, comme nous le savons, remplacent les impôts, on suit quelquefois le modèle des impôts par une procédure tendant à faire fixer d'avance l'obligation des débiteurs soit par un acte obligatoire intervenant pour chacun séparément, soit par un acte d'ensemble, un cadastre. Cela se fait surtout pour les corvées dans l'intérêt de la voirie communale ; la même forme peut être observée pour les prestations de logements militaires. — Si la réquisition émane d'une autorité, elle prendra facilement le caractère d'un ordre. Seulement, il faut toujours bien distinguer : si, par exemple, il y a un ordre du tribunal d'assigner quelqu'un comme témoin ou comme expert, c'est bien un ordre et un ordre hiérarchique donné à l'officier ministériel, mais ce n'est pas un ordre pour le témoin ou pour l'expert ; l'assignation est, pour ce dernier, une simple réquisition.

(10) C'est ce qui a lieu dans le cas de calamité publique ou de sinistre, d'après Stf. G. B., § 360 n° 10. *Rüdorff* (*Stenglein*), Com. zu Stf G. B., 6e éd., p. 762 : « comme tout autre fonctionnaire ou agent de police, lorsque, sur le lieu du sinistre, il représente seul la puissance publique et pourvoit au nécessaire ». — Prusse, Loi sur la police rurale et forestière, § 44 n° 4, établit l'obligation de porter secours pour combattre l'incendie de la forêt sur la réquisition d'un garde forestier.

(11) Loi d'Emp. sur les prestations en cas de guerre du 13 juin 1873, § 4, al. 3.

(12) C'est le cas du § 44 n° 4 de la loi Pruss. sur la police rurale et forestière que nous venons de citer : le propriétaire de la forêt peut aussi faire naître, par sa réquisition, l'obligation de droit public de porter secours. Il en est de même de l'assignation du témoin qui se fait au nom de la partie d'après Stf. Pr. O. § 219. L'effet, en ce qui concerne l'obligation de la personne assignée, ne diffère pas du cas où c'est le tribunal qui ordonne directement l'assignation. D'où il suit qu'il est inexact de faire reposer l'obligation du témoin sur un « devoir

faite par la réquisition est garanti par la menace de peines et par la contrainte. Dans leurs formes extérieures, ces moyens ressemblent à ceux dont le pouvoir de police se sert dans des buts correspondants (comp. t. II, § 22, § 23) ; c'est pour cela qu'on les confond souvent.

La menace d'une peine se joint surtout aux charges fortuites tendant à faire face à une calamité, d'après le Cod. pén. § 360 n. 10. Est punissable l'inobservation de la réquisition commise contrairement au devoir et par la faute du débiteur. La question de savoir s'il y a faute sera examinée par le juge criminel d'après les mêmes principes que pour la contravention de police (comp. t. II, § 22, p. 82 et s.) ; il s'agit ici aussi du non accomplissement d'une obligation de droit public qui n'est pas moins rigoureuse que celle de la police. Quant à dire s'il y avait obligation, cela dépend de la question de savoir si l'on était dans un cas de besoin qui appelait les individus soumis à l'obligation à porter secours, et si une réquisition a été faite dans les limites de cette obligation. L'une et l'autre condition sont examinées par le juge, en particulier aussi la question du cas de besoin, de la calamité publique ; la réquisition, en effet n'est pas un acte d'autorité qui, constatant par lui-même l'existence de cette condition, dispenserait le juge de ce contrôle. Mais le juge n'examine pas si les prestations requises étaient opportunes et propres à combattre la calamité. Puisque l'individu requis est, pour des prestations de ce genre, à la disposition de l'entreprise, il devait faire son devoir même pour une réquisition dont l'utilité pouvait être critiquée (13). Il en sera autrement, quand la loi aura

d'obéir au pouvoir judiciaire ». Ici le tribunal s'est directement refusé à émettre un « ordre » ; malgré cela, l'assignation a lieu et produit son effet régulier.

(13) Bayr. Ob. G. H., 29 mars 1873 (Samml., III, p. 132) : Après un incendie, le maire commande à plusieurs membres de la commune de

fixé une peine pour le non-accomplissement d'une charge pour laquelle le cas de besoin est créé par des mesures de l'autorité. Ici ce point est mis hors de doute par la mesure elle-même ; le juge ne saurait vouloir rechercher le dessous des choses et examiner si la mesure répondait aux circonstances et avait, avec raison ou non, créé le cas de besoin. La loi, en attachant la charge à la mesure même, a rendu l'obligation indépendante de tout ce qui a provoqué cette mesure (14).

Les *moyens de contrainte* se confondent ici complètement avec ceux de la police ; la loi — qui, fidèle aux anciennes doctrines, le fait souvent encore — traite la charge publique comme une espèce d'obligation de police et applique le pouvoir de contrainte générale de la police. Dans ce cas, on se sert surtout des *peines coërcitives* de police. Même sans cela, l'*exécution par substitution* pourra avoir lieu dans les cas où la prestation en nature n'est qu'un moyen de remplacer le paiement d'une somme d'argent par un acquittement plus commode — par conséquent, pour les charges ordonnées. Les corvées, les services communaux qui se font à tour de rôle, les prestations de logement pourront, au cas de non-accomplissement, être remplacés

rester sur le lieu de l'incendie pour veiller à la sûreté pendant la nuit. Les contrevenants opposent à la poursuite pénale, que la mesure était superflue. Mais « le juge en matière de contravention de police n'a qu'à examiner si les conditions générales moyennant lesquelles la loi permet à l'autorité de police (le cas de besoin) d'agir sont remplies ; la mesure de police elle-même, en ce qui concerne sa nécessité et son opportunité, est soustraite à l'examen matériel du juge ». Il est facile de voir qu'il y a ici des ressemblances et des différences avec ce qui a lieu pour un ordre hiérarchique ; la raison de la différence est évidente.

(14) Exemple : la pénalité établie dans le § 25 de la loi d'Emp. sur les prestations en temps de guerre. En fait, y avait-il besoin ou non de procéder à la réquisition des chevaux, le juge n'aura pas à le rechercher ; il lui suffira qu'il y ait eu un ordre de mobilisation. On procède de même quand il s'agit d'infliger une peine pour cause de non accomplissement de l'obligation de témoin ou d'expert : C. Pr. O. § 380 ; Stf. P. C. § 50.

directement en se procurant ailleurs les choses nécessaires, aux frais du débiteur. Le recouvrement de ces frais se fera par contrainte administrative, selon les règles que nous avons exposées au t. II, p. 306 ss. Pour les corvées, qui sont tout simplement imposées à la façon des contributions, la somme d'argent qui sera mise à la place de la prestation en nature est quelquefois fixée d'avance dans le cadastre des charges ; en sorte que le débiteur est libre de choisir soit le paiement, soit la prestation ; l'argent est dû et le paiement en sera exigé, dès que la forme qui doit faciliter l'accomplissement du devoir n'a pas été choisie en temps utile (15).

Le moyen de contrainte le plus important est l'*usage de la force*. A la différence de la police, la charge a pour objet non pas un simple *ne pas faire*, mais des prestations *positives*, entre autres la prestation de choses corporelles, ce qui est tout à fait étranger à la police. Pour cette prestation, l'usage de la force est le moyen de contrainte tout indiqué : le logement militaire, la nourriture, le fourrage, les ustensiles et matériaux de toute espèce, dus à raison de la charge, sont obtenus au moyen de la contrainte par l'usage de la force, en prenant tout simplement possession de fait et en brisant la résistance qui serait opposée. Pour une activité personnelle, la force n'est pas non plus le moyen de contrainte naturel et sous entendu (comp. t. II, § 23, III, p. 127 et s.) (16).

(15) C. C. H., 11 janv. 1873 (J. M. Bl., p. 73) avait à statuer sur un cas où l'office des logements militaires (*Servisdeputation*) avait perçu directement des propriétaires les frais de logement en remplacement de la prestation en nature. Cela a été déclaré illégal. La prestation en nature, dans le sens de la loi, est considérée comme une faveur qui ne doit pas être enlevée au débiteur. La substitution d'une somme d'argent n'est jamais qu'un moyen de contrainte.

(16) Pour les prestations en temps de guerre prévues par la loi, on se servira bien de la force et de la menace pour contraindre même à des actions personnelles. La contrainte, par l'usage de la force, à

III. — L'accomplissement de l'obligation de la charge produit des effets de deux côtés.

1) L'administration est mise en possession des moyens que le débiteur doit lui fournir dans l'intérêt de son entreprise publique. Le pouvoir juridique qu'elle obtient de cette manière aura, suivant le contenu de la prestation, des formes différentes.

S'agit-il d'une activité personnelle, — prestation de travaux, déposition sur des faits à vérifier, — le débiteur qui s'acquitte se place, par cela même, dans la dépendance des ordres qui, pour l'exécution de l'entreprise, lui sont donnés par le directeur de cette entreprise. Il se forme un rapport semblable à celui qui, pour le service d'Etat, trouve son expression dans le pouvoir hiérarchique, sauf qu'il est moins entouré de règles juridiques minutieuses que ce dernier, et qu'il vise exclusivement l'effet matériel ; c'est simplement le développement dans ses détails de l'obligation de la charge. L'inobservation des ordres est traitée, en ce qui concerne les peines et les moyens de contrainte, comme le refus complet de remplir l'obligation. Il faut ajouter que le contraire, à raison du trouble qu'il apporte à la marche de l'entreprise, sera exposé aux mesures de la police spéciale de cette entreprise (17).

une action due en vertu d'une charge publique, est permise par Stf. Pr. O. § 50 : le témoin assigné pourra être amené de force. Ce n'est qu'une tentative ; en l'absence de torture, on ne peut pourtant pas forcer cet homme à parler. — On s'emparera de choses corporelles, même sans réquisition préalable, quand les autres conditions seront remplies et si on ne peut momentanément pas mettre la main sur le propriétaire pour remplir cette formalité vis-à-vis de lui : ainsi, on pourra se procurer des logements militaires, des ustensiles, des vivres, même en l'absence de celui qui doit supporter la charge. Mais ce n'est qu'une procédure sommaire qui diffère encore sensiblement du prétendu droit de haute nécessité (comp. la note 6 ci-dessus, p. 118).

(17) Ainsi le témoin est soumis à la police de l'audience (G. V. G., § 177 ss.) ; l'individu requis pour aider à combattre l'incendie est soumis aux ordres du fonctionnaire qui dirige ces travaux (O. V. G., 16 nov. 1881).

S'il fallait livrer des choses corporelles pour ne faire usage, l'administration aura la possession directe de ces choses et s'y maintiendra au moyen des forces qui sont à sa disposition (comp. t. II, § 24, I, p. 139). La mesure de l'usage à faire des choses corporelles fournies est déterminée, dans sa durée comme dans son intensité, par le but poursuivi par l'entreprise ; cela peut même aller jusqu'à la consommation. La chose reste la propriété du débiteur de la charge et doit être restituée, à la fin de l'usage correspondant à la charge, dans l'état où elle se trouve (18).

Si la prestation de la chose au sens de la charge s'entend sans réserve de durée ni de restitution après l'usage, la chose passe plutôt définitivement à la libre disposition des autorités; l'Etat en devient *propriétaire.* Comme exemples, on peut citer la conscription des chevaux, les réquisitions de fourrages, de médicaments, d'objets de pansement, l'emploi de navires pour barrer les ports et les rivières.

Le transfert de propriété s'opère par la prise de possession. Les règles de la vente ne sont pas applicables ; ce n'est pas un acte translatif de la propriété, ce n'est pas un acte juridique de droit civil. La propriété de l'Etat est constituée par la prise de possession qui se fait malgré le propriétaire récalcitrant ou contre le propriétaire absent ou inconnu.

Ce n'est pas non plus une expropriation. L'acquisition de la propriété ne s'opère pas en vertu d'un acte

(18) On trouve dans le droit de la Saxe une réquisition — d'un caractère tout particulier — de la propriété privée en vue d'en faire usage. D'après la loi du 7 déc. 1857 § 7 et l'Ord. du 30 nov. 1867 et 10 avril 1869, il y a lieu « de prendre à bail, par la voie de contrainte, le terrain nécessaire pour établir des tirs militaires » ; Sächs. Zeitschr. f. Pr. VIII, p. 260. Une convention établie par contrainte sans le consentement du propriétaire n'est pas possible. Il s'agit d'une charge publique réalisée par réquisition et prise de possession, et dont les effets juridiques devront, autant que possible, être assimilés, matériellement, à ceux d'un contrat de bail.

administratif ; en règle, il n'intervient aucun acte de ce genre ; elle a seulement lieu par la prise de possession effective faite en vertu de la charge.

Ce transfert de propriété est attaché *par la loi* à la prise de possession. La loi autorise l'administration à exiger la prestation de choses de ce genre pour en avoir la libre disposition, par conséquent, afin d'avoir sur elles un pouvoir juridique illimité. Ce pouvoir est constitué par la réalisation de la prestation, c'est-à-dire par la prise de possession, consentie ou obtenue par la force. Toute l'opération appartient, par nature, au droit public, y compris l'effet juridique produit. Or, cet effet, — le pouvoir juridique illimité sur la chose corporelle, — c'est la propriété, et une propriété qui, pour tous les rapports juridiques nouveaux en résultant pour l'Etat, devra être appréciée d'après les règles du droit civil ; c'est donc une propriété du droit civil. Il se produit ici, en définitive, un revirement de la même nature juridique que celui que nous avons constaté dans l'expropriation (comp. t. III, § 34, l. n. 4, p. 52) (19).

2) L'accomplissement de l'obligation de la charge, — volontaire ou forcé, — pourra avoir pour conséquence un *droit à indemnité*. Naturellement, ce sont uniquement les règles de l'indemnité de droit public qui pourront être applicables. Tout dépend de la question de savoir si la prestation doit être considérée comme un sacrifice spécial au sens de cette institution. Evidemment, tel n'est pas le cas lorsque des charges ordonnées n'exigent des prestations en nature

(19) Le transfert de propriété s'explique uniquement comme effet de la règle de droit d'après laquelle se fait la prise de possession pour réaliser la charge. L'enlèvement de fait de choses corporelles en vertu d'un prétendu droit de haute nécessité (comp. la note 6 ci-dessus) ne peut pas créer un droit de propriété, même quand il . lieu définitivement et en vue de la consommation de ces choses. Voilà encore une différence juridique qu'il ne sera pas permis d'ignorer.

qu'à la place d'une somme d'argent à payer à titre d'impôt. L'égalité, ici comme dans l'impôt, se trouve garantie par le but général de la charge et dans l'ensemble des impositions publiques.

Mais de même, lorsque c'est le hasard qui désigne l'individu ou le groupe d'individus sur lequel la charge tombera, l'idée de sacrifice disparaîtra peut-être derrière l'intérêt propre du débiteur, lequel est sauvegardé particulièrement par sa prestation. Tel est le cas pour les travaux à faire par les habitants de la région menacée à l'effet de renforcer les digues ou par les habitants de la commune à l'effet de combattre l'incendie, de même dans le service obligatoire dans le corps des pompiers.

Pour les charges militaires et les charges judiciaires, la procédure tendant à la fixation des indemnités et les principes d'après lesquels se fera l'évaluation du montant à allouer, font d'ordinaire l'objet d'une règlementation spéciale (20). Pour tout le reste, on suivra les principes généraux de l'indemnité de droit public.

(20) L'ancienne doctrine voit, dans toutes ces choses, des créances du droit civil ; elle a, il est vrai, de la peine à se les expliquer. Des exemples dans C. C. H., 11 mai 1861 (J. M. Bl., 1862, p. 44) et 8 déc. 1865 (J. M. Bl., 1866, p. 98). Il est dit que l'indemnité pour les logements militaires appartient, « par nature, au droit civil et tient seulement la place d'un contrat fixé par la loi ». Il aurait fallu dire : la place de la moitié d'un contrat, car l'autre moitié est formée par la prestation du logement, qui, de son côté, aurait pu aussi être stipulée par la voie d'un contrat, et tient seulement la place d'un contrat fixé par la loi. Espérons que le temps de pareils monstres juridiques est définitivement passé !

§ 48

Les charges de préférence et les charges réunies.

Des charges publiques peuvent être imposées aux individus de telle manière que la connexité avec l'entreprise publique se manifeste dans la forme juridique de l'imposition. La charge conserve déjà, par cela même, un caractère distinct de l'impôt; elle peut, à la différence des charges communes, avoir un objet de prestation, qui, en lui-même, serait identique à celui de l'impôt, c'est-à-dire à l'obligation de payer une somme d'argent. Les deux formes qui se présentent ici sont celles des charges de préférence et des charges réunies.

I. — La charge publique qui constitue une charge de préférence se caractérise par le motif qui en justifie l'imposition sur l'individu et qui sert à expliquer les détails de sa réglementation. Ce motif, c'est que l'imposé est censé être *particulièrement intéressé* à l'existence et à l'entretien de l'entreprise publique. Ce fondement matériel fait rentrer l'obligation dans la notion générale de la charge, comme nous venons de l'établir au § précédent. La prestation elle-même confirmera ce caractère par son objet, lorsqu'il s'agit d'une prestation en nature; mais il n'est pas nécessaire qu'il en soit ainsi. L'essentiel, c'est qu'une valeur pécuniaire soit livrée à l'entrepreneur; la charge de préférence, au contraire de la charge commune, se présente d'ordinaire sous l. forme d'une *somme d'argent* à payer. Si le paiement à faire par l'individu ne doit couvrir qu'une partie des frais, — que l'excédent reste à la charge de l'entrepreneur, ou qu'il soit couvert par des coobligés, — nous sommes en présence de *contributions spéciales* (comp. t. II, p. 190).

1) L'intérêt particulier que suppose la charge, signifie que l'entreprise qui exige des dépenses d'installation et d'entretien existe pour ces individus, exclusivement ou de préférence à d'autres. Ils sont donc censés être la cause de ces frais ; par conséquent, ils doivent les supporter.

La charge de préférence trouve sa sphère d'application en partie dans les établissements et entreprises publics pour l'usage desquels des taxes aussi sont perçues. Les deux institutions financières sont alors placées l'une à côté de l'autre, indépendantes et clairement distinctes. La charge, il est vrai, peut aussi signifier ici l'obligation, pour un corps d'administration propose, de remplir sa tâche (comp. § 60 ci-dessous). La distinction à faire se présente cependant très nettement dans le cas où la charge de préférence est placée à côté des autres obligations sous forme de contribution spéciale. Ainsi, par exemple, à propos de la voirie communale, il se peut que les trois institutions soient réunies : la charge d'administration propre incombant à la commune apparaît sous la forme de l'obligation générale de supporter tous les frais de la voirie qui ne seront pas couverts autrement ; la charge de préférence des propriétaire riverains, sous forme de contributions spéciales pour la construction des rues ; enfin, la taxe due par quiconque se servira des chemins, sous forme de péage.

Toutefois, des charges de préférence et surtout des contributions spéciales sont dues aussi pour des entreprises pour l'usage desquelles aucune taxe n'est perçue : digues d'inondation, caisses de secours de toute sorte.

La contribution spéciale a, comme la taxe, le caractère d'un équivalent. Mais la taxe est l'équivalent d'une prestation passagère dont on jouit dans un cas donné ; la contribution est l'équivalent pour l'existence de l'entreprise qui présente, pour le débiteur, un intérêt général et continu ou est censée avoir ce caractère (1).

2) L'intérêt particulier à l'existence de l'entreprise n'est que la raison intrinsèque du paiement à faire. Ce devoir ne reçoit la force d'une obligation que par sa réalisation dans les formes juridiques qui lui conviennent. Cela peut avoir lieu de différentes manières ; il ne faut pas voir notre institution dans toute forme dans laquelle cela se produit, quoique le mot de contribution spéciale, justifié par le fondement économique commun, soit appliqué d'une manière générale à tous les cas où existent des prestations partielles pour l'entreprise.

L'intérêt particulier à une entreprise publique peut trouver son expression dans la *soumission volontaire* à une contribution. Des particuliers peuvent s'engager ainsi par des promesses, en vue d'amener l'exécution d'une entreprise publique en général, ou l'exécution avec des modalités qui leur conviendront d'une manière spéciale. Il y en a beaucoup d'exemples dans la construction des chemins de fer, des routes, des ponts, de barrages afin d'obtenir un débit d'eau plus

(1) *Neumann*, Die Steuer, p. 327. Rappelons que la contribution spéciale, — ainsi que la rétribution — sont originairement des notions qui appartiennent à la science des finances. La notion juridique de la contribution spéciale est tantôt plus large, tantôt plus étroite ; comp. t. II, p. 191 note 3. Cette thèse trouvera sa justification dans ce qui sera exposé au texte.

régulier, dans la création d'établissements d'instruction publique. L'obligation de payer la contribution devenant parfaite par l'acceptation expresse ou tacite de l'entrepreneur devra être considérée comme une obligation contractuelle du droit civil. En tout cas, notre institution n'est pas en jeu ; il ne s'agit pas d'une obligation imposée au sujet (2). — Des communes et autres corps d'administration propre peuvent, d'une manière semblable, favoriser une entreprise de l'Etat par des subventions ; il y a là un acte de gestion des affaires publiques de la commune ; par conséquent, cela appartient, par nature, au droit public, mais cela ne nous regarde pas non plus ; comp. § 60 ci-dessous. — L'entrée volontaire ou forcée dans une association destinée à gérer une entreprise publique manifeste également un intérêt particulier à cette entreprise et entraîne l'obligation de payer des contributions à cet effet. Mais l'obligation aux contributions reçoit ici une base nouvelle dans la qualité de membre de l'association ; cela indique encore qu'il y a là une institution différente de celle dont nous nous ocupons ; comp. § 56 n. 2 ci-dessous.

Il n'y a charge de préférence que dans le cas où l'obligation de contribuer ou l'obligation particulière en général est constituée dans les formes du droit

(2) Le droit français considère les obligations de payer une subvention, résultant des *offres de concours*, comme des obligations du droit public : l'acceptation par l'autorité est un acte administratif qui impose l'obligation ; comp *ma* Theorie d. Franz. V. R., p. 360. — Bayr. Ob. G. H., 26 nov. 1875 (Samml., V, p. 598) rapporte le cas où un propriétaire s'engage, vis-à-vis de la commune, à fournir gratis le bois de construction nécessaire pour un nouveau pont communal à construire. Oberst. L. G., 22 février 1884 (*Reger*, V, p. 470) parle de l'engagement pris par un propriétaire d'entretenir un chemin communal à condition que la commune construise un nouveau chemin. L'un et l'autre engagement sont considérés comme des conventions ordinaires, comme des « titres de droit privé ». Telle est l'opinion commune en Allemagne ; nous l'acceptons provisoirement ; peut-être cependant, une autre appréciation serait-elle possible.

public par une *imposition* qui sera mise sur le redevable, non pas d'après son libre consentement et son bon vouloir, ni en vertu de sa qualité de membre de l'association, mais — comme il convient à la notion d'imposition — dans l'exercice de la plénitude de la puissance publique.

Les formes dans lesquelles cette imposition peut s'effectuer sont, d'après le droit actuel, la *loi* d'une part, l'*acte administratif* d'autre part.

L'ancien droit nous a légué toute sorte d'obligations d'accomplir des prestations pour les frais d'une entreprise publique ; leur titre, c'est l'*usage*. On les traite aujourd'hui d'obligations de droit public, quand elles répondent, par leur contenu, à ce qui aujourd'hui est une charge publique. Elles pourront se ranger, selon les cas, dans la catégorie des charges communes ; la plupart ont le caractère de charges de préférence. Des exemples se trouvent dans les corvées qui incombent aux riverains d'un chemin public dans l'intérêt de l'entretien de ce chemin, et surtout dans les nombreuses prestations qui, dans les villes, sont à la charge des propriétaires de maisons pour les voies publiques (3).

(3) O. V. G., 26 déc. 1881 : obligation pour les propriétaires de maisons riveraines de nettoyer la rue, obligation existant en vertu d'une « observance » ; comp. t. 1er p. 171. O. V. G., 13 février 1884 : une observance obligeant les propriétaires à entretenir les trottoirs. Sächs. Ztschft. f. Pr., IX, p. 241 (*Gilbert*) : « des obligations particulières existant au profit de chemins à construire ». — D'un caractère spécial, quoique d'un contenu semblable, sont les vieilles charges du droit public dont il est question dans R. G., 26 juin 1880 (*Reger*, V, p. 113) : obligation d'entretenir un chemin, incombant à un propriétaire en vertu d'un ancien bail héréditaire ; Württemb. Gerichtsblatt, XVIII, p. 378 : obligation du prince de subvenir aux frais d'une école acceptée lors de la sécularisation de biens d'église, par conséquent une charge du fisc actuel. Dans cette catégorie, il faut ranger également les « charges de complexion » (*Komplexlasten*) du droit de la Bavière et du Württemb : Bl. f. adm. Pr., 1877, p. 33 ss., Württemb. Arch. f. R., XXII, p. 372 ; l'on cite comme exemples les obligations inhérentes à l'ensemble de certaines possessions immobilières de fournir le traite-

3) La manière dont, en droit moderne, les charges de préférence sont créées, présente avec les charges communes cette différence qu'ici les *deux* formes possibles d'imposition peuvent s'appliquer, et que nous ne trouvons pas exclusivement la règle de droit, comme cela a lieu pour la charge commune. Par conséquent, les charges de préférence se divisent, d'après leur origine même, en deux *espèces* distinctes :

Elles pourront être imposées par une règle de droit de la loi, ou ce qui est équivalent, par la règle de droit d'une ordonnance ou d'une prescription autonome, émises en vertu d'une loi. Ce sont les charges de préférence *légales* (4).

Elles pourront aussi être imposées par une disposition, par un acte administratif qui les crée discrétionnairement dans tel cas donné : ce sont les charges de préférence *individuelles*.

Une charge individuelle de cette espèce peut devenir possible en vertu d'une autorisation donnée à l'administration par la loi. Cette loi s'efforcera de fixer

ment d'un ecclésiastique, de supporter les frais d'entretien d'une église ainsi que d'autres édifices publics, d'entretenir un taureau reproducteur. — Dans Bl. f. adm. Pr., 1884, p. 383 ss., et O. V. C., 2 déc. 1887 (Samml., IX, p. 287), on cherche à résoudre la question de la distinction à faire entre les charges publiques et les charges de droit privé, en identifiant ces dernières à des « droits réels » qui formeraient, comme tels, l'opposé des droits publics. Mais en tant que « charges réelles » aussi, ces obligations pourraient appartenir au droit public (comp. § 47 note 7 ci-dessus, p. 118) : leur caractère réel les distingue non pas du droit public, mais seulement de notre institution de la charge publique.

(4) Ici comme pour la charge commune, la question se pose de savoir si le pouvoir d'imposer par une règle de droit de pareilles charges spéciales est compris dans les autorisations générales de la police (comp. § 47, note 4 ci-dessus). Il est certain que cela n'est pas compris dans la notion moderne de la police (comp. t. II, § 19 note 15, p. 33). Cependant on répond d'ordinaire dans un sens affirmatif : O. V. G., 8 nov. 1876; Bl. f. adm. Pr., 1876, p. 37 ss. ; Ob. G. H., 6 mars 1835. On invoque un usage spécial qui attribuerait ces choses au pouvoir de police : Bl. f. adm. Pr. 1888, p. 104 ; O. L. G. München, 19 oct. 1886 ; comp. aussi V. G. H., 1er février 1884 (Samml., II, p. 530). Tout cela me semble être très difficile à admettre.

aussi exactement que possible les conditions de l'autorisation. Ces conditions supposent toujours des faits qui désignent certains individus comme spécialement intéressés à l'existence de l'entreprise à raison des avantages qu'ils en retirent ou à raison d'un usage particulièrement intensif qu'ils en font, sans qu'il puisse y avoir un équivalent suffisant dans la forme d'une taxe. L'équité exige alors une compensation au moyen d'une contribution spéciale ou de la restitution complète des frais. L'autorité a reçu le pouvoir de donner satisfaction à cette exigence de l'équité avec une libre appréciation des circonstances de la cause (5).

Mais cela peut parfois avoir lieu, sans autorisation de la loi, en vertu de la *soumission* de l'individu à l'acte administratif qui doit lui imposer la charge. Il ne faut pas songer aux offres de concours qui se font volontairement; cela donne lieu non pas à l'imposition d'une charge publique, mais à un contrat de droit civil ; comp. la note 2 ci-dessus. Voici ce dont il s'agit : l'individu désire faire une installation, un ouvrage, qui a besoin de certains travaux publics pour pouvoir être réalisé. Dès lors, l'exécution de ce plan dépend du consentement de l'autorité qui représente l'intérêt public et dirige les travaux. Il se produit alors ce que nous avons déjà observé dans la permission de police à laquelle pourront être jointes les charges nécessaires dans l'intérêt de la police ; comp. t. II, p. 71 ss. De même ici, le consentement peut être donné à la condition de s'engager à supporter les frais

(5) Il faut citer ici les contributions spéciales pour l'entretien des chemins, lesquelles pourront être imposées aux entrepreneurs de carrières, mines, fabriques, à raison de l'intensité de l'usage qu'ils font de ces chemins et des dégâts qu'ils y causent; *v. Reizenstein* dans Wörterbuch, II, p. 909. Dans une mesure très large et avec une manière particulière de calculer la contribution, cette forme est appliquée pour l'indemnité de plus-value de la loi Française du 16 sept. 1807, art. 30-32, encore en vigueur en Alsace-Lorraine et dans le Palatinat : *ma* Theorie des Franz. V. R., p. 358.

des travaux publics à exécuter, ou de payer une contribution spéciale, ou, du moins, d'en garantir le paiement futur. Par l'acceptation de ces conditions dans une déclaration expresse ou tacitement en profitant de la permission ainsi accordée, le permissionnaire s'oblige. Mais l'autorité agit vis-à-vis de lui comme puissance publique ; elle ne conclut pas un contrat ; elle fait un acte administratif. Le consentement de l'obligé, sa soumission, n'est que la condition de la validité de l'acte (6).

4) La charge de préférence ne signifie pas, comme la charge commune, un cercle d'individus susceptibles d'être obligés, qui *sont à la disposition* et peuvent être requis dans l'intérêt de l'entreprise publique, lorsque le besoin se présentera. La charge de préfé-

(6) O. Tr. 5 juin 1877 (Str. 99, p. 182) : D'après la loi Pruss. du 3 janv. 1845 §§ 25 et 26. une permission de police est nécessaire pour établir une maison d'habitation en dehors des agglomérations d'habitations formées par les communes. Ceci posé, l'autorité de police avait accordé la permission à condition que le demandeur construirait un canal d'égout qui, à la suite de son établissement, aurait dû être installé par la commune pour raison de salubrité publique. La ville construit elle même l'égoût ; le colon est obligé de l'indemniser des frais. — O. V. G., 25 avril 1878 : Le statut local défend de construire dans une rue qui n'est pas encore en état ; l'administration communale accorde des exceptions, en posant des conditions pour les travaux provisoires nécessaires ; la permission une fois donnée, ces travaux deviennent obligatoires pour le demandeur. O. V. G. 1er nov. 1887 admet, dans un cas semblable, la condition de stipuler des garanties pour les contributions spéciales de voirie qui pourront être dues (comp. § 46 note 32 ci-dessus). Des conditions de ce genre ne peuvent être imposées que dans l'intérêt public à raison duquel la permission a été réservée. Il n'est pas possible d'en établir arbitrairement à l'occasion d'autres permissions, spécialement pour de pures permissions de police ; O. V. G.. 6 déc. 1878 : l'autorité de police délivre une permission de construire à la condition de payer à la commune les contributions de voirie ; cela n'est pas possible. — Une hypothèse intéressante se trouve relatée dans Bl. f. adm. Pr. 1871, p. 352 : Une route publique doit être coupée par un canal d'usine. Il faut le consentement de l'autorité chargée de la police de la voirie, lequel n'est donné qu'après arrangement entre le meunier et la commune propriétaire de la route. Le meunier s'engage, pour lui-même et pour ses ayants-cause, à construire et à entretenir le pont devenu nécessaire. Cet arrangement « n'acquiert une existence définitive que par le consente-

rence *détermine* d'avance les débiteurs et la mesure de leur obligation. Leur prestation peut être strictement fixée dans l'acte d'imposition de la charge, ce qui a lieu surtout dans les charges individuelles ; leur devoir peut aussi consister dans l'obligation de payer des contributions annuelles fixes.

La conséquence est que la réquisition ne joue ici aucun rôle ; l'obligation est parfaite directement dès qu'existent les faits auxquels la loi l'attache, ou par l'acte administratif qui crée la charge individuelle. La réquisition, dans ces circonstances, n'aurait que la valeur d'une mise en demeure (7).

La perception des contributions en argent emploie généralement les formes des impôts. Ou bien le montant de ce qui est dû est fixé sur le modèle des impôts directs par un acte administratif qui rend l'obligation de la charge exécutoire (8) ; ou bien la dette est per-

ment de l'autorité ». L'obligation ainsi créée est une charge de préférence imposée au meunier par l'acte administratif, en vertu de sa soumission déclarée dans l'arrangement avec la commune. L'obligation de réparer le pont passe à tous les successeurs du premier débiteur, qui profiteront du canal d'usine nécessitant le pont.

(7) Ce point a eu son importance surtout pour les contributions spéciales de voirie. La rue est achevée, la maison construite ; avant que la contribution ne soit fixée et exigée, la maison est vendue. Qui sera débiteur ? Il faut s'attacher au moment de la naissance de la dette. Dans l'ancien droit prussien, il a été jugé, en ce qui concerne la charge de pavage de la rue, que la dette est née au moment où les travaux ont été terminés ; mais on avait admis que cette dette avait un caractère de charge réelle et passait ainsi à l'acquéreur de l'immeuble. O. Tr. 4 oct. 1870 (Str., 79, p. 248), 16 nov. 1876 (Str., 97, p. 25). On a renoncé maintenant à ajouter cet élément inutile. O. V. G., 2 nov. 1885, statuant sur les contributions spéciales pour les rues d'après la loi du 2 juillet 1875, § 15, déclare : sont « débiteurs les individus qui, au moment de la construction d'un bâtiment, auront la propriété de l'immeuble ». Donc la dette ne passe plus de plein droit à celui qui succède à la propriété. Comp. aussi O. V. G., 16 nov. 1888.

(8) Un exemple dans les contributions spéciales pour les rues d'après la loi prussienne du 2 juillet 1875, § 15. Les contributions à payer sont évaluées d'autorité et « réparties » *V. Brauchitsch*, Verw. gesetze, IV, p. 359 note. — R. G. 8 juillet 1886 (Samml., XVII, p. 200) les appelle des impôts communaux indirects, et R. G., 22 sept. 1888 (Samml., XXII, p. 200) des impôts communaux purement et simplement ; cela ne doit pas être entendu au sens strict. L'obligation qui incombe aux

çue sans l'intermédiaire d'un acte administratif, moyennant une simple sommation, ou sous la forme d'un timbre, en d'autres termes à la façon des impôts indirects (9).

Comme moyen de contrainte, nous trouvons ici, pour toutes les obligations de payer une somme d'argent, le recouvrement par contrainte administrative ; comp. t. II, p. 306 ss. Parmi les autres prestations à effectuer, il sera surtout question ici de l'*opus faciendum*, de l'obligation de produire un certain résultat au profit de l'entreprise publique. Pour cela, la contrainte par substitution est le moyen tout indiqué (10).

Il va sans dire que la charge de préférence étant elle-même un produit de l'équité, il ne peut être question, au profit de celui qu'elle frappe, d'une compensation, d'une *indemnité* de droit public, laquelle découle de la même idée d'équité.

propriétaires de maisons de payer les frais de pavage est appelée, dans O. V. G., 6 juillet 1886, charge réelle de droit public, et le soi-disant « impôt de pavage » qui sert à recouvrer ces frais, est traité d'impôt communal direct ; mais le tribunal ajoute que cela constitue non pas « une rétribution pour l'usage d'un établissement communal, représentant l'équivalent de prestations déterminées et individuelles de la part de la commune et la valeur de ces prestations, mais une contribution en argent à répartir, d'après des règles générales, à la façon d'un impôt, sur la classe des propriétaires de maison et destinée à couvrir les frais d'une entreprise communale qui décharge ces propriétaires ». Il y a là une définition assez exacte de la charge de préférence et qui relève surtout très bien ses rapports avec l'impôt direct.

(9) Ainsi la loi d'assurance pour l'invalidité et la vieillesse se sert de la forme du timbre, propre aux impôts indirects (comp. t. II, p. 211), pour recouvrer les contributions dues : l'obligation de la charge existe sans l'intervention d'un acte administratif, à l'insu de l'autorité ; et elle est acquittée à son insu. — Les charges des propriétaires de maisons concernant le nettoyage, l'arrosage etc., des rues s'exécutent aussi, le cas échéant, sans fixation préalable de l'obligation ; il y aura tout au plus une sommation de le faire.

(10) C'est ainsi que s'exécutent les obligations des propriétaires de maisons de balayer la rue, d'y jeter du sable en cas de verglas, etc. C. C. H., 13 février 1864 (J. M. Bl., 1864, p. 129) : La colonne municipale fait directement le nécessaire à la place du propriétaire négligent, et la ville perçoit une indemnité fixe. Sur cette procédure de contrainte sommaire, comp. t. II, § 23 note 2, p. 110.

Pour le reste, nous n'aurons qu'à renvoyer à ce qui a été dit au sujet des charges communes.

II. — Les *charges réunies*.

L'obligation d'accomplir une prestation au profit de l'entreprise publique peut se caractériser juridiquement par ce fait qu'elle est imposée à une pluralité de sujets *en commun*. Les institutions de la charge commune et de la charge de préférence ne visent jamais qu'un rapport juridique simple : celui qui existe entre la puissance publique et le débiteur de la charge. Ici il y a un rapport juridique entre les divers débiteurs placés les uns à côté des autres.

1) *Dans le rapport avec l'Etat*, avec la *commune*, il s'agit d'abord de charges publiques au sens que nous venons de développer ; la seule chose nouvelle, c'est une qualité spéciale qui tend à garantir la satisfaction *complète* du besoin de l'entreprise publique. Le résultat cherché peut être atteint complètement de la manière suivante : aux prestations isolées des individus obligés par la charge, la *dépense personnelle* de l'entrepreneur s'ajoute pour combler les insuffisances.

Les prestations individuelles des obligés placées l'une à côté de l'autre peuvent être combinées de façon à couvrir *dans leur ensemble* la totalité. Ainsi, l'obligation de chaque propriétaire d'immeuble urbain de faire construire devant son immeuble le trottoir et de faire nettoyer la rue, l'obligation de chaque riverain d'un ruisseau ou fossé d'assurer pour sa part le libre écoulement des eaux, produiront, comme résultat total, un trottoir ininterrompu, une rue nettoyée dans toute sa longueur, un écoulement des eaux libre jusqu'au bout.

Mais les obligés qui coopèrent ainsi en fait ne forment pas encore une union ; c'est chacun pour soi. L'union n'existe que par la coordination de tous les contribuables d'une entreprise publique de manière que, par leurs charges additionnées, on obtienne le tout : chacun des individus soumis à la charge ne doit pas seulement une part fixe qui lui reviendrait spécialement ; s'il le faut, il doit le tout ; et l'obligation de chacun n'est restreinte que dans le paiement, par l'effet de la coopération des coobligés. Une *union* (*Verband*) est un ensemble de débiteurs d'une charge publique, qui doivent garantir que les prestations à partager entre eux seront suffisantes pour couvrir la totalité du besoin d'une certaine entreprise publique.

La charge qui ainsi est rendue solidaire peut, en elle-même, avoir la nature d'une charge commune. Des exemples se trouvent dans les réquisitions régionales, pour les besoins de la force armée, en bétail vivant, farines, avoine, foin et paille, d'après la loi sur les prestations de guerre, §§ 16 ss. ; des unions de réquisition sont formées à cet effet. Comp. aussi les §§ 4 et 6 de cette même loi en ce qui concerne la répartition des charges des communes entre les habitants (11).

Les charges réunies pourront aussi, considérées en elles-mêmes, être des charges de préférence. Evidemment cela ne peut pas s'appliquer à des contributions spéciales calculées d'après la mesure restreinte de l'intérêt particulier du débiteur. Cela n'est pas susceptible de devenir une charge solidaire. Mais il faut que la charge de l'entreprise forme, pour tous les individus spécialement intéressés, un tout indivis, pour n'être partagée que dans ce paiement. Nous y rangeons les charges des unions pour les digues, pour l'instruction publique, des unions des chefs de famille

(11) *Laband*, St. R. (éd. all., II, p. 795 ; éd. fr., V, p. 525).

d'un district pour l'entretien d'une sage-femme à frais communs (12).

La charge d'union est encore la forme employée pour imposer des prestations qui ne pourraient pas être des charges communes à cause de leur objet, ni des charges de préférence parce qu'elles ne reposent pas sur un intérêt particulier des individus obligés : savoir des prestations en argent imposées, sans avoir égard à une qualité distinctive, à tous les habitants solvables du district. C'est la réunion de tous dans le but commun de satisfaire les besoins de cette entreprise publique, qui, seule, leur donne le caractère de charge. Il faut citer ici les charges paroissiales, les charges territoriales des unions pour la voirie, des unions pour l'assistance publique. Nous sommes ici, il est vrai, tout près du point où les rapports passent dans les formes d'autres institutions et où, par conséquent, la notion de charge publique disparaît ; comp. n. 3 ci-dessous.

La qualité de charge d'union ne pourra être donnée à la charge que par le titre qui a pu la créer ; la coexistence de prestations ayant un contenu égal et dues pour le même but ne suffit pas par elle-même ; quant à savoir si cette qualité spéciale doit s'ajouter, c'est là une question d'interprétation. La cause qui peut faire naître une charge d'union est, en droit moderne, exclusivement la règle de droit, par conséquent, la loi ou, en vertu d'une autorisation légale, l'ordonnance et le statut. Toutefois, de nombreuses charges d'union nous ont été léguées par notre ancien droit et reposent sur les usages.

Les individus compris dans l'union sont appelés à accomplir leur obligation, en ce qui concerne les prestations de guerre sus-mentionnées qui ont le caractère

(12) Le droit prussien est particulièrement riche en unions de ce genre ; *Foerster-Eccius*, Preuss. Priv. R. IV, § 283 ; *Rosin*, Oeff. Genossenschaft, p. 75 ss.

de charges d'urgence, selon leur capacité effective ; pour les autres, d'après une règle fixe de répartition (13).

La question de l'indemnité se résout d'après le caractère matériel de la charge. Des charges de préférence ne donnent pas lieu à indemnité, même quand elles sont devenues des charges d'union. Il en est de même des charges communes, lorsque, en tant que charges ordonnées, elles ne font que remplacer des impôts ; il faut dire la même chose des prestations en argent, qui, sans précédent ni dans les charges communes ni dans les charges de préférence, ne se rencontrent que dans les charges d'union ; celles-ci, en effet, sont imposées aussi comme des charges ordonnées. Il ne reste donc pour l'indemnité que les charges d'union qui, pour les individus qu'elles frappent, ont en même temps le caractère de charges fortuites : on n'indemnise que pour les prestations en cas de guerre.

2) *Pour les débiteurs de la charge réunie*, la communauté de la charge a cet effet final, que l'obligation de chacun décharge proportionnellement le coobligé. La même chose peut avoir lieu dans les impôts de répartition (comp. t. II, p. 195), et, d'une manière générale, partout où une somme fixe est répartie entre une pluralité de débiteurs. Lorsque la répartition se fait exclusivemeut selon la capacité effective de chacun, comme cela se produit dans les prestations de guerre des unions de réquisition, charges fortuites de leur nature, la charge d'union a aussi pour seul effet cette décharge de fait. Mais lorsque le montant

(13) Les débiteurs de la charge peuvent être divisés en groupes distincts, ayant chacun sa représentation propre. Les communes mêmes, comprises dans l'union, sont considérées encore comme des groupes semblables suivant l'ancienne idée d'association : *Gierke*, Gen. R., II, p. 403.

de la part de chaque débiteur a reçu, dans l'union, une règle fixe et une détermination juridique, cet ordre de répartition présente des particularités qui appartiennent uniquement à la charge d'union. Ce n'est pas, comme par exemple dans l'impôt, un ordre immanent de l'action de la puissance publique, d'où résulte, pour chaque individu, ce qui lui revient. Le point de départ est tout opposé : l'ordre de répartition est considéré, en première ligne, comme un rapport d'obligation réciproque des individus réunis entre eux ; l'exigence de la puissance publique vient s'y attacher comme un rapport secondaire.

Cela ne s'explique que par le développement historique dont notre charge d'union est le résultat.

Les espèces les plus remarquables de ces charges et qui, en même temps, ont servi de modèle pour toute la construction juridique, datent d'une époque primitive où la puissance de l'Etat était encore loin de prétendre être le ressort indispensable de toute la vie publique. Beaucoup d'intérêts les plus importants de la communauté trouvent alors leur satisfaction dans la forme suivante : des groupes d'individus plus ou moins nombreux se réunissent pour s'en charger : c'est ainsi qu'on pourvoit aux digues, aux chemins, aux ponts, aux curages de ruisseaux, plus tard aussi aux écoles et à l'assistance publique.

L'ordre entre les individus coopérants a la nature d'une société, d'un rapport juridique qui les lie réciproquement. Il se forme aussi, d'une manière plus ou moins prononcée, une représentation de cette société, investie de certains pouvoirs pour maintenir et exécuter cet ordre. Là se développe toute la richesse des formes de l'association. Puis survient l'Etat du régime de la police ; il prend entre ses mains la direction des intérêts publics. Il ne souffre pas d'indépendance à côté de lui.

Les représentations qui s'étaient formées selon les idées du droit d'association sont brisées ou réduites à des droits insignifiants de concours ou de conseil. La société elle-même continue à exister avec les obligations réciproques des membres. Mais l'Etat réclame ces obligations comme lui étant dues, pour contraindre, avec sa puissance souveraine, à leur maintien et à leur exécution. Ainsi, le devoir entre les associés devient en même temps une charge publique ; mais c'est seulement en même temps et en seconde ligne : la charge publique est attachée aux devoirs d'associé qui incombent aux membres de l'union entre eux (14).

Le droit moderne fait s'effacer de plus en plus les éléments distincts d'une société, mais tend aussi à remplacer dans une mesure toujours croissante la charge d'union elle-même par la personne morale du droit public, qu'il a fait revivre (comp. n. 3 ci-dessous, p. 147). En tant qu'elle existe encore, la charge d'union

(14) Sur l'historique, comp. *Gierke*, Gen. R., I, p. 765, ss. Il appelle ces réunions pour les intérêts de l'église, de l'école, de l'assistance publique, de l'entretien des chemins etc., « des unions à l'exem-ple des communes, mais poursuivant des buts spéciaux ». D'après lui, elles sont originairement des associations. L' « Etat autoritaire », — c'est ainsi qu'il appelle l'Etat du régime de la police, — « tend à les transformer soit en simples circonscriptions administratives, soit en établissements de l'Etat avec personnalité juridique ». O. V G. 7 février 1883 (Samml., p. 69) et 15 mai 1885 (Samml., XII, p. 258) décrit le développement sous le régime de la police de la manière suivante : « Dans les idées du siècle dernier, l'Etat, dans l'exercice de son pouvoir de police pour la sûreté et le salut communs, avait devant lui comme obligés, en première ligne, les *corpora* responsables de l'administration publique, les « magistrats » (représentations des villes), les propriétaires des « dominiums » (proprietés féodales) et les offices du domaine de la couronne auxquels il était permis de se couvrir par des répartitions en sous-ordre, *jure collectandi* ». Ces *corpora*, obligés en première ligne, sont non pas des personnes morales, mais tout simplement des autorités obligées de servir d'instruments pour le recouvrement à faire. Ce que l'on vise, ce sont les individus formant des groupes auxquels ces autorités sont préposées : ils sont les débiteurs directs des charges ; leur réunion n'est qu'une forme du recouvrement et de la répartition.

continue à offrir les particularités résultant de son ancienne idée fondamentale.

La répartition réglée entre les débiteurs *décide aussi ce que la puissance publique pourra exiger de chacun.* D'anciens arrangements entre leurs auteurs, l'usage et la prescription acquisitive qui se sont formés entre eux, déterminent leur part dans la charge, et produisent effet aussi vis-à-vis de l'Etat. On a alors la constitution existante de l'union ; il s'agit seulement de la maintenir. La législation récente, lorsqu'elle règle elle-même la forme et la proportion dans lesquelles devra se faire la répartition, est censée ordonner d'une manière absolue, abolir, par conséquent, les anciens règlements basés sur l'idée de société et ne pas admettre de dérogations qui se feraient par cette voie (15). Dans la mesure où la loi aura laissé le champ libre, des modifications des parts respectives des obligés pourront aujourd'hui encore se faire par des arrangements entre les débiteurs de la charge. Mais, par eux-mêmes, ces arrangements n'auront aujourd'hui d'effet qu'entre les parties contractantes ; ils créent une obligation de droit civil de décharger tel autre débiteur et, au besoin, de lui restituer ce qu'il aura payé en trop ; une convention de ce genre pourrait aussi bien être conclue avec un tiers placé en dehors de l'union. Pour que ces arrangements tou-

(15) En ce qui concerne, par exemple, les charges pour les digues, la loi prussienne du 28 janvier 1888, § 16, a établi un mode de répartition obligatoire et aboli, dans le § 17, expressément les procédés différents de répartition qui existaient « en vertu de titres spéciaux entre ces personnes. » — Pour le droit Bav., V. G. H., 13 mai 1884 (Samml., V, p. 209), établit le principe général suivant : « l'usage est, dans les matières de droit public pour lesquelles une base nouvelle a été créée par la législation, reconnu comme cause suffisante de droits et d'obligations dans le cas seulement où la loi l'admet expressément ». Il s'agissait de la répartition des frais d'entretien d'un pont dans le prolongement du chemin communal. — La refonte des charges de ce genre par la loi annulera aussi des arrangements conventionnels précédents : V. G. H., 25 mai 1880 (Samml., I, p. 322).

chent à la charge elle-même, il faudrait le consentement de l'autre intéressé, à savoir l'Etat, c'est-à-dire de l'autorité qui représente l'Etat. Si la constitution de l'union est ainsi changée, le rapport de droit public se trouve, en effet, réglé par contrat ; c'est, en effet, le contrat qui produit le changement ; l'approbation de l'autorité n'a qu'une importance accessoire (16). Le contrat et le consentement pourront aussi être déclarés tacitement ; l'usage n'est peut-être autre chose qu'une déclaration tacite de tous les intéressés, ce qui expliquerait suffisamment le rôle qu'il joue en cette matière. L'opinion commune préfère voir là un droit coutumier qui se formerait pour l'union. On arrive ainsi à reconnaître ici la *coutume* comme réglant des rapports de droit public, à la place d'une source de droit régulière ; comp. t. 1er § 10, IV, p. 168 (17).

(16) Des contrats, en règle, ne pourront avoir d'effet, pour changer la constitution de l'union, que dans le cas où les membres sont réunis dans des groupes secondaires ayant leur représentation séparée ; comp. la note 13 ci-dessus. O. V. G., 19 déc. 1888 : Un chef de propriété exempte se charge, pour ses colons appartenant à l'union pour l'instruction publique, de fournir le bois de chauffage nécessaire à l'école. De même, à l'occasion de la formation d'une nouvelle maison d'assistance publique, une convention entre le chef d'une propriété exempte et la commune peut définir et répartir la charge à supporter en commun ; *Mascher*, Staatsbürger-Niederlassungs-und Aufenthaltsrecht, sowie die Armengesetzgebung-Preussens, p. 284. Bl. f. adm. Pr., 1879, p. 343 : Une convention conclue par les habitants d'une localité avec une commune voisine et les admettant à l'usage en commun de l'école de cette dernière contre remboursement de la moitié des frais à répartir « règle l'exécution de la charge d'instruction publique, résultant de l'enseignement obligatoire ; elle a été approuvée par l'autorité de police compétente ; elle appartient donc de tous côtés à la sphère du droit public ». Bl. f. adm. Pr., 1873, p. 274 : Un arrangement entre les localités intéressées pour l'entretien de chemins qui leur incombe « ne peut pas être considéré comme un contrat de droit civil ; c'est une procédure administrative en vue de satisfaire à un besoin administratif et de police ». Comp. aussi Bl. f. adm. Pr., 1880, p. 241 ss. ; O. V. G., 21 sept. 1883, 10 décembre 1884, 21 avril 1886.

(17) L'usage, la coutume, ont été reconnus comme décisifs pour l'obligation de concourir qui incombe aux membres de l'union par O. Tr., 19 nov. 1860 (Str., 39, p. 204) ; 14 juin 1864 (Str., 55, p. 132) ;

La nature spéciale de la charge d'union se manifeste encore par la façon dont le débiteur se défend contre la puissance publique au cas où celle-ci commet une exagération illégale, au cas d'*aggravation*. Il ne s'agit pas de simples inexactitudes dans le calcul : nous supposons le cas où l'individu requis prétend avoir été surchargé parce que, à tort, on n'a pas tenu compte de l'obligation d'un autre individu qui l'aurait déchargé en tout ou en partie. On n'attaquera pas simplement l'acte d'autorité illégal. La demande en rectification de la charge s'appuiera sur le rapport du demandeur et de l'autre débiteur qui a retiré un bénéfice à raison de la surcharge. C'est contre ce dernier que la demande est dirigée exclusivement, ou dirigée en première ligne, si l'autorité a déjà exigé la prestation. Le jugement qui interviendra alors sur le rapport juridique entre les sujets obligés, servira, conformément à la nature juridique de la charge d'union, à constater en même temps d'une manière définitive ce que la puissance publique pourra exiger de chacun (18).

3) Entre le sujet d'administration publique créancier de la charge, — donc, en règle, l'État — et le membre de l'union débiteur de la charge apparaît maintenant, se manifestant toujours plus clairement, la *per-*

20 septembre 1877 (Str., 97, p. 365) ; 4 oct. 1878 (Str., 100, p. 183) ; V. G. H., 11 janv. 1881 (Samml., II, p. 460) ; Bl. f. adm. Pr., 1872, p. 220 ; 1887, p. 209.

(18) L'ancien droit prussien présentait la difficulté suivante : pour les rapports des débiteurs de la contribution entre eux, les tribunaux civils étaient compétents ; mais vis-à-vis de l'autorité, seul le recours par la voie administrative était ouvert. Si donc l'autorité avait déjà procédé à la fixation des contributions individuelles, une double procédure s'imposait ; *Oppenhoff*, Ressortverhältnisse, p. 105. La loi sur les compétences du 1er août 1883, §§ 56, 47, 46, renvoie aussi aux tribunaux administratifs les contestations entre les débiteurs. Si la personne requise à raison d'une charge d'instruction publique ou de voirie prétend qu'un tiers est obligé à sa place, elle ne peut pas former sa demande contre l'autorité seule ; elle doit assigner en même temps le tiers ; en tout cas, la décision à intervenir lie aussi l'autorité ; *v. Brauchitsch*, V. Gesetze, I, p. 301.

sonne morale intermédiaire. L'union, en elle-même, formée par les débiteurs de la charge, n'est tout d'abord pas autre chose que l'expression de leur rapport juridique commun. Elle constitue la société des obligés. Le terme « *Sozietät* », dont on se sert souvent pour désigner des unions de ce genre, en indique exactement la nature juridique. Pour la notion de notre institution, il n'est pas essentiel que l'union soit plus que cela, qu'elle soit surtout investie d'une personnalité morale d'une espèce quelconque (19). La personnalité morale peut s'y joindre. Il s'agit seulement de savoir de quelle manière cela se fait. Il ne faut pas vouloir mettre tout sur le même pied. Nous devons distinguer trois formes différentes.

Les choses se présentent de la manière la plus simple, quand *s'ajoute* à l'union une personne morale qui lui est propre. Il y a des charges d'union qui ne sont mises en mouvement, au profit de l'entreprise publique, que d'une manière passagère, leur produit étant immédiatement employé et consommé. C'est le cas des réquisitions régionales, des logements militaires et des autres prestations

(19) *Rosin*, Oeff. Gen., p. 52, distingue : « Ainsi, à côté des associations publiques (*Genossenschaften*) se placent des sociétés (*Gesellschaften*) de droit public ». Un exemple dans O. V. G., 9 mai 1885 (Samml., XII, p. 171) : Conformément à l'ordre de cabinet du 16 janvier 1817, des circonscriptions de sages-femmes sont formées ; les parents de chaque enfant nouveau-né, même s'ils ne font pas appel à la sage-femme officielle, devront lui payer une certaine taxe. Ils forment une union pour l'institution publique de la sage-femme. Cependant, la circonscription de la sage-femme « n'est pas une corporation publique ; des organes corporatifs nouveaux pour supporter une charge de police ne peuvent pas être créés par un règlement de police. — De même, certaines unions de réquisitions pour l'armée (comp. la note 21 ci-dessous) n'ont aucun lien avec une personne morale quelconque. Des unions d'assistance publique se présentent aussi de cette manière comme de simples circonscriptions dans lesquelles la charge de l'assistance est acquittée par les individus directement ou par l'entremise des différents corps d'administration propre compris dans la circonscription ; comp. Ordre de cab. du 17 nov. 1845, *Mascher*, Staatsbürg. Niederl. u. Aufenth. R., p. 404.

militaires. Pour d'autres, il s'agit d'obtenir les moyens de créer et d'entretenir des institutions permanentes, telles que chemins, écoles, digues, etc. Les valeurs réunies pour servir à ce but présentent, pour les débiteurs, tant qu'elles subsistent, une garantie contre des réquisitions ultérieures. Ici peut se former une possession en commun de valeurs pécuniaires, et, pour la consolider, peut être créée une personne morale à laquelle cette possession est confiée. L'union ne cesse pas pour cela d'être une société, pas plus que l'association publique ou syndicale ne cesse, par la personnalité morale dont elle est revêtue, d'être, dans ses rapports intérieurs, une association. Mais l'union, avec une personnalité morale de l'espèce que nous visons ici, reste une société, même dans ses rapports extérieurs et surtout dans son rapport extérieur le plus important, celui avec la puissance publique, qui, comme auparant, exigera les prestations directement de ses membres. La personne morale n'est qu'un accessoire. Elle appartient, par nature, au droit civil. L'union, à raison de cette personnalité, n'est pas une association du droit public. Elle peut le devenir en se transformant ; le point décisif devra être relevé (20).

(20) C'est de cette manière que les unions pour les digues, pour l'assistance publique, pour l'entretien des maisons, pour l'instruction publique ont été dotées peu à peu de la personnalité juridique. *Foerster-Eccius*, Preuss. Priv. R., IV, p. 671, se contente de constater le fait, en disant à propos des maisons pour l'assistance : « elles doivent être considérées comme des personnes morales investies à l'extérieur de la capacité d'avoir la propriete de biens et d'en disposer ». De même, p. 687, pour les unions d'instruction. Dire que cette personnalité n'existe qu'à l'extérieur, cela doit certainement indiquer un caractère spécial ; on ne dit pas lequel. — *Rosin*, Oeff. Gen., p. 53, estime qu'il doit être permis « de conclure de la reconnaissance de la réunion comme unité juridique de droit privé à sa qualité d'*universités* de droit public ». Mais cela ne serait vrai que s'il n'y avait pas dans la personne morale du droit public un élément positif qui la distingue et qui consiste dans son « but final », selon la formule de *Rosin*, à l'accomplissement duquel elle est obligée vis-à-vis de l'Etat, ou dans l'administration publique qu'elle est destinée à faire, comme nous aimerions mieux le dire pour exprimer la même idée ; comp. le § 55

Il y a une seconde hypothèse dans laquelle peuvent se réunir la charge d'union et la personnalité morale ; c'est lorsque la sphère extérieure de la charge est déterminée soit pour le tout, soit seulement en ce qui concerne l'exécution, d'après les limites territoriales d'un corps d'administration propre, l'exécution ayant lieu, dans tous les cas, par les soins des agents du corps d'administration propre. C'est ce qui a lieu pour les logements militaires et pour certaines autres prestations au profit de la force armée, et aussi pour les unions pour l'assistance publique, pour les chemins, pour l'instruction publique. Il n'y a d'abord là qu'une coexistence tout à fait extérieure de cette personne morale et de l'union, bien que, comme nous allons le voir tout à l'heure (21), elles

ci-dessous. Or, prenons comme exemple l'organisation d'une union d'instruction publique en Prusse, telle qu'elle se trouve exposée en tous ses détails dans *Schneider et Bremen*, Volksschulwesen, II, p. 62 ss. L'école — la chose principale — est entièrement réglée et dirigée par les autorités de l'Etat, au nom de l'Etat, et non pas au nom de l'union ; les dépenses à faire sont fixées de la même manière. L'union en donne les moyens, et le produit de ses contributions lui appartient en tant que personne morale tant que ces produits ne sont pas employés. Mais elle n'a même pas une représentation permanente. Des représentants ne sont convoqués que dans le cas où il s'agit de faire des actes extraordinaires d'administration des biens de l'union : acquisition et aliénation d'immeubles, etc. Jamais ils n'auront rien à dire touchant l'administration scolaire. Voilà donc la personnalité du droit civil placée à côté de l'administration publique. — La distinction qu'il s'agit de faire ici a trouvé une expression très heureuse, en ce qui concerne la personnalité des paroisses protestantes, dans *Gierke*, Gen. R., I, p. 766.

(21) *Rosin*, Oeff. Gen., p. 54, parle ici très justement d'« unions pour des tâches publiques sans organisation propre ». Mais il va trop loin, quand il prétend que l'union, dans ce cas, disparaît dans le corps d'administration propre dont les organes gèrent ses affaires. Les unions de réquisitions régionales, qu'il donne comme exemple, peuvent avoir une circonscription à laquelle ne correspond aucun corps d'administration propre, comme par exemple les districts (*Bezirke*) dans le grand duché de Bade. Dans ce cas, les affaires de l'union sont gérées par l'autorité ordinaire de cette circonscription, tout comme si cette autorité avait à représenter, en même temps, un corps d'administration propre. On ne voit pas pourquoi ce fait, — tout à fait compatible avec l'existence de l'union, — doit faire disparaître celle-ci, quand un corps d'administration propre existe en réalité.

aient une tendance à se confondre. Mais même sans qu'il y ait confusion, elles peuvent être placées dans une certaine connexité juridique. La prestation à laquelle est obligée la totalité de l'union, peut être constituée en même temps comme une *obligation incombant au corps d'administration propre*. Cela donne alors une garantie plus forte pour la satisfaction des besoins de l'entreprise publique. La loi s'est servie de ce renforcement de la charge pour la perception des prestations en temps de guerre. Cette charge de la commune est d'une tout autre nature que celle dont nous parlons ici ; comp. le § 60 ci-dessous.

L'obligation du corps d'administration propre, placée à côté de l'obligation de l'union, aura d'abord pour effet de pousser la représentation du corps d'administration propre à mettre énergiquement à exécution les devoirs de l'union. Ce qui ne pourra être obtenu ainsi sera fourni par les moyens du corps d'administration propre ; celui-ci couvrira ses dépenses de la manière qui lui est prescrite par sa constitution ; cela sort encore tout à fait de la sphère de la charge publique. Cette charge, du reste, n'est pas définitivement transférée à la commune ; elle continue à être, en première ligne, une charge de l'union, qui sera requise de nouveau à la prochaine occasion (22).

Enfin, il est possible que la charge d'union *passe, avec l'entreprise* pour laquelle elle existait, *à une personne morale du droit public*. Il se peut qu'un corps

(22) Il ne faut pas, comme le fait *Rosin*, Oeff. Gen., p. 53, note 44, renverser les choses et prendre pour point de départ l'obligation du corps d'administration propre, qui devait être garantie par les individus. Au contraire, l'obligation des individus compris dans l'union est l'idée première et principale, qui peut exister sans qu'il y ait aucun rapport avec un corps d'administration propre (comp. la note 21 ci-dessus) ; la responsabilité de ce dernier corps n'est ajoutée qu'extérieurement. Elle n'est du reste jamais sous entendue : elle dépend entièrement de l'intention qui a inspiré les lois qui règlent les différentes charges.

d'administration propre, volontairement ou par suite d'une extension de ses attributions faite par la loi, se charge de l'entreprise et en couvre désormais les frais par ses moyens personnels : des écoles communales, des chemins communaux sont établis et les communes ou corps d'administration propre supérieurs remplacent les anciennes unions pour l'instruction publique ou pour l'assistance publique.

Il se peut aussi que l'union elle-même se transforme en une association de droit public, en vue de diriger et d'entretenir l'entreprise dont s'agit. La société qui en est chargée devient l'entrepreneur ; l'union pour les digues devient une association pour les digues. Il importe peu que l'ancien nom d'union (*Verband*) ou de société (*Sozietät*) soit conservé ; matériellement, la situation juridique s'est profondément modifiée. Désormais, il ne s'agit plus d'une charge publique dans le sens de l'institution dont nous parlons ; nous sommes en présence des attributions d'une personne morale de droit public ; pour les individus, il s'agit non plus des obligations d'une charge, mais de devoirs qui leur incombent en leur qualité de membres du corps de droit public qui aura à faire ces dépenses. La charge publique se trouve absorbée par les éléments d'une autre institution ; comp. le § 60 ci-dessous.

§ 49

Concession d'entreprise publique.

La *concession* (*Verleihung*) est un acte administratif par lequel pouvoir est donné à un individu sur une portion d'administration publique ; comp. t. III, § 39, p. 247 et s.

Dans la concession d'entreprise publique, il ne s'agit pas de constituer un droit réel sur une chose corporelle dans le sens du paragraphe auquel nous venons de renvoyer ; il s'agit, comme dans la fonction déférée (comp. le § 42, II ci-dessus, p. 6 et s.), du pouvoir d'exercer une certaine *activité*. Cette activité ne doit pas, comme dans la fonction, s'exercer au nom et en représentation de l'Etat ; elle s'exercera, comme la jouissance spéciale concédée sur une chose publique, au *nom* du concessionnaire et pour son propre compte.

Ainsi, la concession présente une certaine ressemblance avec la *permission de police de l'industrie*. Dans cette dernière, il s'agit aussi d'une activité que l'individu va exercer en son nom et pour son compte, mais d'une activité qui, par sa nature, pourrait être exercée en vertu de la liberté naturelle ; la permission ne fait qu'*écarter un obstacle* opposé par la défense que la police avait établie dans la forme d'une règle de droit. La concession d'entreprise publique, au contraire, confère au concessionnaire quelque chose qui n'est pas censé être compris dans la liberté naturelle, un pouvoir d'agir *dérivé de l'Etat* (1).

A cet égard, la situation du concessionnaire présente la plus grande affinité matérielle avec celle d'un *corps d'administration propre*. Dans l'un et l'autre cas, il s'agit de l'activité d'une personne autre que l'Etat, qui est cependant considérée comme administration publique; dans l'un et l'autre cas, cette portion d'administration publique est exercée par la personne qui en est investie, en son nom et pour son propre compte; les règles qui en résultent pour les rapports extérieurs, pour le droit de surveillance de l'Etat, etc., manifestent une conformité prononcée. La différence, c'est que cet autre sujet du droit, par son origine et en vertu de sa qualité de personne morale du droit public, *existe* pour que son activité soit de l'administration

(1) Comp. t. II, § 21, note 1 p. 57, sur l'abus très répandu d'appeler « concession » la permission de police de l'industrie. Cette confusion a moins d'inconvénients pour la permission de police que pour notre institution, dont on efface certains éléments essentiels afin de maintenir la prétendue conformité. On en trouve un exemple dans le procès de la Compagnie du chemin de fer de l'Ouest Suisse contre la Confédération, au sujet d'une injonction qui lui avait été faite (comp § 50 note 5 ci-dessous). Le Conseil fédéral, dans sa dépêche du 16 juin 1871, a défini comme suit le caractère juridique de la concession de chemin de fer : « Les concessions sont des actes de souveraineté. L'Etat ne pactise pas avec la société du chemin de fer sur l'exercice de sa souveraineté, pas plus qu'avec les aubergistes, pharmaciens, bouchers, etc., auxquels il accorde des concessions ». Les prétendues concessions des aubergistes etc, naturellement, sont de simples permissions de police ; quand on commence par placer sur le même pied les concessions de chemin de fer, on se met dans l'impossibilité d'apprécier à leur juste valeur les rapports juridiques créés par ces dernières concessions. Comp. *Heusler*, Ueber die rechtliche Natur der Eisenbahnkonzession im allgemeinen und der Prozess der Westschweizerischen Bahnen gegen die Schweizer Eidgenossenschaft im besonderen, p. 3. *Seiler*, Rechtliche Natur der Eisenbahnkonzession, p. 34, estime que le chemin de fer ressemble d'abord à une entreprise privée ; mais il exige, à cause de son éminente importance publique, un contrôle et une surveillance continue de la part de l'Etat. « De ce point de vue, la comparaison (faite par le Conseil fédéral) avec la concession industrielle est évidemment justifiée ». Voilà comment toujours cette malheureuse terminologie ramène à des vues qui appartiennent aux institutions de la police, dont notre institution ne fait nullement partie.

publique (comp. § 55, II ci-dessous), tandis que ici ce sujet est investi de la faculté de gérer une portion d'administration publique, comme d'un accessoire et par un acte spécial qui la lui *défère*, la concession (2).

I. — La *sphère d'application* de notre institution ne comprend donc que des activités qui, telles qu'elles sont, ne seraient pas accessibles à l'individu, par leur nature même et abstraction faite d'une défense spéciale ; la concession seule la rend possible.

Cela saute aux yeux, quand l'Etat *a créé* lui-même une certaine entreprise comme lui appartenant et destinée aux intérêts publics qu'il poursuit, et puis l'abandonne, telle quelle, à une personne privée pour que celle-ci la gère et l'administre selon la destination qui lui est donnée, mais en son propre nom. Exemple : la Banque de l'Empire (3).

De même, certaines entreprises sont refusées aux individus par leur nature, parce qu'elles ne peuvent être effectuées qu'au moyen de *charges à imposer* librement à d'autres ; c'est la concession qui seule les rend possibles en les reconnaissant comme faisant partie de l'administration publique, même entre les mains de cette personne privée, et en les investissant, par conséquent, de la force de la puissance publique. Exemple : les entreprises de dessèchement s'exécutant avec une certaine contrainte contre les propriétaires intéressés (4).

(2) Sur la notion d'entreprise publique en tant que portion de l'administration publique, comp t. III, § 33, II, n. 1 et 2, p. 12 et s.

(3) La Banque de l'Empire appartient à une société par actions, qui gère les affaires qui lui sont attribuées, non pas au nom de l'Empire, mais en son propre nom. Cependant ces affaires sont une entreprise publique ; la Banque de l'Empire signifie une entreprise publique, créée par l'Empire et abandonnée à la société par actions formée simultanément, pour être gérée sous sa surveillance. *Laband*, St. R. (éd. all., II, p. 133 ; éd. fr., II, p. 213). Comp. aussi § 56 note 19 ci-dessous.

(4) Un exemple tiré de l'ancien droit bavarois dans *Pözl*, Bayr. Wasserges., p. 284 note. Dans une large mesure, le droit français a

D'autres entreprises pourraient être placées par les particuliers, de leur propre initiative, à côté des entreprises semblables dirigées par l'Etat ; il n'y aurait pas alors une véritable entreprise publique ; mais, quant à l'effet matériel, ce pourrait être presque la même chose. La concession n'aura donc ici une sphère réservée que dans le cas où la liberté d'action des particuliers est exclue au profit d'un *monopole* du pouvoir public. L'exemple le plus important est fourni par les chemins de communication publics, ils forment en même temps le cas principal d'application de toute notre institution.

Voici ce qui ce passe pour ces chemins. Admettons pour un instant qu'une route soit une simple entreprise privée. Il y aurait d'abord cette difficulté que souvent la construction n'en pourrait pas avoir lieu sans expropriation ; or, l'expropriation ne serait pas possible (comp. t. III. § 33, II, n. 2, p. 18 et s). Mais il peut y avoir des circonstances où la route pourrait être construite sans expropriation. En règle, on pourrait aussi renoncer aux autres avantages dont jouissent les travaux publics. Même à la rigueur, une sorte de perception de péage pourrait être établie avec les moyens de l'entreprise privée. Mais jamais il n'y aurait là une route publique. La communication que le propriétaire permettrait ne serait pas un usage de tous ; le corps de la route ne serait pas une chose publique ; et toutes les règles et garanties particulières dont le droit public entoure les chemins publics ne seraient pas applicables. La route ne serait qu'une imitation fra-

développé le système des concessions de travaux publics en vertu de la loi du 16 sept. 1807 ; comp. *ma* Theorie d. Franz. V. R., p. 359. p. 303. Dans le même but, la législation récente se sert de la forme de l'association de droit public, réunissant les propriétaires intéressés ; cela a eu pour effet de faire disparaître presque entièrement ces cas de concession.

gile, ayant une existance précaire et exposée à l'arbitraire de la disposition privée.

Malgré tout, il n'y aurait cependant pas encore d'impossibilité juridique à construire, à défaut d'une concession, une pareille route publique ainsi contrefaite et de l'abandonner à la communication publique. Mais il y a ceci de particulier, que nous devons maintenant constater : c'est *qu'une pareille imitation, d'après le droit existant, n'est pas possible.*

Il faut distinguer les *chemins privés*, destinés seulement à faciliter l'accès de certains immeubles, et les chemins ayant une destination plus large, les véritables *chemins de communication* ; ce n'est que pour ces derniers que la défense existe. On ne peut pas l'expliquer en disant qu'elle émane des pouvoirs généraux de la *police*. La construction d'une route de cette espèce ne saurait, en principe, être considérée comme un trouble apporté au bon ordre de la chose publique (comp. t. II, p. 25, note 8). Il s'agit plutôt d'un intérêt de la *gestion des services publics* : il importe que le régime des chemins soit concentré dans la main de la puissance publique ; celle-ci doit pouvoir diriger les communications d'après un certain système; elle ne doit pas être contrecarrée par une concurrence quelconque.

Cette prohibition a toujours été reconnue comme faisant partie de notre droit existant. Autrefois, elle avait la forme d'une *régale* ; le droit exclusif de construire des routes était un de ces droits de supériorité qui étaient censés être l'apanage des princes. Aujourd'hui, la possibilité d'avoir un chemin ouvert à la communication publique n'est pas considérée comme étant comprise dans la *liberté individuelle* que la Constitution a mise sous la protection de la loi. Dès lors, on peut en être empêché par le gouvernement avec les moyens de contrainte dont celui-ci dispose. Il n'y a pas besoin, pour cela, d'une loi positive. Qu'on appelle cela une règle du droit de la nature ou un droit coutumier, peu importe. Nous ne ferons pas d'objection non plus si l'on veut encore parler ici d'un droit régalien existant au profit de l'Etat sur les chemins (5).

Les mêmes principes ont été appliqués ensuite à d'autres moyens de communication qui doivent être considérés comme des accessoires ou des continuations du chemin public, tels que ponts et bacs publics; de même, les voies navigables artificielles, les canaux publics. Tout cela ne peut être entrepris par un particulier qu'en vertu d'une concession qui, n'étant pas une simple permission, donne en même temps à cette entreprise le caractère du droit public (6).

(5) *Koch*, Deutschlands Eisenbahnen, I, p. 3 note 3, avait parlé d'abord d'une *régale* des chemins; au t. II, p. 484 note 5, cédant aux critiques que lui avait adressées *Gerber*, il se rétracte et prétend qu'il s'agit plutôt d'un *droit de supériorité* sur les chemins. *Gerber*, D. Priv. R., 14e éd., p. 162 note, tout en approuvant cette rétractation, déclare ne pas comprendre un autre auteur qui continue « à caractériser de régale ces pouvoirs émanant de la *police générale* ». Toutes ces expressions sont inexactes; en particulier, il ne saurait être question ici de police. Si nous nous servons du mot régale, c'est uniquement pour désigner un droit exclusif de l'Etat réservé dans l'intérêt public; évidemment, il n'y a plus de régales aujourd'hui au sens de l'ancien régime, pas plus que des droits de supériorité.

En Prusse, la concession servait autrefois surtout à construire des chaussées; des sociétés par actions s'en chargeaient « moyennant l'octroi de certaines taxes »; *v. Rönne*, Verf. u. Verw. des Preuss. Staates, Partie IVe, t. IV, Sect. 2 (police des chemins), p. 178 ss.

(6) La concession des ponts et des bacs a été réglée en Prusse par l'Ord. de cabinet du 21 juillet 1800; *v. Rönne*, l. c., p. 179. — En Bavière, le Canal du Danube au Main avait été originairement concédé à une société par actions pour le construire et l'administrer (Loi Bav. du 1er juillet 1834): ce n'est qu'après coup que l'Etat l'a acquis. — La concession d'entreprises de bacs a pour base juridique, en Prusse, le § 51 de A. L. R. II, 15, où l'exercice de cette industrie est déclaré une régale; comp. O. Tr., 6 mai 1863 (Str., 48 p. 333); O. Tr., 6 janv. 1879 (Str., 100, p. 369). La loi Bav. sur les cours d'eaux du 28 mai 1852, § 16 et 17, fait dépendre la construction de ponts et de bacs sur les fleuves publics d'un « consentement » de l'autorité administrative du cercle. *Pözl*, Wasserges., p. 77, maintient cette réserve d'une concession, malgré Gew. O., § 1, attendu que cette liberté indus-

Toutefois, là où notre institution a joué le rôle le plus important, ce sont les *chemins de fer*. Le chemin de fer, dès sa première apparition et avant toute réserve expresse par une loi, a été considéré comme une entreprise qu'un individu ou — ce qui est ici toujours la règle — une société par actions ne peut exécuter et exploiter qu'en vertu d'une concession de l'Etat. La nécessité de l'expropriation n'en fournissait qu'un motif extérieur. Ce qui était décisif, c'est que le chemin de fer, dès le commencement, a été rangé dans la catégorie des chemins de communication qui doivent emprunter leur droit à l'Etat et qu'il est défendu d'imiter (7). Par conséquent, pour les chemins de fer aussi, on a établi tout de suite la distinction fondamentale qui existe pour les chemins ordinaires : c'est seulement le *chemin de fer public*, c'est-à-dire affecté à la communication publique, qui tombe sous la régale. Des lignes d'embranchement pour rejoindre une mine, une usine, des chemins de fer existant dans l'intérieur d'une propriété rurale, d'un établissement industriel, destinés exclusivement aux buts de ces entreprises, n'y appartiennent pas, pas plus que les chemins privés. S'il est besoin ici d'une permission de l'autorité pour couper des chemins existants ou pour parer aux dangers spéciaux que ces moyens de transport pourront présenter, cela a un caractère

trielle, d'après Gew. O., § 6, ne doit pas s'appliquer « au pouvoir d'exploiter des bacs publics ». Bacs publics et bacs sur des fleuves publics, ce n'est pas la même chose, il est vrai; cependant, il nous semble que la loi Bav. de 1852 a dû viser ces deux éléments réunis.

(7) Cette connexité est évidente. *Reyscher*, dans Ztschr. f. D. R., XIII, p. 285, veut ranger les chemins de fer directement sous la régale des chemins. D'autres établissent une régale spéciale des chemins de fer, qui serait analogue à celle des chemins. *Koch*, Deutschlands Eisenbahnen, II, p. 484, *Haberer*, Oesterreichisches Eisenbahnrecht, p. 3; *Eger*, Preuss. Eisenbahn R. I, p. 26, tout en renvoyant également à la régale des chemins comme point de départ, insistent, pour le droit moderne, plutôt sur l'importance pratique qu'il y a à concentrer dans les mains de l'Etat ce puissant moyen de communication.

tout autre que la concession d'entreprise ; la concession s'applique exclusivement aux chemins de fer publics (8).

C'est à propos de la concession de chemin de fer que la doctrine moderne a développé de préférence les détails de l'institution ; c'est elle que nous viserons en première ligne dans l'exposé que nous allons faire.

La liste des entreprises publiques pouvant faire l'objet de concession n'est pas close avec celles que nous venons d'énumérer. Avant tout, nous devons encore mentionner une application spéciale faite par une législation récente de l'Empire. La loi du 6 avril 1892 réserve à l'Empire le droit exclusif des *établissements télégraphiques*. C'est la même idée de concentration du service dans l'intérêt public, que celle qui a amené le monopole de la poste et la régale des chemins. Ni ce monopole ni cette régale ne s'appliquent directement au télégraphe ; il a fallu une loi. L'Empire administre ses télégraphes d'après les règles des services publics. Mais la loi prévoit aussi le cas de

(8) *Koch*, Deutschlands Eisenbahnen, I, p. 2 ; *Eyer*, Preuss. Eisenbahn. R., I, p. 2 note 3 ; *Haberer*, Oesterreich. Eisenbahn. R., p. 22 ; *v. Roenne*, Preuss. St. R., IV, p. 579 note 1 *a. Illing*, Handbuch f. Preuss. V. Beamte. I, p. 964 note (Rescrit du 18 déc. 1869) : un chemin de fer d'intérêt privé n'est soumis qu'à un « examen au point de vue de la police générale, spécialement en ce qui concerne les chemins publics que devra traverser le chemin de fer ». — O. V. G., 13 sept. 1890 : Le propriétaire d'une tuilerie avait installé une voie ferrée pour joindre son établissement à la glaisière. Pour traverser un chemin public, il a fallu le consentement du propriétaire de ce dernier chemin (ce qui constitue, d'après la doctrine exposée au t. III, § 39, p. 248, la concession d'une jouissance spéciale sur la chose publique). Mais pour le reste, la loi sur les chemins de fer de 1838 ne s'applique pas ici ; l'autorité n'a à s'occuper de ce chemin de fer qu'au point de vue de la police. Si le résultat de son examen est consigné dans un acte appelé *Konsens* ou *Koncession*, cela signifie simplement « une déclaration qu'au point de vue de la police il n'y a rien à objecter contre l'installation projetée, mais cela ne constitue pas, au profit de l'entrepreneur, un droit acquis ». Disons : c'est non pas une concession, mais une permission de police.

concessions qui pourront en être faites par l'Empire à des entrepreneurs privés. Dans ce cas, le télégraphe garde son caractère d'entreprise publique, et tous les rapports de l'entrepreneur se règlent d'après les principes généraux de la concession (9).

II. — L'acte, par lequel est créé le rapport juridique, a subi, dans le courant du développement historique, des appréciations différentes.

Dans l'ancien droit, il s'agit d'investir une personne de régales appartenant au prince, de droits de péage, droits de bac, ou de doter une entreprise quelconque d'un droit spécial dérivé de la plénitude des droits de supériorité du prince. Tout cela est embrassé par le terme générique de *privilegium* (10).

Il est conforme à la nature du régime de la police, de distinguer les deux côtés différents de l'acte. En tant qu'il s'agit de l'exercice ou de la délégation du pouvoir de l'autorité publique, la concession est un acte du droit public. Tout le reste — imposition de charges pécuniaires devant être supportées par l'entrepreneur ou promesses faites à celui-ci — tout cela appartient, par nature, au droit civil et se présente comme le contenu d'un contrat (11).

Le nouvel ordre de choses dans l'Etat constitutionnel et régi par le droit a reçu ainsi du passé une série d'opinions invétérées qui ne facilitent guère la juste appréciation de l'acte. Ce qui augmente la difficulté,

(9) Loi d'Emp. du 6 avril 1892 sur les télégraphes, § 1 : « Le droit de construire et d'exploiter des lignes télégraphiques servant à la correspondance appartient exclusivement à l'Empire ». § 2 : « L'exercice du droit désigné au § 1 pourra être concédé à des entrepreneurs privés pour le territoire de certains Etats ou districts ». Dans le § 3, on délimite une sphère libre du télégraphe privé, analogue à celle de la rue privée et du chemin de fer privé.

(10) *Klüber*, Oeff. R., § 460, § 483; *Gerber*, D. Priv. R., § 67.

(11) *V. Roenne*, Wegepolizei, p. 181 : « Pour chaque entreprise de cette nature, un contrat doit être conclu, qui fixe les droits et les obligations respectives de l'entrepreneur et du fisc ».

c'est que l'application la plus importante — la concession de chemin de fer — y mêle d'ordinaire toute sorte de dispositions hétérogènes. Il s'agit toujours de sociétés par actions qui, jusqu'en 1870, avaient besoin, pour se former, d'une autorisation spéciale du gouvernement. Ces sociétés demandaient souvent des faveurs spéciales pour se charger de cette entreprise utile : immunités, subventions, garanties d'intérêts; avant tout, le droit exclusif pour certaines lignes jouait un grand rôle. D'un autre côté, on stipulait des droits de retour ; on imposait des obligations de fournir un cautionnement. En règle, on joignait aussi à l'acte de concession le premier acte de l'expropriation à faire au profit de cette entreprise, la reconnaissance du cas d'expropriation (comp. t. III, § 33, II, n. 2, p. 23) ; on parle alors d'une concession du droit d'exproprier. La première chose à faire, c'est de détacher de tout cela ce qui est essentiel pour la concession d'entreprise publique (12).

Mais sur le caractère juridique de ce résidu même, une grande divergence d'opinions s'est fait jour, toutes les fois qu'à l'occasion d'une contestation entre l'Etat et les compagnies de chemins de fer, il a fallu recourir à ces idées fondamentales (13).

(12) La première pétition présentée en Allemagne pour l'obtention d'une concession de chemin de fer fut adressée le 16 déc. 1833 au roi de Bavière ; elle contenait les demandes suivantes :

1. Approuver les statuts de la société proposés :

2. Accorder à la société ainsi sanctionnée le privilège exclusif d'un chemin de fer à construire et à exploiter à perpétuité entre Nuremberg et Fürth, ainsi que de ses prolongements futurs dans toutes les directions avec immunité de tous les impôts indirects d'Etat :

3. Assurer au chemin de fer même et à ses prolongements les droits et la protection des routes de l'Etat » (*Hagen*, Die erste deutsche Eisenbahn, p. 77). L'essentiel est dans le dernier alinéa. On voit clairement comment on prend pour point de départ la régale des chemins.

(13) Il faut citer : *Rüttimann*, Rechtsgutachten über die Frage, inwieweit durch die Eisenbahnkonzessionen der schweizerischen Kantone und die Beschlüsse der schweizerischen Bundesversammlung für die beteiligten Gesellschaften Privatrechte begründet werden. —

Nous trouvons *trois systèmes*. Pour tous, la difficulté à expliquer est la suivante : comment d'un acte de droit public émanant de la puissance d'Etat peuvent naître des droits pour les sujets (14) ?

La première opinion écarte cette difficulté en niant la nature droit public de la concession de chemin de fer. La concession, d'après elle, est un *contrat de droit privé* que l'Etat conclut avec l'entrepreneur ; des créances réciproques en découlent comme de toute autre convention (15). D'ailleurs, il est des auteurs qui ne se dissimulent pas que dans l'admission de l'entreprise publique il doit cependant y avoir eu autre chose que du pur droit civil ; ce sont surtout l'expropriation et l'exercice de la police du chemin de fer qui ont fait réfléchir. Il s'est donc formé une doctrine du contrat civil, qui voudrait faire une transaction

Drei Rechtsgutachten, betreffend die rechtliche Natur der Eisenbahnkonzessionen, von *Carrard*. *Heusler* und *Hilty* (consultations rédigées à l'occasion du procès du chemin de fer de la Broye). — Zur Nordbahnfrage, consultations d'*Exner* et de *Grünhut* dans Ztschft f. Priv. u. Oeff. R., XIV, p. 704 ss. — *Laband*, Denkschrift über die Verstaatlichung der im Grossherzogtum Hessen gelegenen Strecke der Hessischen Ludwigs-Eisenbahn-Gesellschaft (réponse à une consultation donnée par *G. Meyer*) : *G. Meyer*, Erwiderung auf die Denkschrift (la réplique).

(14) Pour former ces catégories, nous suivons le système de *Meili*, Das Recht der modernen Verkehrs-und Transportanstalten, p. 22.

(15) On a même prétendu que le pouvoir législatif serait lié par un pareil contrat ; *Rüttimann*, dans la consultation citée à la note 13 ci-dessus ; comp. la réfutation de cette opinion par *Sachs* dans Ztschft f. Hand. R., XIX, p. 330 ss. *Rüttimann*, Bundesstaats. R., II, p. 133, affirme cependant que les juristes américains sont de son avis. *Meili*, l. c., p. 22, croit pouvoir invoquer le fait, que les jurisconsultes français parlent ici d'un contrat ; c'est ce que déjà *Carrard* a fait valoir dans sa consultation sur la question du chemin de fer de la Broye, p. 14. Mais le *contrat administratif*, dont il est question dans *Dufour*, *Batbie*, *Perriquet* et autres, ne prétend pas être un véritable contrat ; il n'en a que le nom ; comp. Arch. f. öff. R., III, p. 25. — R. G., 22 sept. 1888 (Samml., XXII, p. 293) : Le jugement attaqué avait établi en fait qu'il ne s'était pas formé de contrat entre la ville et l'entrepreneur d'une voie publique, attendu que les parties n'avaient pas l'intention de conclure un contrat ; le Tribunal en tire cette conséquence que la ville ne peut rien exiger de cet entrepreneur, lequel n'a pas pu être lié vis-à-vis d'elle.

et scinder l'acte de concession en deux : l'acte de concession proprement dit, par lequel sont conférés les pouvoirs de droit public, et l'acte de concession au sens large, comprenant toutes les autres conditions et se présentant comme un contrat de droit privé (16). Mais tout ceci n'est pas autre chose que la manière de voir propre au système du régime de la police. Inutile d'en faire la réfutation.

La seconde opinion suit un système tout opposé. La concession de chemin de fer, affirme-t-on, est un acte de droit public, un *acte de supériorité* ; par conséquent, il ne peut pas en découler des droits de l'entrepreneur contre l'Etat. L'Etat, en particulier, pourra, à tout moment, restreindre ou révoquer ce qu'il a accordé, et cela sans indemnité : *qui jure suo utitur, neminem laedit* (17). Ici l'appréciation théorique de l'acte est juste ; mais la conséquence qu'on veut en tirer ne se comprend encore que par la manière de voir qui est propre au régime de la police ; dans ce

(16) Ainsi *Carrard*, l. c., p. 8 ; comp. aussi *Hilty* dans sa consultation sur la même affaire : « Donc, chaque concession de chemin de fer, faite à une personne privée, prend, sans qu'on y pense (*unwillkürlich !*), outre le caractère d'une attribution de droits de souveraineté, le caractère d'un contrat privé bilatéral, d'où résultent respectivement des droits et des contre-droits qu'on peut faire valoir en justice. Ces deux côtés, le côté droit public et le côté droit privé, se trouvent réunis dans la concession de chemin de fer, cette dernière a une partie droit public et une partie droit privé ». De même, *Haberer*, Oesterreich. Eisenbahn. R., p. 24 : La concession renferme d'abord la volonté de la puissance publique de ne pas exécuter elle-même l'exercice du droit de supériorité, mais de l'abandonner à un tiers. « Le titre contient-il d'autres dispositions..., elle aura encore le caractère d'un contrat obligatoire pour les deux parties ».

(17) C'est la manière de voir du Conseil Fédéral de la Suisse dans sa dépêche sur le régime des chemins de fer du 16 juin 1871 (comp. la note 1 ci-dessus) ; *Seiler*, Rechtliche Natur der Eisenbahnkonzession, p. 24. — Dans le même sens, pour l'essentiel du moins, *Zachariae*, St. R., § 164. II, note 5 ; § 165, i. f ; § 196, III : un privilège ne peut s'attacher à la concession — laquelle ne lie pas l'Etat — que pour constituer des droits vis-à-vis des autres sujets, par exemple des monopoles (§ 165 i. f.).

régime, droit public signifie la même chose que la négation complète de tout droit individuel pouvant appartenir aux sujets.

La troisième opinion, — dominante aujourd'hui, — tout en maintenant le *caractère droit public de l'acte* de concession, admet cependant que, par cet acte, pourront être constitués non seulement des devoirs, mais aussi des *droits pour le sujet*, c'est-à-dire pour le concessionnaire. Mais d'ordinaire on continue à chercher, en faveur de ce résultat, — spécialement pour la naissance de droits du concessionnaire — une justification spéciale. A cet effet, on explique la concession comme un acte de *législation*, une loi spéciale, un *privilegium* (18). Mais les concessions ne sont accordées que très rarement en forme de loi ; voudrait-on, pour sauver le nom de la loi, dire que la concession est une loi dans le sens matériel, c'est-à-dire une règle de droit, on ferait preuve par là d'une ignorance complète de ce qu'est une règle de droit (19). D'autres ont cru rendre la chose plausible, en déclarant que l'acte lui-même a bien la nature droit public, mais que ces effets sont *mixtes*, en partie droit public, en partie droit civil ; et, à ce dernier point de vue, l'acte pourra produire des droits de personnes privées. C'est encore l'idée fausse que tous les droits de personnes privées

(18) En ce sens *Meili* dans Ztschft. f. Hand. R., XXIV, p. 359 ; *Koch*, Deutschl. Eisenbahnen, II, p. 489 ; *Heusler* dans sa consultation, p. 9 ; *Seiler*, Rechtl. Natur der Eisenb. Konz., p. 28. D'après *Endemann.*, R. der Eisenb., p. 280-282, la concession « n'est pas un contrat qui doive être apprécié selon les principes du droit civil » : le rapport qui en résulte doit être « désigné comme contractuel » : cependant, d'après sa nature, la concession « est un acte administratif » ; « pour l'acquéreur », elle constitue « un privilège » ; cependant « on ne doit pas la considérer comme une loi spéciale ». Quelle a bien pu être la véritable pensée de cet auteur ?

(19) R. O. H. G., 18 mars 1874 (Samml., XIII, p. 123) : la violation de ces prétendues « lois spéciales » ne donne pas lieu à la révision, comme cela serait le cas de toute règle de droit.

contre l'Etat doivent nécessairement appartenir au droit privé ou civil (20).

Tous ces efforts, tous ces détours ne servent qu'à embrouiller les choses les plus simples ; elles s'expliquent par le fait qu'on n'a pas encore une idée assez claire et précise de l'acte administratif (21). Pour nous, la concession est un acte administratif, spécialement une disposition déterminant discrétionnairement ce qui doit être de droit dans le cas individuel (comp. t. Ier, p. 120, p. 127). C'est un acte juridique du droit public. La possibilité pour cet acte de créer des droits et des devoirs va de soi, — du moins dans le système de l'Etat régi par le droit que nous nous flattons de posséder.

III. — Les principes généraux qui régissent l'acte

(20) Nous avons déjà plusieurs fois rencontré cette combinaison malheureuse, par laquelle on cherche à se tirer d'embarras : comp. t. Ier, § 11 note 13, p. 187 ; t. III, § 34 note 12, p. 52, § 39 note 9, p. 259. Nous citerons ici comme exemple *Heusler* dans sa consultation (note 13 ci-dessus). Partant de cette idée, — que ce qui a été promis dans la concession forme un droit privé, c'est-à-dire le droit d'un particulier (p. 6.). — *Heusler* glisse peu à peu vers la thèse que ces droits ont naturellement aussi un caractère de droit privé (p. 13) ; et il commet l'autre confusion, en disant que même un privilège de droit public une fois accordé « devient pour le privilégié un droit pécuniaire, un droit privé. Il s'agit simplement d'avantages pécuniaires, donc (!) d'un rapport de droit privé ». *Laband*, dans sa consultation pour le chemin de fer de la Hesse (note 13 ci-dessus), p. 11, s'associe à ces développements qu'il approuve ; il argumente de son côté de la manière suivante : la concession fixe des principes pour une indemnité future : elle crée donc une créance de droit pécuniaire contre la caisse de l'Etat de la Hesse ; par conséquent, une créance de droit privé ». Dans le même ordre d'idées, le droit au traitement du fonctionnaire deviendrait aussi du droit civil ; et pourtant, *Laband* lui-même, avec des arguments excellents, le réclame pour le droit public (St. R., éd. all., I, p. 491 ; éd. fr., II, p. 227).

(21) Les auteurs pensent à quelque chose de semblable, quand ils appellent la concession « acte de la puissance de l'Etat » (*Eger*, Eisenbahn. R., I, p. 93) ; « acte de supériorité » (*Seiler*. Eisenbahnkonz., p. 52) ; « acte de l'Etat » (*Loening*, V. R., p. 628) ; « action administrative » ou « acte administratif productif de droits » (*G. Meyer*, V. R., I, p. 532). Cependant, nous n'osons pas affirmer qu'on vise par là la notion d'acte administratif dans toute sa force.

administratif s'appliquent à la concession, conformément au contenu spécial qui lui est propre.

1) Il faut que celui de qui émane la concession soit *compétent* pour faire cet acte. En d'autres termes, ce doit être une autorité pouvant disposer de l'entreprise à concéder. Le pouvoir de disposer, à défaut de prescriptions spéciales, appartient exclusivement à celui qui représente la personne morale de droit public dont l'entreprise dépend par sa nature : les chemins de fer et les grandes routes sont concédés par l'autorité suprême de l'Etat, les chemins locaux par l'autorité communale. S'agit-il de joindre à l'entreprise l'exercice de certains pouvoirs, tels que la perception de taxes, l'ordre de police ou la contrainte de police, d'une manière générale, l'exercice d'une atteinte à la liberté et la propriété — laquelle a besoin d'un fondement légal, — cette délégation aura elle-même besoin d'une autorisation par la loi ; ou bien il faut que la concession se fasse par un acte individuel de la loi ; cette loi aura alors la nature d'un acte administratif.

2) Pour créer des droits au profit du concessionnaire, ce pouvoir de disposer suffit ; mais pour lui imposer des *obligations*, il faudrait encore une autorisation par la loi ou la forme d'un acte individuel de la loi. Mais cela est remplacé encore ici par la *soumission volontaire* de l'intéressé, résultant de sa demande ou de l'acceptation de la concession (comp. t. 1er, p. 123). La concession est un acte administratif sur soumission, tout comme la nomination pour le service de l'Etat (comp. § 44, I ci-dessus, p. 44 et s.) ; ce n'est pas plus un contrat que la nomination. Les pourparlers qui précèdent fixent les conditions et la mesure de cette soumission : ils déterminent ainsi le contenu exact de l'acte administratif qui est rendu possible par cette

soumission (22). L'effet est produit exclusivement par l'acte administratif.

3) L'effet de l'acte administratif se produit, comme toujours, par la notification faite à l'entrepreneur ; en règle, cela aura lieu par la remise d'un titre de concession.

Pour des ponts, des bacs, des chemins locaux, cela peut suffire. Mais pour des entreprises plus importantes, telles que chemins de fer, canaux de navigation, il conviendra d'avertir le public qu'une nouvelle entreprise publique va entrer en action, et qu'on devra considérer l'activité de l'entrepreneur sous ce point de vue. Il y aura lieu à des publications. La loi peut prescrire que la concession n'aura d'effet vis-à-vis des tiers que moyennant ces publications (23). Mais cette condition ne s'entend pas d'elle-même.

La chose prendra une forme particulière quand la personne chargée de l'entreprise est spécialement créée par un acte de la puissance publique. Alors la concession et la création du sujet de droit se confondent dans un seul acte ; une notification à ce dernier sujet n'a pas lieu ; il naît investi de la concession. C'est seulement pour avertir les tiers et pour produire effet

(22) Il en est ici comme des pourparlers pour le placement au service de l'Etat ; comp. § 44, I, ci-dessus, p. 44. *Eger*, Eisenbahn R., I, p. 94, voudrait voir dans ces pourparlers un contrat précédant l'attribution du *privilegium* ; mais puisqu'il reconnaît lui-même que de ce contrat ne résulte aucun droit, nous ne pouvons pas en comprendre l'utilité.

(23) Loi Pruss. du 10 avril 1872, § 4 : Le rapport entre le concessionnaire et celui de qui émane la concession entre en vigueur par une notification antérieure à la publication, indépendamment de cette dernière. — Pour satisfaire aux prescriptions du Code de com., § 195, n° 6, la concession est accordée à une société par actions en formation, d'une manière provisoire, au moyen d'un titre qui sera expédié et remis à qui de droit : *Eger*, Eisenbahn R., I, p. 124.

vis-à-vis des tiers qu'une publication est faite (24).

(24) C'est ce qui avait lieu pour les anciennes sociétés par actions ; elles avaient besoin, pour se former, d'une autorisation du gouvernement; comp. par exemple, l' « acte de concession et de confirmation » pour le chemin de fer Cologne-Minden dans Bulletin des lois Pruss., 1844, n. 3. — Cette forme se manifeste avec une énergie particulière, quand l'entreprise à concéder est spécialement organisée par un acte individuel législatif et attachée d'avance à une société par actions à créer. Ainsi loi Bav. du 1er juillet 1833, II, relative au canal du Danube au Main, et surtout la loi sur la banque de l'Empire du 14 mars 1872, § 12.

§ 50

Droits et obligations du concessionnaire.

L'acte juridique de concession crée, pour l'entrepreneur concessionnaire, des droits et des obligations envers le concédant. Les détails se déterminent d'après le contenu de l'acte.

Pour certaines espèces de concessions, la loi a établi des règlements généraux. Cela a été fait surtout pour les concessions de chemins de fer par les lois qu'on appelle *lois de chemin de fer*. L'importance n'en est pas la même à tous égards.

Des prescriptions touchant la *procédure* à suivre dans la concession et dans la poursuite des droits de l'Etat qui en résultent, ainsi que l'*organisation* des autorités qui devront agir, en un mot, toutes les *prescriptions de formes*, au sens le plus large du mot, s'adressent en première ligne aux autorités mêmes ; il ne pourra donc pas y être dérogé ; la loi, à cet égard, doit simplement être exécutée d'après les règles générales relatives à sa force obligatoire.

Les prescriptions touchant le rapport du concessionnaire avec l'Etat, les *conditions de la concession proprement dite*, quand elles sont établies par la loi, n'ont, dans le doute, que l'importance d'un droit dispositif. La loi n'entend ordonner que pour le cas où l'acte de concession n'en aurait pas disposé autrement par son texte ou par des stipulations antérieures qu'il confirme. Elle ne fournit, comme pour l'acte juridique de droit civil, qu'un contenu tacite de l'acte.

Mais les lois inscrivent aussi, dans les conditions de la concession, des prescriptions relatives aux droits et pouvoirs dépendant du droit public qui devront appartenir au concessionnaire vis-à-vis des tiers : expropriation, perception de rétributions, police, etc. Ce sont autant d'*autorisations*, pour celui qui accorde la concession, de déléguer ces droits : il pourra en accorder moins, mais non pas plus, car des délégations de ce genre ne sont possibles qu'avec l'autorisation de la loi (1).

I. — Dans le rapport juridique créé par la concession, les *obligations du concessionnaire* et, par conséquent, les droits correspondants de l'Etat ou de la personne juridique inférieure apparaissent au premier plan. Une entreprise publique doit être réalisée ; tel est le but de la concession. Par conséquent, la concession créera, à la charge du concessionnaire, une obligation de droit public de mettre l'entreprise en œuvre et de l'exécuter.

S'agit-il de créer l'entreprise de toutes pièces, une contrainte directe, en règle, ne sera guère possible. Au cas d'inexécution, le délai une fois expiré, on prononcera la révocation de la concession Nous y reviendrons en parlant des causes qui font cesser le rapport juridique (voir III ci-dessous).

Si l'entreprise a été mise en œuvre, l'Etat en assure, par des mesures d'autorité, le bon entretien et le fonctionnement satisfaisant. L'ensemble des pouvoirs qui lui appartiennent à cet effet en vertu de la conces-

(1) *Loening*, V. R., p. 628, lorsqu'il déclare que partout les conditions de la concession décident en première ligne, ne songe évidemment qu'à notre seconde catégorie ; *Eger*, Eisenbahn R., I, p. 118, n'a en vue que la troisième, puisqu'il exige que les conditions spéciales de la concession « se tiennent dans le cadre des prescriptions légales ».

sion s'appelle le *droit de surveillance* ; il correspond à l'institution du même nom établie vis-à-vis des corps d'administration propre (comp. § 59 ci-dessous), et au pouvoir hiérarchique grâce auquel le fonctionnaire est astreint à ses devoirs (comp. § 45 ci-dessus, p. 67 et s.). Le droit de surveillance comprend deux choses :

1) En vertu du droit de surveillance, on *déclare d'autorité ce qui rentre dans les devoirs de l'entrepreneur conformément à la concession*. Les détails des devoirs de l'entrepreneur sont déduits du rapport de concession par des actes obligatoires émis par l'autorité, de même que des ordres de service sont émis en vertu du pouvoir hiérarchique (2).

De même que ces ordres de service, des déclarations analogues pourront être faites au moyen d'instructions générales publiées à cet effet, de régulatifs, de règlements, de prescriptions pour l'exploitation (*Betriebsvorschriften*). Elles ont la nature de dispositions générales (comp. t. 1er, § 8, p. 113 ; § 10, p. 161) (3).

La déclaration du devoir pourra aussi se faire par

(2) *Koch*, Deutschlands Eisenbahn, II, p. 503 : « Ce droit inaliénable qui appartient à l'Etat n'est pas épuisé par les réserves faites dans la concession ; il va aussi loin que va le devoir de l'Etat de veiller à ce que le chemin de fer remplisse ses fonctions d'entreprise publique de transport ».

(3) Une instruction générale de cette espèce est l'ord. Bav. du 20 juillet 1855 touchant les obligations des entrepreneurs concessionnaires de chemins de fer. *Seydel*, Bayr. St. R., V, p. 543, la considère comme une véritable ordonnance établissant des règles de droit (*Rechtsverordnung*) ; il croit pouvoir trouver le fondement légal nécessaire dans la loi postérieure sur l'industrie du 30 janv. 1868. Mais quel aurait été son caractère jusqu'à cette date. ? — En sens contraire : V. G. H., 13 avril 1886 et 4 mai 1886 : l'ordonnance, est-il dit, « ne peut avoir un effet direct créateur de droits qu'à la manière d'un rapport contractuel » ; elle est obligatoire comme *lex contractus*. D'après ces expressions, on devrait se croire en plein droit civil. Au fond, la comparaison avec une « loi de contrat » ne serait pas mauvaise quant aux concessions à faire postérieurement ; mais la prétendue ordonnance prétend s'appliquer aussi aux concessions déjà faites ; or, c'est ce qu'elle ne pourrait pas faire à titre de loi de contrat.

un ordre notifié spécialement, contenant soit une défense, soit un commandement, une *injonction* (*Auflage*). L'injonction est l'ordre de prendre une mesure ou de faire une installation nécessaire pour l'exécution de l'entreprise et qui, par conséquent, est comprise dans le devoir du concessionnaire (4).

Quant à l'étendue dans laquelle ces exigences pourront se produire, il ne suffit pas que l'entreprise soit simplement continuée et tenue en état et que des inconvénients nouveaux soient écartés. On peut encore exiger une amélioration de l'entreprise et l'accroissement de son utilité pour l'intérêt public. Que cela se traduise par un surcroît de travail et de dépenses à la charge de l'entrepreneur, cela ne constitue pas un obstacle. La limite du devoir du concessionnaire n'est atteinte qu'autant que, par l'effet des injonctions nouvelles, les bases essentielles de l'entreprise seraient changées ; par suite, l'entreprise elle même deviendrait, par les innovations exigées, différente de celle qui avait été concédée. Pour tenir compte de l'équité, intervient, avant que cette limite soit atteinte, une autre distinction. Il y a un point à partir duquel les frais occasionnés par la mesure exigée devront être *bonifiés* à l'entrepreneur. Il faut savoir si la nécessité de l'amélioration exigée résulte du développement de l'entreprise même, ou n'existe qu'au point de vue d'intérêts étrangers qui doivent en profiter d'une manière plus intense. L'entrepreneur devra satisfaire même à ces derniers intérêts, quand ce sont des intérêts publics et qu'il peut le faire dans le cadre général de son entreprise. Mais il fait alors un sacrifice pour un intérêt qui n'est pas en même temps celui qu'il représente. Il faut appliquer le principe général

(4) C. C. H., 26 juin 1853 ; 30 sept. 1857 ; O. Tr., 26 sept. 1871 (Str., 82, p. 333).

d'après lequel les sacrifices spéciaux doivent être *bonifiés* ; le surplus de frais qui résulte pour lui de la mesure exigée doit lui être remboursé d'après les règles de l'indemnité de droit public (comp. le § 53 ci-dessous) (5).

2) D'un autre côté, le droit de surveillance comprend la *contrainte*.

Une règle de la loi ou de l'ordonnance peut menacer d'une *peine* l'inaccomplissement des devoirs de la concession, spécialement en ce qui touche l'entretien et l'administration de l'entreprise. Toutefois, cette peine ne frappe pas nécessairement l'entrepreneur lui-même ; elle atteint plutôt les personnes chargées par lui de gérer les affaires. La négligence dans l'exécution de cette obligation est considérée, dans l'intérêt public, comme une conduite répréhensible ; la peine prévue par la règle de droit est là pour faire comprendre que cette conduite doit cesser.

Des moyens de contrainte proprement dits pourront être créés par la concession même, dans la forme de *peines coërcitives* auxquelles l'entrepreneur se soumet d'avance, ou par la cession à l'autorité surveillante de l'exercice de certains droits qui appartiennent à l'entrepreneur vis-à-vis de ses employés et ouvriers :

(5) Ces questions ont été discutées dans le procès du chemin de fer de l'ouest Suisse contre la Confédération, procès pour lequel *Carrard*, *Heusler* et *Hilty* ont rédigé leurs consultations (comp. § 49 note 13 ci-dessus, p. 162). Le Conseil fédéral avait enjoint à la société de faire passer sur sa ligne de la vallée de la Broye un quatrième train par jour. Ce train avait été jugé nécessaire dans l'intérêt de la correspondance. La concession obligeait l'entrepreneur à faire circuler les trains nécessaires, au moins deux par jour. Le droit du Conseil fédéral d'exiger davantage était reconnu de tout côté ; mais une indemnité est due. *Heusler* (consultation, p. 28) en donne pour motif « que les frais d'un quatrième train ne pourront pas équitablement être laissés à la charge de la Compagnie. Elle s'est engagée à construire et à exploiter un chemin de fer local ; elle a pu, pour faire ses calculs, partir de la supposition, qu'aussi longtemps que la circulation resterait dans les limites étroites de la circulation locale, elle ne pourrait pas être tenue d'avoir plus de deux trains, suffisants pour transporter les voyageurs ».

clause pénale, dénonciation du contrat, renvoi immédiat, etc. (6).

Le moyen de contrainte le plus important, c'est *l'exécution par substitution*. La mesure exigée par une injonction est, dans le cas où le débiteur est en demeure, exécuté à sa place par l'autorité ; le montant des frais est fixé et mis en recouvrement ; tout cela dans les formes dont on se sert pour l'exécution par substitution administrative, en particulier dans la contrainte de police (comp. t. II, § 23, II, p. 122) (7).

II. — Les droits que nous rencontrons *du côté du concessionnaire* sont toujours des droits privés en ce sens qu'ils représentent des droits propres d'une personne privée, d'un sujet Pour le reste, il faut distinguer.

1) La concession a pour effet de donner pouvoir au concessionnaire sur une portion de l'administration publique — à savoir l'entreprise publique qu'il doit gérer en son nom et pour son propre compte. Ainsi,

(6) *Haberer*, Oesterr. Eisenbahn. R., p. 311 ; *Eger*, Preuss. Eisenb. R., I, p. 45 note 28 ; p. 53 note 37.

(7) O. Tr. 17 mars 1871 (Str., 81, p. 224) : L'entrepreneur concessionnaire d'une rue est mis en demeure d'élargir la rue sur une certaine longueur ; il est procédé alors, par l'autorité administrative, à l'expropriation pour son compte ; l'indemnité est fixée et le recouvrement en est fait sur lui par les moyens de la contrainte administrative. — Très intéressant à cet égard, R. G., 12 sept. 1888 (Samml., XXII, p. 285), dont nous avons déjà parlé à la note 15 du § 49, p. 163 : Le conseil de la ville de Bramberg avait, au lieu de procéder par la voie administrative, assigné son concessionnaire d'une rue devant le tribunal civil pour le faire condamner à construire les trottoirs conformément à sa concession. Le tribunal de l'Empire trouve qu'il s'agit là d'un contentieux en matière civile, puisque des droits pécuniaires appartiennent « par la notion même » (*begriffsmässig*) au droit civil — (ce qui est complètement faux) — ; puis il constate qu'il n'y a pas de contrat — (ce qui est vrai) ; — enfin, puisqu'il ne sait rien de la concession qui en réalité a été faite, il rejette la demande comme dépourvue de cause juridique — ce qui était tout à fait injuste. Des jugements semblables doivent donner à réfléchir, quand on insiste en faveur de l'extension de la compétence des tribunaux civils dans les affaires de droit public. — Pour les entreprises de chemins de fer, l'exécution par substitution pourra aussi prendre la forme plus rigoureuse du *séquestre : Haberer*, Oesterr. Eisenbahn. R., p. 309 ss.

un droit individuel de droit public est créé à son profit (comp. t. Ier, § 9, II, n. 2, p. 145). Ce droit, conformément à sa nature, agit dans deux directions.

On lui doit la *protection du droit* ; la puissance publique est obligée de le maintenir et de le défendre. Des atteintes à la sphère que domine le droit du concessionnaire ne sont désormais permises qu'autant qu'il existera une cause juridique suffisante, soit dans la loi, soit dans une réserve faite dans la concession (comp. t. Ier, § 9, III, n. 1, p. 147).

On peut *disposer de son droit*. Ici, étant donné qu'à ce droit est jointe une obligation de gérer l'entreprise, cette disposition n'est pas libre. La simple renonciation à la concession suppose, pour produire effet, une approbation ; sans cette approbation, il n'y a pas décharge de l'obligation ; et, par conséquent, la renonciation elle-même ne peut pas être considérée comme définitive. De même, un transfert des droits — et avec eux des devoirs — peut se faire sur la tête d'un nouvel entrepreneur avec l'approbation de l'Etat.

Cette approbation peut avoir été donnée par avance ; la concession se fait, expressément ou tacitement, au profit du concessionnaire et de ses ayants-droit. Telle est la règle pour les entreprises d'importance secondaire : ponts, bacs, tronçons de rues locales.

Les droits et les obligations de la concession sont alors transférés directement par succession ou par contrat. Il y a là un cas où l'effet d'un acte administratif se produit au profit d'une *persona incerta* (comp. t. Ier, § 8, III, n. 3, p. 130).

Quand il s'agit de chaussées, canaux, chemins de fer, l'approbation est réservée. A l'origine, cela s'expliquait formellement par le droit sur les sociétés par actions : les statuts de la société concessionnaire avaient été approuvés en même temps et en vue de la concession ; il était donc logique d'exiger une nouvelle approbation pour la société qui devait prendre la suite. Cette approbation n'a pas le caractère d'une concession nouvelle ; c'est seulement l'agrément du successeur présenté par le premier concessionnaire ; la concession reste la même (8).

Naturellement, quand le sujet de la concession a été créé exprès à cet effet, — comme cela a eu lieu pour la Banque de l'Empire, — la transmission du droit est impossible, attendu qu'il n'existe pas de sujet équivalent ; un remplaçant dans l'entreprise ne pourrait être créé que par une concession nouvelle.

Au droit sur l'entreprise — qui, dans les effets de la concession, est la chose principale — des effets accessoires peuvent se joindre au profit du concessionnaire : des avantages peuvent être spécialement accordés, tels que subventions, garanties d'intérêts, immunités, monopoles. Cela ne peut pas faire l'objet d'un transport séparé ; cela est susceptible de libre disposition par voie de renonciation.

2) En vertu du droit créé par la concession de gérer l'entreprise publique, le concessionnaire va exercer son activité pour la construction, l'administration et l'exploitation. Il entre ainsi dans toute sorte de rapports juridiques *vers l'extérieur*, vis-à-vis du public. Ces rapports ne sont pas nécessairement des rapports de droit public. Ils ne sont pas des *effets*, mais des *suites* de la concession ; ils ont un caractère pro-

(8) *Haberer*, Oesterr. Eisenb. R., p. 30, exige le consentement de l'Etat pour la « transmission contractuelle de la concession accordée à une entreprise de chemin de fer ». *Endemann*, R. der Eisenbahnen, p. 285 : « Pour la cession, il faut au moins le consentement du gouvernement qui avait donné la concession, ou une nouvelle concession ». Dans cette dernière hypothèse, il ne serait pas exact, nous semble-t-il, de parler d'une cession. En tout cas, il est illogique, de la part de ces deux auteurs, d'appeler la concession un « droit éminemment personnel » ; car s'il en est ainsi, il ne peut pas être question de transmission ou de cession.

pre (9). Ils devront être appréciés comme si c'était l'Etat lui-même qui gérait l'entreprise ou, pour mieux dire, comme si c'était un corps d'administration propre. Le concessionnaire a, comme ce dernier, la propriété de droit civil des ustensiles, provisions, édifices dont il se sert ; les achats, les contrats de transport et les louages de service qu'il conclut sont des actes juridiques de droit civil ; la poursuite de l'expropriation, la police de l'entreprise qu'il exerce, certaines taxes à percevoir, le caractère de domaine public de son chemin, tout cela dépend du droit public, pour lui aussi bien que pour l'Etat même (10).

III. — La *cessation* du rapport juridique créé par la concession, quelle qu'en soit la cause, c'est toujours l'extinction de l'obligation du concessionnaire de pourvoir à l'entreprise, et aussi l'extinction de son droit sur l'entreprise. Cela fait disparaître, en même temps, les droits spéciaux qui n'appartenaient au concessionnaire qu'à raison de l'entreprise et pour celle-ci. Tous les *moyens* matériels et personnels qui jusque-là servaient à l'entreprise représentent maintenant entre ses mains une masse sans emploi (11). S'il ne se produit rien d'autre, il pourra en disposer librement.

(9) En ce sens, *Endemann*, R. der Eisenbahnen, p. 284, distingue « le rapport de l'Etat avec concessionnaire », créé directement par la concession, et « la situation juridique du concessionnaire vers l'extérieur, vis à-vis du public », qui en résulte.

(10) Quant au domaine public, comp. t. III, § 35, IV, n. 1, p. 133. — Le droit de poursuivre l'expropriation, d'extraire des matériaux, de percevoir un péage, etc., n'est pas l'objet d'une concession spéciale (en ce sens : O. Tr., 6 mai 1863, Str., 48, p. 333 ; R. G., 12 juin 1883, Samml., IX, p. 276 ; O. V. G., 7 déc. 1887) ; c'est un accessoire de l'entreprise concédée, qu'il soit mentionné expressément ou non dans l'acte de concession. — Il est faux de tirer argument, comme on aime à le faire, des valeurs pécuniaires incorporées dans l'entreprise, pour reconnaître à la concession des « effets de droit civil » qu'elle aurait *aussi*.

(11) *Haberer*, Oesterr. Eisenbahn. R., p. 27, désigne cela d'une expression assez peu heureuse ; il parle de « l'existence réelle de l'entreprise » à la différence de son « existence personnelle » qui finit avec l'extinction de la concession.

La ci-devant propriété publique de la route, de la voie ferrée, du canal, est déclassée avec la cessation de la concession ; les immeubles ainsi que les meubles corporels, les contrats de service, les baux en cours, tout ce qui reste de l'entreprise lui appartient.

Mais celui de qui émane la concession peut intervenir pour *s'emparer de ces moyens*, en tant qu'ils lui semblent nécessaires pour assurer la continuation de l'entreprise que l'intérêt public pourrait exiger. C'est le rapport de concession même qui l'y autorise. Celui qui se soumet au rapport de concession se soumet par là même à l'obligation de laisser au besoin dans l'entreprise tout ce qu'il y emploie (12). Ce n'est donc pas une expropriation qui intervient ; celle-ci, en effet, est indépendante d'un rapport public d'obligation préexistant. L'acte administratif de réquisition des moyens a la même nature juridique que les injonctions faites pendant la durée du rapport de concession afin d'assurer l'accomplissement convenable des prestations dues pour l'entreprise. Mais il est évident que l'on impose ainsi à l'entrepreneur un sacrifice spécial ; celui-ci aura donc, d'après les principes généraux, droit à une indemnité. Cette indemnité se calcule d'après la valeur qui lui est enlevée, non pas la valeur de ces choses en tant qu'elles étaient comprises dans l'entreprise, mais la valeur brute, celle qu'elles présenteraient pour l'entrepreneur s'il en avait disposé après l'extinction de l'entreprise. Toutefois, suivant

(12) Comp. *Haberer*, l. c., p. 27. *Laband*, consultation pour le ch. d. f. Hess., p. 8, conteste à l'Etat ce droit, parce qu'alors il devrait l'avoir aussi au cas d'extinction des permissions de police accordées à des poudrières, à des théâtres, à des auberges. *G. Meyer*, dans sa réponse p. 31, observe avec raison que les chemins de fer « sont non pas des industries privées, mais des établissements de communication publics ». Nous ajouterons que la concession elle-même est autre chose qu'une permission de police.

la manière spéciale dont finira la concession, cette évaluation pourra aussi se faire autrement.

Les causes d'extinction de la concession sont les suivantes :

1) La *renonciation*. Comme nous venons de le dire, la renonciation à la concession n'est pas libre ; par la déclaration de renonciation, le concessionnaire demande à être déchargé de son obligation (13). L'autorité peut accorder ou refuser cette démission, selon sa libre appréciation ; elle peut aussi poser des conditions à son consentement. Si la continuation de l'entreprise est jugée nécessaire, la condition la plus importante sera de laisser les ouvrages et ustensiles nécessaires moyennant une juste indemnité. Si l'on tombe d'accord, l'autorité, par un seul et même acte, ordonne l'extinction de la concession et fixe l'indemnité à payer. Sinon, la renonciation n'est pas valable et la cessation de la concession n'a pas lieu.

2) Si le concessionnaire néglige de satisfaire à ses obligations, soit qu'il ne mette pas l'entreprise en œuvre, soit qu'il ne la gère pas convenablement ou qu'il n'en remplisse pas les conditions essentielles, l'autorité a le pouvoir de lui enlever la concession : il sera déclaré *déchu*. Le décret n'intervient qu'après mise en demeure.

(13) O. V. G., 7 déc. 1887 (privilège auquel on ne pourra pas renoncer). — O. Tr. 6 janv. 1879 (Str., 100, p. 369) admet la renonciation à un privilège de bac, puisque cela représente une « concession d'industrie », c'est-à-dire une permission de police industrielle. C'était également la manière de voir adoptée en Bavière, d'après la loi industrielle de 1868, art. 12 (*Seydel*, Bayr. St. R., V, p. 546 ; comp. aussi t. II, § 21, note 23 ci-dessus, p. 76). — *Haberer*, Oesterr. Eisenbahn R., p. 27, veut admettre la renonciation, attendu que la concession ne crée pas d'« obligation de droit privé d'exploiter » ; comme s'il n'y avait pas aussi des obligations de droit public ! *Endemann*, R. der Eisenbahnen, p. 286, distingue : après la mise en œuvre, une renonciation ne peut pas avoir lieu ; avant cette mise en œuvre, l'inaccomplissement peut amener la simple déchéance ; par conséquent, dit-il, il faut que la renonciation soit également possible. Mais déchéance et renonciation sont des choses très différentes.

L'autorité peut se contenter de supprimer simplement l'entreprise. Alors le ci-devant entrepreneur disposera librement des moyens qu'il y avait employés.

L'autorité pourra aussi organiser un remplacement, prendre l'entreprise en régie ou faire une nouvelle concession, et user, à cet effet, de son droit de s'emparer des moyens. Dans ce cas, il y aura lieu d'accorder une indemnité calculée sur la valeur brute de ces moyens. Dans le doute, ce sont les tribunaux civils qui auront à fixer l'indemnité.

Toutefois, si la continuation de l'entreprise semble nécessaire, il vaudra mieux réunir à la déclaration de déchéance le moyen de contrainte de l'exécution par substitution : on ne renonce pas purement et simplement à l'obligation du concessionnaire ; on prend soin de la faire exécuter par un autre, à sa place et à ses frais. L'entreprise sera concédée à un nouvel entrepreneur, auquel on remet en même temps les ouvrages et ustensiles existants. Il aura à indemniser le concessionnaire déchu. Le montant de l'indemnité sera fixé aux enchères : entre les concurrents capables, celui qui fait l'offre la plus avantageuse sera préféré pour recevoir la concession nouvelle (14).

3) *Expiration du délai.* Les concessions se font pour un certain nombre d'années. Faute de renouvellement, la concession s'éteint à l'expiration de ce délai. En règle, on aura déjà dit, dans la concession même, ce que deviendront les ouvrages et les moyens d'exploitation, en particulier s'ils doivent passer au concédant, moyennant indemnité, et comment cette indemnité devra être calculée. On dit alors qu'il y a *retour* de l'entreprise. Si rien n'a été prévu à cet

(14) Prusse, Loi sur les ch. d. f. du 3 nov. 1838, § 47 ; Bav., Ord. du 20 juin 1855, § 12 ; *Endemann*, R. d. Eisenbahnen, p. 287 ; Seydel, Bayr. St. R., V, p. 546 ; *Koch*, Deutschl. Eisenb., I, p. 158.

égard, l'Etat ou la commune aura le choix ou de laisser le ci-devant entrepreneur disposer librement des moyens qui restent, ou de s'en emparer pour continuer l'entreprise, moyennant indemnité, bien entendu. Cette indemnité sera encore calculée d'après la valeur brute (15).

4) On peut avoir réservé au concédant le *droit de rachat*, c'est-à-dire le droit de révoquer la concession comme bon lui semblera, à tout moment ou seulement à partir d'une certaine époque, et de s'emparer des ouvrages et moyens d'exploitation afin de continuer l'entreprise, le tout en indemnisant l'entrepreneur.

Le droit de rachat n'existe qu'autant que l'entrepreneur y a consenti lors de la concession ou après coup, ou que ce droit a sa base dans une règle de droit (16). La législation ordinaire sur l'expropriation ne s'applique pas à notre hypothèse ; elle ne vise, en effet, que l'enlèvement de la propriété immobilière de droit civil. Naturellement une loi spéciale pourrait ici aussi rendre la chose possible.

(15) *Grünhut*, consult. sur la question du ch. d. f. du Nord (Grünh. Ztschft, XIV, p. 715 ss.) voudrait, dans un cas pareil de « non-renouvellement du privilège », tenir compte de la valeur entière de l'entreprise. Ce n'est pas, dit-il, un chemin de fer effectif, mais un chemin de fer possible. Mais, pour cet entrepreneur tout au moins, la concession une fois éteinte, ce n'est pas un chemin de fer possible. Que l'Etat ou un nouveau concessionnaire puisse avec ce matériel mort refaire un chemin de fer, on ne peut pas en tenir compte au profit du premier entrepreneur.

(16) Prusse, Loi sur les ch. d. f. du 3 nov. 1838, § 42 ; Suisse, Loi sur les ch. d. f. du 23 déc. 1872, § 27. Cette dernière loi ordonne seulement qu'une réserve devra être faite en conséquence dans toute concession de chemin de fer ; si on a négligé de la faire dans un cas spécial, le droit de rachat n'existera pas. — Un exemple de rachat réservé sans fondement légal se trouve dans le titre de concession du ch. d. f. Hess. du 15 août 1845, § 15. *Laband*, dans sa consultation (comp. § 49, p. 162, note 13 ci-dessus), p. 2, remarque avec raison, que, en face du droit acquis du concessionnaire sur l'entreprise, il n'existe pas de droit général et sous-entendu permettant à l'Etat de s'approprier cette entreprise. Sur ce point, son adversaire, *G. Meyer*, est d'accord avec lui (réponse, p. 6 ss.).

Le droit est exercé par une déclaration de l'autorité; cette déclaration a directement pour effet d'enlever le droit. Ce n'est pas un achat au sens juridique (17).

L'évaluation de l'indemnité pourra avoir été réglée spécialement lors de la constitution du droit de rachat. Quand on ne l'a pas fait, on devra suivre des principes différents de ceux applicables dans les cas ordinaires où, après l'extinction de la concession, on s'empare des ouvrages et moyens d'exploitation. Ce qui ici est enlevé à l'entrepreneur, ce n'est pas la valeur brute de ces choses, c'est l'entreprise elle-même ; par conséquent, tout ce qui servait à l'entreprise devra être estimé d'après la valeur entière qu'avaient les choses comme moyens de poursuivre et d'exploiter l'entreprise (18). Toute contestation sur le montant de l'indemnité ainsi due serait — en l'absence d'un règlement spécial — de la compétence des tribunaux civils.

(17) *Laband*, dans sa consult. pour le ch. de f. Hess., explique le droit de rachat réservé comme un *pactum de vendendo*, qui, après que le gouvernement a déclaré vouloir en faire usage et après l'estimation nécessaire, amènerait à un contrat de vente du droit civil. A *G. Meyer*, qui prétend qu'il s'agit là d'une expropriation (consult., p. 7), il oppose que l'expropriation se fait exclusivement en vertu d'une loi et ne peut jamais être réservée. Cela est vrai. Mais, pour avoir la nature de droit public, l'enlèvement réservé de l'entreprise au moyen d'une déclaration unilatérale de l'autorité n'a pas besoin d'être rangé parmi les formes de l'institution de l'expropriation. Il faut nous habituer à considérer ces choses avec un esprit plus dégagé.

(18) La différence quant à l'évaluation de l'indemnité est très clairement exprimée dans la concession sus-mentionnée du ch. d. f. Hess. La concession a été faite pour 99 ans ; lorsque le droit de retour de l'Etat s'exercera, il faudra rembourser l'estimation de l'ouvrage et du matériel d'exploitation (§ 15). Dès avant ce terme, le droit de rachat pourra être exercé ; l'indemnité devra alors être calculée d'après les bénéfices nets des cinq dernières années d'exploitation (concession du 3 janv. 1856, § 22).

§ 51

Avantages résultant d'une entreprise publique.

Une *entreprise publique* (établissement public) est un ensemble de *moyens*, matériels ou personnels, qui, entre les mains d'un sujet d'administration publique, sont destinés à servir, d'une manière permanente, à un intérêt public déterminé (1).

L'entreprise peut avoir une utilité *directe* pour l'état général de la communauté, garantissant la sûreté et l'ordre public ; tel est, par exemple, le corps des sapeurs-pompiers avec ses appareils ; telle est surtout l'entreprise la plus considérable de l'Etat, l'armée ; telle est encore l'entreprise servant à une mission de civilisation en général, comme un observatoire, une académie.

L'entreprise pourra aussi atteindre son but en

(1) *Jellinek*, Subj. öff. Rechte, p. 212 et note 2 ; *v. Sarwey*, Oeff. R. u. V. R. Pfl., p. 501 ss. ; *F. F. Mayer*, V. R., p. 231 ss. L'expression « entreprise publique », ainsi que l'expression « *öffentliches Unternehmen* » comprendront également des activités qui se bornent à créer une certaine situation ; exemple : le dessèchement d'un marais. Les mots « *öffentliche Anstalt* » désigneraient mieux l'entreprise permanente pour laquelle l'administration poursuit l'utilité publique, au sens du texte. Mais ce terme, en allemand, a ceci d'incommode, que, dans la langue courante, ainsi que chez beaucoup d'auteurs, il est employé également pour désigner une personne morale attachée à une entreprise permanente (comp. § 56 ci-dessous). Les mots correspondants en français « établissements publics » renferment cette idée de personne morale de droit public avec plus de précision encore. Ayant dit clairement ce que nous voulons dire ici par ces deux expressions, il nous sera permis de nous servir de l'une et de l'autre.

accordant des avantages et en rendant des services au public, à la masse des individus. Ex. : écoles, caisses d'épargne, hôpitaux, postes, chemins de fer. Cette dernière espèce d'entreprise est visée en première ligne, quand on parle d'entreprises publiques. Le rapport qui se forme alors entre l'entrepreneur qui accorde l'avantage, et l'individu qui en profite, qui *retire cet avantage*, doit être réglé en droit. Ce sont les *formes juridiques dans lesquelles l'avantage est retiré* qui doivent maintenant être examinées.

I. — La forme juridique dans laquelle, sur la base de l'économie privée, des prestations analogues parviennent à celui qui doit les recevoir, c'est le *contrat de droit civil*. L'entrepreneur offre ces prestations et établit les conditions dans lesquelles elles devront être faites. La déclaration du client se fait par la demande de la prestation ; cette demande, suivant les cas, ne sera valable que moyennant le payement préalable du prix de la prestation à accomplir. Si l'offre de l'entrepreneur doit être entendue comme une offre de contracter, le contrat sera parfait par l'effet de la déclaration du client ; s'agissait-il seulement d'une invitation à faire des offres, le contrat se forme par l'acceptation de l'entrepreneur, qui, d'ordinaire, s'effectue par le commencement même de l'exécution de la prestation. Tout ce qui, à partir de ce moment, sera fait d'un côté ou de l'autre devra être considéré sous le point de vue de l'*accomplissement du contrat*.

Pour l'entreprise publique, — qui est une manifestation de l'activité de l'administration publique, — la situation spéciale telle qu'elle est réglée par le droit civil ne s'entend pas de soi. L'entreprise publique a sa place naturelle dans la sphère du droit public. Tant qu'elle n'aura pas quitté ce domaine, la forme dans laquelle parviendront juridiquement au destinataire les avantages de l'entreprise n'est pas celle du contrat (comp. t. Ier, § 11, III, p. 181). Mais d'un autre côté, le contrat n'est pas ici nécessaire pour mettre l'entrepreneur en mouvement. Les prestations de l'entreprise se font dans l'intérêt public, lequel est satisfait par cela même que les prestations profitent à la masse des individus. L'entreprise reçoit donc entièrement la détermination des conditions dans lesquelles elle fonctionne, *spontanément*, de son centre intérieur, au moyen des règles que l'entrepreneur, l'Etat, établit pour son activité, laquelle est l'activité des employés préposés par lui à l'entreprise. Si, de cette manière, les avantages de l'entreprise sont assurés aux individus, si l'Etat de l'autre côté doit recevoir de ces derniers un équivalent, c'est là un effet indirect et un accessoire extérieur.

Nous pouvons observer la même différence dans l'activité judiciaire destinée à procurer à l'individu son droit en matière civile. Ceux qui ont besoin de justice pourront, au lieu de s'adresser aux tribunaux publics, choisir un *arbitre*, par conséquent un entrepreneur privé. Pour obtenir ses services, il faut commencer par l'y obliger au moyen d'un contrat de droit civil. En vertu de ce contrat, l'arbitre est tenu de faire ce qui incombe à un arbitre. Il existe contre lui une demande en accomplissement de son obligation ou en indemnité pour non-accomplissement. Dans le *tribunal public*, au contraire, l'entrepreneur, c'est l'Etat. Il a obligé ses juges, par le devoir de leur fonction, à recevoir et à mener à bonne fin les demandes remplissant les conditions requises par la loi. La production de l'assignation n'est qu'un appel adressé à ces fonctionnaires judiciaires de remplir le devoir qui leur a été imposé par l'Etat ; et tout ce que la partie fera ultérieurement aura la même nature. L'acceptation de l'assignation par le tribunal n'est pas un contrat ; il n'en résulte pas, vis-à-vis de l'Etat, de droit contractuel à obtenir de lui la solution du litige. Il n'existe que des moyens de droit reposant sur l'organisation même de cette entreprise, les plaintes qu'on peut formuler contre les employés de l'entreprise, les juges, à l'entrepreneur, l'Etat, c'est-à-dire aux autorités de surveillance qu'il aura constituées.

C'est de cette dernière manière que sont réglés juridiquement les avantages à retirer d'une entreprise publique. Il y a uniquement cette différence — motivée par le caractère différent de ces deux branches d'activité de l'Etat — que, pour la *justice* seulement, tout ce qui doit se faire est réglé aussi étroitement que possible par des règles de droit, et lié ainsi vis-à-vis des parties : des droits subjectifs de droit public accompagnent partout la marche de la justice. Pour les entreprises de l'*administration*, au contraire, la loi et l'ordonnance n'interviennent qu'incidemment ; puisqu'il s'agit de donner et non pas de porter atteinte, leur intervention n'est pas nécessaire ; c'est une question d'opportunité, que de savoir s'il convient de mettre plus de stabilité juridique au moyen des règles de droit qu'elles posent. Le centre de l'ordre juridique que l'Etat donne à cette activité se trouve dans les *prescriptions administratives*, dispositions générales émises pour les fonctionnaires en vertu du pouvoir hiérarchique, et, pour les individus qui doivent profiter des avantages à accorder, en vertu du pouvoir propre à l'entreprise même (comp. § 52, II, ci-dessous). L'ensemble de ces prescriptions forme, pour chaque entreprise publique, son *règlement intérieur* (*Anstaltsordnung*).

Ainsi, dans les entreprises administratives, le contraste qui existe entre la structure juridique du rapport du client et la structure d'une entreprise d'économie privée est encore plus éclatant que dans la justice : pour l'entreprise d'économie privée, tout a son centre fixe dans le contrat originaire dont découlent tous les détails d'exécution, lesquels représentent autant de droits réciproques des parties ; pour la justice, le rapport a le caractère d'un « procès », c'est-à-dire d'une marche en avant réglée par la loi et accompagnée, à chaque étape, de droits correspondants des parties ; pour les entreprises administratives, cette marche en avant est réglée également, mais non pas nécessairement par la loi ; par conséquent, des droits subjectifs des clients prennent naissance plutôt d'une manière occasionnelle, suivant qu'une règle de droit devient applicable, soit au commencement, soit au milieu, soit à la fin du rapport (2).

Avant d'exposer le système juridique de cette marche, il importe de constater que les formes propres au droit public conviennent bien en principe aux rapports d'une entreprise publique, attendu que cette dernière est elle-même une manifestation de la volonté de l'Etat. Cependant, les rapports de l'Etat avec ses sujets peuvent aussi être soumis aux règles du droit civil. Ainsi notamment, il se peut que l'entreprise publique accorde ses avantages dans les formes d'un contrat de droit civil : bail à loyer, louage de services, contrat de travail. Quand en sera-t-il ainsi ? En appliquant le principe qui domine cette question (comp. t. Ier, § 11, II, p. 177), il faudrait supposer que l'Etat agit, en administrant son entreprise, à la manière de l'économie privée et qu'il accorde des avantages de

(2) Les éléments du rapport entre l'entreprise publique et l'individu qui doit en profiter ne se trouvent pas réunis dans une unité organique, telle que le rapport contractuel semble la présenter. C'est ce qui a laissé à *Laband* cette impression de décousu qui lui fait dire (St. R., éd. all., II, p. 248 ; éd. fr., IV, p. 13), en parlant des assurances ouvrières contre la maladie : « il ne faut pas plus voir là le lien d'une relation juridique bilatérale qu'il n'en faut voir entre la distribution de l'enseignement populaire public et le paiement de la rétribution scolaire, ou entre le prononcé d'un arrêt de justice et l'obligation de payer les frais de la procédure ».

la même manière qu'un entrepreneur privé pourrait le faire. Mais nous savons que ce principe n'est pas d'une application aussi simple et qui puisse se faire mécaniquement pour ainsi dire. On s'est efforcé de donner une formule plus précise. On a insisté sur l'*esprit de spéculation* dans lequel l'entreprise devrait être gérée pour que le droit civil devînt applicable ; et, à l'inverse, on a voulu restreindre l'application des formes du droit public au cas où il y aurait *contrainte*, pour les sujets, *de se servir* de l'entreprise. Mais tout cela est manifestement insuffisant.

Il n'y a qu'à rester fidèle à la maxime développée au t. 1er, p. 180. Il faut nous en tenir aux réalités du droit pratique. Nous voyons comment, en réalité, on procède dans ces rapports; nous appliquerons à ces réalités la forme du droit civil et celle du droit public. Celle-là sera la forme véritable qui expliquera le plus naturellement et le plus simplement tous les détails donnés (3).

Si nous essayons maintenant de ranger dans l'une ou l'autre des deux grandes catégories les entreprises publiques les plus importantes, nous n'ignorons pas que nous sommes sur un terrain très contesté. D'un côté, il faut avouer que, au point de vue pratique, la différence entre droit public et droit civil n'amène pas toujours ici à des solutions très divergentes ; mais

(3) Qu'on se serve de l'expression « contrat » ou de celle de « régale » ou d' « établissement de police », cela n'a pas d'importance. Même si la loi emploie telle ou telle expression, cela le plus souvent prouve simplement ceci, que le conseiller chargé de la rédaction du projet avait à l'université suivi les cours de tel ou tel professeur. C'est donc par erreur que *Tinsch*, Die Postanweisung, p. 4, croit avoir réfuté suffisamment la critique de *Schott* contre la nature contractuelle de l'expédition des lettres par la poste, en constatant que la loi postale § 50 se sert du mot « contrat ». D'un autre côté, il ne nous suffit pas non plus qu'on nous dise, comme le fait *Zorn*, St. R., II, p. 27, qu'il y a là « une obligation de droit public » ; il nous faut aussi voir comment ce caractère de droit public doit, en réalité, trouver son expression.

d'un autre côté, il est vrai aussi que souvent on n'insiste tellement, sur l'application des formes du droit civil, que parce qu'on n'a pas une idée bien précise des formes du droit public.

Il y a d'abord un groupe d'entreprises publiques pour lesquelles le doute ne semble guère possible quant à la nature du droit public de leur rapport avec leurs clients. Ce sont surtout celles où les avantages qu'elles accordent se combinent avec un rapport préexistant de *sujétion spéciale et de discipline* : l'entretien que le soldat reçoit par la grande institution de l'*armée* (4), celui du prisonnier dans la *prison*, de l'indigent dans l'*hospice communal*. Mais les établissements publics de *santé* et les *écoles* présentent le même caractère avec une forme moins rigoureuse. Les permissions spéciales de jouir d'une *chose publique*, dont nous avons déjà parlé au t. III, § 38, p. 227 et s., ont, à raison du caractère de cette chose, leur place incontestable dans la sphère du droit public. Enfin, on ne refusera pas ce caractère aux prestations des *commissions d'examen*, des *offices de vérification des poids et mesures*, à tout ce que l'État a prévu à l'effet de faire constater, au profit des particuliers, des faits ou des qualités par un *acte d'autorité publique*.

D'autres entreprises, au contraire, présentent, par le but qu'elles poursuivent et par les moyens dont elles se servent, une grande ressemblance avec des entreprises industrielles qui, à côté d'elles, sont gérées par des particuliers. Il faudra y regarder de plus près pour voir comment elles sont traitées. La distinction qui y est faite paraîtra quelquefois assez arbitraire. L'*abattoir* communal, par exemple, fonctionne selon le droit public, de même que le marché public et la halle municipale ; il ne conclut pas de con-

(4) Voir ci-dessus, § 46, note 12, p. 97.

trats de bail avec ses clients ; l'*usine à gaz*, au contraire, qui appartient à la ville vend son gaz ; l'*entreprise des eaux communales* (5) fait de même pour son eau. Les *musées*, *galeries de peintures*, *bibliothèques* sont régis par le droit public, lors même qu'ils perçoivent des taxes ; le *théâtre* municipal loue ses places selon le droit civil. Les *caisses de dépôts*, — et peut-être aussi les *caisses d'épargne* et les *monts de piété*, — appartiennent, pour les avantages qu'elles accordent, au droit public (6) ; la *Banque de l'Empire* fait des affaires commerciales. Parmi les établissements publics de communication, les *postes*, *télégraphes*, *téléphones*, dans leurs rapports avec le public, sont réglés par le droit public ; les *chemins de fer* de l'Etat et les *bateaux*

(5) Pour les conduites communales d'eau, il est possible d'admettre aussi un rapport de jouissance dépendant du droit public. Le contraste est très bien exposé dans Bl. f. adm. Pr., 1880, p. 321 ss. : A Ratisbonne, en 1879, l'établissement des conduites d'eau, géré par une société par actions, fut acquis par la commune. « Au moment où l'établissement est devenu une entreprise communale, tout le rapport juridique a été enlevé du droit privé et incorporé au droit public ». De là les conséquences suivantes : droit appartenant à tous les membres de la commune d'être admis à jouir ; pas d'exercice d'industrie ; pas de patente à payer ; la rétribution pour l'eau est une contribution publique qui n'a pas le caractère d'équivalent contractuel ; un statut local règle la distribution de l'eau, etc.

(6) Le service qui est rendu par les caisses de dépôts et les caisses d'épargne, c'est la conservation et l'administration de l'argent d'autrui. Pour les premières même, les tribunaux civils sont disposés à les ranger dans le droit public à cause de leurs relations avec la justice (qui naturellement se sent toujours être de droit public). C. C. H., 10 juin 1882 (J. M. Bl., 1882, p. 280) s'efforce loyalement de se dégager ici du contrat de dépôt du droit civil. « Ce rapport, dit-il, d'une part, ne saurait pas être expliqué complètement par les règles du droit privé ; et, d'un autre côté, il est modifié dans ses effets par des prescriptions de droit public ». L'Etat n'y figure pas comme partie contractante sur un pied d'égalité, mais comme maître et supérieur ; par conséquent, « cette administration se présente comme l'exercice de droits de supériorité de l'Etat ». C'est seulement pour justifier le droit à la restitution de l'argent qu'on retombe ici toujours dans le rapport contractuel du droit civil (ce qui, d'après nous, n'est pas du tout nécessaire ; comp. II, n° 3 ci-dessous). En ce sens aussi : C. C. H. 11 oct. 1884 (J. M. Bl., 1884, p. 248) : R. G., 17 mai 1884 (Samml., XI, p. 319).

à vapeur de l'Etat font des contrats de transport pour voyageurs et marchandises.

Pourquoi ces entreprises sont-elles traitées de telle manière plutôt que de telle autre, cela s'explique souvent par les précédents historiques. Pour les chemins de fer, l'Etat a imité les sociétés par actions ou les a même acquis de ces dernières; de même, les usines à gaz et les conduites d'eau communales ont été fondées d'abord par des sociétés privées. Les postes et télégraphes étaient, dès leur origine, des entreprises de l'administration publique. On trouvera partout des éléments positifs qui ont contribué ainsi à fixer l'appréciation du caractère juridique de chaque entreprise.

II. — Ce qui, dans le règlement du rapport d'après le droit public, revient à celui qui profite de l'entreprise — ce qu'on appelle *les droits du client* — se divise en trois groupes principaux : l'admission à l'entreprise, la prestation effective par l'entreprise et les droits accessoires pouvant résulter du rapport.

1) L'établissement public est destiné à accorder aux sujets ses avantages d'une manière permanente et pour une série illimitée de cas qui ne sont pas déterminés d'avance individuellement. La prestation s'attache au cas individuel au moyen de l'*admission* à l'entreprise. Cette admission, quant à son importance juridique, est la constatation que l'on est bien dans un cas où l'établissement, d'après sa destination, devra fonctionner. Cette constatation pourra se faire dans un acte spécial : réception dans une école, dans une maison de santé ou dans un hospice. Elle peut être comprise dans un acte qui détermine en même temps certains détails de la jouissance accordée : assignation de place par l'inspecteur du marché public, par l'éclusier, par l'administration du cimetière. Peut-être s'effectue-t-elle directement par

le fait que l'activité de l'entreprise commence pour ce cas : réception de la dépêche à expédier, application du timbre postal aux lettres, installation dans la salle des malades, remise du livre de la bibliothèque. Il y a des circonstances où il suffit simplement de supporter, de ne pas empêcher : libre entrée dans un musée, dans une galerie de peinture.

Les *conditions* à remplir pour être admis se déterminent d'après le but de l'entreprise. Elles sont indiquées dans les règlements intérieurs. Il s'agit de certaines qualités à exiger des personnes à admettre, d'un état convenable des choses qui doivent faire l'objet de l'activité, de la forme dans laquelle cette activité devra être requise ; il se peut qu'une demande doive être faite ; il peut suffire que le client apporte les choses ; ou même il se peut que l'établissement doive offrir au client ses prestations. L'observation de toutes ces conditions est du devoir des fonctionnaires de l'entreprise ; ils doivent refuser l'admission lorsque ces conditions font défaut. D'un autre côté, lorsqu'elles sont remplies, il est de leur devoir d'accorder l'admission. Il est de la nature de ces entreprises publiques d'être ainsi accessibles d'une manière *générale et égale*. Les règlements établissent des prescriptions en conséquence. Ce n'est que très rarement que, les conditions générales étant remplies, on confère aux agents de l'entreprise le pouvoir de faire encore un choix et de refuser ou d'accorder l'admission selon leur libre appréciation. Cela n'existe guère que pour certains établissements de bienfaisance.

Mais l'admission est aussi le point pour lequel, de préférence, le rapport des entreprises publiques et des sujets a fait l'objet de *règles de droit*. La loi, l'ordonnance, le statut établissent eux-mêmes les conditions de l'admission en ce sens qu'elle ne doit pas être refusée si les conditions sont remplies. Quelquefois aussi, la loi renvoie aux règlements intérieurs à intervenir, qui fixeront les conditions de l'admission. Ce ne sont pas alors des règles de droit ; ce ne sont jamais que des instructions ; mais l'autorité qui les donne — et même l'autorité supérieure — ne pourra pas y déroger dans le cas individuel. La volonté de la loi subordonne l'admission aux conditions fixées dans l'instruction générale, laquelle est irréfragable tant qu'elle n'est pas remplacée par une autre instruction également générale (7).

Par cette intervention de la loi, d'une manière ou de l'autre, le caractère juridique du rapport est changé : l'admission de celui qui présente les conditions requises n'est pas seulement garantie par l'obligation des agents vis-à-vis de l'Etat, elle l'est aussi par un droit public subjectif ; et le refus qui serait opposé l'individu, contrairement à la loi, serait une violation de son droit. Quant à savoir comment on devra faire valoir ce droit, cela dépend de l'organisation de

(7) *Schott* dans *Endemann*, Handbuch, t. III, p. 531 ss., à propos de ces admissions réglées par la loi, fait un effort remarquable pour affranchir le rapport qui existe entre les postes et télégraphes et leurs clients de la forme usitée du contrat, qu'il a reconnue insuffisante. Ces services, d'après lui, n'effectuent leurs prestations que pour accomplir une obligation légale ; la remise de la lettre par l'expéditeur est donc non pas une offre de contracter, mais une sommation à l'entreprise de satisfaire à son obligation légale d'expédier (p. 539). Cela correspond à peu près au système de droit public sur la distribution des avantages résultant des entreprises publiques, comme nous venons de le montrer sur le modèle de la justice civile. Il y a seulement une exagération de la forme juridique qui doit dominer ici les choses. Le caractère spécial de l'entreprise fonctionnant selon le droit public ne peut pas dépendre de l'admission réglée par la loi ; cela n'a même pas lieu pour toutes les prestations de la poste ; et pour celles du télégraphe, cela n'existe que depuis 1892. *Schott* cherche vainement à s'en tirer, en attribuant au Régulatif des postes et au Régulatif du télégraphe le caractère d'ordonnance ayant force de loi (p. 533). Mais pour d'autres entreprises, pour les écoles par exemple, et pour les hôpitaux, on ne trouvera pas même l'apparence d'une loi. Et cependant, la nature du rapport sera naturellement toujours la même. Du reste, si les lois ordonnent « l'acceptation pour l'expédition », cela ne se confond pas avec une obligation légale de transporter à destination. Si la poste remplit sa tâche pour les choses « admises », c'est une autre question.

la protection du droit. A défaut d'une prescription spéciale, le moyen tout indiqué est celui d'un simple recours à l'autorité supérieure, laquelle apportera le remède par un ordre adressé aux agents directs de l'entreprise (8).

2) L'admission ouvre à l'individu l'accès aux prestations de l'établissement ; mais elle ne rend pas ces prestations obligatoires. Elle n'est pas un contrat, pas même un contrat de droit public ; elle n'est même pas du tout un acte juridique qui créerait un rapport juridique (9).

La révocation de l'admission, l'*exclusion* des avantages de l'entreprise, a lieu d'après les mêmes règles que l'admission. En principe, c'est uniquement le devoir des employés envers leur patron, l'Etat, la commune, etc., qui protège contre l'arbitraire. Mais lorsque les conditions de l'admission ont été réglées par la loi, l'exclusion ne pourra pas avoir lieu con-

(8) On ne peut pas former de demande en dommages-intérêts contre le service public pour non-accomplissement de son devoir légal d'admettre. En ce sens, en ce qui concerne la poste, *Laband*, St. R., éd. all., II, p. 84 ; éd. fr., III, p. 125) ; *Tinsch*, Die Postanweisung, p. 22. — *Mittelstein*, Beiträge, p. 35, s'y oppose : « La loi, dit-il, oblige la poste à contracter. Si elle viole ce devoir, elle s'expose à des dommages-intérêts. C'est un principe qui, pour l'obligation analogue des chemins de fer de conclure des contrats de transport, a été reconnu expressément par le code de commerce ». Nous ajouterons que l'obligation de payer des dommages-intérêts, pour ne pas avoir accompli une obligation quelconque, est un principe général qui n'avait pas besoin d'être reconnu spécialement dans le code de commerce. Mais c'est un principe de droit civil, qui s'applique bien aux rapports du chemin de fer, mais non pas à ceux de la poste, lesquels sont de droit public (comp. § 46, II, n. 2 ci-dessus, p. 103). C'est là la seule solution. La décision de *Laband* — qui est juste — ne peut se justifier qu'en partant de notre manière de voir, — qui n'est pas la sienne.

(9) *Laband*, dans Arch. f. öff. R., II, p. 158, m'a reproché de considérer le rapport de la poste avec celui qui envoie la lettre, comme un contrat de droit public, tandis que, d'après lui, c'est un contrat de droit civil. Mais je vais encore plus loin : je nie l'existence d'un acte juridique quelconque qui nous procurerait les prestations de la poste. Pour *Schott* dans *Endemann*, Handbuch, III, p. 531, il ne devrait pas y avoir non plus d'acte juridique ; sa « sommation de remplir l'obligation légale » ne peut pas compter comme tel.

trairement à ce qui a été prescrit ; il y aurait encore là une violation du droit de l'intéressé.

Que son admission et le maintien de son admission soient réglés par la loi ou seulement par l'obligation personnelle des agents, que l'individu ait donc ou non un droit à être admis et à continuer de l'être, ce qui lui parvient effectivement en *prestations* est exclusivement déterminé par l'ordre intérieur de l'entreprise, par conséquent, par le devoir des agents, devoir dont l'accomplissement est surveillé par l'autorité supérieure. Si celui qui doit en retirer les avantages fait appel à l'intervention de cette dernière autorité, cela lui profitera aussi. Mais il n'a pas de droit propre vis-à-vis de l'Etat pour exiger l'accomplissement correct de la prestation. Il n'y a jamais de demande administrative pour obtenir cet accomplissement par la voie juridictionnelle. Il ne faut pas vouloir la remplacer par une *demande en prestation* à adresser aux tribunaux civils ; cela aboutirait à constituer ces derniers en véritables supérieurs de l'administration publique. La loi s'est bien gardée d'admettre, à cet égard, une compétence d'attribution ; et quant à dire que cela va de soi, c'est aller bien loin. Ce que les partisans d'une juridiction civile étendue réclament ordinairement pour celle-ci, ce n'est pas cette contrainte directe, si évidemment irrationnelle, mais la contrainte indirecte qui s'exerce par la condamnation à des *dommages-intérêts pour non-accomplissement d'une obligation.* Mais s'il y avait, au profit de l'individu, à la charge de l'entreprise, une obligation de faire ces prestations, cela ne pourrait être qu'une obligation de droit public; or, les obligations de droit public, comme nous le savons, ne se résolvent pas, en cas de non-accomplissement, en dommages-intérêts. Mais il n'y a même pas obligation de droit public. Nous rencontrons ici, il est vrai, des droits à des dommages-intérêts (comp. n° 3 ci-dessous, p. 198) ; ils sont d'une nature toute différente (10).

Les règlements intérieurs, régulatifs, statuts, qui déterminent le fonctionnement des entreprises publiques, mentionnent très souvent cette exclusion de la responsabilité. Mais il est faux de considérer cela comme des *clauses conventionnelles* faisant partie d'un acte juridique de droit civil. De cette manière, l'effet complet de ce que l'on cherche ici ne serait jamais obtenu. L'exemple des entreprises privées analogues en est une preuve suffisante : maisons de santé privées, écoles privées, postes privées. Elles prennent soin d'insérer ces clauses, à l'imitation des établissements publics, dans leurs prospectus et même dans des conventions rédigées par écrit. Mais les tribunaux ne leur permettent guère de s'affranchir ainsi des responsabilités sur lesquelles, en général, un client doit pouvoir compter. Ils trouvent facilement, dans les règles sur l'interprétation des contrats et sur la bonne foi exigée dans le commerce, les moyens d'écarter

(10) La conviction qu'il n'y a pas ici d'obligation à la prestation, ni de dommages-intérêts pour cause de non-accomplissement a amené *Ludewig*, Die Telegraphie, p. 92 ss. à présenter une explication singulière. Il ne peut pas se passer d'un contrat. Toutefois, pour justifier le fait que ce contrat n'a aucun effet, il déclare que l'Etat ne s'engage pas lui-même à effectuer la prestation ; il promet seulement que ses employés l'accompliront. L'Etat remplit son devoir en faisant son possible pour que les employés accomplissent leur devoir ; et il a pris ses dispositions à cet effet dans les institutions existantes. Si, malgré tout, il y a un déraillement, l'Etat n'y est pour rien ; il ne sera pas responsable. Pour arriver à ce résultat, est-il nécessaire de croire à un contrat aussi compliqué ? ne serait-il pas plus simple de dire qu'il n'en existe pas ? — Il n'y a pas de demande afin qu'un enseignement conforme aux conventions faites par les parents soit donné dans les écoles publiques ; il n'y a pas de demande afin d'être convenablement soigné dans l'hôpital public ; pas de droit à indemnité pour une ignorance de l'écolier, contraire aux conventions ; ou pour une guérison trop tardive, ou pour un retard des lettres ou pour une perte des dépêches. A quoi bon alors tant parler de contrats qui doivent former la base de tout, et qui cependant ne tardent pas à s'évanouir !

ces clauses (11). Ils auraient également raison de ces prétendues « clauses de convention » des établissements publics. Cependant, l'autorité préposée à ces établissements a voulu que cette exclusion de la responsabilité civile soit absolue. Pour éviter cette contradiction fâcheuse, il n'y a qu'un moyen : c'est de bien comprendre qu'il n'y a pas ici de contrat (12).

3) L'entreprise publique poursuit sa marche comme une grande machine. Les individus qui, pour en obtenir les avantages, lui sont confiés avec leurs intérêts, leurs choses, leurs personnes, ne sont, pour elle, que des objets sans influence décisive. C'est seulement en dehors de ce cercle que les individus retrouvent des droits, qu'ils peuvent formuler des réclamations basées sur des faits qui se sont *produits à l'occasion de leur rapport avec l'entreprise* dont ils voulaient profiter. Ce sont des règles existantes spéciales, de nature droit civil ou droit public, qui leur servent de base. Le règlement intérieur sert à en restreindre l'effet (comp. § 52, I ci-dessous, p. 204), ou à prescrire comment il devra leur être donné satisfac-

(11) B. G. B., § 278. Comp. aussi *Dreger*, Rapport au XVIIe Congrès des juristes all. (Verhandl., I, p. 65 ss).

(12) Les auteurs ne se font aucun scrupule de déclarer sans effet les règlements qui constatent l'exclusion de la responsabilité : *Ludewig*, Die Telegraphie, p. 91 ; *Meili*, Telegraphenrecht, p. 182 ss. ; *le même*, Hoftpflicht der Postanstalten, p. 50 ; *Wolf*, dans Zeitschft f. Ges. u. Rpfl. i. Preussen, IV, p. 146. Les tribunaux cherchent à éviter une contradiction trop éclatante, ce qui — le point de vue du droit civil admis — est assez difficile ; comp., par exemple, R. G., 17 juin 1887 (Samml., XIX, p. 101 ss.), dont nous aurons encore à nous occuper (note 15 ci-dessous, p. 200). *Meili*, Telegraphenrecht, p. 196, leur reproche de s'en laisser encore trop « imposer » par les règlements. Mais il nous semble que le bon sens devrait nous dire qu'il s'agit là non-seulement du respect dû à l'autorité régulière, mais encore d'un intérêt éminemment pratique de notre vie sociale. Il faut que l'Etat puisse offrir ces services à un bon marché exceptionnel ; cela n'est pas possible si, d'un autre côté, il n'est pas déchargé des risques de responsabilité qui, comme on le sait, affectent d'ordinaire des dimensions singulièrement exagérées ; et cette décharge n'est possible que moyennant la renonciation à l'idée de contrat.

tion. Des règles de droit particulières leur donnent des déterminations et des adaptations quant à l'un ou à l'autre point.

Il s'agit de droits à restitution et de droits à indemnité.

Un *droit à restitution* existe à raison des valeurs pécuniaires qui, à l'occasion du rapport avec l'entreprise, ont passé de l'intéressé à cette entreprise, sans qu'elle dût les conserver définitivement. La restitution s'effectue de la manière réglementaire ; toutefois, si l'activité officielle est terminée et qu'il ne reste plus rien que le fait matériel de l'existence, chez l'entreprise, d'une pareille valeur qui n'aurait pas dû lui rester, alors, à côté de l'obligation personnelle des agents, il y a un droit à restitution de cette valeur au profit de celui à qui elle appartient. Ce droit est de nature droit-civil et s'exerce contre le propriétaire de l'entreprise lui-même, au nom duquel celle-ci est gérée et la possession est exercée. S'agit-il de choses corporelles, il y aura lieu à une demande en revendication devant les tribunaux civils (13) ; s'agit-il d'une somme d'argent restée entre les mains de l'entrepreneur, la demande aura la nature d'une repétition de l'indû (14).

(13) Que la poste restitue la lettre, l'hôpital les vêtements du malade sortant, le mont-de-piété les objets qui y avaient été engagés, cela résulte des règlements de ces entreprises. S'il existe un droit à la restitution, cela n'est pas l'effet de ces règlements, et encore moins d'un contrat ; ce droit a exclusivement pour base la propriété. Le règlement intérieur en restreint l'exercice, en tant que cela semble nécessaire dans l'intérêt de l'administration de l'entreprise. Un exemple dans les prescriptions de la Post. Ordnung, § 29, sur la réclamation d'un envoi postal par l'expéditeur.

(14) La caisse publique de dépôts administre l'argent d'autrui et fait les versements conformément à ses propres règlements intérieurs ; il appartient aussi à ces règlements de déclarer quand les employés seront obligés d'effectuer ces paiements. Si le moment fixé par le règlement est venu, il n'est pas créé par là un droit au profit du destinataire. Il est seulement dit que, à partir de ce moment, cesse le pouvoir de la caisse publique sur cet argent ; par conséquent, l'argent (avec les inté-

D'un autre côté, des *droits à indemnité* contre le propriétaire de l'entreprise pourront résulter de l'activité de l'entreprise à raison des préjudices éprouvés par les personnes qui devaient profiter de ses avantages. Ces droits n'auront pas leur base dans les principes sur la faute contractuelle ; nous avons vu, en effet, qu'il n'y a pas ici de contrat. Ils ne devront pas non plus être régis par les principes concernant la responsabilité civile pour faits illicites; ces principes du droit civil ne s'appliquent pas à l'hypothèse prévue, attendu que l'Etat ne fait pas ici d'œuvre d'économie privée. Comp. ce que nous avons exposé à cet égard au t. Ier, p. 312. Quelques législations, comme nous l'avons vu, ont voulu étendre cette responsabilité du droit civil à des faits qui ne sortent pas de la sphère du droit public; mais la formule choisie est si étroite qu'elle ne se prête pas à des dommages causés par les employés de la poste, du télégraphe, des écoles, des hôpitaux, etc. On ne saurait prétendre que ces agents sont chargés « de l'exercice de la puissance publique » (comp. t. 1er, p. 315 et note 37) (15). Dès lors, dans

rêts réglementaires qui s'y ajoutent) est désormais dans cette caisse sans cause ; la demande en restitution sera ouverte d'après les règles du § 812 du code civil allemand. Il en sera de même pour les caisses d'épargne, qui sont censées fonctionner sous le régime du droit public. — Pour la poste, ce sont les mandats-poste et les recouvrements par la poste qui doivent ici être considérés. La loi et le règlement intérieur (Loi postale, § 6 : Règlement des postes, § 19, IX) promettent la garantie de l'administration de la poste pour les sommes versées, et, par conséquent, la restitution pour le cas où elles n'auront pas trouvé l'emploi réglementaire. *Tinsch*, Die Postanweisung, p. 26, appelle cela une « responsabilité de la poste pour non accomplissement », ce qui nous paraît inexact ; car il avoue lui-même que cette « responsabilité » ne comprend pas l'intérêt du client, mais seulement ce que la poste a reçu, donc son enrichissement.

(15) Notons cependant qu'interviendra ici une autre responsabilité civile très importante : la responsabilité personnelle des employés ; d'après le principe du § 839 Code civil, ceux-ci sont tenus aussi vis-à-vis des tiers de la violation du devoir professionnel qu'ils avaient à remplir envers eux : c'est justement le cas des clients des entreprises publiques. Le principe du § 839, qui du reste était déjà reconnu dans l'ancien droit, est appliqué largement en notre matière. *Ludewig*, Die Tele-

l'hypothèse où il s'agit d'entreprises dont les rapports avec ceux qui doivent en retirer les avantages ne sont pas réglés par le droit civil, — hypothèse qui seule fait ici l'objet de notre examen — il faut faire abstraction du droit civil. L'indemnité qui pourra être due, c'est uniquement l'*indemnité de droit public*, dont il sera question au § 53 ci-dessous. Nous retrouvons ici toutes les conditions requises pour l'application de ses règles : l'activité de l'entreprise est de l'administration publique ; le dommage qui en résulte a le

graphie, p. 95 : un particulier a remis une dépêche à expédier à l'employé du télégraphe ; celui-ci l'égare par négligence ; l'Etat, au nom duquel cet employé devrait avoir « contracté », n'est pas tenu, mais l'employé est responsable personnellement ; il y a là une grande différence avec ce qui se passe dans une entreprise privée. *Laband*, St. R. (éd. all., II, p. 59 note 1 et p. 84 ; éd. franç., III, p. 88 note 1 et page 125), ne voudrait maintenir cette responsabilité personnelle du fonctionnaire de la poste que pour le cas de refus illégal d'admettre des voyageurs ou des envois ; si, plus tard, se produisait un manquement aux devoirs concernant le transport, l'employé ne serait plus tenu ; ce serait seulement la poste. Mais pourquoi le rapport tout entier serait-il ainsi modifié de fond en comble ? — Des détails dans *Meili*, Hoftpflicht der Postanstalten, p. 141 ss.

Il convient ici de relever un fait assez curieux. Si à cette responsabilité spéciale des agents on ajoute les principes du droit civil sur la responsabilité indirecte du patron, il sera possible aux tribunaux de condamner le Fisc de la manière désirée, tout en évitant de manquer de respect aux règlements intérieurs. Un exemple dans R. G., 17 juin 1887 (Samml., XIX, p. 101 ss.) : En Alsace, la poste avait été chargée de faire présenter à l'acceptation une lettre de change ; le facteur avait falsifié la signature du tiré ; le mandant, qui se fiait à la signature et avait fait un paiement, assigne le Fisc postal en dommages-intérêts. D'après le Régulatif postal, § 20, XII, il n'y aurait de responsabilité pour des commissions semblables que dans le cas où l'envoi serait perdu. Le tribunal reconnaît là une « clause de contrat » valable, mais condamne cependant pour cause de responsabilité extra-contractuelle, conformément à l'art. 1384 du code civil français : la poste, en tant que patron, est tenue des obligations à indemnité relatives à son employé. On a vivement contesté cette décision : *Schmidt* dans *Gruchot*, Beitr., t. XXXIII, p. 184 ss. ; *Mittelstein*, Beiträge, p. 37 ; *Dambach*, Ges. über d. Postwesen, p. 96. On a constaté avec raison que, de cette manière, on escamoterait toutes les lois d'exécution et tous les règlements, tout en paraissant les reconnaître. Mais il faut convenir que le tribunal de l'Empire — une fois admis que le rapport de la poste avec son client est de droit civil — est tout à fait logique. Mais il nous semble que, par cette logique même, il a réduit cette thèse à l'absurde.

caractère d'un sacrifice spécial imposé à cet individu ; la compensation a lieu sans qu'il soit nécessaire de faire la preuve d'une faute, mais aussi dans la mesure restreinte propre à l'indemnité de droit public : c'est uniquement le dommage direct et matériel qui entre en compte (16).

Les règlements intérieurs s'occupent souvent des indemnités à payer conformément à ces principes ; cela n'a d'autre importance que d'en régler l'application par des instructions données aux agents. Toutefois cela peut servir à simplifier le règlement des indemnités : une somme fixe est reconnue d'avance pour des cas déterminés, en sorte que le plaignant qui se contente de cette séparation sommaire n'a pas d'autres formalités à remplir ni de preuve à faire. S'il insiste, au contraire, sur le droit formel, une indemnité supérieure pourra être obtenue par lui malgré les prescriptions du règlement qui, par lui-même, n'a pas la force de changer le droit. Il faut pour cela un fondement légal : une loi ou un règlement autorisé par une loi (17).

(16) Il n'y a qu'une confirmation de ce principe général si, d'après la loi postale, § 6, l'indemnité est restreinte au dommage direct (*Dambach*, Postges., p. 97) et si les lettres, qui n'ont par elles mêmes aucune valeur, restent tout à fait hors de cause. La prescription du Régulatif postal, § 20, XII, dont nous parlions à la note précédente, a le même sens : les principes de l'indemnité publique ne se prêteraient jamais à détruire les règlements, comme on le fait au moyen du code civil. — S'agit-il d'affaires d'argent à gérer par la poste (mandats poste, recouvrements postaux), un dommage direct n'est pas possible ; dès lors, il ne peut être question que de restitution (comp. la note 13 ci-dessus, p. 199). — Le bureau du télégraphe ne détient pas non plus une valeur corporelle de son client, valeur qui pourrait devenir l'objet d'un dommage direct ; de là, Régulat. du télégr., § 23, I. Que la taxe soit restituée, cela rentre dans un autre ordre d'idées (comp. § 52, III n. 3 ci-dessous, p. 219).

(17) Un exemple dans la Loi postale, § 66 ss ; le Régulatif postal établit un tarif des indemnités normales qui devront, par exemple, avoir lieu pour des lettres de commission postale qui auront été perdues. Ce taux est tellement obligatoire qu'on ne peut pas revenir au dommage réel. Mais tel n'est pas l'effet du Régulatif seul ; c'est l'effet de la Loi

postale qui, dans son § 50, renvoie au Régulatif. Si la loi postale dit que les prescriptions du Régulatif « sont considérées comme faisant partie du contrat entre l'établissement postal et l'expéditeur », cela est conforme à la formule juridique dont on a l'habitude de se servir pour exprimer la nature du rapport ; en tout cas, il y a là une manifestation suffisante de la volonté de la loi que le rapport doit être réglé dans ce sens. Par conséquent, le droit à l'indemnité fixe du Régulatif remplace l'indemnité qui résulterait des principes généraux du droit public.

Que vraiment l'idée d'un contrat n'ait encore rien à faire ici, c'est ce qui résulte clairement du fait que ce tarif spécial des indemnités s'applique même dans le cas où les objets auraient été remis par une personne incapable ou de capacité restreinte.

§ 52

Droits correspondants de l'entreprise publique.

L'entreprise publique remplit sa tâche en accordant à la masse des individus les avantages qu'elle implique. Les garanties dont jouissent les intérêts des individus ont été réunies par nous sous le nom de droits des intéressés. Les droits correspondants de l'entreprise publique se présentent sous les formes suivantes : l'usage obligatoire ; le pouvoir de l'ordre intérieur ; la rétribution.

I. — L'utilité de l'entreprise, une fois celle-ci mise en œuvre, peut être assurée au moyen d'une obligation imposée à l'individu et qui le force à faire usage de l'entreprise. Cet *usage obligatoire* correspond à l'admission obligatoire (comp. § 51, II, n. 1, p. 192). L'obligation est créée par des *ordres* sous la forme de règles de droit dont l'inobservation est sanctionnée par des peines et pourra entraîner des moyens de contrainte (1). L'ordre produit effet de deux manières différentes.

Il peut, sous la forme d'un *commandement*, vouloir amener directement à ce qu'il soit fait usage de l'entreprise, l'obligation s'attachant à l'existence de cer-

(1) Il se peut qu'au lieu de recourir à un ordre et à la menace d'une peine en cas de désobéissance, la loi ait préféré fixer directement une peine pour le fait visé, par exemple pour la concurrence faite à l'entreprise publique (comp. t. II, p. 85 ss.). Pour ce que nous avons à exposer ici, cela ne fait pas de différence.

tains faits. Voici des exemples : l'instruction obligatoire, la vaccination obligatoire. Le but est de garantir l'effet que l'on veut produire par l'entreprise publique : école, vaccination organisée. Il est rationnel que l'on prévoie la possibilité d'une dispense pour le cas où l'effet à atteindre semble être garanti par un autre moyen.

Il se peut aussi que l'individu soit laissé libre de faire ou non un certain acte ; seulement s'il le fait, il doit le faire exclusivement en se servant de l'entreprise publique. L'ordre alors prend la forme d'une *défense*. Exemples : abattoir obligatoire, obligation de se servir de la poste. Le but est ici de concentrer exclusivement la satisfaction de certains intérêts entre les mains de l'entreprise publique. Il est conforme à ce but de défendre, en même temps, à toute autre entreprise d'offrir les mêmes prestations et d'entrer ainsi en concurrence avec l'entreprise publique : c'est ce qui s'effectue, par exemple, par la prohibition d'abattoirs privés et par le monopole de la poste. La défense de faire concurrence peut aussi exister pour elle seule : cela a pour effet indirect de contraindre le public, sans qu'aucun ordre lui soit donné, à faire usage de l'entreprise publique qui est le seul endroit où l'on puisse obtenir les prestations en question. Exemple : monopole du télégraphe public (2).

Pour tous ces ordres, il faut un fondement légal. A cet égard, il existe une différence importante. S'agit-il de combattre, par l'usage forcé de l'entreprise, un

(2) On n'a pas toujours remarqué, avec l'attention que cela mérite, qu'il s'agit ici d'ordres d'une nature très différente, surtout en ce qui concerne le droit postal : *Mittelstein*, Beiträge, p. 19 ss ; *Sydow* dans Wörterbuch, II, p. 289 ss ; comp. aussi *Laband*, St. R. (éd. all., II, p. 83, note ; éd. franç., III, p. 124 note 1) ; *Dambach*, Postges., p. 11. Aussi emploie-t-on les expressions : Postzwang, Postregal, Postmonopol, un peu au hasard. — Dans le sens que nous avons exposé au texte, *Maas* dans Arch. f. öff. R., VII, p. 483 ss ; *G. Meyer*, V. R., I, p. 575.

danger pour le bon ordre de la chose publique, d'un intérêt de la police par conséquent, le fondement sera peut-être déjà donné dans les *autorisations générales* qui existent au profit de la *police*. Ainsi, par exemple, la vaccination obligatoire, l'abattoir obligatoire et l'exclusion d'abattoirs privés ont la nature d'ordres de police; par conséquent, ces mesures pourraient être prises sans une loi spéciale (comp. t. II, p. 10, p. 36). Il en est autrement quand c'est dans un but de civilisation générale ou même dans l'intérêt financier de l'Etat que doit être établie la nécessité de faire usage de l'entreprise : pour l'instruction obligatoire, pour le monopole de la poste et du télégraphe, il faut une *loi spéciale*.

Dans le premier cas, la peine et l'exécution forcée suivent tout simplement les formes du droit de la police. Dans le second cas, elles en constituent des imitations plus libres avec des emprunts aux formes du pouvoir financier (3).

II. — L'administration publique se manifeste dans l'activité de l'entreprise. Tout ce qui s'oppose à sa marche, telle qu'elle est réglée, pour la troubler, l'entreprise l'élimine par la force, d'autorité, comme un trouble au bon ordre de la communauté, conformément aux règles de la contrainte directe, telles que nous les avons exposées au t. II, p. 139 ss.

Ce même caractère d'autorité, propre à l'entreprise publique, trouve encore son expression dans un pouvoir juridique bien réglé et se manifestant dans des formes diverses ; le pouvoir est exercé par l'entreprise

(3) L'abattoir obligatoire est réglé à cet égard sur le modèle du droit pénal de la police. Comp t. II, § 22, p. 82 et s. ; le droit exclusif de la poste suit plutôt le droit pénal financier (comp. II, § 31, p. 217 et s.). C'est l'instruction obligatoire qui s'est créé le droit pénal le plus caractéristique ; *Schneider et Brehmen*, Volksschule im Preuss. R., III, p. 37.

sur tout ce qui, lui étant étranger, rentre dans sa sphère d'activité à l'occasion des avantages qu'elle procure. Ce pouvoir, nous l'appelons *le pouvoir intérieur de l'entreprise* (*Anstaltsgewalt*). On parle d'une *police de l'entreprise publique*, lorsqu'il s'agit d'un local plus ou moins accessible à un public qui change plus ou moins rapidement, et servant ainsi à une sorte de communication publique : marchés publics, halles., abattoirs, musées, locaux extérieurs de la poste ; il faut aussi y comprendre les salles d'audience des tribunaux. On appelle ce pouvoir *discipline de l'établissement*, quand l'entreprise réunit un cercle de personnes auxquelles elle sert d'une manière plus durable : maisons de santé, hospices pour indigents, écoles. Ce ne sont que des applications spéciales de la théorie générale ; il y a d'autres applications qui n'ont pas été distinguées par un nom spécial.

Le pouvoir intérieur peut reposer sur un *fondement juridique spécial* qui sert aussi à déterminer la mesure des autorisations qui lui sont accordées. S'agit-il d'établissements ayant seulement pour but de servir à l'exercice d'un pouvoir plus étendu sur les personnes qui y seront reçues, le pouvoir intérieur disparaît derrière cet autre pouvoir (prisons, entretien des militaires) Pour des entreprises établies sur des choses publiques, on suivra les formes de la police de ces choses (marchés publics). Pour les entreprises avec usage obligatoire (vaccination, abattoirs, écoles primaires), la règle de droit qui ordonne l'usage peut aussi prévoir des mesures pour en assurer l'exécution dans les détails. Enfin partout, même en dehors de ces cas, la loi peut, en menaçant d'une peine, en permettant l'emploi de châtiments disciplinaires, etc., fortifier ou délimiter le pouvoir.

Mais, derrière tout cela, nous trouvons le *droit commun du pouvoir intérieur*, tel qu'il résulte de la nature même de l'entreprise publique, *sans fondement légal*. Nous avons devant nous le fait que ce pouvoir existe et est exercé. Il nous faut comprendre comment ce pouvoir se range dans le système de nos institutions juridiques.

La solution de la question réside entièrement dans le *rapport de sujétion spéciale* qui se forme ici. Voici ce qui se passe (4). Quicqnque, pour en obtenir les avantages, entre dans la sphère d'activité d'une entreprise publique, dans une école, dans une maison de santé, dans la diligence, dans l'abattoir etc., renonce par cela même à une partie correspondante de sa liberté personnelle. Il faut qu'il accorde sa conduite avec la marche réglée de l'entreprise, et cela, non pas en vertu d'une obligation contractuelle qu'il se serait imposée, mais parce que l'activité vitale de l'entreprise qui l'entoure est juridiquement supérieure. Il faut qu'il y adapte sa conduite personnelle ; par l'emploi de la force, les agents de l'entreprise sont toujours prêts à supprimer tout mouvement arbitraire. L'individu se trouve soumis au droit qui appartient à l'entreprise d'*être maîtresse chez elle*. De la même manière se trouve restreint l'exercice de la propriété des choses livrées à l'entreprise. On ne peut pas faire valoir cette propriété pour troubler le fonctionnement de cette entreprise ; les colis postaux sont transportés, les vêtements du malade, les objets engagés au mont-de-piété subissent les manipulations prescrites dans l'établissement, que le propriétaire y consente ou non ;

(4) Sur la notion du rapport de sujétion spéciale, comp. t., 1er, § 9 note 13, p. 137 ; t. II, § 30, II, n. 3 p. 258 et ci-dessus § 45, I, p. 67 et s. *Jellinek*, Subj. öff. R., p. 207, énumère, parmi les rapports de sujétion qu'il place à côté du rapport de service d'Etat, ceux qui naissent par « l'entrée dans une école supérieure » (pourquoi seulement supérieure ?) et de même par « l'entrée dans une maison de santé publique (hôpital, maison d'accouchement), entraînant souvent des restrictions considérables à la liberté personnelle ». Naturellement, ce ne sont que des exemples pris au hasard.

c'est seulement au moment où l'activité réglementaire est arrivée à un certain terme, que le droit de propriété redevient libre. La réserve constitutionnelle établie au profit de la liberté et de la propriété est hors de cause, en tant qu'il est nécessaire de faire céder cette liberté et cette propriété pour que l'entreprise publique reste maîtresse chez elle.

Il en résulte que, dans la même mesure, contre l'individu qui se trouve dans cette situation, des dispositions obligatoires pourront être émises touchant à sa liberté et à sa propriété. En effet, la volonté de l'autorité sera toujours obligatoire pour lui, par sa nature même ; seulement, en dehors de pareils rapports particuliers venant restreindre la liberté, la réserve constitutionnelle apporte une limite au pouvoir exécutif ; en tant que cette limite s'efface, les dispositions de l'autorité deviennent libres et obligatoires par elles-mêmes, sans loi.

1) La sujétion spéciale a ici pour base l'entrée de fait dans l'activité de l'entreprise publique. Il y a là une différence avec le rapport de sujétion spéciale du service d'Etat (comp. ci-dessus, § 45, note 1, p. 68), lequel n'est créé que par des actes juridiques : imposition unilatérale de l'obligation de servir, nomination en vertu d'une soumission faite. Toutefois, nous avons vu que, pour les services forcés, c'est plutôt le fait d'être compris dans l'organisation du tribunal, de l'armée, qui fait naître le rapport effectif de sujétion. Mais l'analogie est complète avec certains rapports de sujétion spéciale du droit financier, où le pouvoir de surveillance existe par l'effet de l'entrée même dans la sphère de ce pouvoir ; comp. t. II, § 30, p. 262 ss. Comme le rapport financier de sujétion ne frappe pas seulement celui qui profite des facilités accordées en matière de douane, mais aussi ses employés et même les tiers qui auront passé dans les locaux réservés, de même ici

le pouvoir régulateur de l'ordre intérieur de l'établissement public ne s'empare pas seulement de celui qui veut profiter des avantages de ce dernier ; il s'empare également de toute personne qui, à cette occasion, se présente pour faire visite à un malade, etc. Qu'il ne faille pas voir là un acte juridique quelconque, la meilleure preuve en est que la constitution de ce pouvoir spécial est indépendante de la capacité de celui qui y sera soumis. Il saisit, de toute sa force, l'aliéné qui se rend à la maison d'aliénés, ainsi que la lettre qui a été remise à la poste par un enfant (5).

2) En vertu de ce rapport de sujétion, on ne peut imposer aux individus qui y sont compris que des *charges et restrictions* ayant pour but de les adapter et de les soumettre à l'intérêt de la bonne marche de l'entreprise, quant à leurs personnes ainsi que pour leurs biens, en tant qu'ils y sont entrés. D'après leur contenu, ces dispositions sont en partie des ordres prescrivant une certaine conduite personnelle ; en partie, elles n'imposent qu'une obligation de supporter par l'enlèvement de certains avantages ou par

(5) D'après la loi postale, § 50, n. 20, le régulatif devra contenir aussi « des prescriptions dans l'intérêt de l'ordre, de la sûreté et de la décence, dans les diligences, dans les locaux dépendant des postes et dans les salles d'attente ». *Laband*, St. R., éd. all., II, p. 87 note 3 ; éd. fr., III, p. 132 note 1) observe avec raison que cela n'a rien de commun avec le prétendu contrat de transport postal. Ces prescriptions concernent, en effet, des personnes même qui n'ont pas encore conclu un pareil « contrat », et peut-être même n'ont pas l'intention de le faire. Comment alors ces prescriptions du Régulatif postal produisent-elles leur effet ? D'après *Dambach*, Postges., p. 208, ce seraient de véritables règles de droit, à la différence des autres parties du Règlement qui ne sont que des clauses de contrat, mais non des lois ». On parle de « véritable règle de droit » pour remplacer l'expédient ordinaire du contrat qui fait défaut ici. Mais le Régulatif n'a été publié que comme une prescription administrative et non pas dans les formes obligatoires pour les règles de droit émises au nom de l'Empire : *Mittelstein*, Beiträge, p. 1 ; *G. Meyer*, V. R., I, p. 573 ; *Sydow*, dans Post. Arch., 1891, p. 520. Il n'y a donc pas d'autre solution possible que celle que nous venons de proposer : il s'agit d'un rapport de sujétion, créé par le fait même de l'entrée dans la sphère d'activité de la poste.

l'imposition de certains maux, tels que peines ou moyens de discipline; en partie, elles déterminent des atteintes à la propriété des choses apportées, lesquelles pourront être retenues, détruites, aliénées (6).

Ces dispositions pourront être émises pour le *cas individuel*; il est absolument conforme à ce que nous avons déjà constaté pour d'autres rapports de sujétion (comp. § 45, note 3 ci-dessus, p. 68), que ces dispositions puissent émaner valablement de simples employés de l'établissement sans caractère d'autorité: surveillants, éclusiers, médecins, instituteurs. Il suffit que le fonctionnaire qui ordonne y soit autorisé par sa fonction. Mais elles pourront également être émises, — conformément encore aux règles qui régissent la sujétion spéciale même ailleurs, — par une *disposition générale*; toutefois, cette forme sera réservée aux véritables autorités préposées à l'entreprise (7).

3) Les dispositions générales de ce genre forment un élément principal des prescriptions réglant le fonctionnement des différentes entreprises, des *règlements intérieurs* (*Anstaltsordnung*, *Hausordnung*, *Statut*). Ces règlements renferment des règles obligatoires, mais non des règles de droit; ils ne sont que l'exercice combiné de deux sortes de rapport de sujétion spéciale par des dispositions générales qui en résultent.

Les règlements intérieurs donnent des *ordres au personnel*, et ces ordres sont obligatoires en vertu du pouvoir hiérarchique. Quand la prescription tend à

(6) Des exemples dans le Régulatif post., § 31, § 40, § 57.

(7) Quand la loi ordonne (un exemple dans la Loi postale § 50) que des dispositions générales seront émises relativement à certains points, cela veut dire que les autorités sont tenues de le faire, et que l'on ne pourra pas procéder par mesures individuelles. Peut-être l'étendue du pouvoir intérieur se trouve, par cela même, déterminée d'une manière plus exacte. Mais le véritable fondement juridique de la mesure est toujours dans ce pouvoir.

ce qu'il soit fait quelque chose à l'égard des personnes ou des choses qui ont été reçues dans l'entreprise, afin d'assurer le fonctionnement régulier de cette dernière, cette prescription lie en même temps tous les intéressés en vertu du pouvoir intérieur, et leur impose la nécessité juridique de subir ce traitement (8).

D'un autre côté, les règlements intérieurs contiennent des prescriptions qui, en première ligne, s'adressent aux *clients de l'établissement*, pour leur dire comment ils devront s'y conduire, ce qu'ils auront à pporter, comment ils doivent arranger et emballert les choses remises ; ces prescriptions sont obligatoires en vertu du pouvoir intérieur. Toutefois, lorsqu'il s'agit de surveiller l'observation de ces prescriptions et de les exécuter au besoin par la voie de contrainte, ou d'en tirer des conséquences pratiques dans l'intérêt du service, de n'importe quelle manière, ces prescriptions auront en même temps l'effet d'une instruction pour les employés de l'entreprise.

Etant donné leur double caractère, les règlements intérieurs ne sont pas seulement notifiés aux employés de l'entreprise de la manière prescrite ; ils sont aussi

(8) Ces principes ont trouvé une application importante en matière de discipline scolaire. Dans le pouvoir intérieur de l'école est compris un certain droit de correction ; l'école a, en effet, la tâche officielle de faire de l'éducation, et la correction fait partie de l'éducation. Les régulatifs scolaires qui, en première ligne, sont des instructions adressées aux instituteurs, en déterminent les conditions et la mesure. L'instituteur qui excède ces instructions agit illégalement même vis-à-vis de l'enfant, c'est-à-dire vis-à-vis d'un tiers au point de vue d'une instruction. Mais les régulatifs fixent en même temps, pour ce tiers, ce qu'il devra supporter en vertu du pouvoir intérieur de l'école ; ce qui n'y est pas compris dégénère par conséquent en injures et voies de fait. Ainsi, des prescriptions émises par une autorité et qui n'ont pas le caractère de règles de droit, servent cependant à déterminer les limites juridiques des pouvoirs du fonctionnaire pour et contre le tiers, O. V. G., 22 oct. 1887 : Comme l'instruction détermine la mesure du droit de correction, le fait d'avoir excédé cette mesure par erreur constitue une erreur sur « le droit objectif », par conséquent est punissable.

mis à la portée de tous ceux qui pourront en devenir l'objet en vertu du pouvoir intérieur ; à cet effet, on appose des affiches à des endroits convenables des édifices de l'entreprise ; on fait des publications dans les journaux, des communications individuelles lors de l'entrée dans l'établissement.

III. — Les prestations de l'entreprise ne sont effectuées que pour la moindre partie par esprit de pure bienfaisance ou dans un intérêt public tellement supérieur que l'on présume qu'un équivalent compensatoire ne peut pas être réclamé à celui qui les reçoit. En règle, en échange des avantages de l'entreprise, il y a obligation de payer une *rétribution* (9).

1) Il convient, lorsqu'il y a travail en gros pour une foule de prestations de même espèce, comme cela a lieu dans l'entreprise publique, que les rétributions à percevoir soient fixées dans des états généraux, dans des *tarifs de rétributions*.

Lorsque ces tarifs sont établis dans la forme d'une règle de droit par une loi ou par ce qui remplace la loi, l'obligation de payer la rétribution, en ce qui concerne la manière dont elle prend naissance et dont elle est exécutée, ressemblera à celle qui accompagne l'usage de tous (comp. t. III, § 37, IV, n. 1, p. 211). Mais telle n'est pas la coutume. Les tarifs, au contraire, sont établis, comme on dit, dans la *voie administrative*, par conséquent sans prendre la forme d'une règle de droit ; ils produisent leur effet en conséquence. Même quand il intervient des règles de droit, celles-ci supposent que le tarif peut avoir son effet sans cela ; elles se contentent d'en déterminer certains détails (10).

(9) On traite aussi comme rétribution l'indemnité pour certaines prestations accidentelles, quand elle est prévue : *Mittelstein*, Beiträge, p. 67.

(10) Cela a lieu surtout pour fixer des peines contre la fraude : Bl. f. adm. Pr., 1882, p. 411 ; Loi postale, § 25, § 27 ss. La loi pourra

La possibilité d'un effet direct du tarif administratif repose sur ce qui constitue la différence entre les avantages d'une entreprise publique et ceux de l'usage de tous : celui qui reçoit les avantages de l'entreprise n'exerce pas seulement sa liberté individuelle ; *il se présente à l'administration afin d'obtenir d'elle une prestation positive.*

A la suite de cet acte, une obligation de payer la rétribution fixée par le tarif pourra prendre naissance de deux manières.

Pour le civiliste, l'explication la plus commode, c'est toujours le *contrat*. Si on a commencé par faire reposer sur un contrat le rapport entier concernant ces prestations, alors l'obligation de payer la rétribution ne forme qu'une partie des effets du contrat. Si on reconnaît, au contraire, la nature de droit public de ces prestations, on est encore libre de faire naître cette obligation de payer d'un contrat accessoire, ce qui donnerait un de ces rapports mixtes qui ont aussi leurs partisans, comme nous le savons. Dans l'un et l'autre cas, le tarif n'est qu'une liste de prix qui formera tacitement le contenu du contrat (11).

aussi avoir seulement pour but de lier le tarif, en sorte que le taux des rétributions ne pourra pas être augmenté par l'administration (loi sur le télégr. du 6 avril 1892, § 7), ou restera entièrement invariable pour celle-ci (loi sur les taxes postales, du 28 oct. 1871) Dans ce dernier cas, la loi établit le tarif elle-même, comme l'administration de la poste aurait pu le faire, en se servant seulement de ce qu'on appelle sa « force formelle » (comp. t. 1er, p. 89) ; l'effet du tarif vers l'extérieur reste le même. Comme il se peut que la loi veuille agir d'une manière très différente, la proposition de *Scholl* dans *Endemann*, Handbuch, III, p. 563 — à savoir que l'obligation de payer le port naît *ex lege*, — ne nous explique rien.

(11) Les tarifs de chemins de fer servent de modèle. En ce qui concerne le contrat qui doit constituer l'obligation de payer les rétributions de la poste et du télégraphe, comp. *Laband*, St. R. (éd. all., II, p. 96, et aussi p. 86 ss. ; éd. fr., III, p. 142 et aussi p. 125 ss.). Les droits perçus sur les marchands qui fréquentent les marchés publics sont presque partout traités comme des loyers : comp. t. III, § 39, note 7, p. 254. R. G., 15 mai 1885 (*Samml.*, XIII, p. 271), affirme directement « que le droit de place », pour les personnes qui sont tenues de le payer,

Mais la naissance de l'obligation peut aussi s'expliquer d'après les principes du *droit public* ; et, à notre avis, on est bien forcé d'admettre cette explication toutes les fois qu'on a dû se placer sur ce terrain pour la prestation de l'entreprise elle-même. Il ne peut alors être question de contrat ni pour l'un, ni pour l'autre (12). Le tarif prend plutôt le caractère d'un *acte administratif* qui tend à obliger tous les individus qui s'offrent à son effet en réclamant les avantages de l'établissement. La soumission volontaire qui en résulte remplacera en même temps le fondement légal qui, sans cela, serait nécessaire. Il n'y a rien d'extraordinaire à ce que l'acte administratif puisse produire ainsi son effet sur une personne désignée indirectement (13). Que le tarif soit ici plus qu'une liste de prix, cela résulte déjà du caractère d'autorité qu'il a dans la manière de s'exprimer et dans sa forme extérieure : en règle, il figure dans les

la nature d'un loyer ; cela repose sur une prescription de la loi ». Dans les lois qu'on invoque (Code industr. § 68 et loi Pruss. du 26 avril 1892), il sera difficile de trouver cette thèse.

(12) On reconnaît toujours qu'il existe des entreprises pour lesquelles la rétribution ne repose pas sur un contrat. La rétribution pour le déversement des eaux ménagères dans un égout public est imposée par le statut d'une commune comme équivalent, « d'après les principes généraux », sans contrat, ni loi, ni règles de droit, puisqu'il s'agit d'une « rétribution de droit public » : V. G. H., 5 déc. 1888 (Samml. X, p 281). La rétribution pour l'installation d'un monument funéraire dans le cimetière est qualifiée par O. V. G., 4 janv. 1859, de « rétribution ayant le caractère de droit public ». La rétribution scolaire, d'après *G. Meyer*, V. R., I, p. 233, repose non pas sur un contrat, « mais sur des prescriptions légales, à savoir sur des dispositions des organes communaux ». Ces dernières cependant ne sont pas des règles de droit ; comment dès lors produisent-elles leur effet ? De même, *Bornhak*, Preuss. St. R., III, p. 679, se contente d'appeler la contribution scolaire « rétribution de droit public ». Ainsi qu'on le voit, les efforts faits pour expliquer comment prend naissance l'obligation de payer la rétribution ne sont pas rendus superflus par les propositions de création contractuelle ; il s'agit seulement de savoir si la nécessité de cette explication existe pour un nombre plus ou moins considérable d'établissements. Comp. aussi *G. Meyer*, V. R., II, p. 196, 197.

(13) Comp. t. 1er, § 8, p. 130 ; t. II, § 26, p. 66 et 74.

règlements de police pour les marchés publics, etc. ; il est entouré d'ordres de police ; ou, plus souvent encore, il est contenu dans les règlements intérieurs édictés au nom des pouvoirs spéciaux qu'ils exercent.

2) Même lorsque le tarif fait partie du règlement intérieur, il ne repose cependant pas lui-même sur le rapport de sujétion que ce règlement fait valoir à l'encontre des clients de l'établissement. Ce rapport, comme nous l'avons déterminé sous II, n. 2 ci-dessus, p. 210, ne soumet ces clients qu'à des restrictions de la liberté et de la propriété nécessaires pour la bonne marche de l'entreprise ; l'obligation de payer une somme d'argent n'y est pas comprise. Donc le rapport de sujétion qui légitime ces autres injonctions en bloc est remplacé ici par le *consentement spécial* de l'individu.

De là résulte la possibilité d'une opposition entre les effets des dispositions générales émises en vertu du rapport de sujétion, et les effets du tarif obligeant en vertu de la soumission spéciale ; ces deux effets ne coïncident pas nécessairement.

La loi ou le règlement intérieur fixent les conditions dans lesquelles les prestations de l'entreprise devront être réclamées au profit de l'individu qui les désire. Cela ne dépend pas nécessairement de la capacité de cet individu ; et l'existence du pouvoir qui va être exercé au nom de l'entreprise sur les personnes et sur les choses qui y entrent, n'en dépend pas non plus (comp. note 5 ci-dessus, p. 210). L'obligation de payer la rétribution, au contraire, n'existe qu'à la condition que, dans cette demande des prestations de l'entreprise, il y ait la manifestation d'une volonté *capable de s'engager*. Ainsi il pourra arriver que les prestations de l'entreprise soient faites régulièrement et que le pouvoir intérieur se soit emparé des choses et de la personne, tandis que l'obligation de payer la rétribution n'ait pas pu prendre naissance (14).

Les ordres émis en vertu du pouvoir intérieur tirent, ainsi que ce pouvoir, leur force du seul fait que des personnes et des choses se trouvent placées dans la sphère d'activité de l'établissement. Par conséquent, les *innovations* qui y seront apportées produiront leur effet directement, même pour des rapports déjà en cours d'exécution. La rétribution, au contraire, fixée pour une certaine mesure de prestations, se détermine définitivement par l'entrée en jouissance de ces avantages : c'est seulement dans le fait de réclamer les avantages de l'entreprise que la rétribution trouve la soumission nécessaire pour

(14) Argumentant dans le cas où c'est un enfant ou un aliéné qui a fait l'envoi postal, *Laband*, St. R. (éd. all., II, p. 84; éd. fr., III, p. 126), démontre très bien qu'un acte valable est nécessaire pour créer l'obligation de payer la rétribution. Mais, d'après cet auteur, cela tient à ce que, avec ces personnes, il ne se forme pas de contrat valable de transport postal : « L'aliéné n'a pas plus de responsabilité envers la poste, que la poste n'en aurait à son égard, si, informée de son état, elle avait négligé de transmettre les paquets remis par lui ». Nous prétendons que la poste est tenue de procéder avec les choses remises par l'aliéné de la même manière qu'avec celles qui lui ont été confiées par un homme en pleine possession de ses facultés mentales. *Dambach*, Postges., p. 31, insistant aussi sur l'idée de contrat, exige la capacité de celui qui remet l'envoi comme condition de la validité du contrat et de l'obligation de la poste de se charger de l'envoi. Mais il ajoute que l'administration de la poste, en général, n'a pas à s'occuper de la capacité de celui qui envoie ». Ainsi donc, les choses pourront se faire sans cette capacité. C'est seulement à titre exceptionnel que le principe, d'après lui, aurait une importance pratique : « par exemple, si un homme interdit causait du désordre en faisant un envoi, la poste aurait le droit de refuser l'acceptation ». Mais supposons qu'un homme jouissant de tous ses droits voulut causer du désordre, est-ce que la poste n'aurait pas le même droit ? Il ne s'agit donc pas de capacité. La capacité n'a d'importance que pour l'obligation de payer la rétribution. Comme la rétribution, en règle, est payée d'avance (sans possibilité de répétition de l'indû, bien entendu, au cas où c'est un aliéné qui l'a payée), la question ne devient pratique que pour les lettres non affranchies : si le destinataire refuse, on ne pourra pas réclamer le port à l'aliéné qui aurait remis la lettre. Et encore, les employés ne pourront-ils pas, en considération de cette perte possible, s'enquérir de la santé du client; sinon, il faudrait aussi examiner sa solvabilité. L'obligation d'accepter les envois remis est formelle.

être valablement imposée ; le nouveau tarif ne peut produire son effet qu'à partir du moment où une jouissance nouvelle pourra être censée avoir commencé, par conséquent un consentement nouveau pourra être présumé avoir été donné (15).

Le pouvoir intérieur, n'étant qu'une forme du droit d'être le maître chez soi, a toujours son subordonné sous la main. Pour le tarif, la question du débiteur d'ordinaire ne se pose pas, la prestation de l'établissement ne commençant pas ou n'étant pas achevée avant le paiement. Toutefois, il est des circonstances où il sera nécessaire de *rechercher le débiteur*. Il s'agit alors de savoir quelle est la personne à laquelle il faut imputer l'acte juridique dont dépend l'effet du tarif. Cela peut être une personne autre que celle qui avait été soumise au pouvoir intérieur (16) ; cela peut aussi être une personne autre que celle qui, par son fait, a provoqué directement la prestation de l'entreprise, cette dernière personne n'ayant agi que comme représentant ou comme instrument de celle dont les

(15) Les prescriptions nouvelles concernant la discipline scolaire sont immédiatement applicables : les augmentations de rétribution scolaire, une fois l'année scolaire commencée, ne pourront entrer en vigueur qu'à partir d'une nouvelle époque. Un changement du Régulatif post. § 40, V. portant que des lettres à destinataire introuvable seront à l'avenir détruites à l'expiration d'un délai de deux mois, au lieu de trois mois, serait applicable à tout ce qui désormais serait mis au rebut, quelle que fût la date à laquelle la lettre aurait été remise à la poste et le « contrat » conclu, et cela malgré la Loi post., § 50 al. chiff. 4 ; c'est l'affaire du pouvoir intérieur. Au contraire, le port d'une lettre refusée par le destinataire ne sera dû que d'après le taux du tarif en vigueur au moment de la remise de la lettre.

(16) La discipline scolaire vise l'enfant ; le tarif de la rétribution scolaire vise celui qui a l'administration de sa personne. V. G. H., 30 mai 1888 (Samml., X, p. 45) : Un statut communal a prescrit les moyens dont les enfants devaient être pourvus pour suivre l'instruction de l'école primaire ; cela rentre dans l'exercice de la « police scolaire » — nous dirions du pouvoir intérieur de l'école. Au besoin, on procède par contrainte : les moyens sont livrés aux enfants par la commune, et les frais sont imposés aux parents à titre de rétribution.

affaires devaient être gérées. Il se peut même qu'après coup un tiers s'offre pour accepter le résultat de la prestation provoquée par un autre dans son intérêt et se reconnaisse le véritable destinataire. Cela ne présente d'importance que si le tarif a l'intention de le frapper comme débiteur ; les conditions pour qu'il puisse l'obliger sont remplies par suite de cette déclaration (17).

3) Le recouvrement des rétributions est garanti ordinairement par le paiement préalable dont l'entreprise fait dépendre sa prestation. Lorsque, par exception, il est nécessaire de ne faire payer qu'après coup, le paiement s'exécute dans la forme du recouvrement par contrainte administrative (t. II, § 32, II, p. 306). Les lois l'admettent directement en vertu du tarif qui a fait naître la dette, sans que cette dernière ait été fixée par un jugement ou par un acte administratif spécial (18). Il en résulte que l'individu qui prétend que la rétribution n'est pas due ou n'est due que pour

(17) Ainsi s'explique l'obligation du destinataire de payer le port d'un envoi postal non affranchi ou certaines rétributions télégraphiques (Régulat. du télégr., § 19. II). On a ici l'habitude d'imaginer une assignation donnée par celui qui envoie la dépêche au destinataire, et acceptée par ce dernier par l'acceptation de la dépêche. Mais cela ne répond pas à la réalité. L'obligation du destinataire est née avant qu'il n'ait ouvert la dépêche ; il y aurait donc acceptation de l'assignation d'un inconnu ? — Ce n'est pas l'institution du droit civil. Par l'acceptation de la dépêche, le destinataire est placé exclusivement vis-à-vis de l'administration du télégraphe ; il se reconnaît comme celui auquel l'administration a fait la prestation et se soumet au tarif qui, dans cette supposition, prétend le frapper.

(18) Ce n'est pas un *privilegium* (*Laband*, St. R., éd. all., II, p. 95 note 4 ; éd. fr., III, p. 151, note 5) : c'est une procédure souveraine qui, il est vrai, ne peut être autorisée que par une loi spéciale. La procédure normale serait la fixation de la dette par un acte administratif de l'autorité préposée à ce service, et le recouvrement par la contrainte administrative en vertu de ce titre (comp. t. II, § 32, p. 309). Puisque le contentieux de ces matières a été attribué en général aux tribunaux civils, on a pris l'habitude, pour les cas où la loi n'en a pas disposé autrement, de s'adresser, au moyen d'une simple demande en paiement, à ces tribunaux. C'est ce qui se fait, en particulier, pour les taxes du télégraphe.

une somme inférieure, est réduit à demander la restitution des rétributions qu'on lui aura fait payer. Cela peut se faire par la voie du recours ou de la demande administrative, suivant l'organisation de la protection du droit. Si rien n'a été prévu spécialement, le tribunal civil, d'après les principes qui régissent les droits pécuniaires, devra être réputé compétent pour connaître de la demande en restitution. Mais cette demande n'est ni une *condictio indebiti* ni une *condictio sine causa*. Le tribunal civil statue, comme un tribunal administratif, sur la question de droit public à régler par un acte administratif, à savoir si, d'après le tarif, la rétribution était due ou non. Si, dans la négative, la restitution doit être ordonnée, cela n'est qu'une conséquence de cet acte administratif qui concerne son exécution, de même que l'exécution forcée est la conséquence d'une réponse affirmative (19).

(19) *Glaessing*, Die cond. indeb. des deutsch. öff. R., p. 119 ss. Pour les *condictiones* de droit civil que nous avons étudiées au § 51, II, n. 3, p. 198, il y avait cette différence, que, dans les circonstances qui y donnent lieu, une créance de droit public n'est pas en cause.

§ 53

Indemnité pour dommages causés par l'administration.

Tout le système de rapports juridiques entre la puissance publique et l'individu reçoit encore un complément final par une institution dont nous avons déjà maintes fois rencontré des applications spéciales. Dans différentes occasions, nous avons vu naître des droits à l'obtention d'une compensation convenable en argent pour le dommage qui avait été causé aux individus par des mesures de l'administration publique. Il convient maintenant de réunir tous ces faits dans une idée unique qui, en même temps, étendra son influence beaucoup plus loin que tout ce que nous avons pu déjà observer, dans un grand principe général qui règlera les effets économiques de l'activité de la puissance publique exercés sur le sujet.

I. — Il s'agit d'indemniser l'individu d'un dommage pécuniaire qui lui a été causé. Cela ne repose pas sur les règles du droit civil touchant la *responsabilité pour fait illicite*; il peut y avoir fait illicite de la part des agents et des représentants de l'Etat, mais cela n'est pas essentiel pour qu'il y ait indemnité; celle-ci a lieu sans qu'il y ait à tenir compte de cela, et même pour des actes tout à fait légitimes; elle est toujours la même. On ne saurait non plus invoquer, comme base juridique, les principes du droit civil concernant la restitution de l'indû, l'*enrichissement sans cause* : il peut y avoir, dans les faits qui donnent lieu à cette indemnité, quelque chose qui ressemble à un enrichissement de l'Etat aux dépens du sujet ; mais cela n'est pas essentiel ; l'indemnité existera lors même que l'Etat n'a retiré aucun avantage positif.

Cependant il existe, entre cette dernière institution du droit civil et l'indemnité due par l'administration, une affinité très-marquée. Le point commun, c'est le grand principe fondamental dont elles émanent l'une et l'autre, à savoir l'idée d'*équité*, la *naturalis aequitas* (1).

Nous savons que cette idée exerce une grande influence sur le droit pratique ; elle sert à interpréter la loi, à la compléter et même à la rectifier. Elle est même assez forte, dans certaines circonstances, pour faire produire par le droit positif des institutions juridiques dont la seule raison d'être est de satisfaire à ce que l'équité exige. Nous appelons cela du *droit d'équite* (*Billigkeitsrecht*). L'exemple le plus important en droit civil, ce sont les actions en restitution de l'enrichissement sans cause. L'obligation d'indemniser qui incombe à l'Etat et dont nous parlons ici n'est que le

(1) Que le droit à indemnité dont nous traitons ait pour base le principe de l'équité naturelle (*Billigkeit*, *Gerechtigkeit*), cela n'est pas une doctrine nouvelle. Elle a été exposée très clairement par *Sarwey*, Oeff. R. u. V. R. Pfl., p. 373. Comp. aussi : *Pfeiffer*, Pract. Ausf. III p. 288 ; *F. F. Mayer*, Grunds., p. 433 ; *Haus* dans Lotz Nachrichten, p. 338 ; *Bähr*, Rechtsstaat, p. 163 ; *Grünhut*, Ent. R., p. 10 ; *Regelsberger*, Pand., I, p. 423 ; *Dernburg*, Pand. I, § 72 ; *Gierke*, D. Pr. R., I, p. 195. Le principe de l'équité, qui a eu une si grande influence sur la formation du droit civil, mérite aussi toute notre attention pour la sphère du droit public. *Auschütz*, Ersatzanspruch aus Vermögensbeschädigungen, ne se rend pas plus facile l'entendement du rôle que ce principe joue ici, en le confondant, de parti pris, avec le « droit de la nature » et avec les tendances de l' « individualisme politique » (p. 5, 54, 61, 63, 71). Mais n'a-t-on pas voulu aussi parler des tendances du « capitalisme »!

correspondant de cette institution dans la sphère du droit public

Les rapports du droit civil entraînent maintes fois cette conséquence que, par un seul et même fait, l'on éprouve une *perte* pécuniaire, tandis que l'autre *gagne* quelque chose. Ce résultat pourra paraître inique et on pourra le regretter ; mais, en général, il n'y a pas de remède. C'est seulement pour le cas le plus criant que du droit d'équité s'est formé, pour le cas de *passage direct de valeurs* d'une fortune dans une autre, sans équivalent et malgré la volonté de celui qui éprouve la perte. Dans ce cas, la compensation doit être faite moyennant la *restitution de l'enrichissement contraire à l'équité* (2).

Dans le rapport entre l'Etat et le sujet, il s'agit non pas de perte et de gain réciproques, mais de l'effet de l'activité de l'Etat sur les individus. Cela n'a pas lieu sans que les individus en éprouvent quelques préjudices ; mais ce sont les conditions d'existence de l'Etat auquel ces individus appartiennent ; il n'y a rien à y changer. Mais dès que ces préjudices frappent un individu d'une manière *inégale et hors de proportion*, l'équité commence à s'agiter, et quand le préjudice se traduit par un dommage matériel correspondant au passage de valeurs que l'on trouve dans la répétition de l'indû, il y aura ce qu'on appelle le *sacrifice spécial*, qui correspond à l'enrichissement sans cause, devant être indemnisé. La compensation se fait ici au moyen d'une *indemnité versée par la caisse commune*, ce qui est la « généralisation » du sacrifice spécial, correspondant à la restitution des valeurs qui ont passé contrairement à l'équité (3).

(2) L. 66, D. 12, 6 : *Haec condictio ex bono et aequo introducta, quod alterius apud alterum sine causa deprehenditur revocare consuevit.*

(3) Dans une vieille thèse pour le doctorat de Leipzig, se trouve la formule suivante qui fait très bien ressortir le parallélisme entre l'équité

Voilà l'idée de l'indemnité due par l'administration. Elle repose non pas sur un fait illicite, mais sur un fait contraire à l'équité, injuste. Frapper injustement, cela est réservé au supérieur ; la question de l'indemnité appartient donc entièrement au droit public (4).

Mais, pour être exigée par l'équité, cette indemnité ne constitue pas encore un droit. Ce droit, l'équité est un levier puissant pour le faire naître ; elle ne le crée pas directement, car le droit a ses formes propres pour se réaliser.

Cette réalisation s'opère de différentes manières, conformément au système des différentes sources du droit.

1) La *législation* s'est emparée de la question pour régler un droit à indemnité toutes les fois qu'elle ordonnait ou autorisait des atteintes dont la nature était d'imposer des sacrifices spéciaux. Ainsi, nous possédons toute une collection d'indemnités légales accordées pour des préjudices différents. Nous en avons vu des exemples dans la doctrine de l'expropriation, des servitudes imposées, de quelques restrictions de la propriété, de certaines charges publiques communes ou de préférence. C'est une œuvre inégale et décousue que les législateurs de l'Empire et des Etats ont faite, selon que les y appelaient les hasards de leurs occupations. La question reste ouverte pour les nombreux sacrifices spéciaux qui existent à côté des matières expressément prévues. Il est rare

publique et l'équité civile : « *Cum et commoda et incommoda, quae ex societate civili oriuntur ab omnibus aequali jure ferri debeant, tunc luce clarius apparet iis quibus propter publicum usum jus vel bonum aliquod ablatum est, damnum a caeteris refundendum esse* » : si non, « *repugnat aequitati* » (*Marschner, de potestate principis circa auferenda jura et bona civium*, § 43, § 52).

(4) *Ihering*, Zweck im R., p. 352 : « juste ou injuste, ce n'est que celui qui peut ordonner ».

qu'on y ait pourvu au moyen d'une prescription législative générale, reconnaissant directement le droit à indemnité selon les exigences de l'équité (5).

2) Comme il s'agit de droit public, nous n'admettons pas qu'un *droit coutumier* puisse se former aujourd'hui afin de satisfaire à ces exigences (Comp. t. Ier, § 10, IV, p. 168). Mais cette exclusion ne vaut que pour l'Etat actuel, avec son organisation spéciale du pouvoir législatif. Or l'idée du droit d'équité qui nous occupe existait bien avant cette époque, et un droit coutumier pouvait se former pour obliger le fisc à payer une indemnité pour certains dommages causés par l'Etat. Cette obligation était alors considérée comme une obligation de droit privé. Cela ne l'empêchera pas d'être appelée aujourd'hui obligation de droit public, et cela n'empêchera pas non plus la règle de droit coutumier qui s'était formée à cet effet, de subsister dans l'Etat moderne. Il n'est pas contestable qu'il existe aujourd'hui, dans toute l'Allemagne, des règles de droit coutumier concernant l'indemnité de droit public. Ces règles accordent l'indemnité d'une manière générale pour tout ce qui ressemble à une expropriation et pour d'autres préjudices contraires à l'équité (6). Elles seraient donc bien propres à combler

(5) Il y en a un exemple illustre dans A. L. R., Einl. § 75 : « L'Etat est tenu d'indemniser celui qui est dans la nécessité de sacrifier à l'intérêt de la communauté ses droits et avantages particuliers ».

(6) Nous aurons à citer beaucoup d'exemples tirés de la jurisprudence. Mais ce qui importe surtout, c'est que l'existence d'un pareil droit ait été maintes fois l'objet d'affirmations directes. Comp. par exemple, décision de la Fac. de droit d'Iéna du 14 juin 1874 (*Reyer*, III, p. 98) . « une règle du droit commun certaine et indubitable » ; O. Tr. 28 nov. 1859 (Str., 35, p. 315) : « selon les principes du droit commun » ; O. A. G. Darmstadt (Seuff. Arch., VII, p. 219) : « par des considérations du droit public » ; R. G. 13 janv. 1883 (Samml., XII, p. 3) : selon le droit commun, « il y a directement contre l'Etat droit à une indemnité complète ». — L'étendue matérielle de ce droit coutumier étant devenue l'objet d'une vive controverse, le tribunal de l'Empire, dans une décision de principe (R. G. 1er févr. 1898, Samml., XLI, p. 142 ss.) l'a fixée de la manière suivante : il y a, d'abord, un droit coutumier

les lacunes que les lois spéciales doivent laisser. Mais elles ont aussi le côté faible de tout droit coutumier, celui d'être mal définies et mal garanties. Ce mauvais état du droit coutumier a ici, comme nous allons le voir, une cause spéciale dans le travail concurrent de la jurisprudence et de la doctrine, travail qui l'empêche de prendre racine ou qui le dénature après coup (7).

3) La jurisprudence des tribunaux est d'une importance particulière pour un droit d'équité. Non seulement c'est elle qui nous renseigne sur l'existence d'un droit coutumier ; mais, inspirée et guidée par la doctrine, elle peut combler les lacunes du droit positif, au moyen de l'interprétation et de l'analogie. Que l'on considère ou non cela aussi comme une espèce de droit coutumier, ce qui est certain c'est que cette manière d'améliorer le droit n'est pas exclue, même dans la sphère du droit public. Or ce travail ne se fait

qui accorde l'indemnité pour tout ce qui est expropriation, c'est-à-dire transfert de la propriété par un acte d'autorité. Mais ce droit coutumier embrasse aussi le cas où la propriété est sacrifiée d'une autre manière, par une destruction de son objet, par exemple. Et encore, « il est conforme au développement du droit » que cela s'applique aussi à des droits autres que la propriété ; au nom de ces droits, on aura donc droit à une indemnité, quand ils auront été supprimés ou que leur exercice seulement aura été empêché. C'est donc en vertu de ce droit coutumier que le Tribunal de l'Empire a accordé une indemnité dans le cas où l'exercice d'un droit de pêche sur un fleuve public avait été non pas totalement supprimé, mais sensiblement restreint par suite de travaux publics. Les conséquences de cette décision, qui n'a en vue que des droits sur les immeubles, vont très loin.

(7) *Auschütz*, Ersatzanspruch, p. 29, 30, pose mal la question, quand il me reproche de supposer la formation d'un droit coutumier sans preuve suffisante. Mais sur les faits mêmes, nous sommes d'accord. Ce qui nous sépare, c'est l'appréciation : *Auschütz* estime qu'en dehors de l'expropriation un droit coutumier accordant l'indemnité ne s'est pas suffisamment « consolidé » (p. 45, p. 34) ; pour les nombreux cas d'indemnité qui se couvrent des règles du droit civil sur la responsabilité pour faits illicites, il n'a pas compris mon scrupule : il les accepte comme des applications toutes naturelles de ces règles, ce qui n'est pas du tout exact. Il n'y a qu'un seul point douteux : un droit coutumier peut-il se former par l'application abusive du droit existant ? Question très délicate !

jamais avec plus d'énergie que lorsqu'il s'agit de donner satisfaction à une exigence de l'équité qui semble ne pas trouver son compte dans le droit positif. C'est ce qui s'est produit, par exemple, en France, pour la restitution de l'enrichissement sans cause ; tout le système du droit romain a été maintenu à l'aide de quelques mots du Code civil concernant seulement la *condictio indebiti*. Et dans le même sens, lors de la rédaction du Code civil allemand, on a cru pouvoir se contenter du texte un peu énigmatique du § 812 — « celui qui reçoit quelque chose sans cause juridique » ; — la jurisprudence y trouvera assez pour réaliser ce qu'exige l'équité.

Il s'est produit la même chose pour l'indemnité due par l'administration. Les tribunaux civils étant chargés chez nous, en principe, de la juridiction concernant toutes ces réclamations pécuniaires, il est évident qu'on devait chercher un point d'appui dans le droit positif, dans la sphère du droit civil. Et il faut le reconnaître, on a fait tout le possible à cet égard. On opérait par voie d'analogies avec l'indemnité d'expropriation, considérée comme *obligatio ex lege* du droit civil ; bien entendu, on faisait aussi intervenir la *versio in rem* et la *lex Rhodia de jactu*, des fictions de promesses et de garanties données tacitement (8).

(8) *Weber* dans Lotz Nachrichten, p. 504, invoque la L. 52, 4, D., *pro socio* ; *Lauterbach*, *comp. jur.*, XIV, 2 ; *Bocer*, *de regal.*, cap. III, n. 249 ss. ; *Keittmayr*, Cod. Max. IV, cap. 13 § 4, n. 2, font reposer l'indemnité d'expropriation sur la l. 3, D., *de lege Rhodia de jactu* (contra : Bayr. Ob. G. H., 12 mai 1878 ; Samml., VIII, p. 842). D'après Bl. f. adm. Pr., 1870, p. 345, le droit général à une indemnité serait justifié tant par l'analogie avec la loi d'expropriation que « par la prescription de la Constitution qui déclare le fisc justiciable des tribunaux ». *Mittermaier*, dans Arch. f. civ. Pr., IV, p. 330, estime simplement que la justice « pourra supposer » que le régent, dans des cas pareils, voulait accorder une indemnité. — On s'attachait aussi à faire une application extensive du droit des faits illicites. *Sendheim*, Prakt. Rechtsfragen, p. 13, déclare l'Etat responsable, parce qu'il a donné à ses fonctionnaires le

Le moyen préféré par dessus tout était toujours de faire découler l'indemnité exigée par l'équité, de la constatation d'un fait illicite d'un agent quelconque de l'Etat qui aurait causé le préjudice, et de déclarer l'Etat responsable. Il dépendait naturellement du droit civil, que la chose fût plus ou moins facile à faire ; c'est pour cela que, pendant longtemps, la jurisprudence des pays de droit français, grâce à l'art. 1384 C. c., en apparence si commode, a marché à la tête de ce mouvement (9). Depuis la promulgation du

pouvoir de causer un dommage. Le fait même que l'atteinte préjudiciable était peut-être tout à fait légitime n'empêche pas de faire reposer l'obligation d'indemniser sur un fait illicite : le droit d'exproprier, il est vrai, repose sur une loi ; mais, par sa nature, c'est un « tout légal ». En ce sens, *Schwab* dans Arch. f. civ. Pr., XXX, p. 177, note 186.

(9) En Alsace, un garde forestier poursuivant, dans l'exercice de la police forestière, un délinquant et voulant tirer en l'air, a tué cet homme. La demande en dommages-intérêts dirigée par la veuve contre l'Etat fut rejetée par O. L. G. Colmar (Jurist. Ztschft f. Els. Lothr., XII, pp. 79 ss.) ; R. G., 8 déc. 1882, déclare au contraire : La question de savoir si un tiers devra garantir les obligations d'un autre individu résultant de délits, appartient, par nature, au droit privé ; par conséquent, rien n'empêche d'appliquer, en principe, l'art. 1384 du Code civil à la question de la responsabilité de l'Etat, qui ici ne doit être considéré que du côté droit pécuniaire. Qu'il s'agisse ici de l'exercice de pouvoirs de police, cela n'est pas de nature à exclure la responsabilité de l'Etat. » Ce que cependant l'on devrait tout d'abord examiner, c'est de savoir si cela n'est pas propre à exclure l'application du droit civil. Sinon qu'est-ce qui y serait propre ? Mais c'est encore une pétition de principe que de dire : étant donné que l'obligation de l'Etat, si la règle du droit privé lui était applicable, serait de nature droit privé, le droit privé s'applique ici à l'Etat. — Une patrouille militaire, à l'occasion d'une arrestation, avait tiré : un tiers est blessé ; il assigne le « fisc militaire » ; O. L. G. Colmar, 9 janv. 1888 (Jurist. Ztschft f. Els. Lothr., XIII, p. 123 ss.), adoptant maintenant la construction juridique établie par le Tribunal de l'Empire, déclare l'art. 1384 du Code civil applicable. — Des prisonniers qui, dans une prison de l'Alsace, avaient été employés à un travail forcé, sont blessés à cette occasion par la faute d'un surveillant ; à la demande en dommages-intérêts, on oppose que l'Etat exerçait ici ses droits de supériorité : mais cette fin de non-recevoir est écartée par la Cour de Colmar, comme par le Trib. de l'Emp., au moyen de cette formule empruntée au Régime de la police : le juge peut, en vertu de l'art. 1384, « déclarer le fisc responsable des suites pécuniaires de l'acte du fonctionnaire de l'Etat » (Jurist. Ztschft f. Els. Lothr. IX, p. 273 ss ; XII, p. 317). — R. G. 21 déc. 1886 (Samml., XVII, p. 105) a, du reste, pu condamner l'Etat *ex*

Code civil de l'Empire, on invoque les §§ 31, 831, 833 et 836. On ne réussit qu'au moyen d'une interprétation assez hardie donnée à la notion du « représentant constitutionnel » (*verfassungsmässiger Vertreter*) du § 31 (10) et en renonçant presque complètement à la constatation d'une faute concrète et d'une personne fautive ; il suffit, en effet, du fait du dommage causé par l'administration (11). Surtout, en vue de rendre applicables toutes ces prescriptions qui supposent cependant qu'il s'agit du Fisc, de l'Etat poursuivant ses intérêts économiques à la manière d'une personne privée, on a encore fait tout le possible en interpréta-

delicto, même en vertu du droit prussien moins souple : à l'occasion de la construction d'une route, une maison est endommagée ; on n'a ici affaire qu' « à l'Etat représenté par le fisc ; le fisc, en tant qu'homme privé, est soumis à la prescription pénale du § 367 n. 14 du Code pénal (menaçant d'une peine celui qui, dans une construction, néglige de prendre les précautions prescrites par la police), et, par conséquent, devra supporter également l'obligation, qui résulte de ce délit, de réparer le dommage ».

(10) Sur cette question, comp. *Lenel* dans Deutsch. Juristen-Zeitung, 1902, p. 9 ss.

(11) Il en était toujours ainsi dans les applications extensives du droit des faits illicites ; comp. *Dreyer* dans Ztschr. f. franz. Civ. R., IV, p. 393 : « Ce qu'il y a de particulier dans ces cas, c'est qu'on ne pourra distinguer que très rarement entre l'atteinte légitime et l'atteinte illicite ». Mais alors, on ne devrait pas parler de responsabilité pour fait illicite. Comp. aussi R. G. 14 mars 1889 (Samml., XXIII, p. 257). Aujourd'hui, quand il s'agit de rendre l'Etat responsable de la faute d'un agent, on se contente de cette constatation générale : « il est hors de doute que, de la part d'un officier ou fonctionnaire, la diligence nécessaire n'a pas été observée » (R. G. 19 mars 1903 ; Samml., LIV, p. 158 ; R. G. 30 mars 1903, Samml., LIV, p. 200). Mais surtout on aime à invoquer les règles des §§ 836, 837 C. civ. de l'Emp., qui rendent responsable du dommage causé par la ruine d'un bâtiment ou d'une partie d'un bâtiment, à moins de prouver que l'on a pris les soins requis dans la vie ordinaire. Ainsi, le fisc sera responsable du dommage causé par la chute d'un poteau d'une ligne télégraphique militaire (R. G., 19 mars 1903). De même, il y aura responsabilité de l'Etat ou de la commune pour tout dommage causé par le mauvais état de leurs chemins publics. Le Tribunal de l'Empire, par une décision fortement motivée, a confirmé sa jurisprudence à cet égard, en la corroborant encore par le § 836 C. c. : ce que ce paragraphe décide pour le cas de ruine d'un bâtiment, renferme, d'après le Tribunal, un principe plus général (R. G. 23 février 1903 ; Samml., LIV, p. 58).

tions extensives (12). Les législations de quelques pays, profitant de l'art. 77 de la loi d'introd. du Code civil, ont permis de franchir la dernière limite, en déclarant l'Etat responsable du dommage causé par ses fonctionnaires même dans l'exercice de la puissance publique qu'il leur avait confiée, quelquefois même pour le cas où il n'y a pas de faute de la part de l'agent (13).

Tout cela se comprendrait difficilement s'il s'agissait seulement de mettre en jeu la responsabilité pour un fait illicite dans la sphère et selon les idées du droit civil. Mais il est évident que la jurisprudence, — avec la complicité, en partie, de la législation particulière, — a rendu ainsi le droit civil tributaire de l'idée

(12) Dans la décision de 19 mars 1903, il s'agissait d'un télégraphe militaire construit pendant les grandes manœuvres. Mais le Tribunal de l'Empire écarte la fin de non recevoir tirée du caractère de droit public de cette entreprise, en constatant simplement que l'obligation de bien entretenir ses constructions est une exigence de la vie ordinaire et n'a rien à faire avec le droit de supériorité concernant les affaires militaires ; Samml., LIV, p. 159.

(13) En Bavière, d'après la loi d'exécut., art. 60, 61, l'Etat est responsable, même si le fonctionnaire lui-même est à l'abri d'une poursuite, parce que le fait dommageable ne peut pas lui être imputé. — En Prusse, la loi d'exécut., art. 89 n° 2, réservait, pour la province Rhénane, l'art. 1384 du Code civil français, « en tant qu'il s'applique à l'exercice de la puissance publique ». Le ministre, dans les débats parlementaires, faisait comprendre que, à son avis, cet article ne disait pas grand chose, attendu que l'art. 1384 du Code civil français n'a rien à faire avec l'exercice de la puissance publique. Cependant, depuis lors, une commune rhénane a été rendue responsable du dommage causé par les excès d'un agent de police : R. G. 16 févr. 1903 ; Samml., LIV, p. 19. Le résultat, c'est qu'aujourd'hui cet art. 1384 a été abrogé pour sa sphère légitime, et conservé pour la sphère du droit public sur laquelle les tribunaux ont étendu son application. — Notons encore un fait très significatif. A la note 9 ci-dessus p. 228 nous avons cité le cas des prisonniers blessés, qui a été jugé par application de l'art. 1384 C. civ., attendu qu'il s'agit d'un rapport pécuniaire du fisc ; depuis lors, la loi d'exécution de l'Alsace-Lorraine, art. 40, a déclaré l'Etat responsable même pour des dommages causés dans l'exercice de la puissance publique ; et aujourd'hui, R. G., 10 déc. 1903 (Samml., LVI, p. 216 ss.), renonce hautement à faire l'assimilation d'un cas tout à fait analogue avec un rapport d'économie privée et de droit civil. L'équité obtient maintenant satisfaction par une voie plus simple et n'exige plus cet effort juridique extraordinaire.

d'équité à réaliser par ce moyen. C'est ce qui donne à ses audaces une bonne conscience.

De cette manière, on a réussi à combler beaucoup de lacunes laissées par les lois et par le droit coutumier proprement dit ; mais on dénature le droit civil touchant les faits illicites ; et ne pouvant cependant pas rompre franchement avec l'idée de faute, on remplace le véritable droit d'équité par des constructions juridiques plus ou moins artificielles qui, au hasard, donnent tantôt plus, tantôt moins que ne l'exigerait l'équité.

II. — On comprend combien, dans cette situation, il est difficile d'établir une *doctrine générale* de l'indemnité pour dommage causé par l'administration. Il faut cependant essayer de le faire, car il serait mesquin de se contenter de rechercher les détails (14). Nous voyons que, dans le droit existant, une idée d'équité tend à se réaliser ; nous pouvons savoir quelle est cette *idée* ; elle nous présentera l'ensemble d'une institution juridique en tant que sa *réalisation* pourra se constater sous une forme quelconque. Les deux choses, se corrigeant réciproquement, nous donneront la mesure de ce qui est essentiel et de ce qui est exclu.

Il s'agit de réparer un préjudice matériel causé par l'administration et imposant une charge à un individu d'une manière injuste et inégale. Commençons par développer ces *conditions*.

1) Il faut un dommage *causé par l'administration publique* (15), produit par une force émanant de celle-ci. La forme spéciale dans laquelle s'exerce cette force est indifférente. Peu importe que ce soient les hommes de

(14) *Auschütz*, Ersatzanspruch, tout en déclamant contre la théorie générale, développe cependant une théorie générale qui lui est propre, d'après laquelle tout est corrompu par cet abominable individualisme politique, par dessus tout la législation prussienne, — qu'il faut faire évoluer vers le principe contraire (l. c., p. 133).

(15) Sur cette notion, comp. t. 1er § 11, p. 182.

cette administration ou les choses qui lui appartiennent, que ce soit un acte d'autorité enlevant un droit ou imposant une restriction, que ce soit le fait de la destruction de valeurs pécuniaires, que ce soit l'influence fâcheuse de l'existence ou de la suppression d'un ouvrage (16). Surtout, la cause une fois donnée, peu importe la qualification morale que mériterait l'agent par lequel cet effet est produit : qu'il ait voulu cet effet directement en vertu d'une autorisation de la loi et dans l'exercice régulier de ses pouvoirs, ou qu'il pût agir légalement au risque de produire cet effet, que le dommage ait été l'effet involontaire de ce qu'il faisait grâce à la faiblesse et la défectuosité inhérente à toutes les actions humaines, ou qu'il ait agi directement contre la loi, commettant un fait illicite plus ou moins flagrant (17).

(16) La causalité extérieure qui, seule, est en question, peut résulter du fait que l'administration, s'étant *mise en possession d'une chose*, ne peut plus la rendre ou ne peut la rendre que dans un état endommagé. Selon les principes de la preuve qui régissent naturellement ces cas en droit public aussi bien qu'en droit civil, l'administration devra être considérée comme ayant causé le dommage, à moins qu'elle ne prouve une cause étrangère. Comme on doit le penser, la doctrine a essayé d'expliquer cela au moyen de contrats civils sous-entendus ; c'est ainsi qu'on a voulu établir la responsabilité de la poste pour les choses qui lui sont confiées, du mont-de-piété pour les choses engagées, de l'hôpital pour les vêtements que le malade apporte. Mais la responsabilité sera la même, si la chose a été saisie par les fonctionnaires de la douane, ou s'il s'agit de voitures, chevaux, ustensiles dont le militaire s'est emparé par voie de réquisition, ou de choses consignées en justice ou remises au tribunal à l'occasion d'un procès. *Loening*, Haftung des Staates, p. 131, propose ici la fiction d'un « rapport semblable à un contrat », qui se formerait à côté de la mesure d'autorité. Comp. encore sur ce point très contesté : *Pfeiffer*, Prakt. Ausf. II, p. 565 ; *Zachariae*, dans Ztschft f. Stsw. 1863 p. 627 ss. ; *Scholz*, dans Jur. Wochenschrift f. d. Preuss. Staaten, II (1836) p. 5 ss. ; *Bähr*, Rechsstaat, p. 176 ss., v. *Sarwey*, Oeff. R. u. V. R. Pfl., p. 305.

(17) Nous ne pouvons donc pas nous associer à l'éloge que *Auschütz* Ersatzanspruch, p. 4, note 4, fait à *Loening*, pour avoir écarté de notre indemnité le cas de la responsabilité pour fait illicite. Les dégats causés par les manœuvres sont les mêmes et réglés de la même manière, qu'ils aient été causés légalement, ou qu'ils l'aient été en excédant les limites permises soit par une erreur excusable, soit par une négligence flagrante. L'indemnité, due d'après

2) Il faut que ce dommage blesse l'équité en frappant l'individu d'une manière *injuste et inégale*. Il ne devrait pas être nécessaire de dire que l'équité n'exige pas la réparation de tout préjudice causé à l'individu par l'Etat. La condition se déterminera mieux par l'indication de ce qui est exclu. — Il n'y a pas dommage contraire à l'équité dans toutes les charges et impositions publiques qui sont censées frapper les individus d'après un certain plan et selon leurs facultés respectives : tels sont les impôts, les services forcés (§ 43 ci-dessus, p. 14 et s.) et les charges publiques ordonnées (§ 47, III, n. 2 ci-dessus, p. 127 et s.). Dans tous ces cas, le préjudice conserve le caractère d'*égalité* ; cela suffit pour le mettre d'accord avec l'équité.

D'un autre côté, il n'y a pas de violation de ce principe non plus dans les préjudices qui, tout en frappant d'une manière inégale, sont justifiés par un rapport spécial de l'individu qu'ils frappent, qui ne sont pas, pour parler le langage du droit civil, des préjudices inégaux *sans cause*. C'est ce qui s'applique à

l'équité, embrasse beaucoup de cas où l'Etat sera responsable d'un fait illicite ; mais le délit est alors indifférent ; ou, s'il est essentiel, il ne l'est qu'indirectement : pour savoir de quel côté le dommage a été causé, il faut très souvent rechercher de quel côté était la faute. Tel sera, par exemple, le cas dans une collision entre un vaisseau de guerre et un navire de commerce. Ou bien la constatation de la faute est nécessaire pour établir qu'il y a eu un préjudice spécial qui n'est pas compris dans ce qui doit être supporté au profit de ce service public, ordinairement et généralement par tout le monde. Un exemple dans R. G. 30 juin 1903 (Samml., LV, p. 231) : Les employés de la douane ayant saisi un cheval, le propriétaire fait la preuve que les droits avaient été payés à un autre bureau. De pareilles rigueurs forment une charge concomitante à la perception des droits ; le public doit les supporter comme les droits eux-mêmes, sans indemnité (Comp. O. L. G. Colmar 2 déc. 1887, Jur. Ztschrft f. Els. Lothr. XIII, p. 118). Mais, de plus, les employés avaient retenu le cheval plus longtemps qu'il n'était nécessaire ; dans ce cas, une indemnité est due par l'Etat ; que le Tribunal arrive à ce résultat par une fausse application du droit civil, cela n'empêche pas sa décision d'être juste et bien jugée au fond.

toutes les charges qui ont le caractère d'équivalents : charges de préférences (§ 48, I ci-dessus, p. 129), charges des concessionnaires (§ 50, I ci-dessus, p. 171); maiscela s'applique également à tous les dommages que l'Etat pourra infliger à l'individu qui les aura « mérités » : peines criminelles et mesures de police de toute espèce (18).

3) Il faut un préjudice *matériel*, correspondant au « passage de valeurs » dans l'enrichissement sans cause, ou, selon l'expression usitée, un *sacrifice* spécial. La responsabilité civile peut comprendre toute différence de valeur d'une fortune avant et après l'événement qui l'entraîne : le crédit, la clientèle, le gain manqué y trouveront leur protection. La gestion des intérêts publics touche les intérêts individuels justement à

(18) Au tome II, § 19, note 21, p. 20, nous avons parlé de l'affaire des clefs de tuyaux de poële qui, autrefois, a fait sensation à Berlin. Les propriétaires qui avaient été frappés par cette mesure de police leur occasionnant des frais considérables, ont formé une demande en dommages-intérêts à cause du « sacrifice spécial » qui leur avait été imposé. O. V. G. 5 déc. 1881 rejette la demande ; car « le propriétaire ne doit tout de même pas préjudicier aux intérêts de la communauté ; on n'exige donc pas de lui quelque chose de plus ; on ne lui impose pas de restriction nouvelle ». Voilà le principe de la police. Comp. R. G. 12 nov. 1887 (Samml., XIX, p 353) ; *Oppenhoff*, Ressortverh., p. 355 n. 106 : il ne découle pas de droit à indemnité, selon A. L. R. Einl., § 75, du fait de mesures par lesquelles « sont seulement maintenus les principes généraux du pouvoir de police ». — Notons, cependant, que cela ne donne une délimitation exacte que dans le cas où le mot police est entendu dans le sens moderne, comme nous l'avons établi au t. II, § 18, p. 1 et s. En Prusse, spécialement, la terminologie n'est pas encore fixée d'une manière assez sûre ; on parle encore de « dispositions de police » dans le sens de mesures d'administration intérieure. Cela entraîne une certaine confusion, quand, d'une part, on affirme que des mesures de police (dans le sens moderne) ne donnent pas droit à indemnité, et quand, d'autre part, on alloue cependant cette indemnité pour dommage causé par une disposition de police (dans le sens ancien). Comp. O. Tr. 18 mars 1867 (Str., 67 p. 108) ; C. C. H., 5 juin 1852 et 13 oct. 1873 (J. M. Bl., 1874 p. 39) ; O Tr., 21 oct. 1869 (Str., 77 p. 1) ; O. Tr. Präjudiz n. 220 (Str. 274) ; *Oppenhoff*, Ressortverh. p. 354, n. 105. — *Auschütz*, Ersatzanspruch, p. 111 note 126, p. 121 note 143, p. 134. ajoute encore plusieurs cas de la même confusion, et croit avoir prouvé ainsi que, pour le droit prussien, ma thèse — que la police n'indemnise pas — est fausse (p. 29 note 6, et aussi p. 101 note 93). Il n'a pas bien lu ce que j'ai écrit.

cette périphérie, d'une manière très intense et toujours inégale. L'équité ne peut pas l'y suivre avec ses exigences d'indemnité ; par analogie avec la répétition de l'indû, elle ne protège qu'un cercle plus restreint d'intérêts de l'individu. Préjudice matériel, sacrifice spécial, cela veut dire qu'il est porté atteinte à sa *personne*, à son corps ou à sa liberté, ou aux valeurs qui se trouvent réunies sous *son pouvoir juridique direct* (19). Il semble que l'observation de la zone protégée n'offre pas de difficultés pour la jurisprudence. Elle est aidée, du reste, par les applications que le droit a encore faites de la même délimitation, à savoir le droit constitutionnel par la notion de l'atteinte à la liberté et à la propriété, et le droit civil par la notion de la « sphère de droit » protégée d'une manière absolue contre des faits dommageables d'après le § 823 al. 1 du Code civil (20).

(19) C'est en ce sens qu'on nous répète que l'indemnité suppose une atteinte à des droits acquis, droits bien acquis, droits individuels, droits privés : *Zachariae*, St. R. II, § 152, 153 : *Pfeiffer*, Prakt Ausf., III, p. 258 ; v. *Sarwey*, öff. R. u. V. R. Pfl. p. 373 ; *Grünhut*, Ent. R., p. 10 ; Loi Pruss. du 11 mai 1841 § 4 (comp. *Oppenhoff*, Ressortverh., p. 354, n. 101 ss.). ; Bayr. Ob. G. H., 27 oct. 1877 (Samml., VII, p. 50) ; R. G. 28 mai 1880 (Samml., II, p. 353 : « la lésion d'un état juridique existant »). Il est complètement faux de prétendre, comme *Auschütz*, Ersatzanspruch, p. 62, que, pour être logique, je devrais aussi reconnaître un sacrifice spécial donnant droit à indemnité dans le cas du négociant qui souffre du changement survenu dans le système douanier.

(20) *Auschütz*, l. c., p. 62, 63 reproche à ce système d'établir, pour l'Etat, une obligation d'indemniser « sans rivages », parce que l'idée du sacrifice spécial serait une « formation juridique aérienne », impossible à appliquer en pratique. Nous ne nous occuperons pas de son système à lui, d'après lequel l'indemnité serait due pour l'expropriation et pour les actes « expropriatifs » comprenant tous les cas pour lesquels elle a encore lieu, sans qu'on puisse dire où est la limite. Mais nous savons qu'en France le Conseil d'Etat alloue, dans le sens que nous venons d'exposer, des indemnités pour « dommages directs et matériels » : *Ma* Theorie des Franz. V. R., p. 356. Dès lors, cette impossibilité pratique ne doit pas être aussi grave qu'on le prétend. — La limite que nous indiquons est maintenue dans notre droit également et d'une manière très significative. Car, même dans les cas où l'on cherche à donner satisfaction aux exigences de l'équité au moyen d'une application extensive du droit des faits illicites, on n'accorde

III. — Ces conditions remplies, l'*effet juridique* qui en résulte est un droit, pour l'individu qui a éprouvé le dommage, à en obtenir la réparation.

1) Le débiteur, c'est l'administration publique dont émane le dommage, c'est-à-dire le sujet au nom duquel se fait cette administration. C'est ordinairement l'Etat. Mais comme des portions de l'administration publique pourront aussi appartenir à des corps d'administration propre et à des entrepreneurs concessionnaires, il faudra distinguer : chacun de ces sujets de l'administration publique devra supporter respectivement, vis-à-vis des individus qui se plaignent de dommages causés, les indemnités à raison des dommages résultant de la portion d'administration qui lui compète.

Encore faut-il, pour déterminer l'administration à

l'indemnité que pour des « atteintes directes à la sphère de droit ». Comp. O. Tr. 25 sept. 1856 (Str. XXIV, p. 1) ; R. G., 28 mai 1880 (Samml., II, p. 353) ; O. L. G. Colmar, 2 déc. 1887 (Jurist. Ztschft f. Els. Lothr., XIII, p. 118). D'un autre côté, lorsque le dommage peut résulter des procédés d'une entreprise publique, les lois ou régulatifs qui en déterminent les rapports ont soin de fixer le droit à indemnité dans ce sens. Un exemple dans la Loi postale, § 6 : une indemnité pour retard n'est due que dans le cas « où, par suite du retard, la chose est détériorée ou a perdu sa valeur en partie ou totalement ». Comp. *Dambach*, Postges., p. 56 : *Schott*, dans *Endemann* Handbuch, p. 546, note 3. *Mittelstein*, Beiträge, p. 42 ; *Laband*, St. R. (éd. all., II, p. 92, note 2 ; éd. franç., III, p. 137, note 1).

C'est ici le point où est concentré tout entier l'intérêt juridique de la question de l'indemnité due aux propriétaires de maisons pour le cas de suppression de la voie publique (comp. t. III, § 37, IV n. 2, p. 217). Il s'agit de savoir s'il y a atteinte ou non à la « sphère de droit » du propriétaire. Le Tribunal de l'Empire semble vouloir refuser l'indemnité, depuis qu'il n'ose plus construire une espèce de servitude de droit civil qui serait supprimée (R. G. 20 avril 1902 ; Samml., LI, p. 251). Mais il suffit que, par l'usage de tous, les avantages spéciaux de la rue soient garantis juridiquement à la maison contiguë, aussi longtemps que cette rue existera. C'est pourquoi on fait payer, dans beaucoup d'Etats, par les propriétaires riverains, les frais de la construction de la rue ainsi que le prix du terrain qui y est nécessaire ; il serait donc souverainement injuste de vouloir les priver de cette même rue, sans indemnité. Comp. la décision du Min. de l'Int. de la Saxe du 30 oct. 1896 (Fischers Zeitschft, XVIII, p. 197 ; Sax. O. V. G. 11 mai 1904 (Samml., V, p. 307).

laquelle incombe cette obligation, ne pas perdre de vue le caractère de cette indemnité : c'est l'équité qui la dicte. Il s'agit donc de savoir non pas qui a infligé le dommage selon la forme juridique, mais au profit de qui il a été causé *matériellement*. Ainsi, nous avons vu que c'est toujours l'Etat qui exproprie en vertu de son autorité d'expropriation ; cependant, l'indemnité est due par l'entreprise au profit de laquelle a lieu cette expropriation. Les chefs des communes répartissent les logements militaires et imposent ces prestations aux individus ; mais c'est l'Etat qui cause la charge, c'est lui qui doit l'indemnité (21). Une autorité pourra être appelée à prendre, au nom de l'Etat, les mesures nécessaires pour une certaine matière administrative qui, au fond, pourra intéresser différentes personnes morales du droit public, selon les différents points de vue sous lesquels la matière est traitée : le choix de la personne morale qui devra supporter les indemnités se fera selon cette distinction (22).

2) De même que le droit à indemnité n'existe qu'autant qu'il s'agit d'un sacrifice, d'un préjudice matériel, de même l'*estimation* du dommage à indemniser se

(21) Bad. V. G. H. 10 janv. 1882 (*Reger*, III, p. 68).

(22) O. Tr. 14 juillet 1859 (Str. XXXIV p. 180) : l'autorité du district avait, dans l'intérêt de deux communes, réclamé un chemin pour l'usage de tous ; ces communes auront à indemniser le propriétaire selon A. L. R. Einl. § 75. O. Tr. 1er juillet 1869 (Str., 75 p. 217). La présidence de police de Berlin avait défendu de construire sur un immeuble ; c'était dans l'intérêt de la voirie urbaine ; par conséquent, c'est la ville qui doit l'indemnité ; « il faut remonter au rapport naturel qui résulte de la chose même, et d'après lequel l'indemnité incombe à celui qui, par suite de la mesure de police, a évité un dommage ou obtenu un avantage ». O. Tr. 28 oct. 1869 (Str. 77 p. 1) : La présidence de police défend de construire au Königsplatz, afin que le monument d'Alsen se présente mieux : c'est un intérêt national ; ce n'est donc pas la ville qui doit indemniser, c'est le fisc. Notons que, dans tous ces cas, il ne s'agit pas d'ordre de police proprement dit. — Comp. aussi t. III, § 41 note 18, p. 322, où le même « rapport naturel » est devenu décisif à un autre point de vue.

fait uniquement d'après la valeur que le bien frappé aura par lui-même.

Pour les prestations de *travail* et les pertes de *choses mobilières*, on ne compte que la *valeur commune*, la valeur générale d'un travail de ce genre, sans avoir égard aux pertes individuelles qui peuvent résulter de la nécessité de négliger des intérêts plus importants; la valeur marchande de la chose, sans avoir égard aux complications économiques individuelles qui pourraient lui donner une valeur supérieure (23).

Si, pour des blessures, des défenses de construire, des suppressions d'industrie, des révocations de concessions ou de brevets, l'estimation doit nécessairement être plus individuelle et tenir compte aussi de la possibilité d'un gain futur, elle s'arrête cependant aux possibilités qui ont déjà *pris corps* par des qualités acquises, des arrangements pris, des affectations économiques données.

Toutes ces règles ont naturellement reçu leur développement le plus prononcé dans l'indemnité d'expropriation (comp. t. III, § 34, II, n. 2, p. 62). La valeur directe de l'immeuble compte seule. Dans l'estimation de cette valeur, on tiendra compte de la qualité de l'immeuble d'être propre à l'établissement d'une usine ou d'autres ouvrages industriels (24). Mais la chance qu'a le propriétaire d'obtenir de la fantaisie d'un voisin un prix d'acquisition exorbitant, ne sera pas prise

(23) C'est par application de ces principes que la loi postale § 12 décide : « L'administration des postes n'est pas responsable d'un dommage indirect ou gain manqué, résultant de la perte ou de la détérioration d'un envoi ». Un exemple dans *Dambach*, Postges., p. 95. — Cette espèce de dommages constitue donc aussi la sphère des tarifs fixes pour l'évaluation de la valeur commune à indemniser : taxe des témoins, indemnité pour logements militaires (« *Servis* »), indemnités à forfait pour des choses perdues.

(24) En ce sens : *Eger*, Ent. Ges. I p. 149 ; *v. Rohland*, Ent. R. p. 73 ; *Bohlmann*, Praxis in Expropr. Sachen III, p. 18 ; O. Tr. 1er juillet 1870 (Str., 80 p. 25), 5 avril 1872 (Str., 86, p. 75) ; *Schelcher*, Ent. Ges., p. 236 ss.

en considération. On ne doit pas non plus considérer comme faisant partie du sacrifice spécial, si, par suite de l'expropriation, le propriétaire a été dérangé dans son industrie, si sa clientèle a diminué, si des contrats n'ont pas pu être exécutés et si des peines conventionnelles ont été encourues (25).

Toutefois, l'indemnité devra comprendre les avantages accessoires qui disparaissent avec la possession même de l'immeuble : l'accès d'un chemin public qu'elle rendait possible, la garantie qu'elle offrait contre le voisinage nuisible d'une entreprise publique. Des circonstances qui, par elles-mêmes, ne donneraient pas lieu à un droit à indemnité, entreront en compte comme faisant partie de la valeur de la chose enlevée (26).

3) Le droit à indemnité pour dommage causé par l'administration publique représente un *droit public subjectif*. Ce caractère de droit est pleinement développé quant à la possibilité d'en disposer : le créancier peut y renoncer, peut le transférer ; ce droit se transmet aux héritiers. La protection de ce droit a

(25) On oppose ces « dommages personnels » exclus de l'indemnité, aux éléments de l'estimation qui résultent d'un « fondement objectf et réel » : *Eger*, Ent. ges., I, p. 154.

(26) R. G. 17 juin 1884 (Samml., XIII, p. 244) : L'exproprié a perdu, pour la partie de l'immeuble qui lui reste, l'accès d'un chemin plus court que lui procurait la partie expropriée ; il lui faut maintenant faire des détours. Le Tribunal, dans l'estimation du montant de l'indemnité, a tenu compte de cet inconvénient. Il considère que les voisins qui n'ont pas été expropriés éprouvent, il est vrai, exactement comme le demandeur, le même inconvénient d'un détour à faire, sans qu'ils en soient indemnisés, mais l'exception faite en faveur du demandeur « a sa source dans les rapports d'obligation qui, par l'expropriation, ont été créés entre lui et celui qui a obtenu l'expropriation ». Dans ces expressions, il y a un vague pressentiment de la cause véritable de la différence. Imposer des détours, cela ne présente pas en soi un sacrifice spécial ; par conséquent, cela n'entraîne pas d'indemnité (comp. t. III, § 37, note 40, p. 224). L'enlèvement d'un immeuble, au contraire, est un sacrifice spécial, et il y a lieu d'indemniser pour la valeur de l'immeuble ; or, une partie de cette valeur est l'avantage qu'il offrait de rendre accessible un chemin plus court.

été assurée par de nombreuses lois spéciales, surtout en ce qui concerne l'indemnité d'expropriation, l'indemnité pour servitudes militaires, logements et réquisitions militaires, dégâts causés par les manœuvres. Quand rien de spécial n'a été prescrit, en règle, la compétence appartiendra aux tribunaux civils, ce qui, comme nous le savons, est parfaitement compatible avec la nature de droit public de la créance (comp. t. 1er, § 16, II, p. 276) (27).

(27) Toutefois, d'après les expériences qu'on a pu faire de la jurisprudence des tribunaux, il faut avouer qu'il serait de l'intérêt de notre institution de droit public de maintenir la compétence des autorités administratives. Comp. O. V. G. (Saxe) 11 mai 1904 (Samml., V, p. 307) et ma dissertation : Die Entschädigungspflicht des Staates nach Billigkeitsrecht.

§ 54

Limites extérieures du droit à indemnité.

Des développements qui précèdent, il résulte que l'Etat est loin d'arriver à réparer tout dommage particulier qu'il pourra causer à ses sujets. Les limites véritables de ce droit d'équité s'éclairciront encore par l'examen de certains faits qui, bien que présentant le caractère de dommage causé par les représentants ou par les agents de l'Etat, ne donnent cependant pas lieu à l'application pure et simple de notre institution juridique. S'il y a indemnité, elle repose sur une base juridique toute différente, ou, du moins, elle dépend de conditions spéciales.

I. — Les rapports internationaux touchent, de la manière la plus sensible, aux intérêts de nos sujets. Les *traités internationaux* qui modifient le système douanier d'un Etat voisin ruinent peut-être une industrie établie chez nous ; le refus de protection diplomatique dans une affaire délicate peut décider du sort d'une entreprise lointaine. Il va sans dire qu'il ne peut pas être question ici d'appliquer les principes de l'indemnité de droit public. Il en sera de même quand il s'agit des destructions et ravages qui sont l'effet d'une *guerre* dont notre territoire est devenu le théâtre. Que les dommages causés par l'ennemi ne puissent pas être imputés à notre fisc, cela se comprend facilement. Mais les dommages causés à cette occasion par nos propres troupes ne seront pas traités autrement (1). La raison en est dans la nature même de ces *faits de guerre*. On entend par là des dommages causés par la lutte même ou nécessités par la préparation directe de la lutte. Ce sont, sans doute, des sacrifices spéciaux imposés par le fait de l'Etat ; mais ce n'est pas l'administration publique qui agit ici, poursuivant les buts de l'Etat systématiquement et paisiblement sous le régime de sa propre loi. C'est l'effort suprême ; il s'agit de l'existence (comp. t. 1er, § 1, p. 11). Dès lors, notre institution de droit administratif destinée à répartir, selon l'équité, les frais de cette administration ne s'applique pas à une sphère d'action qui n'est pas de l'administration (2).

Cela n'empêche pas l'idée d'équité d'exercer ici encore son influence. La guerre finie, on viendra en aide aux victimes de ces événements dans la mesure du possible, et sans distinguer selon l'auteur du préjudice, que ce soit notre armée ou l'ennemi. Mais c'est

(1) Les dommages causés par une émeute et sa répression sont traités de la même façon que ceux causés par une guerre : O. A. G. Dresden, 18 mai 1852 (Seuff. Arch. V, n. 288).

(2) En Prusse, longtemps après 1815, en souffrait des dommages causés par les guerres napoléoniennes ; les intéressés, faisant flèche de tout bois, cherchaient à obtenir des indemnités de l'Etat qui, lui-même, était appauvri. Les tribunaux, pour venir en aide aux plaignants, entraient dans leurs vues, et déclaraient l'Etat responsable de ces dégâts en vertu du § 75 Einl. A. L. R. (§ 53, note 5 ci-dessus, p. 225), ou même en vertu des principes généraux du droit civil sur le dommage causé par un fait illicite. Le Ober-Tribunal déclara que la guerre est un « acte du fisc », et que le fisc, « quand il cause un dommage de cette manière, est obligé de le réparer » (*Auschütz*, Ersatzanspr., p. 74). La tendance était générale. Dans ces circonstances intervint l'Ordre du cabinet du 4 déc. 1831, approuvant et publiant une « explication (*Belehrung*) rédigée pour les tribunaux par le conseil des ministres ». Il y est dit que le fisc n'a rien à faire avec les faits de guerre, que ce sont des actes du souverain dont le fisc n'est pas responsable, que le § 75 Einl. ne s'applique qu'au cas où « l'intérêt de tous exige dans l'administration une mesure préjudiciable à la propriété privée des individus ». — Le roi avait parfaitement raison. C'est à tort que *Auschütz*, l. c., p. 84 ss. voudrait faire passer cela pour une révolution de la législation en cette matière.

alors l'équité elle-même, l'équité pure, qui dirige l'action de l'Etat, — en tant que celui-ci voudra se laisser diriger ; ce ne sera pas un droit d'équité à appliquer seulement au cas particulier. Toutes ces indemnités ont le caractère de libéralités (3).

II. — Il y a aussi des *activités normales* de l'Etat, qui toutefois, par leur nature, excluent le droit à indemnité selon le principe d'équité ou ne l'admettent qu'avec certaines nuances.

1) La *loi* peut causer préjudice de différentes manières.

S'agit-il d'un *acte de législation* proprement dite, — législation dans le sens que nous avons fixé au t. 1er, p. 4 ss. — l'application de notre institution juridique d'équité cesse. Cette manifestation du pouvoir législatif, établissant une règle de droit par la collaboration du prince et de la représentation nationale — loi à la fois dans le sens matériel et dans le sens formel du mot — est tout l'opposé de l'administration dont les faits sont visés par ce droit à indemnité. Cela n'empêche pas que la loi, en prescrivant la règle, puisse décider, en même temps, qu'une indemnité devra être payée à ceux qui seront frappés par la mesure qu'elle édicte. Seulement, en cas de silence de la loi, une indemnité n'est pas due (4).

Evidemment, il faut dire la même chose des actes administratifs et voies de contrainte qui ne servent qu'à *réaliser le préjudice tel qu'il est causé déjà direc-*

(3) Loi d'Emp. sur les prestations en cas de guerre du 13 juin 1873 § 35 : « Une loi spéciale de l'Empire déterminera la mesure des indemnités et la procédure suivant laquelle elles seront allouées pour les prestations grevant d'une manière extraordinaire les districts, communes ou personnes, ainsi que pour tous les dégâts causés par la guerre à la propriété mobilière ou immobilière qui ne seront pas réparés ou pas suffisamment réparés selon les prescriptions de cette loi ».

(4) Ces principes ont été également très bien relevés dans l'Ordre de Cab. du 4 déc. 1831. Comp. *Mittermeier* dans Arch. f. civ. Pr., IV, p. 330.

tement par cette loi, sans y ajouter rien de nouveau (5).

Il faut faire de cette maxime, — que la loi n'indemnise pas, à moins qu'elle ne le dise expressément — une application extensive dans les deux directions de la notion de « loi », — loi simplement matérielle, d'une part, et loi formelle, d'autre part.

Il n'est pas dû d'indemnité pour toute *règle de droit* émanant du *pouvoir exécutif* (ordonnance) ou d'un *corps d'administration propre* (statut ; comp. t. Ier § 10, p. 163). Si la règle de droit porte préjudice aux individus par les commandements et par les charges qu'elle leur impose, elle est cependant censée le faire d'une manière égale, partant équitable ; il n'y a rien à compenser. Donc ici encore, l'indemnité n'est due que s'il existe une prescription expresse pour ce cas.

La loi, c'est-à-dire l'acte émis dans la *forme d'une loi*, peut aussi agir pour le cas individuel. Cela pourra avoir matériellement le caractère d'un acte administratif (t. Ier, § 1, p. 5, p. 12) ; alors cet acte suivra, quant à la question de l'indemnité, les règles ordinaires. Mais cet acte individuel peut aussi être l'expression de la souveraineté pure et simple de la loi (comp. t. Ier, § 1, p. 13) ; il n'est alors lié par aucune règle générale de droit. Et en ce qui concerne la règle qui accorde une indemnité pour de pareilles mesures, cet acte doit être censé s'en être dispensé, s'il ne prévoit pas lui-même une indemnité.

2) La *justice*, en principe, n'indemnise pas. Elle forme également l'opposé de l'administration (comp.

(5) O. Tr. 8 fév. 1856 (Str. 19, p. 351) ; 19 juin 1863 (Str. 50, p. 139). *Dernburg*, Preuss. Pr. R., I, p. 509 : l'indemnité n'est due que pour « un acte qui ne peut pas prétendre exécuter seulement la restriction établie par la loi ». *Anschütz*, l. c., p. 121, note 147, objecte que toutes les autorisations générales dont jouissent les autorités en vertu du droit public, impliquent une restriction « latente », et que, par conséquent, il n'est pas logique d'accorder une indemnité pour leurs actes légitimes (l. c., p. 133). Cela prouve tout simplement que l'esprit de toute notre institution est resté, pour lui, « latent ».

t. Ier, § 1, p. 6) ; par conséquent, elle n'est pas soumise aux règles qui se sont formées en vue de l'administration. D'ailleurs, il manque aussi l'élément matériel qui devrait provoquer ici la mesure d'équité : il n'y a pas de préjudice inégal et injuste ; ou plutôt il ne devrait pas y en avoir, la justice ayant pour mission spéciale de donner à chacun le sien. Mais il y a, dans l'administration, beaucoup d'activités qui, en principe, ont le même caractère : la police, par exemple, l'administration des postes, l'instruction publique, etc. Tout cela, selon les intentions de la puissance publique, ne devrait pas porter préjudice aux particuliers qui sont l'objet de ses mesures ou de ses prestations. Et cependant, des dommages sont causés par suite de la faiblesse humaine qui fait dérailler les institutions les mieux intentionnées.

On ne peut nier que, pour envisager les choses sans préjugé, la justice est tout à fait dans le même cas ; grâce à sa profession particulièrement dangereuse, elle cause tous les jours des préjudices énormes qui sont à la fois inégaux et injustes. Quand on veut avoir une justice, cela ne peut pas être évité ; seulement, l'Etat n'aime pas reconnaître le fait, en admettant, en règle générale, l'indemnisation. Les actes des tribunaux, dans l'intérêt bien compris de l'institution, doivent être définitifs et exempts de toute critique ultérieure par la voie d'une demande en indemnité (6).

Depuis quelque temps cependant, il s'est produit un revirement très significatif dans l'opinion publique (7). Le résultat se manifeste dans la loi d'Empire

(6) Comp. sur cette question : *Pfeiffer*, Prakt. Ausf., II, p. 363 ss. ; *Zachariae* dans Zeitchr. f. Stsw., 1863, p. 637 ss. ; *Sandheim*, Schadensstiftung durch Staatsbeamte, § 12 ; *Loening*, Haftung des Staates, p. 124 ss.

(7) Dans le mouvement en faveur de l'indemnité aux victimes d'erreurs judiciaires, on aimait argumenter par analogie avec l'expropria-

du 20 mai 1898 relative à l'indemnité à accorder aux personnes qui ont été acquittées à la suite d'une révision, et de la loi d'Empire du 14 juillet 1904 relative à l'indemnité à accorder aux personnes qui ont subi une détention préventive sans être coupables.

C'est le véritable droit d'équité qui est sanctionné par ces deux lois. L'indemnité est accordée par la justice même qui a causé le dommage, sans qu'il y ait lieu de distinguer si le dommage résulte ou non d'un fait illicite. Les conditions dans lesquelles l'indemnité est due sont formelles : il faut que le fait du préjudice injuste résulte d'un acquittement ou d'une ordonnance de non lieu. Il est vrai que l'équité ici semble se présenter d'une manière particulièrement flagrante et saisissable. Mais la loi entend accorder l'indemnité dans ces hypothèses formellement déterminées, à titre exceptionnel et comme une faveur spéciale. Il n'y a donc pas lieu d'étendre ses règles à des cas analogues, dans lesquels il y a aussi dommage causé par la justice et où l'équité exigerait tout aussi bien une réparation. Par la même idée de faveur spéciale s'explique la prescription du § 12 de la loi du 14 juillet 1904 : les étrangers ne devront profiter du bienfait de cette loi que dans le cas où la réciprocité de la part de l'Etat auquel ils appartiennent sera constatée d'une manière officielle. De même que le droit administratif presque entier, le droit à indemnité qui repose sur le principe de l'équité n'a pas l'habitude de faire des différences selon la nationalité (8).

tion : *Kronecker*, Die Entsch. unschul. Verhafteter, p. 17 ; Débats du 10e congrès des juristes allemands, II, p. 241 ss., p. 345 ss., et spécialement p. 265 (Jaques). Il est aussi dans l'esprit de notre institution du droit d'équité, d'invoquer « un nouveau principe objectif de la réparation du dommage » ou « la voix de l'humanité » (Débats du 22e congrès des jur. all., I, p. 530 ss).

(8) Cette législation spéciale ne vise que la justice criminelle ; pour la justice civile qui jouit cependant de la même immunité, rien n'a été prévu ; on n'a cédé que pour les cas les plus urgents. Mais d'un

3) Pour la question d'indemnité, la *police* devrait être, par sa nature, mise sur le même pied que la justice. Elle aussi a pour mission de donner à chacun le sien : au trouble causé à l'ordre public, elle répond par la répression. Il ne devrait pas y avoir pour elle non plus nécessité d'une indemnité dictée par l'équité. Mais la police peut manquer son but et causer un dommage injuste tout comme la justice ; seulement pour elle, dans ce cas, il n'y a pas ce respect traditionnel. Nous savons qu'on n'hésite pas à rendre l'Etat responsable des erreurs et méfaits de ses agents de police et dans les formes ordinaires servant à la réalisation du droit d'équité.

Il y a cependant des cas exceptionnels où la police indemnise, même pour des activités tout à fait *légitimes*. Cela a lieu chaque fois à raison de circonstances et d'intentions spéciales.

Nous avons parlé au t. II, § 24, p. 147, des mesures de police extraordinaires qui, en cas de calamité publique, pourront être prises contre des objets relativement innocents : on démolit des maisons intactes pour arrêter l'*incendie* ; on perce la digue qui contient les *flots* dangereux. Le dommage causé aux propriétaires dans ces hypothèses n'est pas « mérité » ; l'équité souffre ; par conséquent, il y a lieu à indemnité.

La loi positive adopte cette manière de voir en accordant des indemnités au propriétaire des vignobles qui ont été détruits pour arrêter les ravages du *phylloxéra*, en vertu de la loi d'Emp. du 3 juillet 1883, remplacée par la loi du 6 juillet 1904. Pour plus de

autre côté, il ne faut pas vouloir étendre cette immunité ni à la justice volontaire (*Pfeiffer*, Prakt. Ausf., p. 361), ni aux actes administratifs (*Zachariae* dans Ztschr. f. Staatsw., 1863, p. 641). Si le cas se présente, on leur appliquera encore le droit civil réglant la responsabilité du « commettant », tandis que pour la juridiction contentieuse, cette voie, même si l'on voulait y entrer, serait rendue presque impraticable par la prescription du § 839 al. 2 du Code civil de l'Empire.

sûreté, on détruit des vignes saines, sur un simple soupçon ; mais on indemnise.

Tout cela s'accorde parfaitement avec les idées générales tant de la police que de l'indemnité d'équité. Mais un droit à indemnité est aussi accordé dans un cas où l'objet détruit au nom de la policeméritait pleinement ce sort, attendu qu'il représentait directement et par lui-même, pour l'ordre public, le danger qu'il s'agit de combattre. C'est qu'ici un nouveau motif intervient. En effet, il est du plus haut intérêt, pour la police, d'être informée en temps utile des premiers débuts du mal qu'il s'agit d'étouffer. C'est pourquoi on impose aux propriétaires l'obligation de *dénoncer* eux-mêmes à l'autorité compétente la calamité naissante ; pour assurer l'accomplissement de cette obligation, la loi relative au phylloxéra les menace de la perte de leur droit à indemnité pour le cas d'omission de la déclaration. Or, on peut, dans ce même but, accorder un droit à indemnité pour un cas où l'équité ne l'exigerait pas. C'est ce qui est fait dans la loi d'Empire du 23 juin 1880 concernant les épizooties. On tue et on enterre les animaux atteints de *peste bovine*, et on indemnise pour leur valeur sur la base de la valeur d'animaux bien portants, à condition seulement que le propriétaire fasse, en temps utile, la déclaration. A coup sûr, il n'y aurait pas de valeur réelle à indemniser pour un animal atteint de peste bovine ; la police, selon son droit comme selon l'équité, pourrait la détruire purement et simplement. L'indemnité ici n'est plus notre indemnité du droit d'équité ; c'est une *prime* en vue de provoquer une certaine activité dans l'intérêt de la police (9).

II. — Il y a encore un cas particulier d'indemnité

(9) Comp. le § 63 de la loi du 23 juin 1880 : « Le droit à indemnité cesse, quand celui qui se sert de l'animal... aura omis de faire la déclaration, etc ».

en matière de police dans les prescriptions du § 51 Gewerbe Ordnung, l'autorité administrative supérieure peut supprimer un établissement industriel à raison des préjudices et dangers sérieux qu'il cause à la communauté, et moyennant indemnité. C'est une mesure de police, sans doute. Mais l'intérêt de la police, a déjà obtenu une satisfaction légale dans l'autorisation préalable de l'établissement ; cette autorisation irrévocable doit être une garantie formelle contre des exigences ultérieures qui ne tendraient qu'à faire valoir ce même intérêt. L'indemnité est due non pas pour la mesure de police elle-même, mais pour faire revivre les droits du pouvoir de police après leur consommation légale (10).

III. — Nous avons exposé au § 53 ci-dessus (II, n. 1 et note 17, p. 232) que la constatation d'un *fait illicite* à la charge d'un représentant ou d'un agent de l'État n'est, pour la question d'indemnité, que d'une importance indirecte et secondaire. Le fait illicite peut cependant devenir décisif de différentes manières.

1) Le délit de l'agent, avons nous dit, peut avoir de l'importance en ce sens qu'il établit la causalité entre le dommage éprouvé et les manifestations de l'administration publique (11). Mais le délit de l'agent peut aussi rompre toute connexité entre ces deux choses. Il va sans dire que les méfaits de l'agent, commis tout à fait en dehors de sa fonction, dans sa vie privée, ne concernent pas l'administration ; mais l'agent peut aussi, tout en restant extérieurement dans ses fonctions,

(10) Par conséquent, cette indemnité ne s'applique qu'aux établissements qui, ayant eu besoin d'une autorisation spéciale, ont obtenu cette autorisation par la voie légale : O. V. G., 16 avril 1891 (*Reger*, XI, p. 361) et 12 nov. 1891 (*Reger*, XII, p. 254). Cette indemnité n'a aucune raison d'être quand il s'agit de supprimer un établissement devenu dangereux qui n'avait pas besoin d'autorisation (contra : *Landmann*, Gew. O., I, p. 407).

(11) Comp. la note 17 du § précédent, page 232.

y mêler un élément étranger, une entreprise personnelle qui matériellement n'a rien de commun avec les buts poursuivis, au moyen de sa personne, par l'administration. Alors ce fait, par lequel il cause le dommage, n'est plus un fait de l'administration qui serait seulement sortie de sa voie ; c'est un fait personnel de l'agent. Par conséquent, l'agent en reste responsable vis-à-vis des tiers selon les règles du droit civil. L'Etat, dans ce cas, ne doit d'indemnité, ni d'après le droit civil, ni d'après le droit d'équité dont nous traitons (12).

2) Par contre, il y a une véritable responsabilité de l'Etat pour les dommages causés par le délit de ses agents, quand il s'est placé comme *Fisc* dans la sphère de l'économie privée. Nous avons traité cette matière au t. 1er, § 11, p. 182 ss., en nous réservant de faire la délimitation plus exacte de l'application de ces règles du droit civil, quand nous aurions établi la doctrine de l'indemnité du droit public, si facilement confondue avec la responsabilité civile. Les limites sont tracées maintenant, en principe tout ou moins, avec une netteté suffisante. Le droit civil est inapplicable toutes les fois que l'activité de l'Etat se manifeste pour la poursuite de ses buts publics, que ses agents et ses choses sont employés par lui pour une entreprise publique, un service public, un établissement public. La sphère de l'économie privée et du droit civil ne peut com-

(12) C'est pour cela que autrefois, en se servant de l'art. 1384 du Code civil français pour justifier l'indemnité due par l'Etat selon le droit d'équité, on l'interprétait à cet effet d'une manière restreinte ; on excluait surtout tout délit du fonctionnaire commis seulement « à l'occasion de ses fonctions ». Les exemples cités par *Dreyer* dans Ztschft f. franz. Civ. R. IV, p. 390, 391, et par *Zachariae* dans Ztschft f. Stsw. XIV, p. 617, note 1, pour illustrer les limites de la responsabilité de l'Etat, sont justement les mêmes que ceux pour lesquels *Laurent*, Princ. d. Dr. civil. XX, n. 584, déclare l'art. 1384 ordinairement applicable. — Sous le régime du code civil de l'Empire il n'y aura plus à cet égard de différence dans l'étendue de la causalité requise par le droit d'équité d'une part, et dans l'étendue de la responsabilité civile établie par le § 831, d'autre part.

mencer pour l'Etat qu'au point où cesse ce caractère général de son activité (13). Nous avons vu aussi quels sont les éléments qui, dans notre droit pratique, servent à obscurcir encore ce résultat et à en retarder le développement complet.

(13) Il y a encore une particularité du droit civil qui peut servir à faire la distinction de ces deux sphères. C'est que, d'après l'art. 839 du Code civil de l'Empire, le fonctionnaire est tenu envers le tiers pour violation des devoirs qu'il avait à remplir vis-à-vis de lui. Or, dans la sphère de l'administration publique, les devoirs du fonctionnaire, en tant qu'ils pourront intéresser le tiers directement, doivent toujours être remplis vis-à-vis du tiers. Dans la sphère de l'administration fiscale, ou, pour mieux dire, toutes les fois qu'il est question d'agir pour l'Etat sur le terrain de l'économie privée, les devoirs personnels du fonctionnaire envers l'Etat ne regardent pas plus le tiers que ceux d'un employé ordinaire vis-à-vis de son patron (comp. t. 1er § 17, p. 294). Il sera très facile d'en faire des applications. — Il faut insister sur ce point pour un autre motif : c'est que, sans cette distinction et si l'on voulait appliquer le principe du § 839 sur les administrations fiscales, la responsabilité de l'Etat qui s'attache à la faute de son agent en vertu du § 831 C. civ. serait beaucoup plus grave que celle des particuliers dans les situations analogues.

Notons que, dans la sphère restreinte des rapports vraiment fiscaux, la difficulté dont nous avons parlé au § précédent à la note 10 p. 229 disparaît : on trouvera toujours d'une manière très naturelle le « représentant constitutionnel » selon le § 31 du C. civil dans l'autorité qui représente, pour cette branche, les intérêts pécuniaires de l'Etat.

SECTION TROISIÈME

Les personnes morales.

§ 55

La personnalité morale dans le droit public.

I. — Nous allons d'abord exposer l'idée de personne morale, en général, idée qui nous servira de point de départ (1).

1) Le droit règle des rapports. Il suppose donc une pluralité d'unités entre lesquelles pourront naître des rapports à régler. L'unité, pour le droit, c'est la *personne*. La personnalité est la capacité d'avoir avec d'autres personnes des rapports réglés par le droit. Elle ne s'identifie pas avec la capacité d'avoir des droits ; elle comprend aussi l'autre côté, la capacité d'avoir des obligations ; enfin, elle est la possibilité de faire l'objet des effets de l'ordre juridique.

L'ordre juridique existe à cause des hommes. L'unité tout indiquée pour l'ordre juridique, c'est donc l'homme. L'homme est la *personne naturelle*. Non pas qu'il soit une personne, par sa nature même. La personnalité n'existe jamais que par l'ordre juridique. Mais il est naturel que la personnalité existe chez

(1) Sur cette question très controversée, comp. surtout *Rümelin*, Methodisches über die juristischen Personen.

l'homme; il est contraire à la nature de la lui refuser ; et la nature n'exige pas qu'elle existe aussi ailleurs.

Cette personne naturelle porte en elle même quelque chose d'où dépend le système entier de l'ordre juridique, qui en détermine les effets et cherche à le diriger ; c'est la *volonté.* Tel que l'ordre juridique est formé, la personne, pour y maintenir sa situation, doit être en mesure d'émettre des volontés prévues par l'ordre juridique ; au besoin, on lui procure une représentation pour ce vouloir. Cette volonté est un instrument de la personnalité, instrument qui lui est nécessaire pour pouvoir vivre ; mais elle n'en est pas le fondement ; l'homme n'est pas une personne parce qu'il est capable de vouloir selon l'ordre juridique ; c'est parce qu'il est une personne qu'il faut qu'il y ait une volonté qui compte pour lui.

2) Cependant l'homme a aussi des intérêts et des buts dont la réalisation ne s'accomplit pas dans l'existence individuelle, qui en dépassent la sphère et qui lui sont communs avec d'autres hommes, qui existent à côté de lui ou qui existeront alors que cette individualité sera éteinte. L'ordre juridique lui offre plusieurs formes en vue d'agir pour des intérêts communs en partant de la personne naturelle (société, succession). Mais, en outre, il y a dans ce but encore une forme spéciale, c'est la *personne morale.* Elle est capable de représenter, devant l'ordre juridique, des intérêts communs, même dans les cas où la personne naturelle n'y suffit pas, soit à raison de sa durée restreinte, soit parce que les intéressés sont trop nombreux ou trop peu déterminés, soit seulement parce qu'il ne se trouve pas d'hommes qui voudraient, pour ces intérêts, « payer de leur personne ».

La personne morale est tout à fait l'égale de la personne naturelle. Elle est, comme celle-ci, un produit de l'ordre juridique ; elle n'est pas plus morale ni plus juridique qu'elle, ni plus fictive, ni plus imaginaire. La différence n'existe que dans ce qui se cache derrière elles : là nous trouvons un individu déterminé auquel la personne sert pour la totalité de ces intérêts, ici une pluralité indéterminée d'individus auxquels la personne sert pour un groupe déterminé d'intérêts qu'ils ont en commun.

3) Donc, tandis que la personne naturelle se réalise directement dans l'être vivant individuel auquel elle sert, la personne morale ne pourra obtenir la forme déterminée dans laquelle elle doit se présenter que par une organisation spéciale ; son existence est dans sa *constitution*.

La personne naturelle reçoit son individualité par le corps de l'homme ; les intérêts juridiques de l'homme sont représentés par elle dans leur totalité ; la personne morale reçoit son individualité par la détermination de son *but*, c'est-à-dire du groupe d'intérêts d'un certain nombre d'individus pour lesquels elle existe (2).

La personne naturelle reçoit d'emblée la volonté qui devra agir pour elle, de l'homme pour lequel elle existe ; lorsque, par exception, cet homme n'en est pas capable, elle la reçoit d'autres hommes appelés, d'une manière plus ou moins naturelle, à représenter celui-ci. La personne morale n'a jamais de volonté autrement qu'au moyen d'une représentation ; et cette représentation ne peut pas s'attacher aussi simplement ni aussi uniformément aux individus aux intérêts desquels elle sert ; ces individus sont trop nombreux ou varient trop ou ne sont pas encore connus ; il faut des règles positives, selon la diversité des cas (3).

(2) *Rosin* dans Annalen, 1883, p. 283 ss. Nous ne voulons pas approuver par là l'idée de « patrimoine lié pour un certain but » (*Zweckvermögen*), qui, d'après une doctrine bien connue, doit remplacer la personne morale.

Désignation du but et règlement de la représentation, voilà donc les deux choses principales que devra contenir la constitution.

II. — Il faut distinguer les *personnes morales du droit civil* et les *personnes morales du droit public*. En quoi consiste la différence ?

1) La distinction appartient complètement au droit moderne.

Dans l'ancien régime, le droit public et le droit privé n'étaient pas du tout séparés.

Le régime de l'absolutisme et de la police, qui le premier établit ici une différence, la fait justement en brisant toutes les formes juridiques pour la sphère du prétendu droit public. Entre l'Etat et le sujet, il n'existe de droit que dans la sphère du droit civil. Il est logique qu'il n'y ait de personnes morales que dans cette dernière sphère. *Personne morale et personne morale du droit civil sont synonymes*. La puissance publique, en tout cas, n'appartient qu'à des personnes naturelles, au prince et à ses délégués, ainsi qu'aux autorités locales qu'il a laissé subsister : chefs de biens seigneuriaux et corps municipaux. Lorsque les intérêts communs à gérer par ces individus entraînent une administration de valeurs pécuniaires, on place à cet effet à côté d'eux une personne morale, laquelle est purement et simplement une personne morale du droit civil ; c'est ainsi que l'on trouve, à côté du prince, le *fisc princier* (*landesherrliche Fiscus*); plus bas, à côté des autorités communales — très réduites en fait — on trouve le *fisc communal* (*Gemeinde Fiscus*) (4).

(3) L' « organisation de la volonté » est essentielle pour le fonctionnement de la personne morale ; cela ne veut pas dire qu'elle existe grâce à une volonté qui lui serait immanente ou qui lui aurait été prêtée : *Bernatzik* dans Arch. f. öff. R., V, p. 193 ss.

(4) Comp. t. 1er, p. 57. *Keil*, Die Landgemeinden in den östl. Provinzen Preussens, p. 41 ss. — Les corporations et communes, dans A. L.

Les *Fisci* tendent à augmenter en nombre ; chacune des branches de l'administration finit par recevoir son fisc à elle ; chaque degré hiérarchique en est pourvu ; les frottements intérieurs de la bureaucratie se terminent par la lutte engagée devant les tribunaux par leurs *fisci* respectifs (5).

Mais voici que surgit dans le droit moderne, à côté des *fisci* pullulant ainsi dans l'administration qui se fait directement au nom du prince, le grand Léviathan destiné à les dévorer tous : c'est l'*Etat, personne morale du droit public*.

La puissance publique ne doit jamais être exercée que pour l'utilité et le profit de la chose commune, c'était là un principe admis depuis longtemps. D'abord, c'était seulement pour exprimer cette idée, qu'on personnifiait les intérêts communs sous le nom de l'Etat ; tout détenteur de la puissance publique devait se considérer comme le serviteur de l'Etat. C'était une façon de parler, et rien de plus. Mais vient un moment où se fait jour la conception juridique que

R. II, 6, § 25 ss., ne sont envisagées que comme des personnes morales du droit civil, dans le sens que nous venons d'indiquer ; § 81 : « Les corporations et les communes représentent, dans les affaires de la vie civile, une personne morale » ; § 82 : « En ce qui concerne leurs droits et obligations envers d'autres en dehors d'elles, elles sont soumises aux mêmes lois que les autres membres particuliers de l'Etat ». — Pour les juristes du droit civil, aujourd'hui encore, lorsqu'ils ne voient pas plus loin que la question ne l'exige, les choses se présentent ainsi. On se contente de mettre en sûreté le fisc comme personne morale ; ce qui reste ensuite à l'Etat, c'est un « être politique », sur lequel le droit civil n'a plus rien à dire. En ce sens *Arndts*, Pand., § 41 ; *Stobbe*, D. Pr. R., I, § 49, IV, 1.

(5) *Koch*, Preuss. Priv. R., I, p. 171 (§ 60) : L'Etat, comme société d'acquêts, c'est le Fisc ; mais les différentes branches de l'administration seront alors « personnifiées dans le même sens » : fisc militaire, fisc de la justice. O. V. G., 14 février 1881 (Samml., VII, p. 6) caractérise encore les rapports qui s'attachent à un pont construit sur le fleuve public en disant que « le fisc fluvial s'agite en bas et le fisc de la grande voirie en haut ». Comp. *v. Bismarck*, Verwaltungsgerichtsges., p. 121 : « chaque caisse fiscale constitue, en vertu d'une fiction légale, un sujet de droit particulier ; ces caisses peuvent acquérir l'une envers l'autre des droits et des créances ».

l'Etat est l'être auquel, en réalité, appartiennent tous ces droits de supériorité et au nom duquel s'exerce la puissance publique. Comment cela s'est-il fait ? Comment cela est-il devenu décisif pour notre façon d'envisager l'Etat ? Nous n'avons pas à l'expliquer ici. Le fait est certain : l'Etat, dans notre droit actuel, est considéré comme une personne morale, à laquelle appartient la puissance suprême et dont émane tout ce qui, sur le territoire, s'exerce en fait d'administration publique. Or, cette personne morale a dû commencer par se placer à côté de la personne morale qui existe déjà à ce même endroit et ne disparaît pas immédiatement d'elle-même, à côté du Fisc ou des *fisci*. Et alors l'opposition qui nous occupe a dû éclater : ces deux personnes morales sont de nature différente. La différence est dans la manière dont elles sont destinées à servir l'intérêt général. Le Fisc continue à le faire comme « l'individu privé ordinaire » ; l'Etat, au contraire, sert de point de départ à l'exercice de la puissance publique, à tout ce qui s'appelle administration publique. Ce sont ses buts, tels qu'ils sont fixés par sa constitution, qui donnent à la personne morale son individualité ! La personne morale du droit public est celle qui est destinée à faire de l'administration publique.

Nous savons que cette coexistence de deux personnes morales distinctes, — le Fisc et l'Etat, — n'a qu'une importance éphémère, comme tout ce qui caractérise le régime de la police. La personnalité distincte du Fisc disparaît ; elle est absorbée par l'Etat. Ce qu'on appelle aujourd'hui Fisc n'est que l'Etat « envisagé d'un certain côté ». Cet Etat est entièrement une personne morale du droit public, puisque c'est de lui qu'émane cette activité dans laquelle apparaît la puissance publique, l'administration publique. S'il arrive que le droit civil lui soit applicable, cela ne lui enlève pas son caractère (6). Ne trouvant plus son opposé dans le Fisc, l'Etat n'a en face de lui que les personnes morales ordinaires du droit civil, les corporations et les fondations.

2) Mais l'Etat n'est pas la seule personne morale du droit public. Il y en a d'autres placées au-dessous de lui et qui lui sont subordonnées.

Nous rencontrons d'abord un groupe d'institutions, sur le caractère desquelles il ne peut y avoir le moindre doute. Ce sont les *communes*. Elles ont passé par les mêmes phases que l'Etat : au commencement, il n'y a qu'un fisc communal placé à côté de l'autorité ; puis, la commune est devenue aussi une personne morale pour son administration publique ; enfin, cette personne a absorbé le fisc, la commune formant une seule personne morale du droit public (7). Il faut dire la même chose des « unions communales » supérieures formées sur son modèle.

La difficulté ne commence que pour les *fondations*, *corporations*, *associations syndicales*, *sociétés reconnues*. La première question sera toujours de savoir s'il y a ou non personnalité morale. Mais, au cas de l'affirmative, une seconde question se pose : de quelle nature est cette personnalité morale ? Sous ces noms, en effet, il y a des personnes morales les unes de droit

(6) *Jellinek*, Subj. öff. Rechte, p. 12 ss. ; *Bernatzik* dans Arch. f. öff. R., V, p. 181 ss.

(7) Le passage de ce développement du premier degré au second est marqué très distinctement dans les développements de *Weiske*, Samml. d. neuen deutsch. Gem. Ges. (1848). Il commence par constater (introd., p. X) que la totalité de la commune « ne peut être considérée comme personne ou unité juridique que sur le terrain du droit privé et pour des droits pécuniaires », tandis que le pouvoir municipal repose simplement sur la société communale. Mais, p. XI, il ajoute : « Voudrait-on réduire le pouvoir municipal au rapport d'une personnalité, alors on devrait distinguer dans la corporation une personnalité publique et une personnalité de droit privé ; cette dernière n'existerait que pour des valeurs pécuniaires. Mais ces deux personnalités sont alors représentées par le même chef ». *Weiske* hésite donc entre le premier et le second degré ; le troisième lui reste encore caché.

civil, les autres de droit public, des fondations publiques et des fondations privées, des corporations publiques et des corporations privées (8).

Pour trouver un critérium, le seul moyen est de considérer le *but* de la personne morale ; c'est son but seul, en effet, qui fait l'individualité de cette dernière. Or, pour savoir quel doit être le but qui caractérise la personne morale du droit public, c'est l'Etat et la commune que nous devons prendre pour modèles. Sont personnes morales du droit public celles qui, comme l'Etat et la commune, *existent en vue de faire de l'administration publique*. L'administration publique est l'activité qui forme la sphère d'application du droit public. Il est logique que la personne morale, qui existe afin que l'administration publique émane d'elle, appartienne elle-même au droit public.

En droit administratif, nous n'avons à nous occuper que des personnes morales qui se trouvent *au-dessous* de la personne morale suprême, au-dessous de l'Etat. Pour les personnes les plus considérables de cette catégorie, les *communes*, on emploie d'habitude l'expression *corps d'administration propre* (*Selbstverwaltungskörper*). Cette expression semble convenable pour désigner, d'une manière générale, une personne morale destinée à s'occuper en propre d'une portion de l'administration publique, par opposition avec l'Etat qui a la plénitude de cette administration. Nous nous servirons de cette expression en lui donnant cette signification (9).

(8) Dans les associations syndicales, nous pouvons constater un développement analogue à celui de l'Etat et de la commune. On place d'abord, à côté de l'union qui est formée pour des buts publics, une personne morale de droit privé, un « fisc » de l'union, pour ainsi dire ; comp. § 48, note 20 ci-dessus, p. 149. Cette personne est alors absorbée par la personnalité morale plénière de l'association publique. Ici, la formation intermédiaire, représentée par les deux personnes morales parallèles, fait défaut.

(9) Nous ne pouvons donc pas approuver *L. v. Stein* qui, dans Verw.

III. — Lorsqu'une personne morale existe en vue de faire de l'administration publique, cela doit avoir nécessairement de l'importance pour la manière dont elle est traitée quant à son organisation et quant à son activité. Il y aura donc, dans le droit pratique, des *marques* suffisantes pour distinguer si une personne morale appartient au droit public ou au droit privé. Seulement il ne faut pas vouloir concentrer cela en un point unique et formel.

1) L'activité du corps d'administration propre est *réglée par le droit public*. Mais elle ne l'est pas exclusivement, pas plus que celle de l'Etat qui est la personne morale du droit public par excellence. Comme l'Etat, le corps d'administration propre a son administration fiscale ; et même, son administration publique peut, comme celle de l'Etat, amener des rapports de droit civil, ou s'exercer dans des formes qui extérieurement ne diffèrent pas sensiblement de celles du droit

Lehre, I, 2 p. 137, parle d'une administration propre, même pour l'époque de la « domination des races et des classes », qui, d'après lui, précède la formation de l'Etat. La nation suppose l'existence de la puissance d'Etat centralisée. — *Laband*, St. R. (éd. all., I, p. 100 : éd. fr., I, p. 173 note) définit la « Selbstverwaltung » comme le contraire d' « être administré » ; par conséquent, elle implique, pour un corps, « qu'il s'administre lui-même », tandis qu'il existe au-dessus de lui une puissance supérieure « par laquelle il pourrait aussi être administré ». Mais il nous semble qu'en réalité le corps d'administration propre est en même temps l'objet de l'administration de l'Etat : le pouvoir de surveillance l'atteste (comp. § 59 ci-dessous) ; il *est* administré par l'Etat en vertu de ce pouvoir. Le droit d'administration propre ne signifie pas non plus que le corps s'administre soi-même ; cela veut dire qu'il administre lui-même certaines affaires considérées comme lui appartenant et qui, sans cela, seraient administrées par l'Etat. — *Gluth*, Die Lehre von der Selbstverwaltung, p. 4-64, donne une liste assez complète des différentes opinions sur ce que doit être la Selbstverwaltung ; comp. aussi *Bladig*, Die Selbstverwaltung als Rechtsbegriff, p. 4 ss. Nous laisserons à cette expression le sens ambigu que les juristes et les politiciens lui ont prêté ; nous nous bornerons à indiquer le sens dans lequel nous nous servirons de ce terme ; naturellement, nous nous abstiendrons de tirer des conséquences de l'expression choisie, comme, selon son habitude, le fait *L. v. Stein*, Verw. Lehre, I, 2 p. 21.

civil. Les associations syndicales et les établissements de bienfaisance en offrent des exemples (10).

2) Quand il est bien établi qu'une personne morale est investie d'une portion d'administration publique qui lui appartient en propre et qui est gérée en son nom, il se peut cependant que cette personne soit une personne morale du droit civil, une société par actions par exemple qui n'a obtenu cette entreprise publique qu'au moyen d'une *concession* à elle faite (comp. § 49 ci-dessus, p. 153 et s.). Ce qui distingue le corps d'administration propre d'une pareille société, c'est qu'il *existe* seulement pour cette administration et que son existence juridique est réglée en conséquence. Ainsi, en dernière analyse, il faut toujours recourir aux conditions de cette existence, à son organisation et à ses rapports avec l'organisation de l'Etat (11).

3) Nos corps d'administration propre, quoique for-

(10) C'est une idée très répandue qu'une personne morale appartient au droit public en tant que son activité est appréciée selon les règles du droit public. Logiquement *Bornhak*, dans Ztschft f. ges. H. R., XXXIX, p. 222 a été conduit à admettre qu'une personne morale est de nature variable : « Bien entendu, la question de savoir si une personne est de droit public ou de droit privé se décide exclusivement d'après les rapports juridiques dans lesquels elle est intéressée ». Ainsi, il n'y aurait pas de personne morale de droit public ayant un caractère spécial ; la seule espèce de personnes morales que nous ayons « est appelée tantôt de droit public, tantôt de droit privé, selon le genre de rapports juridiques qu'elle lie. Cela ferait donc disparaître toute la distinction dont la valeur ne saurait être contestée.

(11) *Rosin* dans Annalen, 1883, p. 290 et Oeff. Gen. p. 22, a très bien caractérisé ce rapport du corps d'administration propre avec sa part d'administration, en exigeant que ce but doit être son « but vital », et le « centre de la personnalité ». Dans cet ordre d'idées, il critique avec raison les auteurs qui voudraient compter parmi les corps d'administration propre les compagnies de chemins de fer et les entreprises de banque par actions. Mais la Banque de l'Empire elle-même, que *Rosin*, Oeff. Gen., p. 50, serait disposé à considérer comme une personne morale du droit public, n'est autre chose qu'une société par actions, personne morale du droit civil, investie de cette entreprise publique à titre de concession : l'exploitation de cette concession n'est pour elle, pour parler comme *Rosin*, que « le moyen par l'emploi duquel elle croit atteindre son but essentiel, à savoir l'avantage pécuniaire de ses membres ».

mant des personnes distinctes, sont tous placés dans *des relations particulières avec l'Etat*, source suprême de toute administration publique. Cela se manifeste par certaines particularités juridiques qui caractérisent leur situation sans qu'aucune d'elles puisse être considérée comme décisive à elle seule.

On aime les appeler « *membres de l'organisme de l'Etat* ». Très souvent, cela n'a que la valeur d'un mot. Ce qui est vrai, c'est que les communes surtout et certains établissements de bienfaisance et de prévoyance sociale complètent l'organisation des autorités de l'Etat par des fonctions essentielles et indispensables. Seulement, la même importance pratique doit appartenir aussi à une Compagnie de chemins de fer qui n'a qu'une personnalité de droit civil ; et elle n'appartient pas à une caisse d'épargne, à une association pour l'utilisation d'un cours d'eau, qui, de leur côté, représentent cependant des personnes morales du droit public.

On peut insister sur le fait que le corps d'administration propre — toute administration publique étant dérivée de l'Etat — ne doit exister que grâce à la *reconnaissance de l'Etat*. Mais cela ne nous donne encore pas un critérium formel. D'une part, les corps les plus importants, les communes, ont été tout simplement légués à l'Etat actuel par le passé, sans qu'il y ait eu, de la part de l'Etat, un acte exprès pour les reconnaître comme collaboratrices. D'un autre côté, d'après le régime du droit civil, il y a eu des reconnaissances de personnalités morales par actes administratifs, qui ont eu pour but de constater non pas leur caractère de droit public, mais leur admissibilité au point de vue de la police et du bon ordre du droit civil (12).

(12) En ce sens *E. Mayer*, dans Wörterbuch, I, p. 693. semble exagérer l'importance de la reconnaissance de la personnalité morale. L'utilité publique ou l'intérêt public qui, d'après lui, sont constatés par

Enfin c'est une conséquence naturelle de la nature du corps d'administration propre, qu'il soit placé sous une *surveillance* spéciale de l'Etat, pour être maintenu dans ses buts par la contrainte, ou pour être supprimé s'il ne s'y conforme plus (13). Mais, d'un côté, l'Etat réclame ce même pouvoir de surveillance vis-à-vis des personnes morales du droit civil ; c'est plutôt encore par un motif de police et de bon ordre du droit civil ; cependant, la différence qui en résulte ne sera guère sensible par elle seule (14). D'un autre côté, il y a des corps d'administration propre, dont l'organisation présente en elle-même tant de garanties pour l'accomplissement de leur but, qu'on n'a rien prévu quant à une surveillance à exercer au nom de l'Etat. C'est seulement au cas extrême que cette surveillance apparaît ; mais alors, pour savoir si elle est

l'attribution de cette personnalité pourront cependant trouver leur satisfaction justement dans la création d'une personne morale du droit civil. — Il ne faut pas vouloir non plus insister exclusivement sur le fait que la personne morale peut se former au moyen d'une contrainte exercée par l'Etat, comme le dit *Blodig*, Selbstverw., p. 25 ss.

(13) *Rosin*, öff. Gen., p. 18 : Constitue une association dépendant du droit public celle qui, « en vertu du droit public, est obligée vis-à-vis de l'Etat à remplir son but ». Comp. *Gierke*, Gen. Theorie, p. 157, note 1 ; *Bornhak* dans Ztschft f. H. R., XXXIX, p. 222 ; *Tezner* sur *Jellinek*, Syst. der subj. öff. R., p. 91 ; *Regelsberger*, Pand., I, p. 319, note 4.

(14) Un exemple dans la loi Bav. du 29 avril 1869, concernant la situation des associations au point de vue du droit civil, art. 30 al. 2, art. 34. — Il faut citer ici, avant tout, les sociétés par actions concessionnaires d'entreprises publiques. *Tezner* sur *Jellinek*, System, p. 91 a mal compris *Rosin*, lorsqu'il reproche à sa formule d'embrasser aussi ces hypothèses (comp. la note 11 ci-dessus, p. 262). Mais *Haenel*, qui a adopté cette formule sans insister sur le « but vital » de la personne dont il s'agira, arrive, en effet, à ce résultat de voir, même dans des compagnies de chemins de fer, dans des banques d'émission, dans des sociétés houillères comme des « unions corporatives réglées en administration propre ». Peu importe que leur but direct soit le « profit d'économie privée » de l'entrepreneur, pourvu qu'elles soient, en vertu de droits de surveillance de l'Etat, obligées envers ce dernier à accomplir leur but public ! Pourquoi alors un individu bien surveillé, qui entreprendrait des choses semblables, ne représenterait-il pas au même titre une administration propre ?

possible, il faut rechercher, par d'autres motifs, s'il s'agit d'un corps d'administration propre.

Ainsi, c'est seulement par l'ensemble de son caractère juridique que se manifeste la personne morale du droit public (15) : ce à quoi l'on reconnaît l'administration publique, nous l'avons longuement développé dans ce qui précède ; comment, dans l'organisation d'une personne morale, il apparaît qu'elle existe pour faire de l'administration publique, c'est ce que nous allons exposer maintenant.

(15) *Gierke*, Gen. Theorie, p. 167 : « dans toutes ces particularités, il faut voir non pas des marques essentielles et décisives par elles seules de la qualification de droit public, mais des symptômes plus ou moins significatifs. Ce qui est décisif, c'est la subordination du droit social corporatif à des points de vue et à des règles analogues à ceux qui dominent la communauté de l'Etat ». En ce sens, du moins en ce qui concerne les corporations, *Regelsberger*, Pand., I, p. 318.

§ 56

Les différents principes d'organisation.

Les personnes morales subordonnées appartenant au droit public, les corps d'administration propre, comme nous les appellerons, ont, comme toute personne morale, pour but de servir aux individus pour la réalisation de leurs intérêts. La désignation de ce but par leur constitution leur donne l'individualité.

Cette désignation comprend, au point de vue *matériel*, l'*objet* de l'activité pour laquelle la personne morale existe, et sa base *territoriale* : le siège et la circonscription ; elle délimite ainsi cette portion d'administration publique qui est soumise au droit public subjectif du corps d'administration propre (comp. § 1er, § 9, II, p. 145), ainsi que l'étendue extérieure de la compétence de ses représentants et de ses agents.

Elle détermine, au point de vue *personnel*, le *cercle des individus* pour lesquels le corps d'administration propre existe, en faveur desquels cette portion d'administration publique doit être gérée de cette manière spéciale par une personne morale spéciale du droit public. Nous appelons ces individus les *destinataires* du corps d'administration propre (1).

(1) Dans ce sens, toutes nos personnes morales sont des « *Verbandspersonlichkeiten* » (personnalités d'union) : *Gierke*, D. Pr. R., I, p. 469. Leurs destinataires sont les « personnes unies ». *Rümelin*, Methodisches, p. 19, les appelle les « individus participants », *Merkel*, Encycl.,

Toutefois, les constitutions offrent de grandes diversités dans leur manière de désigner ces destinataires. Cela amène, à chaque fois, à une nouvelle construction intérieure de toute la personnalité et à d'autres bases pour la formation de sa représentation. La *diversité juridique des espèces de corps d'administration propre* dépend de la manière dont sont désignés les destinataires. Nous distinguons : les établissements publics à personnalité morale, les associations publiques et les communes (2).

1) Une entreprise publique déterminée d'un caractère permanent, un *établissement public* (*öffentliche Anstalt*), comme nous l'appelons (comp. § 51, note 1, p. 184), peut être accompagnée d'une personnalité morale créée à cet effet. La désignation du but de cette personne au point de vue matériel est donc donnée ici d'avance ec une très grande clarté : c'est la gestion de cet établissement. C'est pourquoi l'usage est de l'appeler elle-même « *öffentliche Anstalt* ». Cela veut dire *öffentliche Anstalt* personnifiée ou ayant une personnalité morale séparée (3). La désignation du cercle d'indi-

§ 190, les « intéressés ». L'expression « *Selbstverwaltungsberechtigte* » (qui ont droit à l'administration propre), dont je me suis servi dans *ma* Theorie des Franz. V. R., p. 427, dit trop ; *Laband*, dans Arch. f. öff. R., II, p. 160, l'a critiquée avec raison. Les différentes applications de la notion générale qui est très importante, quoiqu'on n'y prête pas toujours l'attention qu'elle mérite, sont connues sous des noms divers ; dans la langue allemande, l'expression la plus convenable devrait être « *Angehörige* » (individus appartenant). Le *Staatsangehörige* (l'individu appartenant à cet Etat) en donne le modèle.

(2) Les personnes morales du droit ecclésiastique ne peuvent être qu'en partie classées dans ces catégories ; nous n'avons pas à nous en occuper. Comp. *Hinschius* dans *Marquardsen*, Handbuch, I, 1 p. 249 ss.

(3) Cette manière abrégée de s'exprimer, très-répandue surtout dans la langue officielle (par exemple, Code civil de l'Empire, § 89), amène souvent des confusions. En effet, il reste ce fait, qu'il y a cependant des « *Anstalten* », des établissements de l'Etat, auxquels une personne morale particulière n'est pas attachée ; c'est ce que constate spécialement, en ce qui concerne les écoles publiques, C. C. H. 12 mars 1870 (J. M. Bl., 1870, p. 216). De plus, il se peut qu'à la suite d'une concession, une entreprise ou Anstalt publique se présente comme attachée

vidus pour lesquels la personne morale existe, n'est pas faite avec la même évidence. On se sert aussi, pour des personnes morales semblables, de l'expression *fondation publique* (*öffentliche Stiftung*) ; on leur donne pour caractère particulier d'avoir comme base (*Substrat*) simplement un certain patrimoine, à l'opposé de la corporation et de l'association qui ont derrière elles, en même temps, un groupe de personnes naturelles (4). Mais on va trop loin dans la négation, quand on veut dire par là que ces personnalités d'établissement n'ont pas de destinataires du tout. Une personne morale n'existe jamais pour elle-même ; elle existe toujours pour d'autres. Seulement, ces autres sont désignés ici d'une manière moins directe. Quels sont-ils ?

Il ne peut pas s'agir des personnes morales dont *dépendrait l'entreprise* si elle n'était pas dotée d'une personnalité juridique propre. En effet, on peut, sans

à une personne morale du droit civil (comp. § 49 ci-dessus, p. 154) : quand on a pris l'habitude de sous-entendre, par entreprise ou établissement public, une personne morale du droit public, on éprouvera de la difficulté à bien comprendre cette combinaison. C'est ce qui notamment fait tort à la Banque de l'Empire. *Rosin*, Oeff. Gen., p. 80 ss., l'appelle une association publique ; comp. Arch. f. öff. R., I, p. 717, où j'ai essayé de démontrer l'impossibilité d'admettre cette manière de voir. Mais récemment encore, *Regelsberger*, Pand., I, p. 345, l'appelle « établissement ou fondation » (*Anstalt oder Stiftung*), et *Gierke*, D. Pr. R., I, p. 637, parle de « personne d'union du droit public » avec une « volonté fondatrice implantée du dehors ». Comp. § 55, note 11 ci-dessus, p. 262.

(4) Le mot fondation (*Stiftung*) sert aussi à désigner l'acte qui crée la fondation, l'affectation de moyens pécuniaires à un but semblable : *Regelsberger*, Pand., § 75, note 15. Il faut donc faire encore ici attention afin d'éviter les confusions. Le mot est susceptible de désigner la personne morale attachée à une entreprise publique dans le cas où elle a commencé son existence par une libéralité semblable. Quant à sa nature juridique, cela ne fait pas de différence. *Sartorius* dans Wörterbuch, Erg. Bd., II, p. 279 : « La distinction entre fondations et établissements est sans importance juridique ». Comp. aussi : *Pfeifer*, Jur. Pers., p. 117 ; *Bolze*, Begriff der jur. Pers., p. 187 ; *Regelsberger*, Pand., I, p. 294. *Rosin*, Oeff. Gen., p. 21, 48, voudrait n'admettre le mot fondation que pour des fondations du droit civil : « Les établissements du droit civil sont les fondations ». L'usage de la langue s'oppose à cette restriction ; comp. aussi Code civil de l'Empire, § 89.

cela, s'imaginer toutes leurs entreprises ; elles seraient alors simplement des établissements directs de l'Etat ou d'un corps d'administration propre d'importance plus générale, d'une commune. Ce sont, semble-t-il, les intéressés les plus proches de l'établissement. En effet, cela apparaîtra au cas de dissolution de la personnalité particulière de l'établissement, comme nous le verrons au § 61, I, ci-dessous. Toutefois, il faut distinguer l'établissement lui-même (c'est-à-dire l'entreprise) et sa personnalité ; cette personnalité ne peut pas être considérée comme étant là pour la communauté-mère : elle sert plutôt à en séparer l'établissement (5).

En second lieu, on pourrait penser aux individus pour lesquels l'établissement public *effectue ses prestations*, à ceux qui doivent en profiter ; par conséquent, aux pauvres, aux malades, à ceux qui doivent être instruits. Mais, pour eux aussi, c'est l'entreprise seule qui compte et non pas le fait qu'elle est dotée spécialement d'une personnalité morale. Ils auraient, en effet, absolument les mêmes avantages, si l'hôpital communal, l'école d'Etat, qui les reçoivent, n'étaient pas des personnes morales distinctes (6).

(5) En ce sens *Pfeifer*, Jur. Pers., p. 127. *Gierke*, Gen. R., II, p. 962, appelle les établissements (avec personnalité particulière) « de simples constitutions d'une volonté partielle détachée d'une volonté publique supérieure ». Cette constitution ne peut pourtant pas être l'effet d'un pur instinct ; si la volonté supérieure veut simplement voir fonctionner cet établissement, elle peut le conserver pour elle-même. Dès lors, pour qui est cette constitution séparée ? Voilà la question.

(6) *Gierke*, Gen. R., II, p. 967, parle ici « d'ensembles de personnes auxquelles la fondation profite », qui se présentent seulement « comme destinataires de son utilité ». Ces destinataires sont bien (p. 970) « réunis par la personnalité de l'établissement et saisis par elle », mais seulement comme « objets de volonté » : ils sont une « partie passive » ; il n'y a pas ici « de qualité active de membre pour les individus réunis ». Il nous semble pourtant que la même union de « membres passifs » entoure ces établissements même dans le cas où ces établissements n'ont pas encore de personnalité morale ou ne l'obtiendront jamais, comme les tribunaux, les postes, les écoles,

Quand on examine les divers établissements qui sont ordinairement investis d'une personnalité morale, on reconnaît facilement le principe d'après lequel ils ont été choisis avant tous autres établissements de l'Etat ou de la commune : ils ont tous cette particularité d'être propres à provoquer la charité du public, comme les hôpitaux, hospices, établissements des pauvres, établissements ecclésiastiques, ou d'avoir, pour un motif quelconque, besoin d'être recommandés

C'est cet usage de la langue de désigner nos personnes morales comme « *öffentliche Anstalt* » (entreprise ou établissement public), qui entraîne ici la confusion des destinataires de l'entreprise avec les destinataires de sa personne morale. Comp. par exemple, aussi *E. Mayer*, dans Wörterbuch, I, p. 692. *Bernatzik*, dans Arch. f. öff. R., V, p. 250, semble vouloir désigner les premiers directement comme les « associés » (*Genossen*) de la « communauté » représentée, d'après lui, par l'établissement ou par la fondation ! *Merkel*. Encyklop., § 190, n'échappe pas non plus à la confusion ordinaire. Il déclare que « dans les fondations, les intéressés ne sont pas réunis corporativement ni déterminés personnellement à l'avance ». Mais il entend par intéressés ceux qui doivent profiter des prestations de l'établissement, par conséquent, pour des fondations de bienfaisance, les pauvres. « Au lieu de dire : ces biens appartiennent aux pauvres présents et futurs au profit desquels les revenus de ces biens doivent être employés par les institutions de la fondation de St Marx, nous disons simplement : ces biens appartiennent à la fondation de St-Marx ». Retenons cet exemple. *Merkel* oppose au cas de la fondation celui d'une association « où les intéressés sont corporativement réunis ». Si donc cet établissement, nommé St-Marx, appartenait non pas à une fondation, mais à une association de bienfaisance ayant la personnalité morale, alors, d'après lui, « les intéressés seraient corporativement réunis », à savoir les membres de la réunion, de l'association publique (comp. n. 2 du texte, p. 272). Mais alors, que deviennent les pauvres ? Leur situation vis-à-vis de l'entreprise de l'établissement, resterait tout à fait la même que dans le cas de la fondation. Mais qu'ils ne soient pas alors les « intéressés », les destinataires de la personne morale, la chose est évidente. Dès lors, ils ne pourront pas l'être non plus dans le premier cas, dans celui de la fondation ; il faut que d'autres individus, qui ne sont pas les pauvres, fonctionnent ici comme destinataires, à la place des membres de la corporation. Ces autres sont les véritables « intéressés » ; eux seuls ont ici de l'importance. — *Meurer*, Jur. Pers., p. 22 ss., revient encore aux destinataires des avantages de l'établissement comme « sujets et détenteurs de son patrimoine » ! Il croit en avoir besoin, parce que la personne morale ne lui suffit pas pour donner une réponse à la question : à qui les donateurs donnent-ils ? Elle doit cependant suffire : à quoi serait-elle bonne sans cela ?

au public par les garanties qu'ils présentent pour les valeurs qui leur seront confiées, tels que caisses d'épargne, monts de piété, établissements d'assurance ouvrière. Les individus qui sont visés ici sont donc ceux qui participent au but de l'entreprise, en ce sens qu'ils lui *fournissent les moyens de sa gestion.* Leur intérêt est justement que ces moyens soient conservés pour le but de l'établissement; et c'est la personnalité morale distincte qui le leur garantit.

On pourrait dire que, de cette manière, la personnalité morale sert aussi à l'intérêt de l'ensemble des individus qui doivent profiter de l'activité de l'établissement, ainsi qu'au maître primordial de cet établissement, c'est-à-dire au sujet de droit auquel il appartiendrait si une personne morale particulière n'existait pas à cet effet. La personnalité morale favorise la réussite de l'entreprise à laquelle ils sont intéressés les uns et les autres; elle la favorise en agissant comme stimulant pour y faire participer avec des subventions et des moyens de gestion. Tel est le motif, pour l'Etat ou la commune, de faire ici ce qu'on appelle un peu mystiquement « le détachement d'une volonté partielle ». Mais ce stimulant, la personne morale ne le constitue que parce qu'elle rend aux individus qui font une donation le service de conserver séparé ce qui a été donné. Elle existe donc à cause de ces individus ; ce sont eux les véritables destinataires de la personne morale.

Naturellement il n'est pas facile de définir, d'une manière exacte, cette espèce de destinataires. Pour la fondation qui commence par une libéralité faite pour son but, il est facile de reconnaître quel est le premier donateur en faveur duquel la personne morale conserve ce patrimoine. Mais elle agit aussi en faveur de ceux qui s'y associent plus tard par leurs dons. L'établissement peut d'ailleurs être créé avec cette garantie qui devra lui amener des donateurs ou des clients, sans que l'on vise déjà par là une personne déterminée. Mais la personnalité morale n'existe cependant que pour ces donateurs et clients possibles Que les destinataires restent ainsi un ensemble tout à fait *inderminé et indéfini*, cela constitue le caractère spécial de cette personne morale, et cela doit avoir des conséquences importantes (7).

2) Nous trouverons la formation directement contraire dans le cas où le but de la personne morale est désigné comme étant celui d'une *réunion* d'individus auxquels elle sert à cet effet. Telle est la particularité de l'*association publique* (*öffentliche Genossenschaft*). C'est une réunion ayant la personnalité morale pour la gestion d'une portion d'administration publique. Les membres de la réunion sont en même temps les destinataires du corps d'administration propre (8).

(7) Dans une doctrine qui compte des partisans notables, on tend à réduire partout la personne morale à une *volonté* qui lui aurait été infusée d'une façon quelconque et par laquelle elle vivrait. Cette volonté lui est implantée ; elle est fixée, perpétuée, éternisée, congelée en elle. *Foerster*, Preuss. Pr. R., IV, p. 404 ; *Gierke*, Gen. R., II, p. 962 ; le *même*, Gen. Theorie, p. 12 note 3 ; le *même*, D. Priv. R., I, p. 635 ; *Meurer*, Heil. Sachen, p. 75 ss. Pour cette doctrine, la particularité que présente la personne morale de l'établissement public — d'avoir ses destinataires mal définis — trouve son expression dans la thèse, que cette personne tire la volonté qui lui est nécessaire, de l'Etat ou de la commune dont l'établissement est détaché. Pour nous, cet emprunt d'une portion de volonté est du mysticisme.

(8) La corporation publique est une notion plus large. Elle signifie une personne morale réunissant dans un « corps » un ensemble donné d'individus. Cela comprend aussi la commune, laquelle ne suppose pas que ses membres forment entre eux une association. Comp. les excellents développements de *Rosin*, Oeff. Gen., p. 40 ss. — La fixation exacte de la différence qui existe entre la personnalité d'établissement et l'association publique a trouvé une expression un peu singulière chez *Piloty*, Reichs-Unfallversicherungs. R., II, p. 474, note 2 : « La différence juridique entre les corporations que *Rosin* appelle des établissements publics, et les autres corporations publiques ne consiste, à mon avis, que dans la désignation différente de la qualité de membre chez celles-ci et chez celles-là ». Et en effet, c'est bien tout. Mais quand *Piloty* s'exprime ainsi, il veut dire que cela ne doit pas suffire scientifiquement pour faire une distinction ; et il appelle corporation

Souvent, ce seront aussi ceux auxquels les prestations doivent profiter directement : tel est le cas pour les associations d'irrigation, les associations forestières ou de pêche, les corporations de métiers. Il n'est pas essentiel que cela coïncide ; l'entreprise de l'association pourra avoir pour but de profiter à des individus qui ne sont pas membres : tel est le cas pour les réunions de bienfaisance dotées de la personnalité morale de droit public et pour les associations professionnelles d'assurance ouvrière contre les accidents. Ici encore, la personne morale existe pour les membres dont l'entreprise de l'association poursuit les buts et tâches, et dont elle conserve les moyens réunis à cet effet. Il faut faire la même distinction qu'entre les destinataires des prestations de l'établissement public et les destinataires de sa personnalité morale (9).

Le fait que la personne morale de l'association trouve ses destinataires assemblés en une réunion

l'une et l'autre, l'association et la personnalité d'établissement. Naturellement nous ne pouvons pas l'admettre.

(9) Il n'est donc pas exact de voir la différence entre la corporation et la fondation en ce que, dans la première, « l'administrateur et le destinataire sont identiques ; ce qui n'a pas lieu dans la fondation » (*E. Mayer* dans Wörterbuch, I, p. 693). — destinataire étant entendu ici comme destinataire de l'utilité de l'entreprise ; comp. la note 6 ci-dessus, p. 269. — Il se peut que, dans une seule et même association, deux sortes de membres se trouvent réunis, des membres jouissant (destinataires de l'utilité) et des membres non jouissant ; tous les deux sont les destinataires de la personne morale. Ainsi, par exemple, dans les caisses de malades locales, d'entreprise, ou de construction, d'après la loi sur les caisses, se trouvent des ouvriers assurés et des patrons — lesquels ne sont pas assurés, et doivent cependant leurs contributions. Tous les deux sont membres ; *Loening*, V. R., p. 557. *Rosin*, Oeff. Gen., p. 60, ne veut pas reconnaître comme membres les patrons, à cause de leur « point de vue d'intérêts différents ». Mais l'intérêt que la loi traite d'intérêt commun aux patrons et aux ouvriers, c'est l'assurance des ouvriers. Dans ce but, la personne morale sert à tous les deux ; que l'utilité matérielle de l'institution profite aux ouvriers seuls, cela n'y change rien. L'association professionnelle pour l'assurance contre les accidents, comme nous le savons, renferme uniquement des membres dépourvus de toute utilité analogue.

bien déterminée, devient important pour toute l'organisation : ces destinataires sont — beaucoup plus que dans la personnalité de l'établissement — susceptibles d'exercer une influence décisive sur son sort et spécialement sur la formation de sa représentation. Toutefois, il n'y a là qu'un *naturale*. Que la réalisation du droit suive plus ou moins cette tendance, le caractère fondamental n'en dépend pas (10).

3) Le troisième groupe est représenté par *la commune* et par les *corps d'administration propre d'un ordre supérieur* formés sur son modèle (11).

(10) *Windscheid*, Pand., § 59 note 3 *a* : « Ainsi, il est naturel que la volonté de la corporation émane d'eux (des membres de la corporation) ; et cette organisation naturelle doit être considérée comme ayant été voulue par la loi, en tant qu'aucune prescription contraire n'a été édictée ». A cela se restreint ce qu'il y a de vrai dans cette doctrine qui parle de l' « immanence de la volonté » propre à l'association, tandis qu'il y a « transcendance de la volonté » dans la fondation : *Gierke* dans *Holtzendorff* Rechtslex., Article Jurist. Pers., II, p. 422, et dans le même sens surtout *Rosin*, Oeff. Gen., p. 22, p. 48. Nous insistons, au contraire, sur cette proposition, que la nature juridique de l'association n'est pas changée quand sa représentation est organisée autrement qu'elle devrait l'être d'après le principe naturel D'après *Gierke*, l. c., p. 423, et Gen. R., II, p. 971 ss., la corporation peut bien supporter des « éléments d'établissement », c'est-à-dire une certaine mesure d'influence exercée par les autorités de l'Etat ou de la commune sur sa représentation, comme cela est de règle pour la personnalité d'établissement. Mais cet élément transcendant ne doit pas devenir trop fort, sans quoi la corporation cesse et il en résulte un établissement. D'après nous, une personne morale, qui a derrière elle l'ensemble organisé de ses membres, reste encore une association, même si un commissaire du gouvernement investi d'une puissance dictatoriale a été institué pour administrer ses affaires. D'un autre côté, une personnalité d'établissement peut être dotée de députations déléguées d'une manière quelconque par la population intéressée à l'entreprise ; on parle alors d' « éléments corporatifs » joints à l'établissement : *Rosin*, Oeff. Gen., p. 51, note 42 *a* ; *G. Meyer*, V. R., I, p. 659. Un exemple dans la caisse d'assurance contre l'invalidité, d'après la loi d'Emp. du 19 juillet 1899, § 61 ss. Mais il nous semble que, de cette manière, la personnalité de l'établissement ne reçoit nullement la base d'une réunion pour laquelle elle existe, et qu'elle ne devient pas de formation mixte ; la forme extérieure de sa représentation est indifférente pour sa nature.

(11) Dans les cours de droit civil un peu anciens, en énumérant les personnes morales, on distinguait : les corporations, les fondations, le Fisc. Les communes, en tant qu'unités de personnes, comp-

A la différence des établissements et des associations, — lesquels sont restreints à une entreprise pubique déterminée, — les commune sont une part plus large dans l'administration publique ; ce sont des corps d'administration propre *généraux*.

Les destinataires, ce sont leurs membres réunis dans une certaine organisation comme ceux de l'association publique ; mais la désignation de ces destinataires se fait d'une manière toute différente.

Tout d'abord, les communes sont liées plus intimement à l'Etat : leurs membres ne forment qu'une fraction de la totalité des membres de l'Etat. Dès lors, à la différence des personnes morales dont nous venons de parler, les communes supposent chez leurs destinataires la *nationalité* de l'Etat dont elles font partie (12). Ce sont des *communautés politiques* (*Politische Gemeinwesen*).

La distribution des membres de l'Etat entre les différentes communes se fait essentiellement d'après le *domicile*, par lequel chacun est fixé sur le territoire de chaque commune. Dans ce sens, on les a appelées, avec une certaine exactitude, des *corporations territoriales* (13).

taient parmi les corporations, et on opposait les communes et les corporations au Fisc. Comp. par exemple *Arndts*, Pand., I, § 47. Une opinion plus récente, sous l'influence manifeste de *Gierke*, distingue les établissements et fondations d'un côté, et les corporations de l'autre ; ces dernières comprennent alors les associations, les communes et l'Etat. Comp. par exemple, *Regelsberger*, Pand., I, § 75 ss. Il nous semble nécessaire de relever fortement les oppositions qui existent dans ce second groupe.

(12) Dans le grand duché de Bade et en Alsace-Lorraine, il suffit de la nationalité d'un Etat confédéré quelconque, c'est-à-dire de la nationalité commune de l'Empire ; ceci n'est pas en contradiction avec notre thèse.

(13) *Preuss.*, Gemeinde, Staat, Reich als Gebietskörperschaft, p. 261 ; *Gierke*, Gen. R., II, p. 870, 871. D'une opinion un peu divergente : *Haenel* dans Arch. f. öff. R., V, p. 464 ; *Rosin*, Oeff. Gen., p. 42 ss. Comp. aussi, en ce qui concerne les formations supérieures, Bl. f. adm. Pr., 1887, p. 290. — Très instructif, O. V. G., 2 mars 1889 : On avait contesté à un district administratif du Hanovre (*Amtsversamm-*

Ainsi, tandis que la désignation des destinataires de l'établissement à personnalité publique se fait au moyen des *actes juridiques* par lesquels ces individus participent à cette entreprise, tandis aussi que celle des destinataires de l'association se fait au moyen du *lien obligatoire* dans lequel sont placés les associés soit par leur adhésion, soit par la volonté directe de la loi, la désignation des membres de la commune se fait au moyen d'une *qualité personnelle*, d'un *status*. En effet, la nationalité, qui est essentielle pour les individus qui doivent appartenir à la commune, est bien un *status* ; et la qualité de membre d'une commune n'est que ce *status* caractérisé et appliqué à cette commune au moyen du fait du domicile établi sur son territoire. Ce domicile étend lui-même ses effets sur d'autres personnes au moyen de liens personnels constitués par le droit de l'état de famille ; ou même, il est remplacé par les principes de l'acquisition de la qualité de membre de la commune d'après la règle de l'origine, par analogie avec l'acquisition de la nationalité (14). Ainsi, la commune a *son peuple*, comme l'Etat.

Cette manière d'avoir ses destinataires est aussi d'une importance capitale pour toute l'organisation

langsbezirk) la qualité de personne morale. L'adversaire prétendait qu'il n'y en a que de deux espèces : la corporation de réunion, reposant sur un certain nombre de personnes physiques ; l'établissement public, consistant dans un patrimoine investi de la capacité juridique (comp. la note 11 ci-dessus, p. 274) ; or, ici ni l'un ni l'autre ne serait applicable. A cela, le O. V. G. oppose la corporation territoriale comme troisième espèce : « Le droit existant construit les unions communales dotées de la capacité juridique, en partie, comme les communes notamment, sur la base de personnes entrant — dans les limites d'une certaine circonscription territoriale — dans une communauté juridique à raison du domicile, de la propriété foncière etc., ou bien aussi sur la base de corporations d'un ordre inférieur ».

(14) Ce sont surtout les législations de la Bavière et du Wurttemberg qui attachent à l'origine la qualité de membre de la commune ; *Preuss*, l. c., p. 283.

de la personnalité morale de la commune : l'établissement public ne peut guère faire un usage régulier de ses destinataires pour organiser sa représentation ; l'association a cette organisation tout indiquée dans ces membres réunis par un lien juridique, qui n'existe lui-même que pour des personnes capables ou dûment représentées. Pour la commune, au contraire, comme pour l'Etat, il y a ici cette masse d'individus si différents de moyens et de capacités, parmi lesquels le développement historique et la prudence politique choisissent ceux qui agiront au nom de la personne commune ou qui auront sur cette action une influence quelconque qui se manifestera d'une manière très variable (15).

(15) De là cette distinction si importante entre membre de l'Etat et citoyen de l'Etat, membre de la commune et citoyen de la commune ; l'association publique n'a pour membres que des citoyens de l'association. *Haenel*, St. R., I, p. 81 ss., déclare que l'Etat est une « union corporative » ; les membres de cette union, les individus appartenant à l'Etat, sont « en ce qui concerne leurs devoirs, des sujets, et, en ce qui concerne leurs droits, des citoyens ». C'est du *Rousseau*, mais cela convient à une association. En réalité, les citoyens, seuls pourvus de droits politiques, forment une élite parmi les sujets, élite qui n'a pas d'analogue dans l'association.

§ 57

Comment prend naissance le corps d'administration propre.

Il existe de nombreuses personnes morales qui nous ont été léguées par le droit des siècles passés. Elles doivent leur naissance aux causes spéciales au degré du développement historique dont elles émanent, soit à la force immanente de l'union (*Einung*), soit au droit coutumier, soit au privilège. Il n'y a pas à rechercher si, aujourd'hui, ces mêmes causes pourraient produire encore cet effet ; les personnes qu'elles ont créées continueront à exister tant qu'elles ne seront pas supprimées par la voie légale. Elles appartiennent en partie au droit civil, en partie au droit public ; pour faire le triage, nous procèderons d'après les méthodes de distinction propres au droit actuel ; comp. § 55, II et III ci dessus, p. 256 et s.

Ce que nous avons à examiner ici, c'est la question de savoir comment les choses se passeront lorsqu'un corps semblable devra naître aujourd'hui d'une manière toute nouvelle. Quelles sont sur ce point les règles du droit actuel ? La doctrine générale a été pendant longtemps très divisée à cet égard (1). Le Code civil

(1) Comp. *Stobbe*, D. Pr. R., I, p. 462 ss. ; *Gierke*, D. Pr. R., I, p. 463 ss. ; *Regelsberger*, Pand., I, p. 308 ss. — Naturellement, il faut bien se garder de vouloir trouver partout une personne morale, alors qu'il s'agit seulement d'une façon de parler. J'ai voulu en constater

de l'Empire a simplifié la situation : pour les personnes morales du droit civil, il a fixé la façon dont elles seront créées ; pour les personnes morales du droit public, il s'est abstenu (2). Mais elles profiteront néanmoins de l'élimination de toutes les constructions philosophiques et fantaisistes qui s'efforçaient toujours de s'emparer de cette matière.

Nous n'avons pas à nous occuper ici de la personne morale de l'Etat ; c'est une question de droit constitutionnel. Pour les personnes morales du droit public d'un rang secondaire, la question du principe de leur existence se résout par leur nature même. Elles sont là pour gérer une portion de l'administration publique. Pour les créer, il faut donc détacher cette portion du sujet commun de tout ce qui est administration publique ; l'Etat, en reconnaissant une personne morale semblable, cède quelque chose qui lui est propre.

C'est donc uniquement par la volonté de l'Etat qu'un corps d'administration propre peut être créé nouvellement. C'est dans cette volonté créatrice qu'est placé le centre juridique de l'opération.

Cela n'empêche pas les individus pour lesquels doit exister la personne morale, ses *destinataires* futurs, d'y participer de quelque façon. Cela peut avoir lieu de plusieurs manières et dans une mesure différente. La forme de l'acte de l'Etat, lequel acte est décisif, en dépendra.

une dans *ma* Theorie d. franz. V. R. p. 37, en disant que, dans l'organisation des autorités, la fonction qui, en comparaison du fonctionnaire, est permanente est, au point de vue pratique, placée au premier rang ; elle est traitée comme un être à part, presque comme une personne ». Lorsque *Bernatzik*, dans Arch. f. öff. R., V, p. 213 et 214, me fait dire « que les fonctions possèdent presque la personnalité » et me critique sévèrement à ce sujet, il y a là un exemple flagrant de la confusion qu'il faut éviter.

(2) *Pfeifer*, Jur. Pers., a le mérite d'avoir le premier bien relevé la distinction qu'il convient de faire ici ; il arrive immédiatement à cette conclusion que, notamment en ce qui concerne leur naissance, « les corporations publiques et les corporations privées suivent des règles différentes ».

I. — Le corps n'existe jamais que par la *volonté de l'Etat*. Mais la personne morale, — étant appelée à représenter, dans l'ordre juridique établi pour des personnes, un intérêt commun des individus — ne peut être que le résultat d'un acte qui détermine ce qui doit être de droit, à savoir d'une *loi* ou d'un *acte administratif*.

1) L'ordre juridique du droit civil tout entier est réservé à la loi ; c'est dans la loi que tout ce qui doit avoir un effet juridique doit trouver sa base ; cela s'applique aussi aux personnes morales du droit civil.

La création d'une personne morale du droit public, au contraire, n'est pas réservée à la loi dans ce même sens. Elle peut se faire directement par un acte administratif (3). Un fondement légal n'est nécessaire que dans le cas où l'on touche à la sphère réservée, par suite des circonstances spéciales qui caractérisent la création : elle s'opère, par exemple, au moyen du changement apporté à une organisation que la loi avait déjà réglée ; ou bien le nouveau corps administratif doit être doté de pouvoirs qui intéressent la liberté et la propriété des sujets.

2) La personne morale du droit civil peut exister en vertu d'une *règle de droit* qui décide que, quand telles et telles conditions auront été remplies, la personne morale prendra naissance. Ce sont alors les individus, en remplissant les conditions, qui créent la personne.

(3) La doctrine, ne pouvant pas se dégager des formules du droit civil, croit avoir besoin d'une règle de droit toutes les fois qu'un acte individuel doit produire des effets juridiques. Faute de mieux, elle trouve cette règle sous-entendue dans l'acte même. Comp. par exemple, *Gierke*, Gen. Theorie, p. 21 : « Quand l'Etat attribue la qualité de sujet de droit, il ne produit jamais pour cela un sujet de droit ; il créé ou constate une règle de droit qui affirme l'existence d'un sujet de droit ». La notion d'acte administratif bien comprise nous dispense de ces tours de force qui seraient capables de nous faire oublier ce qu'est une règle de droit.

Une origine semblable ne répondrait pas à la nature du corps d'administration propre. Le détachement d'une portion de l'administration publique ne peut pas être le produit de la volonté des sujets. Une conformité à la règle de droit ne suffit pas : il faut que le corps d'administration propre soit la *création* de l'Etat dont la volonté agit positivement à cet effet (4).

Cela se produit de la manière la plus évidente dans la forme de la disposition individuelle, loi ou acte administratif. Quand la loi (ou l'ordonnance qui la remplace) décide, par une règle de droit, que, dans telles ou telles conditions, un corps d'administration propre doit naître, il interviendra, en règle, pour que l'effet se produise dans le cas individuel, un acte administratif qui, déclarant la loi applicable, donnera à la volonté créatrice de l'Etat la détermination nécessaire de son objet. Une loi qui se prononce d'une manière générale n'aura d'effet direct qu'en supposant que les cas auxquels s'applique cette règle se présentent devant elle dans un groupe déterminé. Cela arrive notamment lorsque certaines circonscriptions administratives déjà existantes doivent être érigées en corps d'administration propre.

3) Le corps d'administration propre ne prend naissance qu'avec la *constitution* qui vient déterminer son but, ses destinataires, sa représentation.

Cette constitution peut être fixée par des règles de droit. Cela surtout a lieu pour les communes et autres corporations territoriales créées par une règle de droit,

(4) *Gierke*, Gen. Theorie, p. 21, déclare que, dans la naissance de la personne morale, il faut distinguer exactement entre « les choses que l'Etat pourra et devra faire comme organe du droit, et celles qu'il fera comme être puissant ayant une vie propre ». C'est cette dernière qualité de l'Etat, dont, à notre avis, il est question dans la naissance du corps d'administration propre ; l'Etat administre en créant ce corps. Cela n'empêche pas qu'il prescrive aussi quelque chose d'important pour l'ordre juridique.

comme nous venons de le dire. Mais, en outre, lorsque la naissance se produit au moyen d'un acte administratif, une pareille organisation peut être fixée à l'avance par une règle de droit, en sorte que l'acte administratif n'a qu'à désigner le cas individuel dans lequel doit naître la personne morale dotée de la constitution toute prête.

Toutefois, la constitution pourra aussi être fixée par l'acte créateur même, et, par conséquent, pour le cas individuel, soit à côté et en marge des prescriptions établies par la loi, soit librement à défaut de prescriptions de ce genre. Cette fixation de la constitution pour le cas individuel s'appelle le *statut* du corps d'administration propre. Il peut y avoir une collaboration des destinataires de ce corps (comp. sous II, 2 ci-dessous, p. 283) ; ou bien il existe des instructions générales à cet effet (statuts normaux) ; cela n'exerce aucune influence sur la nature du statut ; celui-ci est toujours un acte administratif (5).

Ces statuts ont leur sphère d'application dans les fondations publiques et dans les associations.

II. — La collaboration qui appartient aux destinataires du futur corps dans la création de ce dernier, dépend entièrement de son principe fondamental. Il faut donc distinguer selon les différentes espèces de corps d'administration propre.

(5) *Rosin*, Oeff. Gen., p. 141, note 52. — Ces statuts organiques, qui se trouvent dans de simples associations de droit privé comme dans des associations publiques, doivent être distingués des statuts faits par l'association en vertu du pouvoir naturel qui lui appartient sur ses membres ou en vertu d'une délégation de la loi (comp. t. 1er, p. 165). *Bolze*, Begriff der jurist. Pers., p. 174, fait une confusion complète entre ces choses. *Gierke*, Gen. Theorie, p. 164 note 2, tout en reconnaissant que les statuts constitutifs « n'ont aucune part dans les qualités publicistiques de la loi », n'admet pourtant pas qu'on puisse en tirer cette conséquence « qu'il ne s'agit pas de droit objectif ». Nous ne saurions concilier ces deux thèses. — Comp. aussi R. O. H. G., 11 janv. 1873 (Samml., IX, p. 130) ; R. G., 24 avril 1883 (Samml., IX, p. 261).

1) *L'établissement public à personnalité morale* peut se former sans destinataires, en attendant ceux qui viendront plus tard. Il sera alors doté originairement par les moyens de l'Etat ou de la commune, ou constitué d'abord sans moyens matériels. Mais il peut aussi avoir, dès le commencement, des destinataires, des fondateurs. Ceux-là fournissent alors les conditions de fait, sans lesquelles l'Etat ne jugerait peut-être pas utile de procéder à la création. Dès lors, leurs désirs auront une influence de fait sur le contenu de l'acte de l'Etat créant la personne morale et réglant son organisation : la détermination du but et de la représentation s'y conformera dans une certaine mesure.

2) *L'association publique* a besoin, pour naître, d'un cercle de destinataires, de la réunion qui en forme la base. Elle n'est parfaite, comme personne morale du droit public, que par l'acte de l'Etat. Mais la volonté des associés peut lier cet acte ; et inversement, la volonté de l'Etat peut produire l'existence de la réunion qui est la condition de cette création. Cela entraîne une certaine variété des formes dans lesquelles se fait cette création (6).

La forme primitive serait celle où l'on est *libre des deux côtés*. Les intéressés s'associent volontairement dans une réunion et demandent ensuite la reconnaissance comme personne morale, — ce que le gouvernement accorde ou refuse, selon sa libre appréciation. Cela présente une certaine ressemblance avec le cas

(6) *Rosin*, Oeff. Gen., p. 129 ss., en dresse un tableau. Il distingue deux groupes principaux, selon que l'impulsion émane de l'autorité ou qu'elle vient des membres de la reunion. Mais toujours la chose n'est parfaite que par une « action de la volonté de l'Etat ». Cela nous semble impliquer la réponse à la question de la « *causa efficiens* » juridique, qu'il soulève, l. c., p. 138 note 37. Dans un troisième groupe, *Rosin* comprend deux cas dans lesquels des « tiers » agissent d'une manière décisive ; mais cela n'est pas exact ; comp. les notes 9 et 10 ci-dessous, p. 285.

de fondation d'un établissement public ; seulement, ici les individus ne se bornent pas à donner une impulsion de fait à l'acte de l'Etat ; ils donnent aussi la condition de sa possibilité au point de vue du droit, condition sans laquelle l'acte ne pourrait pas intervenir (7).

La seconde éventualité est celle où la *formation de la réunion est libre*, mais où sa *reconnaissance comme association publique, au contraire, est liée.* La loi, sous certaines conditions, accorde à la réunion un droit à l'acte de l'Etat qui lui donnera le caractère de personne morale du droit public. Ici encore, c'est toujours l'Etat ou son autorité, qui, par sa volonté, produit cette personne morale ; mais sa volonté est liée par la volonté des destinataires futurs (8).

Quand l'intérêt de l'Etat à la formation de l'association publique est plus intense, il se manifestera par des mesures propres à faciliter juridiquement la constitution de la réunion qui doit lui servir de base. A cet effet, on se sert de la *demi-contrainte*. La loi fixe certaines catégories d'individus qui sont destinés à être membres d'une association à former. Tous ceux qui y sont compris peuvent être obligés à y entrer par

(7) L'acte de l'Etat qui constitue la personne morale est appelé « concession de la personnalité morale », « approbation des statuts », et même « reconnaissance de la réunion comme entreprise publique » — expression assez singulière !

(8) L'obligation de l'autorité peut être exprimée dans la loi par cette prescription, que l'autorité ne pourra refuser son consentement ou son approbation que pour des causes déterminées ; un exemple dans Gew. O., § 98 *b* (relativement aux corporations de métiers). — Les actes qui amènent la création peuvent aussi être séparés ; en sorte qu'on décide d'abord si l'association doit naître en principe ; c'est seulement ensuite que la constitution de l'association et surtout l'organisation de sa représentation sont fixées en détail par un statut. Il peut arriver que l'autorité, pour l'un de ces actes, soit liée, tandis que, pour l'autre, elle confirme ou rejette selon sa libre appréciation, ou même en fixe le contenu discrétionnairement ; un exemple dans la loi d'assurance contre les accidents, du 6 juillet 1884, § 12 et § 20 ; comp. la loi du 30 juin 1900, § 2.

une décision de la majorité des intéressés. L'association publique qui est ainsi rendue possible est parfaite par l'acte d'autorité qui la déclare existante et qui, de son côté, tantôt est accompli librement, tantôt est lié par la décision prise par les membres de la réunion conformément à la loi (9).

Enfin, le gouvernement peut être autorisé à créer l'association, seul et indépendamment de la volonté des intéressés. Pour cela, il faut un fondement légal déterminant spécialement les qualités requises pour être membre. L'association publique se forme alors par voie de *réunion forcée* : l'acte administratif lui donne à la fois sa constitution et ses membres (10).

(9) Des exemples dans les associations qui, dans l'intérêt de l'agriculture, sont formées pour le dessèchement et l'irrigation, pour la construction de digues protectrices, pour l'exploitation des forêts ; comp. loi Bav. sur les entreprises d'irrigation et de dessèchement du 28 mai 1852, art. 6. — Au lieu de la majorité des destinataires, la loi peut, pour créer le fondement que la réunion doit représenter, se contenter de la seule volonté d'un membre particulièrement important. Tel est le cas du propriétaire de l'établissement industriel, quand il s'agit de créer une caisse de malades pour la fabrique, en vertu de la loi sur l'assur. des mal., § 60. Sa demande suffit pour que l'autorité ait le pouvoir de faire naître l'association publique par l'approbation des statuts. Emploie-t-il plus de 50 ouvriers, ce propriétaire a même le droit de constituer la caisse ; cela signifie que l'autorité est obligée de donner suite à sa demande. Pour *Rosin*, Oeff. Gen., p. 140, cela constitue une forme particulière de la naissance de l'association ; d'après lui, elle résulterait ici de la décision d'un « tiers ». Mais c'est par erreur qu'il considère le patron comme un tiers qui ne serait pas membre de l'association ; comp. § 56 note 8 ci-dessus, p. 272.

(10) Loi d'assur. contre les accid. du 6 juillet 1884 § 15 : formation de l'association professionnelle par le Conseil fédéral ; pour les changements ultérieurs, loi du 30 juin 1900, § 2. Il faut citer encore la formation des caisses locales de malades, qui a lieu par les communes d'après la loi d'assur. des malades du 10 avril 1892, §§ 16 ss. L'autorité communale statue directement sur la nécessité (§ 16 : « sont autorisées à constituer... »), ou y est invitée par l'autorité administrative supérieure (§ 17 « la commune peut être obligée de constituer... »). On distingue encore ici plusieurs phases dans la création, en ce sens que le contenu spécial du statut ne peut être fixée qu'avec le concours de l'autorité administrative supérieure. Mais la commune — à qui appartient la compétence ordinaire — apparaît ici à la place de l'Etat dans le rôle de créatrice de la personne morale, de même qu'elle peut créer des fondations d'importance locale, telles qu'hôpitaux, caisses d'épargne, etc.,

3) La *corporation territoriale* a ses destinataires dans la section du peuple entier qui lui est confiée. On ne voit pas souvent le spectacle d'une création complète ; ces organisations sont plutôt permanentes et ont été léguées à notre temps par des époques antérieures. S'il y a lieu a une réorganisation qui s'opère par la voie de la législation, l'intérêt public prévaut tellement qu'on n'écoutera guère les désirs et les vœux de la population, si ce n'est à titre d'information. C'est seulement dans le cas où il s'agit de simples changements territoriaux entre les communes existantes, par suite de démembrement ou d'union, qu'on attribuera aux intéressés une certaine influence sur la mesure à prendre, soit qu'il faille les entendre seulement, soit que leur consentement soit nécessaire. Mais quels seront ces intéressés ? cela n'est pas dit à l'avance, comme dans les associations : on appellera les, représentations des corps existants, ou bien les habitants du territoire à céder, ou seulement certains habitants spécialement intéressés, tels que les propriétaires d'immeubles. Rien n'est dans la nature des choses : tout dépend de prescriptions positives.

en vertu de son droit d'administration propre. *Woedtke*, Kom. z. Krank. Vers. Ges., § 16, note 4 : « La formation de la caisse s'opère par l'établissement du statut de la caisse ; elle appartient, comme action d'autorité, au chef de la commune ». *Rosin*, Oeff. Gen., p. 140, fait encore erreur en considérant cela comme un cas de création par la décision d'une « tierce personnalité ». La commune, agissant à la place de l'Etat, est la première personnalité.

§ 58

Le droit de la représentation.

La personne morale du corps d'administration propre, afin d'être capable d'agir, reçoit sa *représentation* des individus qui y sont appelés constitutionnellement. Ils sont pour elle ce que sont, dans le droit constitutionnel de l'Etat, les détenteurs de la puissance suprême. Au dessous d'eux, il peut y avoir, dans un cas comme dans l'autre, d'autres représentants, des représentants de second rang ayant un mandat par délégation en vue de gérer les affaires. Il ne sera ici question que des *représentants constitutionnels* (1).

Les individus ainsi appelés à la représentation agissent soit individuellement, soit dans des commissions et des conseils, soit dans des assemblées plénières. Sous ces différentes formes, ils constituent les *unités représentatives* du corps d'administration propre, ou, comme on aime à l'exprimer par une métaphore, ses *organes*. La distribution des compétences entre ces unités, leurs rapports réciproques d'influence et de restriction sont l'objet d'un ordre juridique bien déterminé, sur le modèle de l'organisation des autorités de

(1) Sur cette distinction, comp. les motifs du projet du Code civil de l'Empire, t. I, p. 94 ss., p. 102 ss. ; *Gierke* dans *Schmoller* Jahrb., VII, p. 1143 ; *Planck*, Comment. au Code civ., t. I, au § 31.

l'Etat, dont elles constituent en définitive un appendice. Nous n'entrerons pas ici dans les détails de ce système ; comp. t. 1er, § 2, I, p. 15 et s. (2).

Les individus appelés à la représentation se trouvent placés dans des *situations personnelles* juridiquement très différentes. Le droit qui règle ces questions, c'est ce que nous appelons le *droit de la représentation*. Dans la théorie sur l'obligation de servir l'Etat (§ 42 ss. ci-dessus, p. 1 et s.), nous avons exposé, pour l'organisation des autorités, le côté intérieur correspondant. Nous y renvoyons; toutefois le caractère particulier du corps d'administration propre entraîne ici des formes nouvelles et spéciales.

La différence de situation juridique des représentants dépend, avant tout, de la façon dont leur est

(2) Le mot « organe » joue encore ici un grand rôle. Nous voudrions l'admettre pour désigner brièvement le point d'où émane la volonté de la personne morale, c'est-à-dire la volonté qui compte pour elle. Ce point peut être formé par un seul représentant ou par plusieurs ou par une universalité de représentants. Il y a ici une analogie avec la notion d'autorité : comp. t. I, p. 120, note 2. Mais on veut faire de l' « organe » lui-même une espèce particulière de sujet, doué d'une volonté. *Gierke*, dans *Schmoller* Jahrb., VII, p. 1138, le déclare pour « une personne membre, dans le vouloir et agir de laquelle se manifeste constitutionnellement l'invisible unité de vie de l'universalité ». Cela répond à la théorie des personnalités distinctes « se pénétrant » réciproquement, que cet auteur professe partout. Les auteurs qui ne veulent pas accepter complètement cette idée quelque peu difficile à comprendre, sacrifient alors l'organe au représentant ou inversement. Ainsi, pour *Bernatzik*, dans Arch. f. öff. R., V, p. 230 ss., chaque partie de l'organisme, qui participe à la formation de sa volonté, est par cela même son organe. Ce ne serait donc pas le tribunal qui serait l'organe de l'Etat, mais le conseiller pris individuellement : l'organe n'a plus d'existence propre. *Jellinek*, Subj. öff. Rechte, p. 214 ss. reproche avec raison à *Bernatzik* de renier par là sa « doctrine organique de l'Etat » qu'il prétend professer. En revanche, il supprime, de son côté, le représentant : « Comme organe de l'Etat, l'individualité physique n'a pas de personnalité » (p. 140). La volonté organique est la volonté, non pas du représentant, mais de l'organe (p. 140). C'est « un fait, qui s'entend de soi », que la volonté organique est « distillée » de la volonté individuelle par des règles de droit (p. 215 note). Ainsi, on « distille » du représentant une portion de volonté, et puis on le rejette ; on n'a plus besoin de lui. Tout cela, pour nous, c'est de la mythologie.

attribuée la capacité de représentation. Elle peut avoir sa base dans le droit du *destinataire* du corps d'administration propre ou dans le droit d'une *fonction* qui leur a été déférée soit au nom du corps d'administration propre, soit au nom d'une communauté supérieure. Selon qu'il s'agit de tel ou tel genre de corps d'administration propre, c'est tantôt l'une, tantôt l'autre de ces formes qui prévaut, et leurs détails subissent des variations.

I. — Les *destinataires* du corps d'administration propre, les individus pour lesquels il existe, sont aussi destinés à lui donner sa représentation. La mesure dans laquelle cela se réalise dépend, en première ligne, de la question de savoir s'ils y sont plus ou moins aptes, c'est-à-dire de l'espèce de corps d'administration propre dont s'agit.

1) L'*association publique* offre la sphère d'application principale pour la représentation qui a lieu en vertu du droit du destinataire.

Le pouvoir de représenter repose ici, suivant le modèle de la réunion simple, sur la qualité de membre. Ce pouvoir fait l'objet d'un *droit du membre*, — par conséquent, dans l'association publique, d'un droit subjectif public : il constitue un pouvoir sur la portion d'administration publique appartenant à l'association ; comp. t. 1er, § 9, II, p. 140. Toutefois, il faut distinguer un pouvoir de représenter fondé sur le droit *ordinaire* de membre, et un pouvoir de représenter *spécialement renforcé* pour certains membres. Cela nous donne donc deux formes fondamentales.

Le droit ordinaire de membre appartenant aux associés agit de deux manières.

Le pouvoir de représenter est exercé *directement* dans les délibérations de l'*assemblée générale* des membres. Cette assemblée générale est, par la nature des choses, l'organe suprême, la première unité représentative du corps d'administration propre (3). La volonté de la majorité est considérée comme la volonté de l'association. L'objet du droit de chaque membre est que son vote soit compté pour établir cette majorité. Ainsi organisés, les membres de l'association représentent celle-ci pour ses affaires les plus importantes, spécialement aussi pour la nomination des fonctionnaires qui, au nom de l'association, sont placés dans son service, pour la représenter aussi par leurs devoirs et fonctions dans un cercle d'affaires constitutionnellement déterminé. Mais il y a là une représentation d'un autre caractère ; comp. II, n. 1 ci-dessous, p. 299.

Au lieu de l'exercer directement pour agir eux-mêmes au nom du corps d'administration propre, les membres pourront aussi *déléguer* leur pouvoir de représenter à certains membres, députés de leur universalité. La forme est l'*élection*.

Le modèle de l'institution de l'élection est dans la réunion ordinaire. Quand la réunion élit son comité directeur, ce n'est pas un contrat qui intervient ; les élus n'entrent pas dans un rapport de service vis-à-vis de la réunion. Le pouvoir de gérer les affaires communes — pouvoir qui repose sur la qualité de membre — est, pour un certain cercle d'affaires, *concentré* entre les mains des membres députés. De la même manière, l'élection des directeurs d'une association publique signifie simplement que les élus sont investis du pouvoir — reposant sur les membres — de représenter la personne morale (4).

(3) *Gierke*, Gen. Theorie, p. 687 : Pour toutes les corporations du droit privé, la règle est « que l'assemblée générale des membres fonctionne comme organe souverain dans toute l'étendue de la vie corporative ». Il en est de même dans la corporation publique (p. 688 et note 9). C'est ce que *Gierke* appelle « l'immanence de la volonté », qui, d'après lui, caractérise la corporation (comp. § 56 note 10 ci-dessus, p. 274).

(4) Malgré l'identité de nom, cette élection est d'une nature toute

L'élection n'est pas elle-même un acte de représentation. Elle ne se fait pas au nom de la personne morale; les membres agissent en leur propre nom, pour déléguer aux membres députés des attributions qui leur compéteraient. Quand la constitution du corps d'administration propre exige l'élection de directeurs pour certaines affaires, les membres n'ont, en ce qui concerne ces affaires, le pouvoir de représenter que pour le conférer de cette manière. Le droit d'élection est alors la seule forme juridique qui manifeste que ce pouvoir passe par eux. Ils n'agissent alors pour le corps d'administration qu'indirectement et par l'intermédiaire de leurs députés. Pour donner une expression à ce rapport, on appelle les députés leurs représentants personnels. Ils ne le sont pas au sens juridique; car ils n'agissent pas au nom des électeurs. On vise ici plutôt le rapport matériel, d'après lequel leur pouvoir émane des électeurs; et ils assurent aux vœux et opinions des électeurs une certaine influence sur l'administration des affaires de l'association (5).

autre que l'élection pour la nomination des employés de l'association. Cette dernière élection a pour modèle l'élection des directeurs de la société anonyme par l'assemblée générale (Comp. *Behrend*, Lehrb. d. H. R., p 838): c'est un engagement par la voie du contrat de droit civil. *Piloty*, Unf. Vers. R., II, p. 434 ss., attribue le même caractère à l'élection des directeurs de l'association professionnelle. Mais il y a là une députation par délégation du pouvoir représentatif : ces directeurs ne sont pas au service de l'association; ce sont des membres à droit renforcé.

(5) On trouvera un exemple de cette manière de s'exprimer dans Unf. Vers. Ges. de 1884. § 41 ss. Elle apparaît partout lorsque la représentation est constituée par voie de députation. Pour ne pas parler des « représentants du peuple » dans le droit constitutionnel de l'Etat, nous trouvons des représentants des intéressés, qui sont en même temps représentants de la personne morale, dans les établissements publics : Inv. Vers. Ges. § 61; comp. la note 9 ci-dessous, p. 295; surtout dans les communes; comp. la note 12 ci-dessous, p. 297. La double signification que peut avoir le mot est la cause d'une confusion qui souvent ne permet pas de reconnaître la personne dont la volonté « est exprimée » par les représentants, ou, pour mieux dire, la personne pour qui compte la volonté déclarée par les représentants. L'assemblée des députés municipaux, par exemple, exprime, d'après *Möller*, Preuss.

Les membres constitués comme directeurs, les *députés* élus, fournissent l'exemple principal de la seconde forme fondamentale du pouvoir représentatif reposant sur la qualité de membre. Comme dans la réunion simple, les députés élus sont aussi, dans l'association publique, des *membres à droit renforcé*. Pour constituer des personnes étrangères à l'association, il faut toujours la forme d'un rapport de service et d'une fonction. Les députés n'ont pas de fonction, ni d'obligation de servir, ni vis-à-vis des autres membres, ni vis-à-vis du corps d'administration propre (6). Leur situation juridique tout entière a pour base exclusivement la capacité juridique — qui leur a été attribuée par l'élection et l'acceptation de cette élection — de représenter le corps d'administration propre pour le cercle des affaires du comité directeur.

En droit, des obligations n'existent pour eux que

Stadt. R., p. 85, la volonté de la commune, par conséquent, de la personne morale ; d'après *Leidig*, Preuss. Stadt R., p. 69, la volonté des citoyens, par conséquent, des destinataires de la personne morale. — Pour *Gierke*, le rapport prend encore la forme de cet entrecroisement de volontés : la volonté des électeurs « se pénètre » avec celle du corps qui les réunit, la volonté des élus se pénètre avec celle des électeurs, le tout formant enfin une volonté compacte. Nous dirons : dans la décision de l'assemblée des députés de la ville, c'est seulement la volonté des membres de cette assemblée qui est exprimée ; cette volonté régulièrement déclarée compte légalement comme volonté de la commune ; que ces individus aient la faculté de déclarer une volonté qui compte comme la volonté de la ville, cela résulte de la volonté dûment déclarée de l'ensemble des citoyens, c'est-à-dire des électeurs qui leur ont délégué cette capacité.

(6) Les lois parlent ici quelquefois expressément de fonctions d'honneur : Inv. Vers. Ges., § 92 et § 94 ; Unf. Vers. Ges. de 1884, § 24 al. 2 et § 25 ; de même, la loi d'assur. contre les accidents, de 1900, § 44. Qu'elles ne songent pas à de véritables fonctions avec obligation de servir du droit public, c'est ce qui résulte de ce fait qu'elles déclarent applicables à ces fonctions d'honneur certaines règles de la « fonction de tuteur », qui n'est pas non plus une fonction au sens dont il est ici question. *Rudorff*, R. der Vormundschaft, I, p. 5 ss. — La question est traitée très explicitement à l'occasion du Stf. G. B., § 359 ; comp. les Comment. de *Rüdorff-Stenglein*, p. 754, *Oppenhoff*, n. 33-37 ; *Olshausen*, n. 12. — Sur la situation analogue des membres du conseil municipal : comp. note 14 ci-dessous, p. 300.

dans un ordre secondaire, à savoir comme *suites* résultant de ce rapport, soit d'elles-mêmes, soit en vertu d'une loi qui les règle spécialement. Ces suites peuvent se produire de deux manières.

Les pouvoirs des députés de représenter le corps d'administration propre ne sont pas illimités ; ils sont restreints à la mesure déterminée par la constitution. Pour tout ce qui va au-delà, leurs actes de représentation ne sont pas valables. La principale restriction peut être la dépendance juridique dans laquelle leur activité est placée vis-à-vis d'autres unités représentatives du corps d'administration propre, soit vis-à-vis de l'assemblée générale, soit vis-à-vis de l'autorité de surveillance (comp. § 59 ci-dessous, p. 307). Le respect de ces limites est assuré par la surveillance, par l'annulation et par la réformation de leurs actes. Ainsi, l'activité des représentants est, du moins pour son effet extérieur, maintenue dans la sphère qui a été assignée au corps d'administration propre.

Il faut ajouter, en second lieu, la *responsabilité personnelle*. C'est l'obligation de réparer le dommage causé par leur faute, conformément aux prescriptions du Code civil de l'Empire, § 823 ss. Cette responsabilité est beaucoup moins sévère que celle qui pèse sur les fonctionnaires, puisqu'il n'y a pas d'obligation préexistante dont il y ait ici à tenir compte (comp. t. Ier, p. 294) (7). Toutefois, dans le cas où il a été contrevenu à une prescription positive tendant à garantir le corps d'administration propre contre les erreurs ou les faiblesses de ses représentants, l'application du § 823 al. 2 sera admise ; et l'idée d'une fidélité spéciale que le député doit à la communauté dont les intérêts lui ont été confiés facilitera l'application du § 826.

La loi intervient de plusieurs manières pour déter-

(7) *Rosin*, R. d. Arbeiter-Vers., I, p. 692.

miner la situation de ces représentants députés de l'association publique et lui appliquer les formes de la fonction publique proprement dite. On établit, comme devoir des membres, l'acceptation de la vocation à cette représentation, par analogie avec la fonction d'honneur obligatoire. L'élection peut être soumise à une confirmation de l'autorité de surveillance ; ou bien même, une nomination effectuée par cette dernière autorité remplacera l'élection avec le même effet. Un pouvoir d'infliger des amendes disciplinaires est organisé au-dessus des représentants, et même un droit de révocation. Tout cela ne change pas le caractère de la situation, et surtout n'en fait pas une fonction ; le député reste le représentant en vertu d'un droit de membre renforcé ; la qualité de destinataire de la personne morale du droit public est la base de son pouvoir de représenter.

Ces députés, du reste, ne sont pas le seul exemple d'un pouvoir de représenter en vertu d'un droit de membre renforcé. Un pouvoir analogue peut, même sans délégation, en vertu d'une règle de droit ou d'un statut, s'attacher à une certaine situation comme membre, à une espèce privilégiée de membre, caractérisée par des charges et par des devoirs particuliers vis-à-vis de l'association. Il y a alors un *droit individuel* au profit de ce membre. Son droit de membre renforcé ne diffère de celui d'un représentant délégué que par la forme juridique dans laquelle se produit cette augmentation de droit (8).

2) En dehors de la sphère de l'association publique, la représentation du corps d'administration propre ne peut jamais reposer aussi complètement sur la qualité de destinataire. La fonction apparaît au premier plan. Le droit des destinataires ne joue qu'un rôle acces-

(8) Un exemple dans Kranken-Vers. Ges., § 64, note 2.

soire, bien qu'il use des formes mêmes que l'association publique a développées, toutefois avec certaines particularités qui résultent de la diversité des fondements.

Dans l'*établissement public ou dans la fondation publique avec personnalité morale*, il ne peut être question d'une représentation qui se ferait par l'assemblée des destinataires. Par exception seulement, il y a lieu à des droits d'élection et à des représentants députés, lorsque le cercle des individus pour lesquels existe la personnalité de l'établissement est délimité d'une manière relativement plus distincte. Tel est le cas, lorsque les moyens nécessaires à l'entreprise doivent être fournis par des *contributions forcées* des intéressés. Les débiteurs des contributions sont alors les destinataires pour lesquels la personne morale conserve ces moyens ; et ces destinataires sont désignés par les signes mêmes auxquels la loi attache l'obligation de contribuer. Il est possible de faire sortir de leurs rangs des commissions en vue de participer à la représentation de l'établissement personnifié. La formation de ces commissions se fait par la nomination ou par l'élection. La situation juridique des députés et le droit d'élection des destinataires sont les mêmes que dans l'association publique. Mais la personnalité de l'établissement n'est pas transformée en association, à raison de cette attribution — faite à ses destinataires — de pouvoirs qui d'ordinaire n'appartiennent qu'aux membres de réunion ou aux associés ; elle conserve, à tous autres égards, son caractère juridique (9).

(9) Un exemple dans Inv. Vers. Ges., du 13 juillet 1899. Il s'agit d'un établissement public qui aura à administrer et à employer les contributions payées. Les destinataires de la personne morale sont les contribuables, patrons et ouvriers assurés ; c'est pour eux que la personne morale existe. Ils ne forment pas d'association entre eux. Cependant, la loi tire, de leur milieu, des députés pour former une commission et un conseil de surveillance et pour participer ainsi à

Plus souvent, il y a ici des *droits individuels* à la représentation. Non pas qu'ils soient institués par des règles de la loi ; c'est le statut qui peut créer des institutions semblables. Cela a surtout lieu quand la personne morale commence son existence sur la base d'une libéralité, lorsque, par conséquent, elle est appelée spécialement fondation publique. Il arrive alors qu'en faveur du *fondateur* ou même de ses héritiers, des réserves spéciales soient faites, pour leur assurer une certaine influence sur l'administration du patrimoine de la fondation, et certains droits dans la représentation, afin de leur permettre d'exercer cette influence. Il n'y a pas encore là de fonction ni d'obligation de servir ; c'est un droit subjectif public à la représentation, droit auquel on peut renoncer à tout moment (10).

3) A la différence de l'établissement public, la *commune* a, comme l'association, un cercle déterminé de destinataires. Mais ces derniers ne sont pas aptes à agir directement pour la représentation du corps d'administration propre. Pour l'organisation de la représentation, il faut donc commencer par faire un triage. Dans la masse des membres de la commune, dans le peuple de la commune, on distingue, d'après certaines

la représentation de la personne morale (§ 61, § 76 de la loi). Elle nomme les individus ainsi appelés les « représentants » des patrons et des assurés. Ils ne le sont que dans un sens politique : ils doivent assurer au milieu dont ils sortent une certaine influence sur l'administration de l'établissement. Ils n'ont aucun rapport juridique avec les individus qu'ils « représentent » de cette manière. Vis-à-vis de la personnalité de l'établissement dont ils sont les représentants au sens juridique, ils sont dans le même rapport que des membres directeurs députés de l'association ; comp. la note 6 ci-dessus, p. 292.

(10) Comp. t. 1er, § 9, III, n. 2, p. 149. Ces droits renferment une certaine surveillance des fonctionnaires administrateurs, ainsi qu'une collaboration dans l'allocation des avantages de l'établissement (par exemple, des bourses, des lits de malades) au moyen de propositions obligatoires. Le patronat du droit ecclésiastique a, dans une certaine mesure, fourni le modèle.

qualités requises, les *citoyens de la commune* (11), qui seuls seront capables de représentation : le sexe, l'âge, la moralité, la situation économique seront les signes auxquels la loi s'attache pour faire la distinction — absolument comme cela a lieu pour les citoyens de l'Etat. C'est de cette aristocratie des membres de la commune qu'émane le pouvoir de représentation. Les formes dans lesquelles ce pouvoir est organisé sont alors essentiellement les mêmes que dans l'association.

Les citoyens de la commune peuvent être appelés à exercer directement la représentation par des délibérations d'*assemblées générales* dans lesquelles ils se réunissent, ou — ce qui présente la même nature juridique — par l'*élection des fonctionnaires* communaux. Ils peuvent, dans la forme de l'élection, déléguer le pouvoir représentatif à des représentants députés, comme dans l'association.

Les représentants délégués sont alors appelés en même temps les représentants des citoyens ou les représentants proprement dits de la commune, ce qui n'est qu'une expression plus brève pour dire : représentants des membres de la commune ou des citoyens de la commune, dans le sens où l'on parle de représentants des membres de l'association (12). C'est ainsi que sont

(11) *Loening*, V. R. ; p. 57. Le mot est souvent employé comme synonyme de membre de la commune ; on distingue alors encore ces membres préférés par le terme de citoyens « actifs ».

(12) Comp la note 5 ci-dessus, p. 291. Il est d'usage d'appeler ce corps la représentation communale, pour l'opposer à la direction de la commune, qui pourtant la représente aussi : Bav. Gem. O. art. 70 ; *Jolly*, dans Wörterbuch, I, p. 518 ss ; *Loening*, V. R., p. 169 et la note. Cette manière de s'exprimer est le produit de deux idées qui se mélangent : le conseil municipal est le représentant de la totalité des membres de la commune, dans le même sens que les députés des membres de l'association représentent ces derniers ; si donc l'on donne à cette totalité des membres le nom de commune, le conseil municipal représente la commune : d'un autre côté, le conseil municipal représente la commune, corps d'administration propre, vis-à-vis de sa direction, surveillant celle-ci et la limitant.

formés, pour le contrôle et la limitation de l'administration courante ainsi que pour l'accomplissement de certaines affaires importantes réservées, les députés municipaux (*Stadtverordnete*), les conseils communaux (*Gemeinderäte*), les plénipotentiaires communaux (*Gemeindebevollmächtigte*), les commissions de citoyens (*Bürgerausschüsse*), etc., dont les membres sont partout, non pas des fonctionnaires, mais des représentants soit en vertu d'un droit renforcé de citoyen communal, soit — étant donné que ce droit lui-même n'est qu'une espèce privilégiée de qualité de membre — en vertu d'une qualité de membre de la commune, à force juridique augmentée (13).

Nous verrons cependant que, à la différence de ce qui se passe dans l'association, cette représentation de la commune en vertu du droit de ces membres est considérablement restreinte par la prépondérance de la fonction communale.

II. — A côté de la représentation reposant sur la qualité de destinataire du corps d'administration propre, il y a, comme seconde espèce, la *représentation par fonction*. A la place du droit subjectif, nous trouvons ici, au premier rang, le devoir. La fonction est un cercle d'affaires, qui doivent être gérées en vertu d'une obligation de servir dépendant du droit public (comp. § 42, II ci-dessus, p. 8). Lorsque ces affaires ont pour

(13) La question, que nous avons déjà effleurée à la note 6 ci-dessus, p. 292, touchant la qualité de fonctionnaires des représentants-députés d'un corps d'administration propre, est résolue négativement d'une façon presque générale. Seulement les motifs que l'on donne sont insuffisants. Sächs. O. A. G., 11 févr. 1876 (Annalen d. O. A. G., 2e série, t. IV, p. 221), décision souvent citée, refuse cette qualité, parce que « le conseil municipal n'est pas un organe pour poursuivre les buts de l'Etat ». Comp. aussi *Schwarze* dans Sächs. Gerichtszeitung, XXII, p. 209, 290 ; O. Tr., 5 mai 1869 (*Oppenhoff*, Rspr., X, p. 288) ; *Rosin*, Arb. Vers., I, p. 651 ; *Piloty*, Unf. Vers. R., II, p. 434, *Möller*, Preuss. Stadt. R., p. 85. Le seul élément décisif se trouve dans la notion de députation : ces représentants ne sont pas des fonctionnaires, parce qu'ils n'ont pas de rapport de service de droit public ; comp. § 42, II, ci-dessus, p. 10.

objet de représenter le corps d'administration propre afin de le rendre capable d'agir conformément à sa constitution, nous l'appelons une *fonction représentative*. Une fonction semblable peut être exercée avec un rapport de service et d'obligation vis-à-vis du corps d'administration propre lui-même ; elle peut l'être aussi avec un rapport de service et d'obligation vis-à-vis d'une autre communauté qui, au moyen de la fonction qui lui appartient, constitue au corps d'administration propre son représentant, — que ce soit l'Etat, ou un corps d'administration propre supérieur.

1) Des *fonctions représentatives propres* se trouvent surtout développées dans la commune et spécialement dans la commune locale. Lorsqu'on les rencontre ailleurs, elles suivent en général les mêmes règles.

Ce sont tantôt des fonctions d'honneur, tantôt des fonctions de profession, d'après les notions établies aux §§ 43 et 44 ci-dessus, pp. 14 et s. ; pp. 43 et s. Ce sont les premières qui prévalent. Mais l'obligation de servir acceptée à titre de profession tend ici à se rapprocher des formes juridiques de la fonction d'honneur, la fonction et l'obligation de servir étant plus étroitement liées : le placement dans le service de la commune se fait toujours par la collation d'une fonction déterminée et seulement pour cette fonction ; la mise en disponibilité n'est pas dans les usages. On applique aussi, surtout pour les maires de profession, la nomination pour une durée déterminée, qui est une caractéristique de la fonction d'honneur. Cela n'a pas une grande portée. Mais ce qui est plus remarquable, ce sont les particularités qui apparaissent dans la fonction représentative communale, en ce qui concerne soit la manière de constituer l'obligation de servir, soit l'organisation du pouvoir du supérieur.

L'obligation de servir du fonctionnaire communal est *créée* par un acte de représentation de son patron, par conséquent de la commune. S'il s'agit d'une *nomination* émanant d'une autorité communale existante (maire, magistrat), c'est un acte administratif ordinaire (14). Il en est de même lorsque cette nomination émane de l'autorité de surveillance, agissant pour la commune (15). Toutefois, pour les fonctions représentatives communales, le rapport de service est créé de préférence par la voie de l'*élection*.

On appelle aussi élection la délibération prise à la majorité des voix par l'autorité communale organisée en conseil, le « conseil de ville » ou le « magistrat », lorsqu'elle a pour but la nomination d'un fonctionnaire. C'est encore un simple acte administratif (16).

L'élection véritable est celle qui émane d'électeurs qui ne sont pas organisés en autorité publique, qui, par conséquent, ne sont pas capables d'accomplir des actes administratifs produisant par eux-mêmes des effets juridiques. Tel est le cas pour les élections faites directement par les citoyens communaux ou par des comités formés par leurs représentants-députés, tels que *Stadtverordnete*, *Gemeinderäte*, *Gemeindebevollmächtigte*, en d'autres termes, tout ce qui veut dire conseil municipal. C'est ainsi que sont constitués d'ordinaire les maires, les présidents de commune, les membres de magistrat. Comment cette élection peut-elle produire l'effet juridique de conférer la fonction et de créer l'obligation de servir ? Telle est la question.

Ecartons d'abord le cas où cette élection n'est que

(14) C'est ainsi que se fait principalement la nomination des fonctionnaires techniques et des employés subalternes qu'on aime à appeler fonctionnaires communaux proprement dits, par opposition aux fonctionnaires représentatifs : *Oertel*, Städte Ord., I, p. 211.

(15) Sur le pouvoir de surveillance, agissant pour le corps d'administration propre, comp. § 59, II ci-dessous, p 315. Un exemple dans la nomination du Schultheiss faite par le gouvernement d'après Württemb. V. Ed. du 1er mars 1882, § 12.

(16) *Weber*, Bayr. Gem. Ord. à l'art. 71.

la condition à remplir pour que la nomination puisse légalement être faite par l'autorité municipale ou par l'autorité de surveillance au moyen d'un acte d'autorité ; il s'agit plutôt alors d'un droit de présentation ; l'effet est produit par l'acte administratif que cette présentation rend possible (17).

Cette explication fait défaut lorsque l'autorité est réduite à une simple confirmation, à un consentement à donner à l'élection, celle-ci agissant en première ligne, ou lorsqu'une collaboration accessoire de ce genre n'a même pas lieu et que l'élection doit agir seule. Dans ce cas, il n'est pas possible d'imaginer un acte administratif qui produirait l'effet ; il faut rejeter encore avec plus de force l'idée d'un acte juridique d'après les règles du droit civil.

L'élection ne peut créer l'obligation de servir et conférer la fonction qu'en vertu d'une *règle de droit public* qui y attache cet effet sous réserve de l'acceptation de l'élu. Les règles de droit nécessaires sont fournies par la loi, l'ordonnance, le statut, sources de droit connues ; il pourrait aussi se faire qu'il y eût ici tout simplement un droit coutumier historique (comp. t. Ier, § 10, p. 171) (18).

N'oublions pas cependant que l'élection est incapable de créer d'autres rapports juridiques que ceux qui sont déterminés à l'avance par la règle de droit qui la prévoit. Elle ne peut donc créer que des rapports « stéréotypés ». Si donc il s'agit de fixer des conditions individuelles, telles qu'elles sont surtout nécessaires pour des fonctionnaires de profession à

(17) Dans l'exemple cité à la note 15 ci-dessus, p. 300 le gouvernement choisit parmi trois candidats proposés par les électeurs.

(18) D'ordinaire, les auteurs ne voient pas même la difficulté qui nous occupe ici ; ils se contentent d'une idée plus ou moins obscure d'un contrat de service selon les règles du droit civil : *Leidig*, Preuss. Stadt. R., p. 149 ss. ; *Steffenhagen*, Handb. der städt. Verf. u. Verw. in Preuss ; *Blodig*, Selbstverw., p. 162 ss.

engager, touchant le traitement, la pension, les indemnités de service, les droits de congé, les fonctions accessoires, etc., il est indispensable qu'un acte administratif intervienne.

Ces conditions ont été débattues et convenues avec l'élu avant son élection ou avant son acceptation. L'acte administratif rend l'élection définitive en ajoutant au rapport juridique qui a été créé par l'élection et par son acceptation les détails qui en étaient la condition. Cet acte peut émaner soit de l'autorité communale chargée d'assurer l'exécution du vote des électeurs (19), soit de l'autorité de surveillance qui accomplira cet acte à l'occasion de la confirmation qu'elle aura à donner (20).

L'autre particularité que présentent les fonctions représentatives communales, touchant leur rapport de service, apparaît dans le pouvoir du supérieur, lequel est ici considérablement diminué. Les fonctionnaires, en effet, n'ont pas de supérieur proprement dit, pour exercer sur eux ce pouvoir au nom de la commune.

Le magistrat et le maire sont obligés d'assurer l'observation de ce que les députés de la ville (*Stadtverordnete*) ont décidé dans les limites de leur compétence ; le maire est lié par les délibérations régulières du magistrat. Il y a là une subordination semblable à celle dans laquelle se trouve un juge inférieur vis-à-vis de l'instance supérieure (21). Le pouvoir de surveillance

(19) C'est le « contrat de service spécial » de Bav. Gem. Ord., art. 74. — contrat qui servira surtout « à fixer le traitement convenable ».

(20) *Oertel*, Städte. Ord., I, p. 104 : « L'élection et ses modalités essentielles » deviennent parfaites par la confirmation.

(21) *Jolly* dans Wörterbuch, I, p. 522, appelle les membres du magistrat de la ville et les chefs de commune « des personnes qui, subordonnées par devoir de service à un organe de la commune, au moyen d'un acte de droit public les concernant, ont à gérer des affaires de la commune ». Mais tel n'est pas du tout le cas ; il n'y a pas pour ces personnes de supérieur hiérarchique qui ait à leur donner des ordres au nom de la commune.

(comp. § 59 ci-dessous, p. 307) pourra aussi intervenir pour dire, dans le cas individuel, ce qui, au nom de la commune, devra être fait ou ne pas être fait; par là est indirectement déterminé le contenu du devoir des fonctionnaires représentatifs. Mais il n'y a pas pour eux d'ordre hiérarchique, par voie d'acte individuel ou par voie de disposition générale. Ils jouissent de l'indépendance des fonctions autonomes dans le sens développé au § 45, I, n. 2 ci-dessus, p. 75.

Il n'y a pas non plus à exercer sur eux de *pouvoir disciplinaire* au nom de la commune (22). Ce pouvoir est remplacé, en quelque sorte, par le fait que ces fonctions ne sont d'ordinaire conférées que pour une certaine durée. En refusant la réélection, les membres de la commune et leurs représentants-députés peuvent exercer sur ces fonctions une certaine discipline. En revanche, il y a ici un pouvoir disciplinaire des autorités de l'Etat, exercé, en vertu de leur droit de surveillance, non pas au nom de la commune, mais au nom de l'Etat dont les intérêts souffrent en même temps que ceux de la commune (comp. § 59, II n. 2 ci-dessous, p. 316). Les affaires de la commune continuent en effet à être des affaires de l'Etat ; celui-ci peut donc les défendre dans certaines limites ; cela se manifeste ici par la réaction qu'exerce l'Etat contre la violation des devoirs de service, commise envers la commune (23).

2) Les fonctions représentatives qui doivent être exercées dans un rapport de service et d'obligation vis-

(22) Quelquefois, un pouvoir disciplinaire modeste a été accordé au maire vis-à vis des autres membres de la direction de la commune : *Jolly* dans Wörterbuch, I, p. 523.

(23) Ce rapport, dans le droit prussien, est exprimé par la formule « fonctionnaires d'Etat indirects » qu'on emploie pour les fonctionnaires municipaux ; *Leidig*, Preuss. Stadt. R., p. 44. Sur les détails de ce pouvoir disciplinaire, comp. *F. Seydel*, Dienstvergehen der nichtrichterlichen Beamten, p. 224 ss. ; *Jolly* dans Wörterbuch, I, p. 533.

à-vis d'une *communauté supérieure* ont leur place naturelle dans les établissements publics et fondations publiques à personnalité morale.

Il s'agit ici d'une entreprise déterminée qui, par l'attribution d'une personnalité distincte, a été détachée de l'administration publique appartenant à l'Etat ou à la commune. On comprend que la communauté-mère conserve sur elle toute l'influence compatible avec cette personnalité distincte. Cela a lieu surtout sous la forme suivante : la communauté-mère est appelée, par le statut, à exercer, par ses propres fonctionnaires, la représentation du corps d'administration propre détaché. Ces fonctionnaires pourront en être chargés, en outre de leurs autres devoirs fonctionnels ; ils pourront aussi être nommés spécialement à cet effet. Dans ce dernier cas, on les appellera fonctionnaires de l'établissement de la fondation, à cause de l'objet de leur activité. Mais juridiquement ils ne sont pas des fonctionnaires de ce corps d'administration propre ; leur obligation de servir est due à la communauté-mère, et on leur appliquera à tous égards les règles concernant les fonctionnaires de cette communauté-mère.

Il faut cependant signaler deux particularités.

Bien que ces fonctionnaires soient personnellement soumis à l'ordre du supérieur qui leur commande au nom de la communauté-mère, leurs actes, accomplis au nom de la personne morale détachée, ne sont pas rangés dans le système hiérarchique de la communauté-mère ; par suite, les supérieurs appartenant à cette dernière communauté ne peuvent pas accomplir ces actes à la place des fonctionnaires représentant l'établissement, ni les annuler, ni les réformer, comme ils le feraient pour des actes émanant de leurs subordonnés ordinaires. Ils n'ont d'influence directe sur ces actes que dans les limites du droit de surveillance qu'ils peuvent exercer sur le corps d'administration propre (comp. § 59 ci-dessous, p. 307).

D'un autre côté, les fonctionnaires représentatifs appartiennent, au point de vue financier, à la personne qu'ils représentent. Leur traitement leur est dû par la communauté qui les a nommés et dont ils sont les fonctionnaires, mais à charge, pour le corps représenté, de rembourser cette dépense (24). C'est aussi envers le corps représenté qu'ils sont responsables du dommage qu'ils lui ont causé par l'inobservation de leurs devoirs : ces devoirs leur incombent vis-à-vis de ce tiers, au sens du § 839 du Code civil de l'Empire.

Mais ce n'est pas seulement dans les établissements publics et fondations publiques que nous constatons cette représentation par le fonctionnaire d'une communauté supérieure. Nous la rencontrons également dans les unions communales constituées au-dessus de la commune ; il arrive fréquemment que le fonctionnaire préposé à la circonscription administrative de l'Etat soit appelé à être en même temps le représentant de ces unions communales (25). Dans ce cas,

(24) Un exemple dans Inv. Ges. 13 juillet 1899, § 74 : Les devoirs de la direction « seront accomplis par un ou plusieurs fonctionnaires de l'union communale supérieure ou de l'Etat, pour lequel l'établissement d'assurance a été créé ». Le traitement et la pension « devront être remboursés par l'établissement d'assurance ». — *Seydel*, Bayr. St. R., IV, p. 635 : « Les fonctionnaires en question, quoiqu'étant à la solde de la fondation, sont au service de l'Etat, car ils gèrent les affaires de l'Etat ». — Comp. aussi *Sartorius* dans Wörterbuch, Erg. Bd. II, p. 284 ss., où l'on trouve un résumé des prescriptions existantes. — C'est dans cette manière de former la direction de l'établissement ou de la fondation que consiste ce que *Gierke* appelle la « transcendance de la volonté » de cette personne morale.

(25) Exemples : le Landrat Prussien, le gouvernement de cercle en Bavière, le président de district en Alsace-Lorraine. Ajoutons les commissaires nommés à la place d'un maire en vertu de la Städte-Ord. Pruss., § 33. Il ne faut pas confondre ces fonctionnaires de l'Etat, chargés de représenter le corps d'administration propre, avec le fonc

l'application juridique du rapport sera la même que celle que nous venons de faire.

tionnaire du corps d'administration propre, nommé au nom de l'Etat en vertu du droit de surveillance appartenant à l'Etat ; comp. la note 15 ci-dessus, p. 300.

§ 59

Le pouvoir de surveillance.

Le pouvoir de surveillance est le *droit d'agir sur le corps d'administration propre afin de le maintenir dans l'accomplissement des tâches qui lui incombent.*

Le pouvoir de surveillance est exercé au nom de l'Etat ; il se peut qu'un corps d'administration propre supérieur y participe. L'autorité appelée à exercer ce pouvoir sur un corps d'administration propre déterminé est, pour ce dernier, l'*autorité de surveillance.*

Le pouvoir de surveillance repose sur cette idée que l'activité vitale de cette personne morale représentant une portion de l'administration publique continue par cela même à intéresser la puissance publique générale dont elle est détachée.

Cette même idée se manifeste aussi dans la part prise par l'Etat à la création de ce corps (comp. § 57 ci-dessus, p. 278) comme à sa disparition (comp. § 61 ci-dessous, p. 334) ainsi qu'à sa représentation par des fonctionnaires de l'Etat (comp. § 58, II, n. 2 ci-dessus, p. 303). Le pouvoir de surveillance suppose le corps d'administration propre existant et organisé en sujet de droit capable d'agir, afin de lui appliquer des mesures d'autorité.

Le corps d'administration propre est aussi soumis à des mesures d'autorité d'un autre caractère ; on lui impose des contributions ; il est jugé par les tribunaux civils en matière civile contentieuse; il subit l'expropriation. Le pouvoir de surveillance s'en distingue par le but qu'il poursuit, à savoir maintenir le corps d'administration propre dans l'accomplissement des tâches qui lui incombent.

I. — Sous le régime de la police, cette manifestation de la puissance publique — comme toute autre — n'a pas de limites juridiques. Les fondations et les corporations sont protégées en tant que personnes morales du droit privé, comme les personnes naturelles. Mais l'Etat est placé au-dessus d'elles avec son pouvoir de police, comme au-dessus des particuliers, pour maintenir et augmenter en elles et contre elles le bon ordre et le bien-être général. Si, pour l'individu, ce pouvoir est tenu par les mœurs d'observer certaines limites, ces limites disparaissent presque complètement quand il s'agit de personnes morales destinées à des buts d'intérêt public (1).

Dans l'Etat constitutionnel et régi par le droit, le point de départ est changé. Avec la reconnaissance de la personnalité morale du droit public, on reconnaît à cette personne le droit d'exercer librement l'activité vitale qui lui a été attribuée, c'est-à-dire la portion d'administration publique qui lui a été assignée. Ce droit ne peut subir d'atteintes qu'en vertu d'un droit contraire dûment constitué (2). La loi, il est vrai, porte toujours sa justification en elle-même ; mais le gouvernement et ses autorités ont besoin d'une justification spéciale pour pouvoir porter une pareille atteinte. Quand cette justification existe, nous disons qu'il y a un *droit de surveillance* de l'Etat.

Des droits de surveillance peuvent être créés de

(1) *L. v. Stein*, Verw. Lehre, I, 2, p. 123 ss.

(2) *Leidig*, Preuss. Stadt. R., p. 499, semble vouloir exprimer cette idée en disant que le but est aujourd'hui « non pas la direction du système communal, mais le maintien des droits de l'Etat ».

deux manières : soit par une *règle de droit* contenue dans une loi ou dans une ordonnance (3), soit par une réserve faite dans le *statut*. Cette réserve ainsi faite par statut, c'est la création par acte administratif. Elle suppose qu'il s'agit d'une personne morale dont la reconnaissance dépend, en quelque façon, de la libre appréciation du gouvernement. C'est la règle pour les établissements publics et fondations publiques, ainsi que pour les associations publiques. La reconnaissance s'en fait par acte administratif, qui détermine en même temps les détails de leur constitution par l'octroi ou par la confirmation du statut (comp. § 57, I, n. 3 ci-dessus, p. 281). Or, ce statut peut réserver des droits de surveillance. Il n'est pas nécessaire pour cela d'une autorisation par la loi. Ce n'est ni une charge ni une restriction que le gouvernement établirait originairement : il se borne à donner moins qu'il pourrait donner. La personnalité morale est, dès le début, créée avec cette absence de liberté et d'indépendance qui correspond au droit de surveillance constitué. Donc, par des clauses semblables, on ne touche pas à la sphère réservée à la loi (4).

A défaut de l'un ou de l'autre de ces titres, il n'y a pas

(3) Lorsque, pour le droit prussien, on croit trouver cette autorisation dans les termes très généraux du § 191, A. L. R., II, 6, nous dirons la même chose que pour les fameuses autorisations de la police dans le § 10, A. L. R., II, 17 (comp. t. II, § 20, note 3, p. 39) ; pour les formes du droit constitutionnel, il suffit de lois semblables reçues de l'époque antérieure ; mais des autorisations à ce point illimitées ne sont pas dans les idées de l'Etat régi par le droit. Comp. *v. Roenne*, Preuss. St. R., II, p. 205, note 2 ; *Foerster-Eccius*, Preuss. Priv. R., IV, p. 66 note.

(4) *Rosin*, Oeff. Gen., p. 109, va donc trop loin, quand il affirme : « Selon les principes de l'Etat régi par le droit..., l'autorité, pour faire valoir son droit de surveillance, a uniquement les moyens que la loi lui accorde ». Pour les communes, qu'il cite comme exemples (p. 107, note 19 ; p. 119, note 26), cela est exact ; mais c'est seulement parce que, chez elles, on ne trouve pas de statut constituant (comp. § 57, I, n. 3 ci-dessus, p. 281).

de droit de surveillance. Mais il arrivera rarement qu'on ait omis d'y pourvoir ou qu'il ne soit pas possible d'arriver à la constitution d'un droit de surveillance par la voie d'interprétation, ce droit étant un élément naturel de l'existence du corps d'administration propre (5).

Les formes générales dans lesquelles s'exerce le pouvoir de surveillance sont de deux espèces. Les notions de l'ordre et de la contrainte fournissent les types de la distinction à faire; et l'on aime se servir de ces expressions pour désigner les différentes manières d'agir du pouvoir de surveillance (6). Seulement il ne faut pas prendre ces termes dans un sens trop étroit.

1) Dans l'exercice du pouvoir de surveillance, on accomplit, à l'égard du corps d'administration propre, des actes d'autorité en vue de déterminer dans le cas individuel ce qui doit être de droit pour le corps ; on émet des *ordres*, comme on dit, *par droit de surveillance*.

Ce sont des actes administratifs ayant pour objet un rapport de la puissance publique de l'Etat avec le

(5) On peut donc conclure de l'existence même d'une personne morale du droit public, que les autorités de l'Etat doivent avoir sur elle au moins ceux des droits de surveillance qui sont censés sous-entendus, ainsi que nous allons le voir. Mais il faut pourtant admettre la possibilité d'écarter toute surveillance spéciale ; il n'y a pas là un *essentiale* ; comp. § 55, note 15 ci-dessus, p. 265.

(6) Il faut d'abord faire une classification « des moyens d'administration de la surveillance », comme le dit *Gierke*, Gen. Theorie, p. 659 ; il distingue (p. 658) : « Suivant qu'il s'agit d'obtenir une conduite négative ou positive, la surveillance se manifestera comme une défense ou comme un commandement ». *Leidig*, Preuss. Stadt. R., qui, d'ordinaire, adopte les théories de *Gierke*, substitue ici une « tâche » de surveillance négative ou positive (p. 500 ss.). C'est alors non plus une classification des moyens, mais une distinction des buts pour lesquels ils sont employés (comp. II ci-dessous, p. 315). Cette tentative d'émancipation est punie tout de suite par une grande confusion ; en effet, *Leidig* range, même dans les tâches « négatives », l'inscription d'office, laquelle intervient pour contraindre à effectuer les prestations légales.

corps d'administration propre. Ils déterminent ce qui est de droit pour ce corps ; ils lient donc indirectement ses représentants, lesquels ne pourront agir pour lui légalement qu'en s'y conformant. Mais le sujet de droit auquel ils s'adressent en première ligne et directement, c'est uniquement la personne morale elle-même. Quant à un ordre à lui donner, à un commandement ou à une défense, il n'en peut être question que dans un sens impropre.

Ce qu'on appellerait un commandement adressé au corps d'administration propre en vertu du droit de surveillance, c'est, en réalité, la déclaration que ce corps est obligé de faire quelque chose, de livrer quelque chose, c'est une *constatation de son devoir*.

Quant à une défense, ce sera la déclaration que ce corps n'est pas autorisé à faire certaines choses, — ce qui a lieu dans le cas où une volonté contraire a été déjà exprimée par ce corps ; cela prend alors la forme d'une *annulation* de l'acte. Il n'y a, pour le corps, aucune obligation d'obéir, pas plus dans ce cas que dans le premier ; il n'existe plus d'acte valable de sa part, voilà tout.

Ce qui correspond à la permission dispensant de se conformer à une défense générale dans le cas individuel, c'est ici l'*approbation*. Cela suppose un acte placé dans les attributions du corps d'administration propre, mais qui, d'après la loi ou le statut, ne peut être accompli valablement qu'avec le consentement exprès de l'autorité surveillante. A défaut d'approbation, il n'y a pas, au sens vrai du mot, défense pour le corps d'administration propre ; l'acte accompli dans ces circonstances ne serait pas valable (7).

(7) En ce sens. *Seydel*, Bayr. St. R., III, p. 43, note 3 ; contra Bl. f. adm. Pr., 1873, p. 1 ss. Il se peut aussi que l'approbation ait pour but de laisser le corps d'administration propre libre, dans le cas spécial, de ne pas faire une chose qui lui incomberait d'après la règle générale. *Gierke*, Gen. Theorie, p. 658, note 2, distingue donc dans l'approbation la permission et la dispense.

Dans tous les cas, ces décrets dirigent, par des nécessités juridiques, la conduite que devront observer les représentants : il est de leur devoir de veiller à l'accomplissement des obligations du corps ; il ne leur est pas permis d'exécuter, comme s'il était valable, l'acte annulé ; ils sont autorisés à exécuter la délibération approuvée. L'acte de détermination peut donc prendre cette forme : constater cette conséquence et la communiquer aux représentants, afin que ceux-ci s'y tiennent ; l'essentiel est encore ici la détermination donnée à la personne morale ; cette détermination se manifeste ici d'une manière indirecte.

Ces déterminations par droit de surveillance dépendent de la libre appréciation de l'autorité ; ou bien elles sont liées à des degrés différents, comme cela a lieu pour les actes administratifs en général (8).

2). A la différence de cette détermination juridique du corps d'administration propre, la seconde forme dont use le droit de surveillance consiste dans des actes par lesquels l'autorité s'empare des affaires de ce corps : on ne statue pas *sur lui* ; on agit *pour lui*, afin qu'il accomplisse son but vital et qu'il l'accomplisse bien (9). Comme la volonté de l'autorité de surveillance se réalise ainsi directement, on parle de *mesures de contrainte*. Nous préférons dire : mesures d'exécution du droit de surveillance. En effet, il n'y a pas ici de contrainte proprement dite vis-à-vis du corps d'ad-

(8) *Rosin*, Oeff. Gen., p. 116, voudrait opposer l'approbation à toutes les autres formes de surveillance, parce que, d'après lui, elle seule pourrait être donnée ou refusée selon des considérations d'utilité. *Gierke*, Gen. Theorie, p. 654 note 2, s'y oppose avec raison ; on trouvera aussi chez lui des exemples des différentes modifications que peut revêtir l'approbation.

(9) *Gierke*, Gen. Theorie, p. 663, caractérise ainsi la nature de ces immixtions : « l'Etat veut et agit à la place d'un organe corporatif non existant ou ne fonctionnant pas convenablement, avec effet direct pour la personne commune ». Il nous semble inutile de faire ainsi un détour exprès par l'organe, même par celui qui n'existe pas.

ministration propre. Une contrainte n'apparaît que vis-à-vis des représentants de ce corps et d'une manière plus ou moins accentuée.

Ces mesures d'exécution sont de deux sortes ; elles se distinguent entre elles par la différence du rapport avec les représentants.

Le pouvoir de surveillance étant autorisé à *s'ingérer effectivement dans les affaires* du corps, les représentants sont forcés de supporter cette immixtion, peut-être même de l'aider de leurs services. La façon la plus importante de s'ingérer consiste à écarter tout simplement ces représentants, l'autorité de surveillance agissant à leur place, non pas en tant que représentant direct du corps d'administration propre, mais comme s'étant substituée aux représentants de ce corps. Cela suppose que ces derniers ont accompli quelque fait qui n'est pas régulier, qu'ils se sont montrés négligents, récalcitrants, désobéissants. C'est surtout à des actes concernant la gestion du patrimoine, que l'on procèdera ainsi par la voie de surveillance : baux, constitutions de mandataires pour un procès, inscriptions de dépenses au budget, impositions communales. Que l'autorité agisse ici à titre de pouvoir de surveillance et non pas à titre de représentant, cela présentera de l'importance, quand il s'agira d'établir une responsabilité : il sera question non pas des responsabilités d'un représentant de la personne morale, mais des responsabilités résultant de l'exercice de l'autorité sur la personne morale.

D'un autre côté, le pouvoir de surveillance peut produire l'effet voulu d'une manière indirecte en *agissant sur le personnel* du corps d'administration propre.

Le cas le plus simple est celui où ce personnel appartient à l'Etat par son obligation de servir (comp. § 58, II, n. 2 ci-dessus, p. 303) ; on usera alors d'un ordre hiérarchique et des moyens disciplinaires ordinaires.

Mais, en dehors de ce cas, le pouvoir de surveillance peut être muni de moyens spéciaux pour exercer une contrainte sur le personnel du corps. Il existe notamment le droit d'infliger des *peines d'ordre*. Cette peine n'est pas une peine disciplinaire ; en effet, elle ne suppose aucun rapport de service, attendu qu'elle peut être dirigée également contre des représentants députés (comp. § 58, I, n. 1 ci-dessus, p. 289). Elle ne prétend pas améliorer, comme la peine disciplinaire (comp. § 45, II ci-dessus, p. 77) ; c'est uniquement un moyen de contrainte, en vue d'assurer l'exécution de ce qui doit être accompli au nom du corps (10). Pour la procédure à suivre, la peine coërcitive en matière de police sert de modèle (comp. t. II, § 23, p. 124 ss.). Toutefois, elle ne suppose pas un ordre et la désobéissance à cet ordre ; elle suppose qu'un acte est intervenu déterminant ce qui doit être, à titre de droit de surveillance (comp. n. 1 ci-dessus, p. 310), et que les représentants et fonctionnaires du corps d'administration propre négligent de se conformer à cet acte.

Pour que l'autorité soit munie de ce moyen de contrainte, il faut un fondement légal. C'est ce fondement qui décidera si la peine d'ordre est à la disposition de l'autorité en vue d'assurer l'exécution de toutes mesures prises en vertu du droit de surveillance ou seulement de certaines catégories d'actes (11).

(10) En ce sens, *Woedtke*, Krank. Vers. Ges., p. 283, note 3, au § 45.

(11) De la première manière, la peine d'ordre est organisée contre les détenteurs de fonctions dans les corporations de métier en vertu de Gew. O., § 104, al. 3, contre les directions des caisses de malades en vertu de Krank. Vers. Ges., § 45 al. 1. Par contre, il y a une autorisation générale dans L. V. G. Pruss., § 132, dont les prescriptions sont sans doute applicables aux mesures de surveillance en matière communale. Il faut toutefois faire une observation : si un semblable pouvoir d'infliger des peines a été accordé aux autorités d'une manière générale, pour leur permettre d'assurer l'exécution de leurs ordres, cela ne veut pas dire qu'elles ont le droit d'émettre tel ou tel ordre ; pour les ordres à exécuter, il faudrait un fondement distinct. Cependant, on admet, en Prusse, que la peine coërcitive du droit de sur-

L'exercice de ce pouvoir d'édicter des peines d'ordre présente encore un double caractère : il constitue une contrainte vis-à-vis des personnes qu'il frappe ; mais, comme l'activité de ces dernières compte pour le corps d'administration propre, il constitue en même temps une atteinte à la liberté d'agir de ce corps. Par conséquent, excéder les limites dans lesquelles la loi a autorisé l'exercice de ce pouvoir, c'est en même temps violer les droits de ce corps.

II. — C'est d'après l'objet et le contenu des buts poursuivis dans ces formes, que l'on distingue les différents *droits* que le pouvoir de surveillance aura à exercer sur le corps d'administration propre (12).

1) Ce corps est soumis à un contrôle continu de la part de l'autorité de surveillance, et celle-ci doit prendre connaissance de ses faits et gestes. Il en découle ce qu'on appelle le *droit de s'informer*, lorsque, dans l'intérêt de cette action de l'autorité, des obligations correspondantes ont été imposées au corps d'administration propre.

En première ligne, il y aura un devoir de *supporter* cette action de l'autorité de surveillance ; ce devoir résulte directement de la situation respective, sans qu'il y ait besoin d'une loi pour le régler spécialement. Ainsi l'autorité de surveillance ne peut pas être

veillance a lieu en vertu du § 132 contre des députés de ville (membres du conseil municipal) ou, du moins, contre leur président, pour tout ce que l'autorité de surveillance jugera convenable d'ordonner, sans qu'il y ait besoin d'examiner comment cette autorité arrive à pouvoir donner des ordres obligeant personnellement ces représentants. *Oertel*, Städteordnung, p. 112, note 1 ; *Leidig*, Preuss. Stadt-R., p. 100 note 3. Dire que « l'accomplissement de l'obligation de servir » serait en question — alors que les députés de la ville n'ont aucune obligation semblable ! — ou dire que, du moins, le président de cette assemblée « serait responsable de l'administration légale des affaires », ce ne sont là que des mots. Il semble bien en effet que, sans le savoir, on s'appuie ici sur le fondement si suspect du § 191, A. L. R., II, 6 ; comp. la note 3 ci-dessus, p. 309.

(12) Sur l'ensemble de ces droits, comp. *v. Roesler*, R., I, p. 300.

empêchée de procéder à l'inspection des établissements, de vérifier les procès-verbaux, titres et comptes, de contrôler les caisses (13).

S'agit-il d'exiger de la part du corps d'administration propre des *prestations positives* en vue de donner à l'autorité des facilités d'information, cela ne s'entend pas de soi : c'est seulement en vertu d'un fondement spécial contenu dans une loi ou dans un statut, qu'il pourra y avoir obligation pour ce corps de faire la déclaration de certains faits, de présenter des inventaires et des comptes, de fournir des rapports.

Ce devoir incombe chaque fois au corps d'administration propre ; les frais qui en résultent sont à sa charge. Mais l'accomplissement de ce devoir se fait par ses représentants et fonctionnaires. C'est contre ces derniers que la contrainte est dirigée au cas d'inaccomplissement. Pour contraindre à supporter l'action d'information, on usera, au besoin, de la force. Pour contraindre à effectuer des prestations, la peine d'ordre pourra être infligée par l'autorité (comp. I, n. 2 ci-dessus, p. 312). En dernier lieu, il y a encore le pouvoir de discipline pour corriger les récalcitrants (14).

2) La masse principale du pouvoir de surveillance se concentre dans le *droit de protection* qui doit être

(13) En ce sens, motifs de la loi sur les caisses de secours du 1er juin 1884 : « En principe, le droit de prendre connaissance des écritures d'une caisse et de vérifier l'état de la caisse doit être considéré comme une conséquence naturelle du droit de surveillance » (Impr. du Reichstag 1884, n. 13, p. 17). Ce droit naturel est dépassé, et un fondement spécial est nécessaire lorsque l'on veut faire dépendre la validité de l'acte du corps d'administration propre du fait que cette connaissance a été prise. Un exemple dans Gew. Ord., § 104, al. 5 et 6.

(14) Puisque l'obligation du corps d'administration propre entraîne pour ses représentants une obligation et que la contrainte est dirigée contre ces derniers, en se servant de la manière ordinaire de s'exprimer, on est tenté de confondre ces deux sortes de personnes. Même chose lorsque Krank. Kass. Ges. dit, dans son § 34 : « La direction devra faire une déclaration », et dans son § 41 : « La caisse est obligée de produire ». Comp. la loi Sax. sur les personnes morales du 15 juin 1868 § 75 ; *Gierke*, Gen. Theorie, p. 662, note 1.

exercé sur le corps afin de le maintenir apte à atteindre son but et à l'empêcher de causer des inconvénients pour la chose commune.

C'est dans ce but qu'on pourra se servir des différents pouvoirs sur la personne du corps, pouvoirs qui résultent du droit de la représentation, tel que nous l'avons exposé au § 58 ci-dessus, p. 287.

Il faut ajouter la protection, en vertu du droit de surveillance, du patrimoine du corps : les actes les plus importants de l'administration du patrimoine sont soumis à la condition d'une approbation. Quant à l'objet et quant aux formes, ce droit présente une certaine ressemblance avec les attributions d'un tribunal de tutelle sur l'administration de la tutelle d'après le droit civil. De là, l'usage d'appeler *tutelle* cette manifestation du pouvoir de surveillance : tutelle de la commune, tutelle de la fondation (15).

Toutefois, on applique souvent le mot de tutelle au pouvoir de surveillance tout entier, quoiqu'on y comprenne des choses qui n'auraient plus de correspondant dans la tutelle du droit civil. Cela s'applique surtout à tous ces droits d'annulation et d'approbation, qui ont pour but d'empêcher que, au nom de ce « pupille », on agisse contrairement à l'intérêt public,

(15) *Gierke*, Gen. Theorie, p. 645 ; *Block*, Dict. de l'adm., V° Aut. adm., note 2. Souvent on veut désigner, par les mots « tutelle, curatelle, administration tutélaire des communes », les vieilles idées du régime de la police et la suppression de toute indépendance : *Gierke*, Gen. R., I, p. 745 ; le *même*, Gen. Theorie, p. 643, 644 ; *Jolly*, dans Wörterbuch, I, p. 495 ; *v. Rönne*, Preuss. Städte ord. Einl., p. 8 ss. ; *L. v. Stein*, V. Lehre, I, 2, p. 147. Mais il semble que c'est déplacer le point de comparaison : comme tuteur, on ne pourrait trouver que la représentation et non pas l'autorité de surveillance ; celle-ci fonctionnerait plutôt comme tribunal de tutelle, ce qui ne serait déjà pas si mal. La situation que l'on vise se présente seulement au cas extrême d'ingérence, celui où l'Etat s'empare de l'administration entière du corps. En ce sens *Gierke*, Gen. Theorie, p. 666, note 2, appelle cela « l'établissement d'une curatelle de l'Etat ». C'est donc que cette curatelle n'existe pas avant cette mesure extraordinaire.

— peu importe d'ailleurs que, pour le pupille, ces agissements soient nuisibles ou avantageux. Dans ce sens, par exemple, l'établissement de règles statutaires, l'imposition de contributions communales, l'acceptation de dons et legs sont soumis à la condition d'une approbation par l'autorité de surveillance (16).

Le droit de protection, de même que le pouvoir de surveillance tout entier, ne s'étend pas au delà de ce que lui donne son titre spécial. La loi et le statut en indiquent d'habitude exactement les objets. Toutefois, il y a, jusqu'à un certain point, des autorisations générales ; et peut-être faudra-t-il voir là une autorisation sous-entendue : l'autorité de surveillance est appelée, d'une manière générale, à annuler les *délibérations illégales*, c'est-à-dire les délibérations par lesquelles la représentation du corps d'administration propre a violé une règle de droit ou un statut (17). Ce pouvoir ne pourra être défini exactement qu'en retenant le caractère qu'il présente d'être une partie du droit de surveillance auquel est soumis le corps d'administration propre. Il ne s'applique pas aux actes de la « vie privée » de ce corps : la décision par laquelle il refuse le paiement d'une dette d'impôt ou de salaire ou par laquelle il refuse de faire valoir un droit de propriété mal fondé, ne constitue pas une violation du droit dans le sens dont il s'agit ici ; les autorités appelées à statuer sur ces questions à l'encontre d'un particulier statueront néanmoins sur ces difficultés. Il s'agit ici uniquement de décisions par lesquelles le corps d'administration propre entend faire valoir sa qualité de détenteur d'une portion d'administration publique :

(16) Les détails dans *Gierke*, Gen. Theorie, p. 653 ss. La grande étendue de la notion de tutelle est attestée, par exemple, dans l'observation de *Trolley*, Hiérarchie adm., I, n. 286 qui, à propos des lois sur la mainmorte, déclare : « la tutelle prend ce caractère *d'hostilité*, etc. ».

(17) *Loening*, V. R., p. 197, notes 4 et 5.

actes administratifs proprement dits, mesures d'administration prises, constitutions et modifications d'établissements publics, et même simples déclarations d'opinion ou manifestations qu'on veut revêtir de l'autorité spéciale de cette organisation (18).

L'annulation de la décision se fera d'office, comme s'exerce toute l'activité de la surveillance. La demande d'un tiers qui prétend éprouver un dommage, pourra servir de motif. Ainsi s'ouvre une *voie de recours* contre le corps d'administration propre ; à défaut de prescriptions spéciales, ce sera un recours simple (comp. t. 1er, § 12, p. 194 ss.). En outre, subsistent les autres moyens qui pourront appartenir à la personne lésée. En règle, l'autorité de surveillance, en pareil cas, cédera le pas à la juridiction civile ou administrative et surseoira, à moins qu'il n'y ait en jeu un intérêt public distinct.

3) La nature juridique du pouvoir de surveillance — d'être non pas simplement un moyen de pourvoir pour le corps d'administration propre, mais une forme de faire valoir la relation particulière qu'a ce corps avec l'Etat, envers lequel il est tenu d'accomplir ses buts, — se manifeste de la manière la plus frappante dans le droit qui appartient au pouvoir de surveillance *de réaliser les prestations dues par le corps* (19).

Il s'agit de l'accomplissement d'obligations déter-

(18) *Seydel*, Bayr. St. R., III, p. 47 note 3, en donne une formule qui manque un peu d'exactitude. Ce n'est pas la « violation de prescriptions du droit public », — à la différence de la « violation de droits privés », — qui est décisive. Sans quoi, nous devrions placer aussi dans cette catégorie l'opposition qui est faite à tort avec une contribution à payer, avec une expropriation à subir. C'est uniquement la sphère naturelle du pouvoir de surveillance, qui détermine les limites.

(19) On parle ici de « contrainte exercée contre le corps d'administration propre », en visant surtout l'inscription d'office : *G. Meyer*, St. R., p. 342. Mais c'est plutôt agir à la place du corps d'administration propre. S'il y a contrainte, elle n'est dirigée que contre les représentants de ce corps.

minées pour le cas individuel ; cela pourra se produire de trois manières différentes.

La procédure emploiera peut-être les formes mêmes qui s'appliqueraient à un particulier. Le corps d'administration propre a un adversaire déterminé : un individu, un autre corps d'administration propre, ou bien l'Etat. L'autorité compétente pour statuer sur le rapport en question — tribunal civil, tribunal administratif ou autorité administrative — donne sa décision ; et, en vertu de cette décision, l'exécution forcée a lieu ensuite dans les formes du Code de procédure ou du recouvrement par contrainte administrative (comp. t. II, § 32, p. 306 ss.).

Mais, dans une large mesure, cette exécution est écartée en ce qui concerne le corps d'administration propre aussi bien qu'en ce qui concerne le Fisc (comp. t. 1er, § 16, p. 275). Alors la détermination de l'obligation peut suivre les formes ordinaires ; mais, à la place de l'exécution forcée, intervient la « voie administrative », c'est-à-dire que des mesures d'exécution seront prises, par droit de surveillance, afin d'obtenir l'accomplissement. Pour procurer les moyens pécuniaires nécessaires, la forme régulière est l'*inscription d'office* au budget du corps d'administration propre (*Zwangsetatisirung*). Elle vaut, pour ce corps, comme si elle avait été faite par ses représentants ordinaires (20). Les moyens destinés à couvrir l'excédent de dépenses qui peut en résulter sont procurés au besoin par d'autres moyens exécutifs du pouvoir de surveillance : vente d'une propriété, imposition de

(20) L'autorité de surveillance y est tenue vis-à-vis du créancier (comp. t. 1er, § 16, p. 275). Toutefois, il se peut qu'une certaine latitude d'appréciation lui soit laissée afin de mettre certains ménagements dans l'exécution, en particulier par l'admission de paiements partiels et de délais. En ce sens, le droit prussien: *Oertel*, Städte Ord., p. 142, note 4 au § 50.

contributions, émission d'un emprunt. L'argent ainsi obtenu sera ensuite employé à payer le créancier, ainsi que les frais occasionnés par cette procédure. Cela présente une certaine analogie avec l'exécution par substitution dans la contrainte de police (comp. t. II, § 25, II, p. 158) ; mais il y a une différence essentielle quant au principe du rapport qui existe entre l'autorité de surveillance et le corps qui est l'objet de la contrainte.

Enfin, dans un troisième cas, la *constatation* de l'obligation rentre dans la sphère du pouvoir de surveillance. Lorsqu'il s'agit non pas d'un rapport ordinaire dont le maintien est de la compétence des autorités communes, mais d'une charge de l'administration propre dont il faudra tirer les conséquences (comp. § 60, I ci-dessous, p. 323), c'est à l'autorité de surveillance à déclarer ces conséquences par un acte administratif. On procède, contre le corps, à une constatation de son devoir (comp. I, n. 1 ci-dessus, p. 310)(21). L'exécution par contrainte suivra ensuite la voie administrative propre au droit de surveillance. En particulier, une inscription d'office pourra intervenir. Nous avons alors un second acte administratif. Les deux choses pourront se confondre : l'inscription d'office et la constatation du devoir pourront figurer dans un seul et même acte. En pratique, les autorités, qui ne se piquent pas de mettre des formes, considèrent la constatation de l'obligation comme sous-entendue dans toute incription d'office. Il ne faut pourtant pas oublier qu'il y a là deux choses différentes (22).

(21) De toutes ces constatations, il faut dire avec V. G. H. 30 déc. 1880 (Samml., II, p. 403) : « La procédure suivie par l'autorité de surveillance n'est qu'un complément de l'activité propre de la commune. Elle ne peut avoir lieu que dans les cas où il y a affaire directement entre la commune et l'autorité de surveillance ».

(22) Il y a controverse sur le point de savoir si l'inscription d'office s'applique uniquement aux obligations de droit public, ou aussi à

des obligations de droit civil : *Loening*, V. R., p. 193 ; *Oertel*, Städte ord., p. 402 ; *Rosin*, Oeff. Gen., p. 112 note 43. La solution dépend de la distinction à faire entre la constatation du devoir et l'exécution par inscription d'office ; les deux choses sont comprises dans le terme « Zwangsetatisirung ». La déclaration du devoir n'existe que pour des obligations de droit public résultant de la mission même du corps d'administration propre et qui doit être assurée par l'autorité de surveillance. L'inscription d'office sert pour ces obligations et pour n'importe quelles autres, lorsqu'il n'existe pas d'autre forme de contrainte spécialement prescrite. Dans ce sens, l'inscription d'office est « subsidiaire », comme le dit *Oertel*, l. c.

§ 60

Charges de l'administration propre ; communautés d'intérêts.

L'activité du corps d'administration propre, par laquelle ce corps poursuit son but, est, en général, soumise à la même appréciation que celle de l'Etat : il s'agit d'administration publique ; l'application du droit public est la règle, ce qui n'exclut pas l'application du droit civil dans les cas où l'activité revêt le caractère d'économie privée ; comp. t. 1er, § 11, p. 177 ss. Toutefois, le fait que ce corps d'administration propre est placé au-dessous de l'Etat et à côté d'autres corps de même nature, entraîne des rapports d'un caractère juridique particulier.

I. — La constitution même du corps d'administration propre indique le genre d'activité pour lequel ce corps existe (comp. § 56, n. 2 ci-dessus, p. 272).

Ce genre d'activité, par cela même qu'il doit être réalisé par ce corps, en forme le *cercle d'action*. Les différents aspects de ce cercle d'action, considérés comme objets de son activité, sont pour lui des *tâches*. Quand le corps est tenu envers l'Etat de remplir une tâche semblable, celle-ci devient une *charge de l'administration propre* (1). Toutefois, on distingue deux sor-

(1) *Seydel*, Bayr. St. R., IV, p. 575. Dans un sens différent, on entend par charges communales la totalité des dépenses qui devront être couvertes en définitive par les membres de la commune, par analogie avec les « charges de l'Etat » ; *G. Meyer*, St. R., p. 328 ; *Rosin*, Arb. Vers., p. 530.

tes de cercles d'action et de charges correspondantes.

1) Le *cercle d'action propre* est celui qui seul mérite ce nom dans le sens que nous venons de déterminer. Les tâches qui y répondent sont, jusqu'à un certain point, choisies par les représentants, selon leur libre appréciation. En partie, elles forment, pour le corps, une obligation qui le lie, une charge qui lui est imposée. Pour bien comprendre la nature de ce lien, il faut se rendre compte de ce fait que le corps, à la suite de tâches librement choisies ainsi qu'à la suite de celles qui lui incombent comme charges, peut entrer dans des rapports juridiques entraînant pour lui des obligations vis-à-vis de tiers au profit desquels il doit effectuer des prestations d'une nature quelconque. Or lorsqu'il s'agit d'une charge, le corps peut être juridiquement tenu d'accomplir des prestations au profit de tiers, sans que ce lien produise un effet juridique pour celui auquel la prestation doit profiter. L'obligation n'existe alors que vis-à-vis de l'Etat, lequel personnellement n'en tire aucun avantage matériel. Nous avons dit que le corps d'administration propre est tenu, d'une façon générale, de remplir le but pour lequel il a été créé, et que l'Etat le surveille afin de l'y obliger (comp. § 55 ci-dessus, III, n. 3 et note 13, pp. 262, 264). La charge n'est pas autre chose que ce rapport érigé, sur ce point déterminé, en droit formel de l'Etat.

Ainsi, les combinaisons les plus variées peuvent se produire. Une fondation publique créée dans un but de bienfaisance n'est liée que par ce but en général ; elle ne s'engage pas envers les tiers qui doivent profiter de ses libéralités ; il n'existe pas de charges spécialement imposées qui lieraient son activité. Au contraire, une caisse d'assurance ouvrière est liée, d'un côté, par les droits des assurés et, de l'autre, par la charge formelle d'effectuer ces prestations telles qu'elles sont fixées. L'assistance publique qui incombe aux communes au profit des pauvres est une charge vis-à-vis de l'Etat, sans qu'il existe des droits correspondants pour les individus auxquels elle profite. Les communes ont des tâches qui sont des charges, et des tâches qui n'ont pas ce caractère (2). Il y en a aussi que les communes sont libres de choisir, soit complètement, soit dans une certaine mesure, et dont la continuation, l'entreprise une fois créée, devient pour elles une charge dont elles ne peuvent plus se dégager sans le consentement exprès de l'autorité supérieure (3).

C'est la loi qui fixe les charges ; le pouvoir de surveillance est, par sa nature même, appelé à en procurer l'exécution, — au besoin, par la contrainte.

2) A cela on oppose le *cercle d'action délégué*, que l'on trouve notamment dans la commune. On entend par là l'administration d'affaires publiques au nom et dans l'intérêt de l'Etat (4). De cette définition même il résulte qu'il s'agit ici de toute autre chose que de la poursuite des buts du corps d'administration propre.

Les objets qui figurent dans le cercle d'action délégué sont, avant tout, la police locale, la collaboration de la commune dans l'assiette et la perception des impôts de l'Etat, les registres de l'état civil, le bureau de conciliation, et autres choses analogues. Les fonctionnaires qui gèrent ces affaires le font au

(2) O. V. G., 25 février 1885 (Samml., XII, p. 158). Les établissements publics à personnalité morale, ainsi que les associations publiques ont d'ordinaire des tâches restreintes dont l'accomplissement est libre ou strictement obligatoire, et sans qu'il leur soit permis d'en choisir de nouvelles. Une exception pour les corps de métiers, d'après Gew. O., § 97 *a*.

(3) Une école supérieure, un chemin public, une fois créés par la commune, ne peuvent plus être supprimés sans l'approbation de l'autorité de surveillance : *Oertel*, Preuss. Städte. Ord., p. 402, note 2 au § 78.

(4) *Rosin*, dans Annalen, 1883, p. 294. Comp. aussi *Seydel*, Bayr. St. R., III, p. 39 ss. ; *Neukamp*, dans Arch. f. öff. R., IV, p. 407 ss., p. 540. *Loening*, V. R., p. 32, veut supprimer cette distinction.

nom de l'Etat. Ils sont surveillés et dirigés par l'Etat, non pas en vertu du droit de surveillance qui appartient à l'Etat vis-à-vis du corps d'administration propre, mais selon les formes mêmes dont use l'Etat dans sa propre hiérarchie administrative : ordres hiérarchiques et décisions de seconde instance. C'est une fonction de l'Etat, remplie par une personne qui est au service de la commune comme fonctionnaire d'honneur ou de profession (5).

Il pourrait donc être tout au plus question d'un cercle d'action des fonctionnaires de la commune. La part de la commune consiste exclusivement dans son obligation de supporter les frais de ces affaires : elle fournit le fonctionnaire dont elle paie le traitement et les indemnités de service ; elle livre les moyens matériels (bureaux, ustensiles, frais généraux) ; elle est responsable pour toutes les indemnités que des tiers pourront avoir à réclamer à raison de l'activité de cette branche d'administration (6). Les affaires elles-mêmes appartiennent à l'Etat.

C'est aussi une charge de la commune, mais ce n'est pas une charge de son administration propre, dans le sens développé au n. 1 ci-dessus, p. 324 : ce n'est pas une spécification du but général du corps d'administration propre ; au contraire, la charge s'empare de ce dernier but pour des intérêts étrangers. Par sa nature juridique, elle ressemble plutôt aux charges publiques dont nous avons parlé aux §§ 48 et 49 ci-dessus, pp. 129, 153.

(5) Cette double situation est particulièrement remarquable dans la direction de la ville, laquelle gère en même temps l'administration de la police : *Oertel*, Preuss. Städte Ord., I, p. 261, 262 ; *Foerstemann*, Pol. R., p. 75 ss. ; *Neukamp*, dans Arch. f. öff. R., IV, p. 358 ; *Seydel*, Bayr. St. R., III, p. 61, 62, note 2.

(6) *Oertel*, Preuss. Städte. Ord., I, p. 263 ; *Foerstemann*, Pol. R., p. 93 ; *Seydel*, Bayr. St. R., III, p. 61. V. G. H., 13 avril 1881 (Samml., II, p. 652) ; O. Tr., 22 février 1859 (Str., 32, p. 307) : O. Tr., 24 février 1865 (Str., 56, p. 356).

La différence apparaît immédiatement dans la façon dont on fait valoir cette charge. L'Etat n'agit pas ici vis-à-vis de la commune dans l'exercice du pouvoir de surveillance par lequel il la maintient dans l'accomplissement de ses buts ; il agit comme créancier d'une obligation particulière. S'il y a contestation, il sera statué dans les formes propres à ce rapport ; en particulier, lorsqu'il s'agit de droits pécuniaires, la voie de droit ordinaire sera ouverte devant les tribunaux civils (7).

II. — Les différentes personnes morales du droit public qui travaillent, les unes à côté des autres, à l'accomplissement de leurs buts, peuvent être liées entre elles par des *communautés de droit*. Il résulte de là que si, en fait, la tâche de l'une est accomplie par l'autre, il pourra être question d'une *indemnité* à payer à celle-ci pour la couvrir de ses frais. Ces rapports de communauté se présentent sous des formes diverses.

1) Chaque personne morale a sa sphère d'action propre ; les autres personnes morales ne doivent pas s'y immiscer, à moins d'un *titre spécial* l'autorisant ou même l'ordonnant.

Ce titre peut résulter d'une prescription de la *loi*, laquelle, après avoir imposé une certaine charge à un corps d'administration propre, appelle en même temps un autre corps à y pourvoir d'une manière provisoire. C'est ce qui a lieu, dans une large mesure, pour l'organisation de l'assistance publique. La loi fait peser l'obligation incombant à la commune du domicile de secours même sur la commune du lieu où l'indigence a éclaté. Mais, dans leur rapport réciproque, cette dernière commune est censée avoir géré l'affaire de la pre-

(7) O. Tr., 22 février 1859 (Str., 32, p. 307) ; 15 nov. 1861 (Str., 44, p. 70).

mière. En vertu d'un droit d'équité reconnu par la loi, la commune ainsi déchargée doit le remboursement des frais occasionnés par le secours provisoire (8).

Le second titre qui pourra être invoqué ici, c'est une sorte d'*entente* entre les corps intéressés. Pour accomplir une charge ou une tâche choisie librement, une commune peut se servir des institutions et établissements d'une commune voisine, — bien entendu, avec le consentement de cette dernière. Ainsi, par exemple, un hôpital communal, une école, une con-

(8) Loi du 6 juin 1870, concernant le domicile de secours, § 30. On a essayé d'expliquer cela par le principe de la « *versio in rem* » : O. Tr., 29 sept. 1862 (Str., 47, p. 62) ; R. G., 10 juin 1881 (*Reger*, I, p. 378). — De semblable nature est le droit au remboursement qui appartient à l'union de secours lésée au cas de *renvoi*, c'est-à-dire de non accomplissement de ses devoirs, par une commune qui, au lieu de fournir le secours, fait passer l'indigent à une autre commune : Bund. Amt. f. Heim. W., 29 nov. 1879 (*Reger*, I, p. 63). Min. de l'Int. Sax., 5 mai 1879 (Sächs. Ztschft f. Pr., I, p. 219) considère cela comme une créance résultant d'une *negotiorum gestio* ; C. C. H. Sax., 12 mai 1882 (*Reger*, III, p. 381) la revendique pour le droit public, car elle n'admet comme base ni délit, ni gestion d'affaires ; il faudrait plutôt, d'après la Cour, la comparer aux rapports respectifs de plusieurs débiteurs solidaires. Fait très remarquable, la jurisprudence est unanime pour reconnaître ce droit à remboursement, bien que la loi n'en parle pas. C'est encore du droit d'équité ; comp. § 53, I, ci-dessus, p. 221. — Étant donné que la même charge incombe à une pluralité d' « unions de secours » et que la question n'est pas toujours facile de savoir laquelle, dans le cas individuel, sera obligée de préférence, il arrive souvent qu'une de ces différentes communes prête *par erreur* son assistance à la place d'une autre. On reconnaît encore que cette dernière est obligée de rembourser. V. G. H., 27 mars 1883 (Samml., IV, p. 383) appelle cela une *condictio indebiti* de droit public sur la base « du droit naturel et de l'équité ». Comp. aussi les développements de *Gloessing*, Cond. ind. des öff. R., p. 67 ss. — On rencontre très ordinairement des droits à remboursement de cette sorte dans l'administration des assurances ouvrières : *Rosin*, Arb. Vers., p. 537 ss.

Avec les institutions que nous venons d'exposer, il ne faut pas confondre le droit de l'union de secours à réclamer le remboursement de ses frais à un particulier qui était civilement tenu d'entretenir l'assisté. C'est une créance du droit civil, à laquelle la commune est subrogée directement en vertu d'une prescription positive de la loi : O. Tr., 27 mai 1874 (Str., 93, p. 22) ; R. G., 10 janv. 1882 (Samml., III, p. 270) ; V. G. H., 25 mai 1880 (Samml., II, p. 237) ; B. A. f. H. W., 5 mai 1879 (*Reger*, I, p. 63) ; Württemb. V. G. H., 10 juillet 1878 (Württemb. Arch. f. R., XIX, p. 388).

duite d'eau soit rendus accessibles aux habitants d'une autre commune. On dit alors qu'il est intervenu un *contrat* (9). Mais, en tout cas, on ne saurait considérer ceci comme un contrat de droit civil, attendu que les parties contractantes agissent dans l'exercice de leur administration publique (10). Et pour qu'il y ait contrat de droit public, il manque la règle de droit qui lui donnerait son effet (11) ; il s'agirait, en effet, d'un véritable contrat entre parties égales et non pas d'un acte administratif émis par une partie sur l'autre. En effet, dans les points essentiels, il ne résulte de là aucun lien contractuel, avec des obligations dont on pourrait poursuivre l'exécution. Ce sont uniquement des déclarations et reconnaissances réciproques; les effets juridiques qui se manifestent se produisent plutôt en dehors de ce prétendu contrat. D'une part,

(9) *Seydel*, Bayr. St. R., III, p. 64 ss. ; *Roesler*, V. R., I, p. 187 ; *Jellinek*, Subj. öff. R., p. 195. O. V. G., 3 sept. 1884 : construction d'un chemin par une « société » de communes.

(10) C'est seulement pour sauver la compétence des tribunaux civils qu'on insiste d'ordinaire sur le caractère droit privé de ces contrats. Mais nous savons que cette compétence est parfaitement compatible avec le caractère public d'une créance pécuniaire. En Bavière, le caractère de droit public de ces « contrats » ou « ententes » est généralement reconnu. Bl. f. adm. Pr., 1871, p. 31 : entente entre une commune et le fisc relativement à la construction et à l'entretien d'un chemin communal qui appartiendra en même temps à l'Etat comme chemin de halage ; le ministère déclare qu'il y a là un contrat de droit public. De même, Bl. f. adm. Pr., 1874, p. 379 : il s'agit de plusieurs communes réunies pour la construction d'une route. Bl. f. adm. Pr., 1885, p. 396 : un contrat pour la construction en commun d'un pont est de droit public, « parce que les communes ont agi dans l'accomplissement de leurs devoirs publics ». V. G. H., 29 déc. 1879 (Samml., I, p. 50) : une école entretenue par plusieurs communes qui sont liées par un contrat de droit public. Comp. sur cette question la consultation très intéressante de *Seydel* dans Bl. f. adm. Pr., 1886, p. 96 ss.

(11) *Jellinek*, Subj. öff. R., p. 211, sent très bien cette difficulté. Mais la solution qu'il donne — à savoir que le contrat est une forme universelle et que « certains éléments généraux du contrat existent, formant un droit objectif de contrat, même sans la reconnaissance expresse de la législation », — ne peut pas nous suffire. « Certains éléments généraux » ne sont pourtant pas encore des règles de droit ; et c'est de pareilles règles que nous aurions besoin.

la commune, propriétaire de l'école, de l'hôpital, se déclare prête à ouvrir son établissement aux habitants de l'autre commune, sans se lier pour l'avenir, mais en se réservant un pouvoir discrétionnaire de révocation, — et ce pouvoir est toujours sous-entendu en pareil cas. La commune règle ensuite les conditions de l'admission à la jouissance de son établissement, conformément à ce qui a été déclaré, pa[r un] acte unilatéral, par un acte de règlement in[téri]eur (comp. § 51, I, ci-dessus, p. 185) ; cela suffit pour satisfaire les intérêts de la commune voisine. En tant que les frais de l'établissement — correspondant à la jouissance ainsi accordée — ne sont pas couverts par les rétributions des personnes admises, l'équité exige que la commune à laquelle elles appartiennent et dont les affaires sont ainsi gérées verse une indemnité. Le montant de cette indemnité est fixé d'avance par des reconnaissances réciproques, lesquelles n'ont pas besoin d'avoir la nature d'un contrat pour produire effet (12).

En dehors de ces cas de gestion d'affaires légitimée par des communautés d'intérêts formellement reconnues, aucun corps d'administration propre ne pourra réclamer le remboursement de ses frais pour avoir géré les affaires d'une autre personne morale (13).

(12) Plutôt que de contrat, on pourrait parler ici d'accord (*Vereinbarung*) dans le sens où l'on oppose cette notion à celle de contrat : *Binding*, Gründung des Nordd. Bdes, p. 69 ss. ; *Jellinek*, Subj. öff. R., p. 193 ss. ; *Kunze*, Der Gesamtakt, p. 29 ss. Ce dernier auteur voit une application de la notion d' « acte collectif » surtout dans la sphère de la vie communale, « lorsqu'un certain nombre de communes se réunissent en une alliance collective » (p. 56).

(13) En sens contraire : V. G. H., 10 oct. 1882, (Samml., IV, p. 185) . un ancien soldat, tombé dans l'indigence, est traité dans l'hôpital militaire ; le fisc réclame la restitution des frais d'hôpital à la commune du domicile de secours ; la Cour reconnaît à son profit une créance résultant du droit de gestion d'affaires, qui s'appliquerait au fisc aussi bien qu'à un particulier ; en effet, « est personne privée toute personne qui n'est pas appelée à secourir en vertu de l'organi-

2) Les corps d'administration propre pourront aussi se réunir pour créer une entreprise publique ou un établissement public *qui leur sera commun*. On construit un pont, un chemin à frais commun, et l'on se propose aussi l'entretenir à frais communs. De même, il y a des écoles communes, des cimetières communs (14).

Naturellement encore, le rapport juridique qui se forme ainsi est considéré comme un contrat ; en particulier, on est tenté de parler ici d'un contrat de société. Nous n'avons rien à dire contre le nom. Seulement, il ne faut pas croire avoir donné du problème une solution satisfaisante. Un véritable contrat n'est pas possible ici pour les motifs mêmes que nous venons d'indiquer au sujet des contrats d'admission à un établissement voisin. Il n'y a pas non plus à tirer des conséquences sérieuses de cette prétendue qualité de contrat.

Cet accord a pour contenu essentiel la reconnaissance de l'établissement en question comme faisant partie de l'administration propre de l'une et de l'autre des personnes morales intéressées. Par conséquent, cette entreprise ne pourra être supprimée qu'au moyen d'un nouvel accord, aucun des intéressés n'ayant pouvoir sur l'administration de l'autre.

sation de l'assistance publique ». Ainsi l'hôpital commencerait par demander le remboursement en sa qualité d'établissement public ; si cela ne réussissait pas, les conditions requises par la loi n'étant pas remplies, il se transformerait en personne privée, afin d'invoquer le code civil. Ainsi, il serait souvent plus avantageux pour les communes d'abandonner la créance que la loi a voulu leur reconnaître, parce que, de cette manière, il y aurait peut-être moins de conditions à remplir ou de limites à observer.

(14) Min. d. cultes Sax., 17 juillet 1880 (Sächs. Ztschft. f. Pr., I, p. 367 : école à usage commun entretenue par une commune avec une contribution fournie par une autre commune. Des rapports analogues se forment aussi entre l'Etat et une commune : O. Tr., 12 juin 1859 (Str., 14, [illegible] 52) : construction d'une route avec une subvention de la commune, O. V. G., 9 févr. 1889 : un vétérinaire payé par l'Etat avec une subvention de l'union communale du cercle.

Si l'établissement public appartenait à une commune seule, les moyens matériels qui y servent seraient la propriété de cette dernière d'après le droit civil ou d'après le droit public ; puisque l'établissement est commun, les entrepreneurs sont copropriétaires. Quant aux frais et dépenses d'entretien, chacun a le droit d'y pourvoir comme pour une tâche qui le concerne ; mais comme il gère ainsi l'affaire de l'autre, l'équité exige que ce dernier lui rembourse sa part. Les parts respectives pourront aussi être fixées par des reconnaissances faites à cet égard.

3) Dans le cas que nous venons d'examiner, il arrivera que l'une ou l'autre des communes intéressées se trouvera établie, avec une entreprise appartenant à son administration propre, sur le territoire d'une autre commune. Comme cet établissement s'est établi légitimement, la commune qui a accordé ce droit de domicile est obligée de le respecter, ainsi que nous venons de le dire. Mais des rapports semblables pourront aussi se former en dehors d'une société et d'une entreprise commune. Il se peut qu'une commune s'entende avec une commune voisine pour faire passer un égout public à travers le territoire et sur le terrain de cette dernière, ou pour faire traverser une partie de ce territoire par un chemin qu'elle seule a intérêt à construire, ou pour avoir sur ce territoire un cimetière appartenant à elle seule. Elle apparaît alors, sur ce territoire étranger, comme sujet d'administration publique. C'est pour une commune une hypothèse exceptionnelle qui n'est possible qu'en vertu d'un accord spécial. Mais pareille situation se produit tous les jours pour les entreprises des unions communales supérieures ou pour celles de l'Etat. Le pouvoir municipal compétent au point de vue territorial est tenu de respecter ces existences comme lui étant supérieures ou tout au moins coordonnées, tout

en exerçant certains droits de surveillance et de police dont l'étendue variera suivant les circonstances (15).

S'il y a contestation sur les limites de ces droits et sur l'indépendance de l'entreprise étrangère, l'autorité de surveillance sera appelée à statuer soit pour prononcer la nullité des mesures prises contre cette entreprise, soit pour refuser de prononcer cette nullité ; comp. § 59, I, n. 1 ci-dessus, p. 310.

(15) Le Tribunal de l'Empire a, par une décision du 15 juin 1901, statué sur un procès très compliqué intenté par la ville de Zwickau contre la commune de Schedewig, et qui a beaucoup préoccupé les tribunaux et les autorités administratives de la Saxe. La ville avait accordé à la commune de Schedewig la permission d'établir un égoût public sur son territoire et en employant un fossé qui lui appartenait. Lorsqu'elle a voulu exercer le droit de révocation qu'elle s'était réservé, l'autorité administrative est intervenue pour lui défendre de se faire justice à elle-même, et, plus tard encore, pour lui défendre de faire exécuter un jugement exécutoire du tribunal civil qui avait ordonné la suppression de l'égoût. A notre avis, il n'y avait pas là une question de contrat de droit civil, ni de propriété privée, et l'autorité administrative était dans son droit en protégeant l'intérêt public lié à l'existence de cet égoût. Seulement, on avait eu tort d'admettre la compétence des tribunaux civils : il n'y avait pas de « contestation de droit civil » (t. 1er p. 276), ni de « titre spécial » au sens du § 11 de la loi. Sax. du 28 janv. 1835.

§ 61

Extinction du corps d'administration propre.

Comme pour la naissance du corps d'administration propre, l'essentiel, dans la manière dont ce corps prend fin, c'est toujours la volonté de l'Etat. Mais cette volonté ici ne décide pas aussi librement ni aussi exclusivement. Etant donné un corps d'administration propre, il s'agit maintenant de supprimer un droit subjectif qui, dans l'Etat régi par le droit, porte en lui-même sa garantie et sa stabilité (1).

Naturellement, la *loi* peut tout faire ; elle pourra supprimer à tout moment tout corps d'administration propre ; elle pourra aussi donner aux autorités des pouvoirs généraux à cet égard. Il est conforme aux idées de l'Etat régi par le droit que la loi évite de procéder par actes législatifs individuels, et que, au lieu d'abandonner les pouvoirs des autorités à leur libre appréciation, elle les lie à des motifs déterminés expressément prévus par la loi.

En l'absence d'une loi, le droit des autorités de prononcer une suppression pourra aussi avoir sa base dans une réserve contenue dans le statut constitutionnel du corps d'administration propre. D'ailleurs,

(1) *Pfeifer*, Jurist. Pers., p. 117 : un fondement légal est nécessaire, parce qu'ici « des droits publics.... sont atteints ».

cette réserve ne sera possible que pour des causes spécialement déterminées ; un droit de révocation discrétionnaire serait la négation même de l'existence autonome qu'il s'agit de créer (2).

La cause normale, dans les autorisations données par la loi ainsi que dans les réserves faites dans les statuts, c'est l'*impossibilité d'accomplir le but* pour lequel le corps d'administration propre existe. Cette cause est toujours censée être sous-entendue ; lorsque certaines circonstances sont énumérées expressément dans lesquelles le droit de révocation existe, cela ne veut pas dire que d'autres cas sont exclus.

Cependant, la volonté de l'Etat n'est pas absolument décisive. Dans la naissance du corps d'administration propre, les destinataires futurs jouent un certain rôle ; ils fournissent les faits que doit supposer l'acte créateur de l'Etat. Puis le corps lui-même existe avec sa *représentation* organisée. Cette représentation peut être appelée à collaborer à la suppression du corps ; elle peut même, selon les circonstances, l'amener directement par un acte de sa volonté.

Il s'ensuit que l'extinction offre des modalités plus variées que la naissance.

I. — Pour l'*établissement public ou pour la fondation publique à personnalité morale*, ici encore, l'absence d'une influence directe des destinataires donne une certaine prépondérance à la communauté-mère.

1) La personnalité morale de l'établissement finit d'ordinaire par un acte de suppression émanant de l'Etat ou d'un corps d'administration propre supérieur agissant à la place de l'Etat.

La disparition du patrimoine de la fondation ou l'impossibilité de réaliser le but de l'entreprise ne sont pas des causes directes de disparition de la per-

(2) *Pfeifer*, Jurist. Pers., p. 117, 150 ; *Rosin*, Oeff. Gen., p. 150 ss.

sonne, comme on l'affirme ordinairement (3). Elles ne sont que les causes justificatives les plus importantes du décret de suppression. Elles attestent, de la manière la plus éclatante, que le corps est incapable d'atteindre son but. Mais le corps ne s'éteint pas pour cela de lui-même. La personnalité de l'établissement peut continuer à exister, même sans fortune, dans l'espoir de la fortune qui pourra encore lui advenir ; l'impossibilité d'atteindre le but peut n'être que passagère. Combien de temps cette attente peut durer, c'est là une question d'appréciation pour l'autorité qui a le pouvoir de supprimer (4).

Il n'existe pas ici d'autre pouvoir pour amener l'extinction du corps ; à cet égard, la représentation n'a pas de volonté indépendante (comp. § 58 ci-dessus, II, n. 2, p. 304) (5) ; et les destinataires de ces corps d'administration propre ne jouent aucun rôle (comp. § 56, I, ci-dessus, p. 267).

2) Quand la personnalité morale de l'établissement ou de la fondation a été supprimée à cause de la disparition de son patrimoine, tout est fini. Dans le cas, au contraire, où l'autorité aura prononcé la suppression pour un autre motif, par exemple, parce que le but ne peut plus être atteint, alors la question se pose : *que deviendront les biens*?

(3) *Roth*, Bayr. Civ. R., I, p. 118 ; *Foerster-Eccius*, Preuss. Priv. R., IV, p. 680 ; *Stobbe*, D. Pr. R., § 62, 4 *b* ; *Brinz*, Pand., II, 2, p. 1137 ; *E. Mayer* dans Wörterbuch, I, p. 696 ; *Sartorius*, eod., 2 Erg. Bd. p. 280. C'est l'ancienne théorie du *substratum*

(4) En ce sens *Pfeifer*, Jur. Pers., p. 150 ; *Meurer*, Heil. Sachen, p. 79 ss. ; *Windscheid*, Pand., § 61 ; *Regelsberger*, Pand., I, p. 356. Ce dernier remarque très bien qu'il faut un acte de suppression de l'autorité, parce que « le moment de la déconfiture est trop peu déterminé ».

(5) *Gierke*, Gen. Theorie, p. 850 note 2. La loi Bad. du 9 avril 1880, § 9, qui, d'après *Gierke*, ferait exception, en autorisant la représentation à opérer la suppression, nous semble devoir être interprétée autrement : ici encore, la *causa efficiens* est dans l'approbation donnée par l'autorité ; la délibération de la représentation de la caisse d'épargne n'a que la valeur d'une demande faite à cet effet.

Le sort de ces biens pourra avoir été fixé à l'avance par une prescription légale ; il se peut aussi que le cas soit prévu par le statut constitutionnel du corps dont s'agit. Si rien n'a été réglé de cette manière, d'une part les représentants de la personne morale ne sont pas appelés à décider la destination à donner (6), et d'autre part les fondateurs ou autres donateurs n'auront aucun droit de retour à faire valoir (7).

Très souvent, on invoque les prescriptions du droit civil touchant les biens vacants, pour attribuer au fisc le patrimoine devenu sans maître. Dans des cas nombreux, cela conduira au même résultat que le principe que nous considérons comme le seul vrai. Toutefois, ce principe devra plutôt prendre pour point de départ la nature particulière du corps d'administration propre (8).

Les règles relatives aux biens vacants pourront s'appliquer parfaitement aux biens laissés par des personnes morales de fondations du droit civil. Ici en effet, on peut dire que cette fortune tombera simple-

(6) *Gierke*, Gen. Theorie, p. 860, appelle cela « l'incapacité de tester » propre à cette sorte de personnes morales.

(7) Donner à une personne morale pour un but déterminé (avec charge), c'est autre chose que donner à une personne morale à cause de son but propre : c'est seulement au premier cas qu'une répétition est réservée ; dans l'autre cas, la donation est pure et simple. Un exemple de la première espèce dans C. C. H. Bav. 11 janv. 1859. (*Moritz*, II, p. 556) : On avait fait une donation à l'État pour la création d'un établissement d'instruction supérieure ; à la suite de la suppression de cet établissement, le donateur peut exercer la répétition. Si l'on avait créé un établissement avec personnalité propre et qu'on eût « donné » à cette personne morale, l'extinction de celle-ci n'aurait pas donné lieu à une répétition. — Par une clause de l'acte de donation ou par le statut de la personne morale, un droit de retour pourra être réservé ; comp. *Gierke*, Gen. Theorie, p. 870 note. Mais ce droit ne s'entend pas de soi.

(8) Pour l'application des règles sur les biens vacants : Mot. au projet de loi Bad. sur les fondations de 1869 ; *Meurer*, Heil. Sachen, I, p. 50. *Roesler*, V. R., I, p. 218, observe avec raison : « C'est une argumentation tirée du droit civil et incompatible avec le caractère de droit public des fondations ».

ment dans le vide, à moins que le fisc ne la recueille. Il en est autrement de la personnalité de l'établissement public. Ici il s'agit d'une portion d'administration publique qui, sans le corps d'administration propre, appartiendrait à la sphère d'action d'une certaine communauté supérieure, de l'Etat, de la commune, du district, etc. Tant que la personne morale particulière existe à cette fin, l'intérêt et le droit de la communauté-mère sur cette entreprise et sur ses biens sont refoulés et réduits à des actes de surveillance isolés. Avec sa disparition, ce rapport, resté seul, se transforme de lui-même en droit plein et entier (9).

Ce *droit de retour (Heimfallsrecht)*, comme on l'appelle très justement, est donc, pour les biens laissés par la personnalité d'établissement, la destination naturelle et sous-entendue. Lorsque la communauté-mère est l'Etat lui-même, cela coïncide avec la règle relative aux biens vacants ; sinon, cela ne coïncide plus (10).

3) On comprendra facilement que le droit de retour puisse donner lieu à des abus. Lorsque, derrière l'acte d'autorité qui supprime le corps d'administration propre, il y a à espérer, pour la communauté au nom de laquelle cette suppression se fait, un gain matériel, l'opinion publique soupçonnera volontiers qu'on soit très disposé à accomplir un pareil acte. Or, cela pour-

(9) D'après *Gierke*, Gen. Theorie, p. 860 ss., la personne morale subordonnée est absorbée elle-même « dans l'unité majeure, dont elle formait un membre », et elle entraîne ses biens.

(10) *Gierke*, Gen. Theorie, p. 860 ss. (« succession de droit social »). Il ajoute, p. 869 note 2 : « Pour des établissements de l'Empire (comme la Banque de l'Empire), naturellement, le droit de retour appartient à l'Empire ». Mais cet exemple nous paraît mal choisi. La Banque de l'Empire n'est pas une personnalité morale de droit public ; ce que la loi sur la Banque prévoit dans son § 41 n'est pas un droit de retour ; c'est le droit de rachat ordinaire à exercer par l'Etat, ainsi que cela est souvent prévu dans les concessions d'entreprises publiques ; comp. § 50 ci-dessus, III, n. 4, p. 182.

rait nuire à la personne morale dans la confiance du public sur les dons duquel on compte, et faire ainsi disparaître ce qui fait la valeur pratique de la personne morale. C'est pourquoi beaucoup de prescriptions légales ont été émises, en partie même garanties spécialement par la constitution, pour exclure le droit de retour à l'égard des personnalités d'établissement public. Par là, en même temps, est écartée l'application des règles concernant les biens vacants. Dès lors, que devront devenir ces biens lorsque l'établissement ne peut plus atteindre son but ? Il faut organiser une institution qui sera substituée à la suppression avec droit de retour. Cette institution, c'est le *changement du but de la fondation* (11).

Le but détermine à tel point l'individualité de la personne morale que son changement équivaut à suppression avec création nouvelle ; c'est une novation de la personnalité. Cela ne peut se faire que par un acte d'autorité, de même que la création et la suppression ; et pour que ce changement soit possible, la loi établit des conditions et des limites. Elle exige, par exemple, qu'il y ait impossibilité complète d'atteindre le but primitif; ou encore, elle exige l'intervention d'une autorité supérieure à celle qui était compétente pour la création ; peut-être même, faudra-t-il une loi spéciale. De plus, le *consentement* des intéressés est d'ordinaire nécessaire. On entend par là, — lorsque la loi ne les désigne pas spécialement, — ceux qui sont intéressés *juridiquement*, c'est-à-dire ceux qui

(11) Comp. *Foerster-Eccius*, Preuss. P. R., IV, p. 686 ; *Roth*, Bayr. Civ. R., I, p. 318 ; *Seydel*, Bayr. St. R., IV, p. 693 ss. ; *Roesler*, V. R., I, p. 217, note 10 ; *Sartorius*, dans Wörterbuch, II, Erg. Bd. p. 281. Le même intérêt trouve sa protection, — du moins dans une certaine mesure, — dans cette prescription légale, que les biens ayant fait l'objet du droit de retour devront être employés à des buts analogues ; comp. *Gierke*, Gen. Theorie, p. 870 ss.

ont un intérêt légalement reconnu à l'existence du corps d'administration propre.

Sont intéressés en ce sens, en première ligne, les communautés-mères dont dépendent les fondations ou établissements, pourvu que cette communauté ne soit pas l'Etat ; la volonté de l'Etat apparaît déjà dans l'acte de l'autorité d'Etat qui approuve le changement. Il faut y comprendre aussi les destinataires du corps d'administration propre, fondateurs ou donateurs, auxquels, par la constitution de ce corps, certains droits sont accordés afin qu'ils puissent faire valoir leur intérêt à son existence : participation à l'administration, pouvoirs de surveillance, droits de retour pour le cas de disparition (12).

Par contre, on ne devra pas considérer comme intéressés avec droit de consentir sous-entendu : les fondateurs et donateurs en général, les représentants actuels de la personnalité de l'établissement, les destinataires des prestations de l'établissement ou de la fondation qui doivent seulement profiter de son activité. Ce que nous avons dit sur la situation juridique de ces différentes personnes au § 56, I, p. 257 et § 57, I, p. 280 aura encore ici de l'importance.

II. — *L'association publique*, à la différence de l'établissement public ou de la fondation publique dont nous venons de parler, a une représentation qui exprime une volonté qui n'est pas identique avec celle de l'Etat : c'est la volonté des membres de l'association, des destinataires du corps d'administration propre. Cette différence va produire son effet le jour où la personne morale s'éteindra.

(12) *Seydel*, Bayr. St. R., IV, p. 628. Son énumération des personnes juridiquement intéressées semble, dans ses numéros 1 et 2, indiquer les mêmes cas que ceux que nous venons de citer ; le numéro 3 : « Ceux qui ont un droit acquis sur la fondation », va trop loin. Les créanciers de la fondation qui sont visés ne sont pas appelés à donner leur consentement ; bien entendu, leurs droits restent intacts.

1) L'extinction de l'association publique peut avoir lieu non seulement au nom de l'Etat (ou, ce qui est la même chose, au nom d'une communauté intermédiaire), mais aussi par la représentation même, soit que celle-ci participe à cet acte d'autorité, soit qu'elle produise cet effet par elle seule. Par conséquent, l'acte de suppression comprend deux catégories : la déclaration de volonté décisive émane-t-elle de l'autorité préposée, nous disons qu'il y a *clôture* de l'association publique ; émane-t-elle de la représentation, on parle alors de *dissolution* de l'association. Les deux formes pourront d'ailleurs se mélanger (13).

La dissolution par la seule délibération de la représentation est impossible toutes les fois que le corps d'administration propre repose sur une union forcée (comp. § 57, II, n. 2 ci-dessus, p. 283).

Quand, pour la création, on use de la forme de la demi contrainte, il se peut que, pour la dissolution, la même majorité suffise ; il arrive aussi que l'approbation de l'autorité soit réservée. Mais toutes les fois que la reconnaissance d'utilité publique de l'association et de son entreprise et sa transformation en personne morale de droit public, en corps d'administration propre, sont considérées comme une simple faveur constatant qu'il y a plutôt utilité que nécessité pour l'intérêt public, l'association pourra renoncer librement à cet avantage ; la dissolution par délibération de l'assemblée générale doit alors être considérée comme valable (14).

(13) Les termes techniques ne sont pas bien déterminés : *Rosin*, Oeff. Gen., p. 145 ; le *même*, Arbeiter Vers., p. 671. Du reste, par le sens des mots, ils visent plutôt la réunion d'individus qui sert de base à la personne morale, que cette personne elle-même. En règle, les deux choses coïncident ; quand cela n'a pas lieu, notre manière de désigner la personne morale sera inexacte. Il vaudrait mieux en avoir une autre.

(14) Il pourra en être autrement par suite de prescriptions spéciales de la loi. Sur les différentes variations de la dissolution, comp. *Rosin*, Oeff. Gen., p. 197 ss.

Cette dissolution, lorsqu'elle est admise, n'a pas besoin d'une cause déterminée ; il suffit que les membres de l'association ne veuillent plus continuer. Il en est autrement de la clôture, laquelle se fait sans la volonté de la représentation ou même contre cette volonté. Elle suppose des causes déterminées à l'avance par la loi ou réservées dans le statut (15). La plus importante, — et qui est sous-entendue, — c'est l'impossibilité pour l'association d'atteindre son but, soit que ce but n'existe plus, soit que l'association soit devenue incapable de le poursuivre convenablement pour cause d'insuffisance de moyens ou d'incapacité des individus de qui dépend son activité vitale, c'est-à-dire de l'ensemble de ses membres (16).

2) Les *défectuosités que présente l'ensemble des membres* est, comme cause d'extinction, une particularité de l'association publique. Ces défectuosités peuvent apparaître de deux manières : dans l'absence d'un nombre suffisant de membres, et dans l'inaptitude des membres existants.

Par nature, l'association publique doit développer son activité et poursuivre son but en prenant pour base la réunion de ses destinataires. La doctrine scolastique du *substratum* faisait de l'existence continue de cette réunion une condition de l'existence de l'association publique, de même que l'existence d'un ensemble de biens devait être la condition de la personnalité de

(15) Cela serait du moins conforme aux idées de l'Etat régi par le droit : *Gierke*, Gen. Theorie, p. 846 note 1. Quand il y a consentement ou demande de la représentation de l'association, des causes semblables ne seront pas nécessaires : *Rosin*, Oeff. Gen., p. 149.

(16) On pourra ajouter qu'il y a encore clôture, quand la création de l'association a eu lieu contrairement aux prescriptions de la loi : *Rosin*. Oeff. Gen., p. 149. Toutefois, cela n'est pas autre chose que l'annulation d'un acte administratif annulable; annulation qui, en vertu d'un principe général, se produit partout. Si Gew. Ord., § 103 n. 1, en parle expressément pour la corporation de métier, c'est seulement pour régler une procédure spéciale : *Landmann*, Gew. Ord., I, p. 651 note 1 *a*.

l'établissement ou de la fondation, en sorte que, avec la disparition de ce *substratum*, la personne morale s'éteint nécessairement aussi (17). Tout ceci est absolument faux. L'association publique n'est pas plus une réunion que ce qu'on appelle la fondation ou l'établissement n'est un ensemble de biens. C'est une personne morale qui doit être dotée d'une réunion d'individus. Cette réunion d'individus peut avoir disparu dans des circonstances qui impliquent une dissolution tacite ; si la dissolution est admise, la question est ainsi liquidée. Si la réunion a disparu d'une autre manière, cela signifie alors deux choses.

Tout d'abord, l'association manque maintenant des individus pour lesquels elle doit exister comme personne morale, de ses destinataires ; elle se trouve ainsi dans la même situation qu'une personnalité d'établissement public qui attend encore des fondateurs et donateurs ; comp. § 57 ci-dessus, II, n. 1, p. 283.

Il faut ajouter que, dans cet état, elle ne peut pas servir à l'intérêt public ; elle ne peut pas atteindre le but auquel elle est destinée ; car, à la différence de l'établissement ou de la fondation, elle doit remplir cette tâche par la collaboration et les prestations de ses membres, de ses destinataires, lesquels sont ses représentants-nés.

Cependant rien de tout cela n'en amène l'extinction directe ; cela pourra seulement servir de motifs à l'autorité pour amener l'extinction de l'association (18).

S'il n'y a aucun espoir, l'autorité prononcera immé-

(17) Comp. la note 3 ci-dessus, p 336. Il n'est pas logique de se contenter, au lieu d'une réunion, du membre unique, dont on parle si souvent · *Pfeifer*, Jur. Pers., p. 113.

(18) Que des considérations spéciales aient ici leur place, c'est ce que déjà *Savigny*, System, II. p. 280, avait relevé : même après avoir perdu ses membres, la corporation continue à exister, « lorsqu'elle aura pour base un but d'intérêt public qui persiste ». En ce sens aussi, *Böhlau*, Rechtssatz und Personenrolle, p. 40.

diatement la clôture. Mais elle pourra aussi attendre, afin de voir si la défectuosité ne disparaît pas par l'acquisition de nouveaux membres. A cet effet, elle agira, au besoin, pour conserver les valeurs existantes et pour assurer la continuation provisoire de l'entreprise ; son pouvoir de surveillance lui donne les droits nécessaires. La réunion se forme-t-elle de nouveau, le corps d'administration propre est censé ne pas avoir cessé d'exister. Si l'Etat, au lieu d'intervenir, laisse périr l'association, il en déclare par cela même tacitement la clôture (19).

L'inaptitude des membres de l'association ne sera une cause de clôture que dans les cas spécialement prévus par la loi ou par le statut. On suppose toujours que cette inaptitude doit s'appuyer sur une faute commise par les représentants ou les membres de l'association : illégalités dans l'administration, négligence continue d'en accomplir les devoirs, poursuite de buts étrangers à l'association (20).

(19) *Gierke*, Gen. R., III, p. 350, 497 ss., 745 : le *même*, Gen. Theorie, p. 834 ss. D'après *Gierke*, une personne morale d'association, qui a perdu sa réunion d'individus et au profit de laquelle l'Etat intervient pour gérer provisoirement ses affaires, serait transformée en « établissement pur ». *Stobbe*, D. Pr. R., I, § 54 note 4, objecte qu'alors, avec l'acquisition de nouveaux membres, il s'opérerait un nouveau changement dans le caractère de la personne morale ; et comme il est évident que des « métamorphoses » pareilles ne sont pas possibles, il en conclut qu'il faut rejeter la continuation sans membres de l'existence de la personnalité morale. Cette argumentation ne porte pas contre notre théorie. En effet, l'association publique est une personne morale qui, d'après sa constitution, est destinée à une réunion d'individus ; ce caractère subsiste, quand elle continue d'exister après la perte de ces membres; elle ne devient pas un établissement à personnalité morale par le fait que l'État intervient avec le désir de la sauver. — Il est pourtant facile de voir que la manière ordinaire de s'exprimer entraîne ici encore des difficultés. L'association, c'est, à vrai dire, le nom de la réunion d'individus ; or, nous nous servons de ce mot pour désigner la personne morale ; celle-ci peut exister sans une réunion. Il en résulte que nous parlons, en réalité, d'une association sans association. C'est contraire au bon sens de la langue ; néanmoins, les notions juridiques se distinguent nettement.

(20) Des exemples dans Gew. Ord., § 103, n. 2 et 3 ; Loi Pruss. du

A côté de ces prescriptions expresses, l'autorité a d'autres moyens de mettre fin à une association dont les membres ou représentants se sont conduits d'une manière contraire aux intérêts qui lui sont confiés. Elle les trouve dans les pouvoirs généraux dont elle est investie en matière de police des réunions. Pour être un élément constitutif d'une personne morale, les membres de l'association n'en forment pas moins une réunion au sens de la police des réunions. Dès lors, elle devra être supprimée par mesure de police dans les mêmes cas où cela pourrait avoir lieu pour toute autre réunion. Mais la suppression de la réunion entraînera aussi forcément l'extinction de la personne morale à laquelle elle sert de base. Nous venons de dire, il est vrai, que la personne morale peut subsister, alors même qu'elle aurait perdu tous les membres de sa réunion, tant que l'autorité, dans l'attente d'une reconstitution, n'en a pas prononcé la clôture. Mais le cas est ici différent : la suppression d'une réunion par mesure de police contient la prohibition de toute réunion qui se présenterait comme continuation de celle qui a été supprimée ; cela écarte tout espoir de remplacement. Or, la personne morale de l'association peut bien subsister sans membres, en attendant des membres nouveaux ; mais elle ne peut pas continuer d'exister lorsqu'elle est devenue juridiquement incapable d'avoir des membres. Cette argumentation a été généralement reconnue exacte pour les corporations du droit civil (21). Elle serait direc-

1er avril 1879. § 61 n. 2. Très général : A. L. R., II, 6 § 189, 190. L'interprétation restrictive de *Pfeifer*, Jur. Pers., p. 121, d'après laquelle cela n'autoriserait pas la clôture, est refutée par *Gierke*, Gen. Theorie. p. 777 note 2. Comp. aussi *Roesler*, V. R., I, p. 257 note 2, qui se trompe seulement en citant *Pfeifer* comme étant de son avis.

(21) *Planck*, Comment. z. Bürg. Ges. B., I, p. 95, note 6 au § 43. « A côté du pouvoir concédé à l'autorité compétente par le § 43, sont maintenus les pouvoirs attribués aux autorités en vertu du droit public

tement applicable aux associations publiques si la police des réunions leur était aussi applicable, réagissant ainsi sur l'administration publique qu'elles représentent. L'opinion ne s'est pas encore fixée à cet égard, les prescriptions spéciales de la loi suffisant d'ordinaire ; elle semble cependant disposée à ne pas faire de différence.

3) Quand l'association publique s'est éteinte par la clôture ou par la dissolution, la question se pose encore de savoir ce que deviendront les biens laissés par elle. Il se peut que le sort en soit fixé d'avance par la loi ou par le statut. Il se peut aussi que, de la même manière, pouvoir ait été donné à l'autorité de l'Etat ou — ce qui semble être plus conforme à la réalité des choses — à la représentation de l'association disparue, d'y pourvoir par leurs décisions. Toutefois, cette « capacité de tester », comme on l'a appelée, ne s'entend pas d'elle-même.

Il nous faut examiner ce que deviendra juridiquement la succession du corps d'administration propre, lorsque rien n'a été spécialement prévu. La solution résulte des principes mêmes qui, nous l'avons déjà vu, dominent l'établissement public ou la fondation publique ; seulement, ces principes, par suite de la différence des conditions, nous amènent ici dans une autre direction.

L'établissement ou la fondation gèrent une entreprise appartenant à la sphère d'action de l'Etat, de la province, de la commune, selon les cas. L'association publique, au contraire, poursuit une entreprise de ses membres, de la réunion de personnes naturelles qui est à sa base. La personnalité morale sert à sépa-

sur les réunions. En vertu de ces pouvoirs, la capacité juridique (personnalité morale) ne peut pas, il est vrai, être supprimée, mais la réunion peut être dissoute ; or, il va sans dire que, par cette dissolution, la capacité juridique disparaît d'elle-même ».

rer de ces personnes naturelles l'entreprise et son patrimoine, afin de les garantir, pour chaque membre, vis-à-vis des autres membres. Par l'extinction de la personnalité morale, la destination naturelle des biens produira son entier effet : les biens appartiendront aux membres de l'association publique qui existent au moment de son extinction (22).

Il y aura une liquidation à faire entre eux, liquidation qui, tout intérêt public ayant disparu, se fera d'après les règles du droit civil (23).

III. — Les communes, communes locales ou unions communales supérieures, en ce qui concerne la manière dont elles s'éteignent, n'ont pas plus de formes stables et naturelles qu'en ce qui concerne leur naissance. C'est que la loi dispose de ces organisations — si importantes au point de vue politique — exclusivement d'après ce que l'intérêt public semble exiger, sans se lier à une règle fixe.

Si, dans une réorganisation complète de cette administration propre, toute une catégorie de ces communautés superposées doit disparaître, la loi ne manquera pas d'en régler les conséquences, surtout en ce qui concerne le sort des biens laissés. S'il arrivait que la loi l'ait omis, il y aurait droit de retour au profit de l'Etat. En effet, l'entreprise communale —

(22) *Gierke*, Gen. Theorie, p. 873 (« dévolution du tout aux membres ») p. 874 note 1. La législation de l'ancien régime avait, à cet égard, des tendances ultrafiscales, surtout A. L. R., II. 6, § 193. Aujourd'hui encore, d'ordinaire, on présente le droit de retour comme la règle : *Pfeifer*. Jur. Pers., p. 118 ; *Roesler*, V. R., I, p. 237 ; *Foerster-Eccius*, Preuss. Priv. R., IV, p. 663. Nous n'affirmons le principe indiqué au texte que pour le cas où il n'y a pas de loi contraire. C'est ce que, en fin de compte, *Rosin*, Oeff. Gen., p. 152 ss., veut dire aussi.

(23) Sur cette liquidation, comp. *Gierke*, Gen. Theorie, p. 881 ss. Une délibération de l'assemblée générale, par laquelle, en cas de dissolution, on dispose des biens, pourra être valable comme acte de liquidation anticipé. Cela suffit pour expliquer les exemples cités par *Gierke*, Gen. Theorie, p. 861 note 2, sans qu'il soit besoin de recourir à l'idée d'une « capacité de tester » de la représentation.

s'il est permis d'appeler ainsi l'ensemble des affaires communales — est non pas une entreprise du peuple commune, mais une entreprise de l'Etat déléguée par ce dernier et séparée de sa propre sphère d'action par la constitution d'une personne morale distincte. Cette personne disparue, elle doit revenir à l'Etat avec tout ce qui en dépend (24).

Ce qui arrive dans la marche ordinaire de l'administration, ce sont uniquement des modifications entre les communes existantes. On distingue : la *division* d'une commune, donnant naissance à deux communes au lieu d'une seule ; — le *démembrement*, la commune originaire subsistant avec un territoire réduit, et une nouvelle commune se formant avec la portion séparée : — l'*union* de deux communes qui, à l'avenir, n'en formeront plus qu'une seule ; — l'*incorporation*, une commune étant absorbée par une autre ; — enfin, il peut y avoir de simples *changements de territoire*, une portion du territoire d'une commune étant attribuée à la commune voisine (25).

Comme il se peut que le territoire de l'Etat n'ait pas été entièrement distribué entre les communautés inférieures d'une certaine espèce, la possibilité existe d'une *création absolue*, c'est-à-dire d'une création ne se faisant pas aux dépens d'une autre commune ; inversement, il se peut qu'il y ait *extinction absolue*.

(24) Dès lors, en confondant les communes et les associations publiques dans la notion générale de corporation, on arrive à ce résultat assez obscur, que la nature de cette corporation doit amener tantôt le droit de retour, tantôt la dévolution aux membres : *Gierke*, Gen. Theorie, p. 868. Comp. § 56 note 11 ci dessus, p. 274.

(25) Le changement de territoire peut comprendre des agglomérations entières d'habitations ou seulement des terrains inhabités ; toujours, conformément à la nature juridique de la commune, cela implique une modification dans la constitution de la commune : *Seydel* Bayr. St R., III, p 81 ; *Möller*, Preuss. Stadt. R., p. 60 ; *Christ*, Bad. Gem. Ges., p. 5. — Des simplifications sont cependant possibles, lorsqu'il s'agit de simples rectifications de limites : *Oertel*, Preuss. Städte Ord., p. 10 n. 7.

Cette possibilité résulte, en ce qui concerne les communes locales, de l'existence des propriétés exemptes et des portions de territoire qui restent en dehors des limites : des communes pourront s'agrandir aux dépens de celles-ci ou être diminuées à leur profit ; elles pourront même être formées de toutes pièces avec ces territoires ou y disparaître (26).

Toutes ces modifications se produisent exclusivement au moyen d'actes administratifs émis au nom de l'Etat, en forme de loi ou en vertu d'une autorisation de la loi par le prince ou par ses autorités. La volonté de l'Etat agit seule comme dans l'établissement public ou la fondation publique (27). Ni la représentation

(26) Prusse, Städte-Ord. de 1853, § 2 (*Oertel*, l. c., § 8 ss.) : Bavière, Gem. Ord., art. 3 (*Weber*, Komment., p. 3). Bade, Gem. Ord. de 1831 (*Christ*, Bad. Gem. Ges., p. 211). Ainsi, par exemple, il est arrivé récemment qu'une commune de la Forêt-Noire ait disparu au profit du domaine forestier exempt, à la suite de l'acquisition par le Fisc de tous les biens qu'elle renfermait.

(27) Dans la théorie du *substratum*, on cite encore d'autres causes d'extinction d'une commune. Ainsi, par exemple, *Pözl*, Bayr. Verf. R., p. 245 note 7 : « L'extinction complète peut être la suite d'évènements extraordinaires, tels que le décès de tous les membres, ou leur émigration ou des évènements de guerre ». C'est une erreur. Une commune ne s'éteint pas de plein droit parce qu'elle a perdu tous ses membres, pas plus qu'une association publique. La situation, dans laquelle elle se trouve mise à la suite de cette perte, ne pourra pas durer ; il y aura là, pour l'Etat, un motif de suppression. Cela se fera surtout par l'attribution du territoire à une autre commune ou à une circonscription exempte. Jusqu'à ce moment, ce territoire conservera le caractère d'un territoire de commune distinct (tel est aussi l'avis de *Pözl*, l. c., p. 250), et la personne morale qui y était constituée reste capable d'être remplie à nouveau par les destinataires qu'elle doit avoir. — Il en serait autrement si une commune perdait son territoire. Elle peut exister sans destinataires, mais non pas sans territoire. En effet, le territoire implique pour elle la capacité d'avoir un but et d'avoir des destinataires ; or, ces deux choses dépendent du territoire ; sans cette capacité, la commune ne peut pas exister. Une commune sans territoire serait dans la même situation qu'une association publique dont la réunion aurait été supprimée par mesure de police (comp. II, n. 2 ci-dessus, p. 342) ; elle serait incapable d'exister et non pas seulement exposée à être supprimée. C'est pour ce motif que *Gierke*, Gen. Theorie, p. 841, reconnait dans « la disparition du *substratum* réel » une cause d'extinction, « sans qu'il intervienne d'acte à cet effet ». Mais, en fait, une commune ne perdra guère son territoire

du corps d'administration propre, ni ses membres et destinataires ne pourront prendre eux-mêmes une mesure semblable. Par contre, ici comme dans l'établissement ou dans la fondation, les désirs des intéressés sont pris accessoirement en considération, soit qu'ils doivent être entendus afin d'accomplir une formalité prescrite, soit que leur consentement soit exigé pour que la mesure de l'Etat puisse être prise ou que du moins elle soit facilitée : il se peut, en effet, qu'une autorité inférieure soit, avec ce consentement, compétente pour faire ce qui, sans ce consentement, serait réservé à une autorité supérieure.

Toutefois, ces intéressés ici sont déterminés d'une manière tout autre que dans l'établissement ou dans la fondation. Ce sont, en première ligne, les corps eux-mêmes qui, par leur représentation, auront à se prononcer sur la mesure qui les concerne. Lorsque, comme au cas de division ou de démembrement, il s'agit de faire naître un corps nouveau, on peut constituer à cet effet une représentation provisoire et par anticipation.

Les destinataires du corps d'administration propre eux-mêmes n'ont pas ici la parole. A la différence de ce qui a lieu pour la personnalité de l'établissement et de la fondation, ces destinataires existent ici en grand nombre et sont faciles à reconnaître. Mais ils n'ont pas les qualités nécessaires pour être appelés aussi directement à des fonctions juridiques. La loi pourra faire, parmi eux, un choix, et ordonner qu'on entendra, à côté de la représentation du corps d'administration propre, les habitants les plus intéressés,

que par un acte de l'Etat qui l'en prive ; et il n'y a alors là qu'une forme de déclaration de la volonté de l'Etat de la faire disparaître, par conséquent, « un acte émis à cet effet ». En dehors de ces cas, il se peut que le territoire soit englouti par la mer ; mais, comme cela n'arrive qu'une fois tous les mille ans, nous n'avons pas besoin d'établir une catégorie juridique spéciale.

les propriétaires ou les plus imposés, par exemple. Notamment, quand il s'agit d'une simple modification de la limite entre deux communes, on admettra les propriétaires intéressés à la portion du territoire que cela concerne (28).

Quant aux *conséquences* que des modifications semblables pourront avoir pour la propriété et pour les biens des communes intéressées, c'est encore à l'acte qui produit ces modifications à prendre les mesures nécessaires. Cet acte s'inspirera des règles qui découlent de la nature de la commune ; par conséquent, elles serviront aussi à l'interpréter. C'est le territoire qui ici est l'idée dominante. Au cas d'unions et d'incorporations, cela n'exercera pas d'influence ; tout devient commun. — Au cas de divisions, au contraire, ainsi que dans les cas de démembrements, tous les biens qui dépendent en quelque sorte du territoire passeront à la corporation territoriale correspondante, à savoir les biens immeubles et tout ce qui est attaché à

(28) *Roesler*, V. R., I, p. 257 ; *Seydel*, Bayr. St. R., III, p. 81 : « Par intéressés, on comprend seulement ceux qui juridiquement sont intéressés. Ce sont exclusivement les communes, et aussi, le cas échéant, les propriétaires de terrains exempts, mais non les membres particuliers de la commune dont les propriétés seront en question ». *Seydel* ajoute dans la note 5 : « Car, en principe, dans les affaires communales, ce sont seulement les organes des communes qui agissent, et non pas les particuliers ». La différence qui existe entre les diverses espèces de corps d'administration propre apparaît clairement dans les « intéressés » qui sont pris en considération au cas où il s'agit de modifier la constitution. Pour l'établissement et la fondation, ni la représentation, ni les destinataires de la personne morale ne sont des intéressés dans ce sens. Pour l'association publique, la représentation est intéressée, et elle se confond avec l'ensemble des destinataires. Pour la commune, c'est aussi la représentation ; mais ici cette représentation ne dépend des destinataires que d'une manière indirecte : ces derniers s'effacent complètement derrière elle. Même dans le cas où la loi, pour des changements de territoire, ordonne d'entendre les propriétaires intéressés, ces individus disparaissent lorsqu'une agglomération d'habitations s'est formée : celle-ci sera organisée d'après le modèle de la commune, en vue de représenter, dans cette procédure, cette portion du territoire : *Weber*, Bayr. Gem. Ord., art. 4, note 2.

une administration ou exploitation ayant un siège fixe. Les autres biens seront partagés ; le chiffre des populations respectives fournira la proportion naturelle. — Enfin, dans les cas de simples changements de territoire, ce seront seulement les biens attachés à ce territoire qui passeront ; tout le reste sera laissé intact (29).

(29) Des exemples dans la théorie du domaine public, comp. t. III, § 36 note 14, p. 158.

APPENDICE

§ 62

Le droit administratif international et fédéral.

L'Etat rencontre des communautés qui lui ressemblent, non seulement dans les corps d'administration propre existant sur son territoire, mais encore au-delà de ses frontières, dans d'autres Etats. Ses rapports avec ces derniers sont réglés par le droit international, et, dans un cas qui nous concerne spécialement, par le droit constitutionnel de la fédération. Cela n'est pas en soi du droit administratif. Toutefois, indirectement, ces rapports ont une influence sur la formation et sur l'application du droit administratif ; nous allons en parler ici. Cela nous ouvrira, à la fin de notre examen, une vue sur les sphères limitrophes de la doctrine du droit.

I. — Notre puissance publique ne prétend pas être la puissance publique pour le monde entier. Il y a, en dehors d'elle, d'autres puissances publiques qui, lui étant égales par leur nature et par leur droit, travaillent, de leur côté, aux tâches de l'ordre extérieur de l'humanité. La base, d'après laquelle on distingue ce qui lui revient à l'encontre des autres et ce qu'elle reconnaît de son côté comme revenant à celles-ci, est formée par le *territoire*. Dans les limites de son territoire, la puissance publique est maîtresse ; elle seule est ce que doit être, d'après la notion générale, la puissance publique. Au territoire des puissances sœurs elle reconnaît le même effet au profit de ces dernières. C'est à titre exceptionnel — et pour lequel il faut un fondement spécial — que l'action d'une puissance étrangère est considérée comme juridiquement valable sur notre territoire ; à l'inverse, notre Etat ne prétend que par exception à exercer son autorité dans la sphère du territoire étranger.

En matière de droit civil, ce caractère exclusif naturel des territoires est rompu dans une large mesure. L'ensemble des principes d'après lesquels cette rupture a lieu est désignée par l'expression — peu exacte, il est vrai, — de *droit international privé*. Nous appelons *droit administratif international* les règles correspondantes que présente le droit administratif. Elles ne s'inspirent pas des mêmes idées ; et surtout, elles n'offrent pas d'équivalent pour ce qui constitue l'essentiel dans la masse du droit international privé ; ce dernier a pu former une branche séparée de la doctrine du droit ; il nous manque ici l'étoffe (1).

1) Que notre puissance publique détermine les limites de ses effets d'après le territoire, il n'y a là qu'un principe général qu'elle doit observer à l'égard des autres Etats. S'il lui plaisait de s'en écarter, cela serait absolument valable pour le droit interne ; les complications du droit international et les difficultés matérielles d'exécution qui en résulteraient n'auraient aucune importance à cet égard (2).

(1) La situation est la même que pour ce qu'on appelle le « droit pénal international » ; comp. *Binding*, Stf. R., I, p. 370 ss.

(2) Que l'Etat, comme on aime à le remarquer, « ne puisse pas

En réalité, il y a des exceptions de ce genre surtout au profit du principe de la *nationalité*. Ce principe, étant justifié par la nature même de l'Etat, est appliqué avec une certaine conformité et, dans certaines limites, approuvé aussi par le droit des gens. Les particularités qui en résultent pour l'activité de notre puissance publique apparaissent dans deux directions.

D'un côté, cette puissance suit nos nationaux *au-delà des frontières*, à l'étranger. Nous ne parlons pas des prescriptions du droit civil et du droit pénal. En matière administrative, c'est surtout par les obligations de droit public consistant à effectuer des prestations, que l'Etat entend frapper ses sujets, même ceux qui se trouvent à l'étranger, à savoir les impôts et le service militaire. L'organisation des consulats sert à créer, à l'étranger même, un centre pour les affaires les plus variées de l'administration publique de notre Etat : mesures de police, légalisations, état civil, secours et autres prestations. Notre droit administratif s'y applique, en tant que faire se peut. Les limites de cette possibilité dépendent du consentement de l'Etat étranger sur le territoire duquel l'activité officielle doit s'exercer par contraintes ou par prestations (3).

D'un autre côté, les étrangers qui se trouvent sur

faire » telle ou telle chose au point de vue du droit des gens, que son acte soit « nul au point de vue du droit des gens », cela ne regarde absolument pas les autorités de l'Etat ; par conséquent, cela est sans importance au point de vue du droit administratif ; comp. *Binding*, Stf. R., I, p. 375.

(3) *Bluntschli*, Völkerrecht, p. 217 ss. ; *Laband*, St. R. éd. all., II, p. 13 ; éd. franç., III, p. 20. Visant cette extension de notre puissance publique, *Seydel*, Bayr. St. R., IV, p. 103, parle de « deux titres » sur lesquels cette puissance publique pourra être basée : le territoire et la nationalité. Mais ces deux choses sont très inégales en importance pratique, et elles ne sont pas des titres dans le sens de fondements juridiques ; elles sont seulement des occasions de faire valoir la puissance existant par elle-même.

notre territoire ont, à plusieurs égards, une situation spéciale par rapport à notre droit administratif. La règle, il est vrai, qui forme le point de départ, c'est que tout l'ordre juridique administratif s'applique à l'*individu* qui se trouve dans l'Etat, sans distinction de nationalité (4). Cela comprend même les prétendus droits des Prussiens, etc., de nos Constitutions : la réserve au profit de la loi, que cela signifie, produit effet même pour les étrangers. Mais il existe pour eux des exemptions des droits et devoirs communs, à deux points de vue.

D'abord, ils sont exempts de certaines charges et ne jouissent pas de certains avantages. La particularité du service de l'Etat a été déjà relevée ; comp. § 42 ci-dessus, I, n. 1, p. 2. Dans le droit de la représentation des corps d'administration propre (comp. § 58 ci-dessus, p. 287), la nationalité figure, ainsi que dans le droit constitutionnel de l'Etat, comme condition de la capacité requise pour être électeur ou député. De plus, les étrangers subissent encore, çà et là, des inégalités de droit, certaines permissions de police ne devant pas leur être accordées ou ne devant l'être qu'à des conditions relativement plus sévères, certaines institutions d'assistance publique ne leur étant pas accessibles du tout ou ne l'étant qu'avec des restrictions ; de même, pour les établissements d'instruction publique. Toutefois, tout cela ne s'entend pas de soi ; cela dépend de prescriptions spéciales ; en effet, les inégalités de ce genre deviennent de plus en plus rares et perdent du terrain (5).

(4) Il est donc complètement faux de dire, comme le fait *Grotefend*, Preuss. V. R., I, p. 48 : « les rapports qui dépendent de la sphère du droit administratif ne peuvent être créés que pour les nationaux de l'Etat », et : « la nationalité correspond, dans le droit public, à la capacité du droit civil ».

(5) Une énumération dans *Zorn*, dans Wörterbuch, I, p. 118. Comp. aussi *Fuld*, dans Ztschft f. int. Priv. u. Stf. R., I, p. 675. *Schulze*, D.

Néanmoins, il subsiste, pour les étrangers, une grande infériorité de situation juridique générale ; cette infériorité se manifeste dans le droit d'*expulsion* qui appartient au gouvernement, droit complété par le droit de leur interdire l'entrée du territoire ou de ne l'accorder que sous certaines conditions. Le droit d'expulsion n'a pas besoin de fondement légal. On est unanime pour dire que la Constitution, en réservant au domaine de la loi les atteintes à la liberté, n'a pas voulu comprendre dans cette liberté, en ce qui concerne l'étranger, la possibilité de rester sur notre territoire (6). Par conséquent, le pouvoir exécutif a, en lui-même, l'autorité de le lui interdire. L'ordre d'expulsion — et, comme moyen de contrainte, l'usage de la force — sont à sa disposition. Un fondement légal ne devient nécessaire qu'autant qu'il s'agit d'établir des règles de droit ou d'infliger des peines.

2) La capacité égale des étrangers — qui n'est restreinte qu'à titre exceptionnel — forme seulement le point de départ du droit international privé. Sur cette base, le droit international privé construit tout son système à l'aide de cette idée, que l'humanité civilisée tout entière forme une grande société dans laquelle les différents Etats, par leur collaboration dans des rôles dûment répartis, maintiennent l'ordre juridique. Chaque Etat apporte son droit civil dont les prescriptions tendent à avoir leur effet selon certaines règles qui dirigent leur application. D'après les mêmes règles, les prescriptions du droit civil étranger doi-

St. R., I, p. 354, parlant de l'exemption des étrangers au point de vue du service militaire, semble vouloir présenter cette exemption comme un effet des principes du droit des gens, tandis qu'elle repose sur l'abstention de notre législation, abstention qu'elle observe pour des motifs tirés du droit des gens.

(6) *Zorn*, dans Wörterbuch, I, p. 118, appelle cela un « principe du droit actuel », d'après lequel « l'étranger n'a aucun droit vis-à-vis de l'Etat ».

vent aussi, le cas échéant, avoir leur effet. Et l'un et l'autre — le droit national aussi bien que le droit étranger — sont maintenus et protégés par nos tribunaux, lorsqu'ils sont appelés à statuer en pareil cas (7). C'est pour cela qu'il est si important d'examiner ici et de fixer ces règles d'application du droit. C'est pour cela aussi que les jugements des tribunaux civils ont une tendance évidente à obtenir une force exécutoire reconnue partout ; ils sont censés gérer une affaire commune à toutes les nations civilisées.

Une collaboration semblable, en principe, n'existe pas en matière administrative. Ici, les Etats, par leurs volontés et par leurs actions, visent chacun ses intérêts et chacun pour soi. De même, les règles de droit qu'ils établissent à cet effet ne regardent que celui qui les émet. Ce que l'Etat étranger a déterminé et ainsi fixé dans sa sphère est, pour nous un fait qui, comme tel, peut bien avoir son importance juridique et sera pris en considération. Mais nos autorités ne le maintiennent, ni ne le protègent. L'exécution que nos tribunaux procurent à la loi civile étrangère est refusée chez nous aux lois étrangères de police, d'impôts, de recrutement, de discipline. Il n'y a pas moyen de

(7) La nature du droit international privé a reçu sa plus belle expression dans *Windscheid*, Pand., I, § 34 : les Etats ne « s'isolent pas les uns des autres avec une jalousie réciproque ; ils se considèrent comme collaborant au travail commun du genre humain... Ainsi, l'ordre juridique de chacun des Etats appartenant à cette communauté apparaît aux autres Etats qui en font aussi partie comme un organe de l'ordre juridique général et, par conséquent, sous le même jour que son propre ordre juridique ». De là il résulte clairement que le droit international privé est national dans sa base ainsi que dans son exécution ; en d'autres termes, il repose — et il repose uniquement — sur la volonté expresse ou présumée de notre puissance publique. Les auteurs, il est vrai, se plaisent à imaginer quelque chose de général, planant sur les Etats particuliers. Le fait qu'on a besoin pour cela de « contrats tacites » ou même d'un « droit coutumier Européen » (*Laurent*, Droit civ. int., I, p. 12 ; *v. Bar*, Int. Priv. R., I, p. 9), suffit pour montrer sur quelle base fragile reposent toutes ces théories.

déclarer exécutoires des actes administratifs étrangers. Le droit administratif international signifie donc seulement une *coexistence extérieure*, chacun respectant l'autre dans ses limites et le laissant faire (8).

En outre, et comme dernière concession, il existe tout au plus une *tolérance* vis-à-vis de certaines activités par lesquelles l'administration de l'Etat étranger pourra vouloir produire des effets sur notre territoire: dispositions qu'il prendra concernant ses nationaux domiciliés chez nous, actes de ses consuls émis sur ces nationaux, organisation et direction de ces magis-

(8) La collaboration cesse même pour le droit civil, dès qu'un intérêt public particulier intervient ; nous avons alors les *lois réelles* qui se restreignent au territoire, mais qui exercent un effet absolu : *Laurent*, Droit civ. int., II, p. 341 ss. Très exact *Brocher*, Droit internat. privé, n. 142 : « Il y a des lois qui, par leur nature et généralement aussi dans l'intention des pouvoirs qui les ont émises, ne sont pas appelées à étendre directement leur autorité sur des territoires étrangers, sauf toutefois à y faire reconnaître et à sanctionner dans certains cas les effets qu'elles ont produits sur le sol national. Ce sont des lois qui se rapportent à l'exercice immédiat de l'autorité ou qui doivent satisfaire à des intérêts purement locaux ». Cela s'applique, d'après cet auteur, surtout au « droit public et administratif ». — La différence éclate de la manière la plus frappante, quand il s'agit de droits pécuniaires. Une créance de droit civil, née à l'étranger au profit du Fisc étranger, peut être poursuivie en justice chez nous : nos tribunaux appliqueront au profit du créancier la loi civile étrangère et lui procureront l'exécution. Une dette d'impôt, constituée de la même manière, ne peut pas être exigée chez nous : nos autorités refusent de prêter main forte à la loi d'impôt étrangère. *Alexi*, dans Ztschft f. int. Priv. u. Stf. R., III, p. 494 : « C'est un principe du droit des gens qu'aucun Etat ne prête à un autre son assistance pour le recouvrement des contributions publiques ». Ce qui est très caractéristique dans cette situation, c'est qu'on a voulu ouvrir à l'Etat étranger une voie pour obtenir l'impôt qui lui est dû, en le considérant à cet effet comme une créance du droit civil ; un exemple dans *Gerber*, Oeff. Rechte, p. 44. — *v. Bar*, Int. Priv. R., I, p. 317 ss., traite de la « dette d'impôt dans les rapports internationaux » ; cela n'a rien à faire avec le droit international privé. L'expropriation (l. c., I, p. 629 ; II, p. 687, note 48 *a*) n'entre pas non plus dans cette matière ; que l'expropriation dépende de la *lex rei sitae*, ce n'est pas au droit international privé à nous l'apprendre. D'un autre côté, la foi publique qu'on attribue aux actes de l'autorité étrangère s'explique suffisamment par la coexistence et la reconnaissance réciproque des Etats, sans qu'il soit besoin de recourir à un « droit coutumier général » comme le voudrait *v. Bar* (l. c., II, p. 379 ss.).

trats et d'autres agents ayant leur siège chez nous. Jusqu'à quel point doit aller cette tolérance, c'est à chaque Etat, guidé en quelque sorte par le droit des gens, à le décider (9).

Tout cela, naturellement, a un tout autre caractère et un domaine beaucoup plus restreint que ce qu'on entend par droit international privé. De lui-même, un Etat indépendant n'ira guère plus loin pour faire d'autres concessions; c'est uniquement par des conventions internationales qu'une union plus intime des administrations respectives pourra avoir lieu. Il est donc permis de dire qu'un droit administratif international n'existe qu'en vertu des traités et non pas de lui-même (10).

3) Par *convention internationale*, les Etats intéressés peuvent créer des rapports juridiques qui réagissent sur leur administration et sur leur droit administratif. Cela se fait de différentes manières.

L'espèce la plus simple de ces conventions est celle par laquelle un Etat s'engage, vis-à-vis d'un autre, à se conduire d'une manière déterminée en une matière quelconque concernant son activité administrative. Cela produit ce que nous appelons *une administration liée par le droit des gens.* Il s'agit ici surtout de la façon dont les nationaux de l'autre Etat devront être traités : ils ne seront pas expulsés, ils seront admis à exercer une industrie, ils seront secourus en cas d'indigence, ils seront extradés ou rapatriés. Des conventions de ce genre sont, en règle, réciproques, chaque Etat devant procéder vis-à-vis de l'autre comme ce

(9) Comp. la note 3 ci-dessus, p. 355.

(10) *L. v. Stein*, Handb. d. V. Lehre, 2e éd., p. 92 : « Si donc il y a un droit administratif international, ce ne pourra être qu'un droit conventionnel ». Dans la 3e édition, l'auteur ajoute encore deux espèces de droit administratif : « le droit de la guerre » et « le droit administratif autonome ». Mais, à notre avis, le premier n'est pas administratif, et le second n'est pas international.

dernier agit vis-à-vis de lui. Ainsi s'établit, pour les matières ainsi réglées, un ordre juridique commun et identique. Mais cet ordre juridique, pour chacune des parties contractantes, n'obtient de valeur, au point de vue du droit administratif, qu'au moment où elle l'aura revêtu des formes dans lesquelles elle règle son administration en général ; et cet ordre n'agit qu'avec la force qu'ont ces formes, à savoir en tant que loi, ordonnance, instruction, règlement intérieur. Pour le rapport entre l'Etat et le sujet, même de nationalité étrangère, ces prescriptions seules sont valables, et cela seul compte qui se fait en vertu de ces prescriptions. La convention internationale n'est qu'un motif pour l'Etat d'édicter ces prescriptions et d'insister sur eur mise à exécution ; au point de vue du droit administratif, elle est indifférente (11).

Un rapport juridique plus développé se présente dans la *société internationale d'administration*. Deux ou plusieurs Etat reconnaissent, par une convention, une affaire d'administration publique comme les intéressant en commun et ils s'engagent à la gérer à frais communs. Les exemples les plus simples sont les Commissions de navigation sur le Rhin, le Pô, le Danube, etc., et les bureaux internationaux pour les postes, le télégraphe, les poids et mesures (12). Le résultat de ces conventions est la création d'institutions communes, notamment d'autorités communes.

(11) *Laband*, St. R. (éd. all., I, p. 629 ; éd. franç., II, p. 440) : « La conclusion d'un traité international n'établit jamais des règles de droit, ni des prescriptions administratives ; il oblige seulement l'Etat à les édicter » Par conséquent, ce ne sont pas les traités eux-mêmes qui sont des sources du droit (comp. t. 1er, § 10, p. 154) ; ce sont seulement les lois administratives faites en exécution des traités. *G. Meyer*, V. R., I, p. 7, qui exprime l'opinion contraire, tout en s'associant pour le principe à *Laband*, nous semble se contredire lui-même.

(12) *Jellinek*, Staatenverbindungen, p. 158 ss., se sert ici des expressions « alliance administrative organisée » et « union administrative internationale ».

L'application des règles du droit administratif est soumise au caractère de société revêtu par cette communauté d'intérêts.

Les autorités communes pourront être formées de fonctionnaires fournis *par les Etats intéressés, chacun pour soi*, soit que l'Etat, dans le territoire duquel l'autorité a son siège, y pourvoie, soit que cette autorité se compose de fonctionnaires envoyés par tous les Etats intéressés. Le rapport de service de chaque fonctionnaire avec son Etat a la nature ordinaire. L'obligation en vertu du droit des gens n'est encore ici qu'un motif pour l'Etat de créer un rapport de service ayant ce contenu, et d'employer son pouvoir hiérarchique dans ce sens déterminé.

Mais on pourra aussi constituer des *fonctionnaires appartenant à la société d'Etats*. Tel n'est pas nécessairement le cas lorsque l'on est convenu de supporter en commun les dépenses des traitements; cette convention se concilierait également avec le système que nous venons d'exposer. L'important, c'est que, pour le fonctionnaire, le rapport de service est créé non pas vis-à-vis d'un seul Etat, mais vis-à-vis de l'ensemble des Etats.

La nomination est alors un acte administratif accompli de concert ; et c'est de la même manière que les dispositions ultérieures concernant le rapport de service seront émises. Dans le doute, le rapport de service sera réglé par la loi du lieu où l'autorité a son siège ; il se peut qu'on ait visé un autre droit ; mais, en tout cas, le rapport juridique ne pourra être qu'identique (13).

(13) *Jellinek*, l. c., p. 167, donne des exemples pour les deux sortes de fonctionnaires que nous distinguons ici. Pour ceux de la seconde espèce, — les fonctionnaires propres de la société, — il prétend que ce « sont non pas des fonctionnaires communs des Etats de l'union, mais des employés de l'union elle-même ». A notre avis, les employés de l'union sont des employés communs des Etats, tant que cette union n'aura pas pris le caractère d'une personne morale distincte.

Quelle que soit la manière de désigner ces fonctionnaires, en tant qu'autorités ils représentent tous les Etats liés par la convention. Leur action s'apprécie, pour chacun de ces Etats, au point de vue d'une autorité qui lui est propre. Ces fonctionnaires peuvent n'être appelés qu'à fournir des renseignements, des avis, des conseils ; alors l'ordre juridique n'est pas en question. Mais il se peut aussi qu'on leur ait confié l'exercice d'une portion de la puissance publique : mesures de police par exemple, ou jugements, ou établissement de règles de droit (14). Alors, les conditions de cette délégation dépendent, pour chaque Etat sur le territoire duquel cela doit produire son effet, de son droit constitutionnel et administratif ; et les effets de ces mesures se règlent d'après son droit, absolument comme si elles émanaient de ses autorités normales et dans les lieux ordinaires. Ce droit, il est vrai, pourra avoir été modifié à cet égard, justement à propos de la société d'administration qui a été conclue ; mais ce sera toujours le droit particulier de l'Etat qui décide.

La particularité juridique de ces sociétés concerne donc essentiellement la sphère de l'organisation administrative. Chaque Etat intéressé se crée, pour l'exercice de sa puissance publique, des autorités revêtant un caractère spécial par le lien du droit des gens qui détermine leur institution et leur direction, et par le concours d'autres Etats. Pour le reste, l'ordre juridique administratif, même dans ces cas, est purement national, comme toujours.

II. — Plusieurs Etats pourront aussi, par la voie du

(14) *Jellinek*, l. c., p. 168 ss., appelle les premiers (par exemple, ceux du Bureau international des poids et mesures établi à Paris) des « organes internationaux de l'union des Etats », tandis que les seconds devront être des « organes communs » de ces Etats. Mais l'objet de la fonction ne change pas la nature du rapport de service.

droit international, se réunir en vue de former une *unité nouvelle*, au nom de laquelle la puissance publique s'exercera sur leur territoire avec une autorité propre et supérieure à la leur.

La nature juridique de cette organisation est celle d'une association avec personnalité morale, d'une *corporation*. Les Etats en sont les membres ; le pouvoir supérieur qu'ils constituent pour gérer les affaires communes, c'est un pouvoir d'association (*Vereinsgewalt*, comp. t. I, p. 165, 166). L'appréciation de cette corporation est claire et à l'abri de toute équivoque, aussi longtemps que son pouvoir se tient dans certaines limites. Tel était le cas, par exemple, pour l'ancienne *Confédération germanique* ; celle-ci n'agissait que d'une manière indirecte ; notamment, elle n'avait aucun pouvoir législatif propre ; elle pouvait seulement obliger les Etats confédérés à promulguer les lois nécessaires dans l'intérêt de la communauté. Tel était encore le cas de l'*Union douanière*, même après la réorganisation de 1867 : elle avait bien le pouvoir de faire des lois directement obligatoires dans tous les territoires réunis ; mais cette législation, concernant exclusivement les affaires douanières, ne mettait en question ni le caractère d'Etat des membres de cette association, ni le caractère de simple pouvoir d'association de ce qui appartenait à l'Union.

Cependant, la convention fondamentale et la constitution réglant le pouvoir central peuvent aller plus loin. On pourra attribuer à l'Union non seulement une législation et une action administrative à effet direct, mais encore une compétence très étendue, embrassant les intérêts les plus essentiels de l'Etat, tels que la force armée et les relations internationales, et pouvant encore s'élargir par des actes du pouvoir central lui-même agissant dans les formes prescrites par sa Constitution. Dans ce cas, on dit qu'il y a *Etat fédéral* (*Bundesstaat*) formé par les Etats confédérés. Les exemples les plus marquants sont les Etats-Unis de l'Amérique du Nord, la Confédération suisse et l'Empire allemand.

Cependant les auteurs oublient trop souvent que l'Empire allemand repose sur des fondements tout différents des deux autres (15). En effet, les deux confédérations républicaines sont de véritables Etats ; par leur constitution même, il se forme, selon la doctrine républicaine, un souverain nouveau et commun : c'est le peuple réuni des Etats confédérés, le peuple Américain, le peuple Suisse. C'est au nom de ce peuple entier que le pouvoir central est exercé sur les subdivisions dont le caractère d'Etats ne peut être sauvé — très péniblement d'ailleurs — que par un relâchement dans la fermeté et dans l'exactitude de la notion d'Etat. Il en est tout autrement de l'Empire allemand. Il n'y a pas de peuple souverain ; la souveraineté reste dans les princes. Or, la réunion de ces princes en une confédération exerçant les pouvoirs les plus importants de l'Etat ne donne pas naissance à un nouveau souverain ; elle s'arrête au fait de cette réunion de souverains. Par conséquent, l'Empire allemand, juridiquement, est une confédération puissamment développée ; ce n'est pas un Etat. Par contre, les membres continuent ici indubitablement à avoir le caractère de souverains et d'Etats.

Il est évident que cette nature juridique de l'Empire ne doit pas être perdue de vue, quand il s'agit d'examiner l'influence des institutions fédérales sur le droit administratif.

Cet examen prendra pour point de départ l'idée même qui nous a déjà servi de base pour développer

(15) Sur la nécessité de cette distinction, comp. *mon* article dans Arch. f. öff. R., 1903, p. 337 ss.

le droit administratif dans l'Etat simple : l'*idée de la séparation des pouvoirs* (comp. t. 1er, p. 33 ss.) (16). Il est nécessaire, naturellement, de faire sa part à chacun des deux pouvoirs qui se rencontrent ici : le pouvoir fédéral et le pouvoir d'Etat, chacun d'eux étant de nouveau partagé en pouvoir législatif et pouvoir exécutif. Cette attribution est réglée par la Constitution de l'Empire ; nous y trouvons une analogie frappante avec la manière dont ce règlement a été fait entre le pouvoir législatif et le pouvoir exécutif, le pouvoir fédéral prenant ici la place du pouvoir législatif, le pouvoir d'Etat celle du pouvoir exécutif. Le pouvoir fédéral est investi spécialement : de la préférence (comp. t. 1er, p. 89), d'une sphère qui lui est réservée (comp. t. 1er, p. 92), enfin d'une force obligatoire (comp. t. 1er, p. 95) en vertu de laquelle il lie, par ses lois mêmes, le pouvoir législatif des Etats. Le pouvoir des Etats se caractérise par les qualités correspondantes, comme le pouvoir exécutif (comp. t. 1er, p. 97), sauf les réserves qui existent ici au profit de ce pouvoir. Il y a encore cette analogie que le pouvoir le plus faible — celui des Etats — est protégé par la part décisive que ses chefs ont à prendre dans l'exercice du pouvoir fédéral, de même que le chef du pouvoir exécutif est appelé à consentir à la loi qui doit le lier.

Dans l'activité de ces deux pouvoirs, les institutions générales du droit administratif trouveront encore leur application. Nous aurons seulement à observer ce qui suit.

(16) *De Tocqueville*, Démocratie en Amérique, I, p. 190 ss. ; *Waitz*, dans Allg. Monatsschr. f. Wissensch. u. Litterat., 1853, p. 494 ss. Ce principe de la séparation des pouvoirs, qui donne lieu à tant de malentendus dans son application à l'Etat unitaire (comp. t. 1er, § 6 note 2, p. 84), n'est pas moins confus dans son application à la constitution de l'Etat fédéral. *Laband*, St. R. (éd. all., I, p. 59 ; éd. franç., I, p. 110) appelle une « chimère », ce que, à la note qui vient d'être citée, nous appelons un « épouvantail ».

1) Le rapport entre le pouvoir central et le pouvoir d'Etat-membre n'est pas celui qui existe entre *souverain et sujet* (17). Il a la même nature que celui entre pouvoir législatif et pouvoir exécutif : ce dernier pouvoir n'a pas non plus le caractère de sujet. Il s'agit d'une collaboration avec des rôles et des droits inégaux. Ainsi, il est faux de dire que l'Empire commande aux Etats, que les contributions matriculaires ont le caractère d'impôt, etc. Il n'y a pas de droit administratif dans ce rapport. De même que le rapport entre le pouvoir législatif et le pouvoir exécutif est réglé par le droit constitutionnel de l'Etat, de même, entre l'Empire et l'Etat, c'est le droit constitutionnel de l'Empire qui domine ; et ce droit constitutionnel garde, pour les Etats qu'il réunit, le caractère primitif d'une convention du droit des gens. Ils sont obligés entre eux de se conformer à la direction du pouvoir d'association commun, et, au cas de refus, l'exécution décrétée contre le réfractaire revêt les formes de la contrainte du droit des gens (18).

2) L'Empire a, à côté de l'administration des Etats, des branches d'administration publique qu'il fait gérer entièrement en son nom, des *administrations directes de l'Empire*, telles que l'administration de la marine, des affaires étrangères, etc. Les rapports qui en résultent avec les sujets sont réglés par le droit administratif de l'Empire ; et ce droit, au besoin, est complété non par l'application du droit administratif de l'Etat

(17) *Laband*, St. R. (éd. all., I, p. 55 ; éd. franç., I, p. 104) : « L'Etat particulier est le maître, si l'on regarde d'en bas ; il est sujet, si l'on regarde d'en haut ». *Haenel*, St. R., I, p. 798 : « Les Etats membres sont, dans l'Empire, des sujets obligés d'obéir et des citoyens avec des droits civiques ». Comp. aussi *Mejer*, Einleitung, p. 6-8. Ce sont les anciennes théories sur l'Etat fédéral qui s'inspiraient de l'idéal de la grande République Américaine et qu'on a voulu réaliser en 1849. Mais l'Empire, tel qu'il a été créé définitivement, a une autre nature.

(18) *Jellinek*, Staatenverbindungen, p. 310.

dans le territoire duquel s'exerce l'activité de l'Empire ou dans lequel l'autorité de l'Empire dont elle émane a son siège, mais par les principes généraux qui régissent la matière dont s'agit (19).

La même indépendance appartient, en général, à l'administration laissée aux Etats. Toutefois, il y a ici des branches qui, intéressant en même temps l'Empire, sont soumises à une *direction* de l'Empire, direction qui s'exerce sous différentes formes. L'Etat reste alors le centre de cette activité et la personne au nom de laquelle elle s'exerce ; mais ses rapports avec les sujets et l'organisation de son droit administratif en ces matières reçoivent ainsi d'importantes modifications.

D'après le système établi par l'art. 4 de la Constitution de l'Empire, l'Empire est compétent pour régler par sa *législation* une série de matières qui, au fond, pourraient rester aux Etats. Cela s'applique, en première ligne, à la justice civile et criminelle. Mais dans le même sens, avec certaines modalités, l'Empire dirige, par ses lois et ordonnances, l'organisation militaire, la police industrielle, l'administration douanière, etc. Les rapports qui en résultent sont des rapports de droit administratif entre les Etats et leurs sujets. D'un côté, les autorisations à des mesures réservées à la loi, en tant qu'elles sont contenues dans ces lois de l'Empire, profitent aux autorités des Etats, et représentent ainsi, pour ces Etats, des droits subjectifs dans le sens qu'on veut bien donner à ce mot ; comp. t. 1er, p. 140 ss. (20). D'un autre côté, tout ce que l'Em-

(19) R. G., 1er juillet 1881 (Samml., V, p. 40) : « car l'Empire est un Etat distinct des Etats confédérés pris isolément ; il a ses droits de supériorité ». Il s'agissait, dans cet arrêt, de la question de savoir jusqu'à quel point le droit civil devient applicable à l'administration de l'Empire ; le Tribunal invoque les « principes généraux du droit public », et écarte l'application du droit des Etats particuliers quels qu'ils soient.

(20) En sens contraire *Binding*, Stf. R., I, p. 478 : « Le titulaire de tous les droits de punir qui résultent des lois allemandes communes,

pire décide ainsi au profit des sujets lie les Etats vis-à-vis de ces sujets et constitue pour eux des droits subjectifs contre l'Etat. Ces droits subjectifs des particuliers ont une valeur très grande à raison de la garantie extraordinaire dont ils jouissent : grâce à la préférence de la loi d'Empire sur laquelle ces droits reposent, ils sont à l'abri même des atteintes que la loi de l'Etat pourrait vouloir leur porter (21).

La direction donnée par l'Empire pourra aussi se manifester d'une autre manière. Au lieu d'agir par la voie de règles de droit, l'Empire peut s'emparer d'un *rapport de sujétion spéciale* existant au profit de l'Etat et faire valoir l'obligation qu'il implique vis-à-vis de cet Etat, pour donner des ordres à l'obligé. C'est ce qui a lieu surtout à l'égard des fonctionnaires des Etats employés dans certaines administrations : leur obligation de servir est due à l'Etat qui les a nommés ; et pourtant, le Conseil fédéral ou le Chancelier de l'Empire ainsi que des Commissaires spéciaux leur donnent, au nom de l'Empire, des ordres de service

c'est l'Empire et non pas l'Etat particulier ». *Binding* voudrait appliquer ce même système aux droits de douane et aux impôts de consommation (l. c., p. 479 note 10). Cependant on ne saurait contester que, vis-à-vis du sujet, du débiteur, — et c'est là le rapport décisif — ce sont des créances de l'Etat membre ; comp. *Laband*, St. R. (éd. all., II, p. 842, note 1, p. 932 ; éd. franç., VI, p. 7 note 1, p. 166. — Il y a la même différence d'opinion en ce qui concerne l'organisation militaire : *Brockhaus*, Das deutsche Heer, p. 14 ss. *Bornhak*, Preuss. St. R., III, p. 36 ; *Laband*, St. R. (éd. all., II, p. 555 note 3 ; éd. franç., V, p. 99).

(21) Il en résulte ce qu'on appelle « un droit de liberté garanti par le droit de l'Empire ». De simples lois administratives de l'Empire contenant des prescriptions de cette nature emploient tout naturellement la manière de s'exprimer propre aux chartes constitutionnelles établissant les droits de l'homme. Un exemple dans la loi du 1er nov. 867 (Freizügigkeitsgesetz) § 1 : « Tout citoyen de la confédération a le droit de séjourner en tout lieu, etc. » *Laband*, St. R. (éd. all., I, p. 145 ; éd. franç., I, p. 244) dit de cette loi qu'elle « garantit un droit fondamental du citoyen de l'Etat ». Ce n'est pas un droit fondamental vis-à-vis de l'Empire ; celui-ci pourrait en disposer par une simple loi ordinaire ; c'est un droit fondamental vis-à-vis de l'Etat ; celui-ci est lié par la loi de l'Empire.

qu'ils sont tenus de suivre comme si l'ordre avait été émis au nom de leur patron. L'obéissance ainsi due à l'Empire l'emporte sur l'ordre de service qui pourrait leur être donné au nom de l'Etat qu'ils servent (22). Le commandement suprême attribué à l'Empereur sur tous les militaires allemands a le même caractère juridique ; naturellement, pour le contingent Prussien, il se confond avec l'obligation de service due à la même personne. Notons cependant que ces ingérences de l'Empire dans les rapports de service des Etats ne pourront avoir lieu qu'en vertu d'une prescription de la Constitution ou d'une loi de l'Empire : voilà donc un ordre du supérieur qui a besoin d'un fondement légal !

Enfin, dans le même but, l'Empire peut organiser, au-dessus de l'activité des Etats, des *instances supérieures* servant à contrôler et à rectifier au besoin en son nom ce qui a été fait au nom de ces derniers. Le Tribunal de l'Empire en est le modèle. Dans le même sens, on a institué le Tribunal militaire de l'Empire, l'Office fédéral pour le domicile de secours, l'Office de l'Empire pour l'assurance ouvrière, etc. L'Empire prend ici une part active à l'administration appartenant à l'Etat en fournissant des voies de droit et en assurant, sous sa garantie directe, une protection aux intérêts lésés.

3) Les Etats, dans leur administration, sont *indépendants* les uns des autres, comme si n'existait pas pour eux le lien commun de l'Empire. Leurs rapports à cet égard sont régis par les principes du droit admi-

(22) C'est surtout en matière de douanes et d'impôts de consommation dont le rendement sera attribué à l'Empire, que le Conseil fédéral émet de nombreuses prescriptions administratives de ce genre, en vertu de l'art. 7 chiff. 2 de la Constitution de l'Empire. Comp. aussi la loi sur la peste bovine du 7 avril 1869, § 12 ; la loi sur le phylloxéra du 3 juillet 1883 § 5. *Haenel*, St. R., I, p. 282 ss. ; *G. Meyer*, St. R. p. 521 ; *Laband*, St. R. (éd. all., I, p. 236 ; éd. franç., I, p. 386).

nistratif international, tels que nous les avons exposés au n. I ci-dessus. p. 353. Que leur activité soit réglée par des lois de l'Empire ou dirigée par ses prescriptions administratives ou contrôlée par ses autorités instituées à cet effet, cela ne fait aucune différence (23). Naturellement, la communauté d'intérêts que signifie l'Empire sera pour eux un motif de rompre avec l'exclusivité inhérente au droit administratif international, par le moyen ordinaire de la convention du droit des gens. Ils s'en sont servis maintes fois (24).

La législation de l'Empire pourra créer des rapports plus intimes. Le pouvoir de l'Empire est spécialement revêtu de cette qualité, de pouvoir produire ses effets dans *tous les territoires à la fois*, sans tenir compte des frontières qui les séparent, comme une puissance commune et partout compétente. La législation de l'Empire peut *déléguer* cette force spéciale aux organes des Etats — de même que, dans l'Etat simple, le pouvoir législatif peut déléguer au pouvoir exécutif la force qu'il possède de créer des règles de droit; comp. t. Ier, p. 158.

Cela se fait de deux manières :

La loi de l'Empire peut investir les actes d'autorité accomplis par les organes particuliers des Etats d'un

(23) Dans O. V. G. 23 juin 1886, on revendique pour les autorités prussiennes le contrôle de la validité d'un acte du ministère de Saxe-Gotha, par lequel une naturalisation avait été annulée. Le Tribunal donne pour motif qu'il s'agissait, dans ce cas, d'appliquer une loi de l'Empire. Mais, à notre avis, d'après les principes du droit administratif international, l'acte de l'autorité étrangère doit toujours être considéré comme ayant produit son effet juridique direct, lorsqu'il a été accompli dans les limites générales de la compétence de cette autorité ; qu'une loi ait été bien ou mal interprétée à cette occasion, cela doit n'avoir aucune importance ; par conséquent, il doit aussi être sans importance qu'il s'agisse d'une loi de l'Empire ou d'une loi de l'Etat membre.

(24) Cela a surtout lieu en matière d'assistance publique ; *Tourbié*, dans Arch. f. öff. R. III, p. 139 ss. *Jellinek*, Staatenverbindungen, p. 309 : « Les traités conclus entre les Etats membres doivent être appréciés non pas d'après le droit commun de l'Etat fédéral, mais d'après le droit des gens ».

effet *direct* avec force exécutoire dans le territoire de tous les Etats, c'est-à-dire de l'Empire, comme si ces actes avaient été émis par les autorités propres à chacun des Etats. C'est ce qui a lieu, par exemple, pour les jugements des tribunaux, pour certaines permissions de police industrielle, pour les ordres d'expulsion dans certaines conditions (25).

Mais la loi d'Empire peut aussi s'adresser seulement aux autorités des Etats pour leur enjoindre de considérer les *réquisitions* des autorités d'un Etat confédéré comme si la réquisition émanait d'une autorité compétente de leur propre pays, et d'y donner la suite qu'elle comporte (26).

Encore ici, cela entraîne des modifications importantes au droit administratif et des rapports juridiques entre les sujets et leur Etat.

(25) Code pén. de l'Emp., § 39 n. 2 ; § 362 al. 3 ; Gew. O., § 29 al. 2, § 30 *a*, etc.

(26) Const. de l'Emp., art. 4 n. 11 ; loi de l'Emp. 9 juin 1895 sur l'assistance réciproque dans le recouvrement des impôts. *Haenel*, St. R., I, p. 578 ss.

INDEX BIBLIOGRAPHIQUE (1)

D'Aguesseau . . . . . . Œuvres complètes.

Alexi. . . . . *dans* Zeitschrift für internationales Privat und Straf Recht.

Arndt. . . . . Verordnungsrecht des deutschen Reichs.

— *dans* Archiv für öffentliches Recht. III.

Arndts . . . . Pandekten.

Aubry et Rau . . . . . . Cours de droit civil français.

Anschütz . . . . Die gegenwärtigen Theorien über den Begriff der gesetzgeben Gewalt (1901).

— Kritische Studien zur Lehre vom Rechtssatz und formellen Gesetze.

— Ersatzanspruche aus Vermögensbeschädigungen.

— *dans* Verwaltungs Archiv. I.

v Bähr. . . . . Der Rechtsstaat.

Bähr et Langerhaus. . . Gesetz über die Enteignung.

v. Bar. . . . . Internationales Privatrecht.

Bär . . . . Die Wasser-und Strassenbauverwaltung in dem Grossherzogthum Baden.

Behr. . . . . *dans* Gerichtssaal LIV.

— Archiv für öffentliches Recht. XVI.

Bernatzik . . . . Rechtsprechung und materielle Rechtskraft.

— *dans* Arch. f. öff. R. V.

Grünhut Zeitschrift. XVIII.

v. Berg . . . . Deutsches Polizeirecht.

Berriat-Saint-Prix . . . Cours de procédure civile.

Bessel-Kühlwetter. . . . Preussische Eisenbahnen.

Bierling . . . . Kritik der Grundbegriffe.

Binding . . . . Systematisches Handbuch der deutschen Rechtswissenschaft.

— Handbuch des Strafrechts.

— Die Normen und ihre Uebertretung.

— Gründung des Norddeutschen Bundes.

(1) Cet index bibliographique a été rédigé par M. Louis Rolland, qui a mentionné tous les auteurs cités dans les 4 volumes avec les titres de leurs ouvrages. Pour les abréviations des titres de Revues, voyez t. I, p. XXI.

Bingner et Eisenlohr . .	Badisches Strafrecht.
v. Bismarck	Gesetz betreffend die Verfassung der Verwaltungsgerichte.
Blodig.	Die Selbstverwaltung als Rechtsbegriff (1894.)
Bluntschli	Allgemeines Staatsrecht.
—	Modernes Völkerrecht.
—	Staatswörterbuch.
Bodin	Les 6 livres de La République.
Böhlau	Rechtssubject und Personenrolle.
Bohlmann	Praxis in Expropriation Sachen.
Bolze	Begriff der juristichen Personen.
—	*dans* Goltdammer Archiv. XXIII.
Bornhak	Preussisches Staatsrecht (1888-1890-1893).
—	*dans* Arch. f. öff. R.
—	Ztschft. f. gesammte - Handels R. XXXIX.
Boucard et Jèze.	Eléments de la science des finances et de la législation financière française, 2e éd.
Brater.	*dans* Blätter f. admin. Praxis, V.
Brauchitsch	Preussische Verwaltungsgesetze.
Brinz	Pandekten.
Brocher	Droit international privé.
Brockhans.	Das deutsche Heer.
Brunner	Deutsche Rechts Geschichte.
Brusen	*dans* Ztschft f. Deutsche Civil Prozesse, XXVI.
Butling	*dans* Arch. f. Straf R. XL.
Bülow	Prozesseinreden.
—	*dans* Arch. f. civil. Praxis, LXXXIII.
Burkhardt.	*dans* Ztschft f. civ. R. u. Pr., Neue Folge 6 (1849).
—	Grünh. Ztschft, 15.
—	Ztschft f. Reichs u. Landes Recht. I.
Van Calker.	Recht des militärs z. adm. Waffengebrauch.
Carrard, Heusler et Hilty.	Drei Rechtsgutachten betreffend die rechtliche Natur der Eisenbahn-Konzessionen.
Chauveau.	Compétence et juridiction administrat. (1841).
Christ	Badische Gemeinde Gesetze.
Cramer	Systema processus imperii.
Curtius	*dans* Annalen 1893.
Dalke	Gesetz über die Enteignung.
Dambach.	Gesetz über das Postwesen.
Dantscher von Kollesberg.	Die politischen Rechte der Unterthanen.
Delamare.	Traité de la police.
Demolombe	Cours de code Napoléon.
Dernburg.	Preussisches Privatrecht.
—	Pandekten.
—	Gutachten zum Baseler Schanzenstreit.
Desmousseaux	*dans* le Correspondant, XXXXII.
Dreyer.	Rapport au XVIIe congrès des juristes allemands.
Dreyer.	*dans* Ztschr. f. französisches Civil Recht, IV.
Ducrocq	Traité de droit administratif.
—	Traité des édifices publics.

Goenner . . . . Entw. eines Gesetzbuchs über das gerichtliche Verfahren.
Goldschmidt . . . . . . Verwaltungsstrafrecht.
Grävell. . . . . Antiplatonisches Staat (1808).
Grotefend . . . . Preussisches Verwaltungsrecht.
Grotius . . . . De jure belli et pacis.
Grünhut . . . . Enteignungsrecht.
— *dans* Conrads Handwörterbuch. III.
— Ztschft f. Priv. u. öff. R. XIV.
— Grünh. Ztschft. XIX.
Gumplowicz . . . . . . Rechtsstaat und Socialismus.
Günther . . . . Das preussische Feld-und Forst Polizei gesetz.
Haberer . . . . Oesterreichisches Eisenbahnrecht.
Häberlin. . . . . Lehrbuch des Staatsrechts.
Häberlin. . . . . *dans* Archiv für civil. Prozeszordnung, 39.
Haelschner. . . . . . . Deutsches Strafrecht.
— *dans* Gerichtssaal, XVIII.
Haenel . . . . Deutsches Staatsrecht (1892).
— Gesetz im formellen und materiellen Sinne.
— Studien zum deutsche Staatsrechte.
Hagen. . . . . Die ersten deutschen Eisenbahnen.
Hahn . . . . Materialen zum Gerichts-Verfassungsgesetz.
Hanotaux . . . . Histoire de l'origine des intendants.
Häppner. . . . . *dans* Arch. f. Civ. Prax. LXIX.
Härseim. . . . . *dans* Wörterbuch. I.
Hartel. . . . . Preuss. Oberrechnungskammer.
Hartmann . . . . Gesetz über die Zwangsabtretung.
Hatschek . . . . Die rechtliche Stellung des Fiscus im bürgerlichen Gesetzbuche (1899).
Haubold . . . . Sächsisches Privatrecht.
Hauriou . . . . Précis de Droit administratif.
Haus. . . . . *dans* Lotz Nachrichten.
Hauser. . . . . *dans* Ztschft. f. Reichs u. Landes R., IV. V.
Haushofer . . . . Grundzüge des Eisenbahnwesens.
Havenstein . . . . . . Zollgesetzgebung des Reichs.
Hecht. . . . . Die Geschäftsteuer auf Grund des Schlussnotenzwangs.
Heckel . . . . *dans* Handbuch der Staatswissenschaft. VII.
Hecker. . . . . *dans* Wörterbuch des deutschen Verwaltungsrechts.
— Gerichtssaal. XXXI.
Hegel . . . . Rechtsphilosophie.
Held. . . . . System des Verfassungsrechts.
Hellwig . . . . Wesen der Rechtskraft.
Henrion de Pansey. . . De l'autorité judiciaire.
Heusler . . . . Ueber die rechtliche Natur der Eisenbahn-Konzession im allgemeinen und der Prozess
— der Westschweizerischen Bahnen gegen die
— Schweizer Eidgenossenschaft in besonderen.
Heyrowsky . . . . Über die rechtliche Grundlage der leges contractus.
Hilier . . . . Rechtsmaessigkeit der Amtausübung.
Hinschius . . . . System des katholichen Kirchenrechts.

Hinschius	*dans* Marquardsen Handbuch I.
Hock	*dans* Handbuch der Finanzverwaltung.
Hölder	*dans* Krit. V. J. Schrft. 1874.
Hoyer	Preussische Stempelgesetzgebung.
Hufeland	Naturrecht.
Jacob	*dans* Wörterbuch I.
Iaeger	Lehre von den Eisenbahnen.
Jellinek	Gesetz und Verordnung.
—	Die Lehre von den Staatenverbindungen (1882).
—	System der subjectiven öffentl. Rechte (1892).
—	*dans* Verwaltungs Arch. V. 1897.
Ihering	Zweck im Recht.
—	Geist des Römischen Rechts.
—	Der Streit zwischen Basel-Land und Basel-Stadt über die Festungswerkehre der Stadt Basel.
—	*dans* Verm. Schriften.
—	Jahrbücher für die Dogmatik VI.
Illing	Handbuch f. Preussische Verwaltungs Beamte.
Joel	*dans* Annalen 1891.
John	*dans* Holtzendorff Handbuch III.
Jolly	*dans* Wörterbuch I.
Iung	Lehrbuch der Staatspolizei.
Justi	Grundsätze der Polizeiwissenschaft.
Kampt	Allgemeiner Codex der Gendarmerie.
—	Der Soldat als Beistand der Polizei.
—	*dans* Annalen 1830.
Kanngiesser	Reichsbeamtenrecht.
Kappeler	Der Rechtsbegriff des öffentlichen Wasserlaufs.
Keller	Erwiderung auf das Gutachten von Rüttimann.
Keil	Die Landgemeinden in der östl. Provinzen Preussens.
Keilwagen	Die Besteuerung des Brantweins.
Kindervater	*dans* Goltdammer Arch. XXVI.
v. Kirchenheim	Einführung in das Verwaltungsrecht.
—	*dans* Gerichtssaal XXX.
—	Wörterbuch I.
Kloeppel	Einrede der Rechtskraft.
Klostermann	Patentgesetze.
Klüber	Oeffentliches Recht.
—	*dans* Archiv f. die neueste Gesetzgebung I.
Koch	Lehrbuch des Preussischen Privatrechts.
—	Deutschlands Eisenbahnen.
Kohler	*dans* Ztschr. f. deutsch. bürg. R. und franz. civil. R.
Krais	Handbuch der inneren Verwaltung.
—	*dans* Bl. f. adm. Pr. XXXIII. 1883-1886.
Kreitmayer	Staatsrecht.
Kroncker	Die Entschädigung unschuldig Verhafteter.
Kunze	Der Gesamtakt.
Laband	Das Staatsrecht des deutschen Reiches (éd. all. et fr.).

Laband . . . . Denkschrift über die Verstaatlichung der in Grossherzogtum Hessen gelegenen Strecke der Hessischen Ludwigs-Eisenbahn-Gesellschaft.
— *dans* Marquardsen Handbuch I.
— Arch. f. öff. R. II. III, VII.
— Arch. f. civ. Pr. 62.
De Lalleau. . . . . . . Traité de l'expropriation.
Lamache. . . . . *dans* Revue critique, XXVII.
Landmann . . . . Gewerbeordnung.
Landsberg . . . . Injuria und Beleidigung.
Laurent . . . . Principes de droit civil.
Layer. . . . . Principien des Enteignungsrechts.
Lehmayer. . . . . *dans* Zeitsch. f. d. Priv. u. öff. R. d. Gegenw. XII.
Leidig . . . . Preussisches Stadtrecht.
Leist . . . . Staatsrecht.
Lenel. . . . . *dans* Deutsche Juristenzeitung, 1902.
Leroy-Beaulieu . . . . . Science des finances, 6e éd.
v. Lesigang. . . . . . . *dans* Wörterbuch der Staatswissenschaft.
Leuthold . . . . Sächsisches Verwaltungs Recht.
— *dans* Annalen 1884.
— Wörterbuch. II.
Linde. . . . . *dans* sa Zeitschrift. I.
Lippmann. . . . . *dans* Annalen 1885.
Liszt . . . . Strafrecht.
Löbe . . . . Zollstrafrecht.
Loebell. . . . . Preussische Enteignunggesetze.
Loening . . . . Lehrbuch des Verwaltungsrechts.
— Die Haftung des Staates.
— *dans* Schmoller Iahrbuch. 1881.
— Verwalt. Arch. VII.
Loiseau. . . . . Traité des seigneuries.
Loos . . . . *dans* Stf. R. Zeitung, X.
Lotz . . . . Nachrichten.
— Begriff der Polizei und Umfang der Staatsgewalt.
Lüders. . . . . Das Gewohnheitsrecht auf dem Gebiete der Verwaltung.
Ludewig . . . . Die Telegraphie.
Luthardt . . . . *dans* Bl. f. adm. Pr. XXXIX. 1870.
Maas. . . . . *dans* Arch. f. öff. R. VII.
Mandry. . . . . Der civilrechtliche Inhalt der Reichsgesetze.
v. Martitz . . . . Betrachtungen über die Verfassung des Norddeutschen Bundes.
— *dans* Ztschfr. für Stsw. XXXVI. 1880.
— Tüb. Ztschft. XXXVI.
Mascher . . . . Staatsbürger-Niederlassungs-und Aufenthaltsrecht sowie die Armengesetzgebung Preussens.
Matthäus. . . . . Grenzen der civilgerichtlichen und adm. Zuständigkeit.
Maurenbrecher . . . . . Deutsches Privatrecht.
Maurus. . . . . Moderner Verfassungs-Staat als Rechtsstaat.

E. Mayer	*dans* Wörterbuch. I.
F. F. Mayer	Grundsätze des Verwaltungsrechts mit besonderer Rücksicht auf gemeinsames deutsches Recht.
Otto Mayer	Theorie des französischen Verwaltungsrechts.
—	Die Entschädigungspflicht des Staates nach Billigkeitsrecht.
—	*dans* Arch. f. öff. R. III. XV. XVI. 1903.
v. Mayr	*dans* Wörterbuch. II.
Medicus	*dans* Staatswörterbuch. VIII.
Meili	Haftpflicht der Postanstalten.
—	Recht der modernen Verkehrs-und Transportanstalten.
—	Die Telegraphie und Telephonie in ihrer rechtlichen Bedeutung für die kaufmännische Welt-Telegraphenrecht.
—	*dans* Ztschft. f. Hand. R. XXIV.
Meisel	*dans* Finanz Archiv. V.
Mejer	Kirchenrecht.
—	Einleitung in das deutsche Staatsrecht (1884).
Mendelssohn-Bartholdy .	Grenzen der Rechtskraft.
Merkel, A.	Encyclopädie.
—	Strafrecht.
Merkel, R.	Kollision rechtsmaessiger Interessen.
—	Krimin. Abhandlungen.
—	*dans* Holzendorff Handbuch. III.
Meurer	Begriff und Eigenthümer der heiligen Sachen.
—	Juristische Personen.
G. Meyer	Lehrbuch des Deutschen Staatsrechts (1899).
—	Lehrbuch des deutschen Verwaltungsrechts (1893-1894).
—	Recht der Expropriation.
—	*dans* Grünh. Ztschft. VIII.
—	Holtzendorff Rechtslexicon.
—	Wörterbuch des deutsch. Verwaltungsrechts. I. II.
—	*Annalen*, 1876, 1878, 1880.
—	Ztschft. f. d. deutsch. Gesetzgebung. VIII.
H. Meyer	Deutsches Strafrecht.
Miruss	Die Hoheitsrechte in den deutschen Bundesstaaten (1842).
Mittelstein	Beiträge.
Mittermaier	*dans* Arch. f. Kriminales R. 1836.
—	Arch. f. Civ. Pr. IV.
Mohl	Württembergisches Staatsrecht.
Möller	Preussisches Staatsrecht.
Mommsen	Abriss des roemischen Staatsrechts.
Moser	Landeshoheit in Regierungssachen.
—	Deutsche Iustiz-Verfassung.
—	Landeshoheit in Kammersachen.
—	Wahlkapitulation. Ios. II.

Sydow . . . . Zulässigkeit des Rechtswegs.
— *dans* Wörterbuch. II.
Temme . . . . Lehre vom Betruge.
Tezner . . . . Die deutschen Theorien des Verwaltungsrechtspflege.
Tezner . . . . Lehre von freien Ermessen.
— *dans* Grünh. Zeitschr. XIX.
Thiel . . . . Das Expropriationrecht.
Thon . . . . Rechtsnorm.
Thur . . . . Notstand im Civilrecht.
Tinsch . . . . Die Postanweisung.
De Tocqueville . . . . . L'Ancien régime et la Révolution.
— La démocratie en Amérique.
Treichler . . . . *dans* Ztschfr. f. deutsch. R., XII.
Troje . . . . Zolltarif.
Trolley . . . . La hiérarchie administrative.
Trutter . . . . Prozessuale Rechtsgeschaefte.
Ubbelohde . . . . Fortsetzung zu Glücks Pandekten.
Ulbrich . . . . Ueber öffentliche Rechte und Verwaltungsgerichtsbarkeit.
Unger . . . . System des Oesterreichischen Privatrechts.
— *dans* Grünh. Zeitsch. IX.
Vangerow . . . . Pandekten.
Vauthier . . . . Etude sur les personnes morales.
Wagner . . . . Finanzwissenschaft.
Waitz . . . . *dans* Allg. Monatschr. f. Wissensch. in Litter.
Wappäus . . . . Lehre von Rechtsverkehr entzogene Sachen.
Weber . . . . Bayrische Gemeindeordnung.
— *dans* Lotz Nachrichten.
v. Weiler . . . . Verwaltung und Iustiz.
Weiske . . . . Rechtslexicon.
— Sammlung der neuen deutschen Gem.Gesetze.
Weizel . . . . Badisches Gesetz über Organisation der inneren Verwaltung.
Wessely . . . . Befugnisse des Notstandes und der Notwehr.
Windscheid . . . . Pandekten.
Winiker . . . . Gesetzl. Vorschriften über die Gewerbesteuer.
Wirth . . . . *dans* Zeitschr. f. Bad. V. u. V. R. Pfl.
Woedke . . . . Kommentar z. Kranken-Versicherungsgesetz.
Chr. Wolff . . . . Ius Naturae.
— Vernünftige Gedanken von dem gesellschaftlichen Leben der Menschen und insonderheit dem gemeinen Wesen zur Beförderung der Glückseligkeit des menschlichen Geschlechts.
Wolff . . . . *dans* Ztschfr. f. Gesetzgebung u. Rechstpflege in Preussen. IV.
Zachariae, K. S. . . . . . Vierzig Bücher von Staate.
Zachariae, H. A. . . . . . Staats und Bundesrecht.
— Staatsrecht.
— *dans* Ztschft f. R. W. 1863.
— Göttingisch Gelehrte Anzeiger. 1861.
Zimmermann . . . . . . Deutsche Polizei im XIX Jahrhundert.

TABLE ALPHABÉTIQUE DES MATIÈRES (1)

Le n° en chiffres romains indique le tome, celui en chiffres arabes la page du volume. Le signe n. suivi d'un chiffre indique une note.

(1) Cette table a été dressée par M. Louis Rolland, chargé du cours de droit administratif à l'École supérieure de droit d'Alger.

E

G

H

R

TABLE GÉNÉRALE DES MATIÈRES

CONTENUES DANS LES QUATRE VOLUMES

Tome Ier

Pages

INTRODUCTION

PARTIE GÉNÉRALE

SECTION I

Le développement historique du Droit administratif allemand

SECTION II

Principes généraux du Droit administratif.

Tome Ier

SECTION III

Les voies de droit en matière administrative.

PARTIE SPÉCIALE

LIVRE Ier

SECTION I

Le pouvoir de police.

Tome II

Tome II

SECTION II

Le pouvoir financier.

LIVRE II

SECTION I

Le droit public des choses. **Tome III**

SECTION II

Les obligations spéciales.

Tome IV

SECTION III

Les personnes morales.

APPENDICE

Tome IV

LAVAL. — IMPRIMERIE L. BARNÉOUD ET Cie.

www.ingramcontent.com/pod-product-compliance
Ingram Content Group UK Ltd.
Pitfield, Milton Keynes, MK11 3LW, UK
UKHW021842190726
13855UKWH00001B/111

9 782013 457453